V&R

Jüdische Religion, Geschichte und Kultur

Herausgegeben von
Michael Brenner und Stefan Rohrbacher

Band 34

Julia Schneidawind

Schicksale und ihre Bücher

Deutsch-jüdische Privatbibliotheken zwischen Jerusalem, Tunis und Los Angeles

VANDENHOECK & RUPRECHT

Gedruckt mit freundlicher Unterstützung
der Stiftung Irène Bollag-Herzheimer,
des Freundeskreises des Lehrstuhls für Jüdische Geschichte und Kultur e.V. an der LMU sowie
der Axel-Springer Stiftung.

Bibliografische Information der Deutschen Bibliothek: Die Deutsche Nationalbibliothek
verzeichnet diese Publikation in der Deutschen Nationalbibliografie; detaillierte
bibliografische Daten sind im Internet über https://dnb.de abrufbar.

Umschlaggestaltung: SchwabScantechnik, Göttingen
Satz: le-tex publishing services, Leipzig
Druck und Bindung: Hubert & Co, Göttingen
Printed in the EU

Vandenhoeck & Ruprecht Verlage | www.vandenhoeck-ruprecht-verlage.com

ISSN 2198-722X
ISBN 978-3-525-50031-6

Im Andenken an meine Mutter

Inhalt

Vorwort

Das vorliegende Buch stellt die überarbeitete Fassung meiner Dissertation dar, die am Lehrstuhl für Jüdische Geschichte und Kultur an der Ludwig-Maximilians-Universität München entstanden ist und die ich im Jahr 2022 eingereicht habe. Für die Durchführung und den erfolgreichen Abschluss des Projektes habe ich zahlreichen Menschen und Institutionen zu danken: Mein besonderer Dank gilt meinem Doktorvater Michael Brenner. Seine Unterstützung und Inspiration waren für die Entwicklung des Themas und die Fertigstellung dieser Arbeit von großem Wert. Ebenfalls danken möchte ich meinem Zweitbetreuer Norbert Waszek. Durch seine wertvollen Anregungen und Kommentare hat er das Ergebnis der Arbeit sehr zum Positiven beeinflusst.

Mein Dank gilt zudem im besonderen Maße der Elisenstiftung, die das Dissertationsprojekt großzügig finanziell gefördert und damit erst möglich gemacht hat.

Darüber hinaus gebührt mein Dank dem Premio Eduard Duckesz (Hamburg) und der Moses Mendelssohn Akademie (Halberstadt), die meine Dissertation mit dem Rabbiner Eduard Duckesz Preis 2023 ausgezeichnet haben. Für die großzügige Unterstützung zur Entstehung des Buches danke ich zudem der Stiftung Irène Bollag-Herzheimer, dem Freundeskreis des Lehrstuhls für Jüdische Geschichte und Kultur e.V. an der LMU sowie der Axel-Springer Stiftung.

Es freut mich ganz besonders, dass die Arbeit von Beginn an von einem lebendigen und interdisziplinären Austausch profitieren konnte. So ist die Studie im Rahmen einer Kooperation des Lehrstuhls mit dem Deutschen Literaturarchiv Marbach (DLA) und dem Schocken Institute for Jewish Research in Jerusalem entstanden und an das Forschungsprojekt »Die Bibliotheken von Karl Wolfskehl« im Forschungsverbund Marbach Weimar Wolfenbüttel angebunden. Mein besonderer Dank gilt hier Caroline Jessen, ohne die das Projekt nicht möglich gewesen wäre. Darüber hinaus möchte ich mich bei allen KollegInnen und FreundInnen bedanken, die mich bei diesem besonderen Projekt unterstützt haben. Ganz besonders danke ich Philipp Lenhard, der mich in meinem Vorhaben durch seine wertvollen Ratschläge und seine konstruktive Kritik vorangebracht hat. Immenser Dank gilt zudem Evita Wiecki, die die Arbeit als Kollegin und Freundin begleitet hat, leider das Erscheinen des Buches nicht mehr erleben durfte. Ebenfalls danke ich den Doktorandinnen und Doktoranden des Oberseminars der Jüdischen Geschichte und Kultur, die mich über viele Jahre begleitet und inspiriert haben. Danken möchte ich auch Anna Messner für die zahlreichen anregenden und motivierenden Gespräche.

Ebenfalls eine große Bereicherung waren der Austausch mit Stefan Litt und Baruch Yonin in Jerusalem.

Darüber hinaus möchte ich der Unterstützung durch das Mentoring-Programm des Historischen Seminars der LMU danken, allen voran Kärin Nickelsen für ihre wertvolle Förderung und Unterstützung.

Für die bereichernden buchwissenschaftlichen Impulse danke ich Christiane Haug und dem Kolloquium der Buchwissenschaften an der LMU, Reinhard Wittmann, Murray G. Hall und Björn Biester.

Großer Dank gilt auch den zahlreichen Bibliotheks- und ArchivmitarbeiterInnen, die mir auch während der Pandemie unkompliziert weiterhelfen konnten, besonders danke ich Michaela Ullmann von der Lion Feuchtwanger Memorial Library, Los Angeles.

Schließlich möchte ich meinem Partner Christoph Hollauer sowie meiner Familie für die Unterstützung auf dem nicht immer einfachen aber bereichernden Weg danken.

1. Einleitung

> Der Tempel ist nicht mehr, unser ganzes Reich ist jetzt die Schrift. Ihre Bücher sind unsere Provinzen, ihre Sätze unsere Städte und Dörfer.
>
> Lion Feuchtwanger, *Der jüdische Krieg* (1932)[1]

„Jüdische Bücher haben nicht bloß ihre Schicksale wie alle Bücher, sondern – ein besonderes jüdisches Bücherschicksal", so schrieb es Franz Rosenzweig im Jahr 1921.[2] Der deutsch-jüdische Philosoph und Historiker bezog sich hier nicht nur auf die jüdische Religion, die seit jeher auf das Engste mit der Schrift verbunden ist, sondern auch auf die jüdische Geschichte, in deren Verlauf dem Buch immer wieder eine bedeutende Rolle zukam. Auch Heinrich Heine verwies darauf, als er in seinen *Geständnissen* von 1854 schilderte, wie die Juden ihr „heiliges Buch [...] aus dem großen Brande des zweiten Tempels gerettet, und es im Exile gleichsam wie ein portatives Vaterland mit sich herumschleppten".[3] Über die Jahrhunderte wuchs aus dem „heiligen Buch", der Tora, ein vielschichtiger Kanon, der in seiner modernen Form der Bibliothek nicht nur zum Wissensspeicher und Archiv[4], sondern auch zum Resonanzraum neuer Einflüsse und Entwicklungen wurde. Der im Sinne Heines gezeichnete Topos der Bibliothek als tragbares Heimatland wurde somit zugleich zum Metonym für das überlieferte kulturelle Erbe des Judentums.

Insbesondere mit Blick auf den Einschnitt des Jahres 1933 kommt der Bibliothek als Ort der Heimat und Überlieferung eine neue Bedeutungsebene hinzu. Im Zuge von Raub, Verfolgung und Krieg wurde eine nicht bezifferbare Masse an Büchern und Manuskripten von den Nationalsozialisten unwiederbringlich zerstört. Viele Sammlungen wurden durch Flucht, Emigration und Verkauf ihrem Entstehungskontext entrissen. Bis heute liegen Fragmente, aber auch ganze Sammlungen an unterschiedlichsten Orten über die Welt zerstreut. So auch die Bibliothek Franz Rosenzweigs, die sich seit über 80 Jahren in Tunis befindet und heute nicht nur im Sinne ihres Vorbesitzers als ein solches „besonderes jüdisches Bücherschicksal"[5] gelten kann. Das Beispiel Rosenzweig zeigt anschaulich – insbesondere vor dem

---

1 L. Feuchtwanger, *Der jüdische Krieg*, 365.

2 F. Rosenzweig, Hermann Cohens Nachlasswerk, *JR* 102/103 (1921), 729, erneut abgedruckt in: F. Rosenzweig, *Zweistromland*, 229, im Folgengen *GS, I,3*.

3 H. Heine, *Geständnisse*, 85.

4 A. Assmann, *Erinnerungsräume*, 158; dies., *Der lange Schatten der Vergangenheit*, 54f; H. E. Bödeker/ A. Saada, Bibliotheksarchive als Quelle, 11.

5 F. Rosenzweig, Hermann Cohens Nachlasswerk, 229.

Hintergrund des Ausmaßes an Zerstörung – dass gerade jene Sammlungen und Teile daraus als umso wertvoller erachtet werden müssen, die bis heute erhalten geblieben sind. Folgt man ihren Spuren, eröffnen sich nicht nur wichtige Erkenntnisse mit Blick auf die Überlieferungsgeschichte deutsch-jüdischen kulturellen Erbes in Form von Büchersammlungen; durch die Sichtbarmachung der wechselnden Zuschreibungen und Wahrnehmungen, welche die Sammlungen durch Besitzer- und Ortswechsel erfahren haben, lässt sich auch die Vielschichtigkeit der Privatsammlung als materieller, aber auch symbolischer Verwahrungsort herausstellen.

Die vorliegende Arbeit ist den vielfältigen Schicksalen deutsch-jüdischer Privatbibliotheken gewidmet, die sich bis heute zwischen Jerusalem, Tunis und Los Angeles erhalten haben. Über die Rekonstruktion der Überlieferungsgeschichte der Büchersammlungen der deutschsprachigen Intellektuellen Franz Rosenzweig (1886–1929), Lion Feuchtwanger (1884–1958), Stefan Zweig (1881–1942), Karl Wolfskehl (1869–1948) und Jakob Wassermann (1873–1934) wird nicht nur der bisher von der Forschung vernachlässigte Typus der Privatbibliothek in den Fokus der Untersuchung gerückt. Anhand der Nachzeichnung der unterschiedlichen Überlieferungsformen und -wege von Büchersammlungen wird darüber hinaus aufgezeigt, wie komplex sich die materielle Tradierung des deutsch-jüdischen Buchbesitzes gestaltet. Während die Bibliothek Franz Rosenzweigs, mehr oder weniger dem Zufall geschuldet, heute größtenteils geschlossen in der Nationalbibliothek von Tunesien erhalten ist, wanderte die Sammlung von Karl Wolfskehl in Teilen nach Jerusalem und nach Neuseeland und befindet sich heute in Fragmenten in der Schocken-Bibliothek Jerusalem sowie in der Bibliothek des Deutschen Literaturarchivs Marbach am Neckar, wo zudem eine virtuelle Rekonstruktion der Sammlung entstand.[6] Stefan Zweigs Bücher liegen heute zwischen Salzburg, London und Petrópolis, Brasilien verstreut und sind in Teilen als virtuelle Sammlung rekonstruiert worden.[7] Die Bibliothek Lion Feuchtwangers wurde bereits 1933 von den Nationalsozialisten zerstört, während seine Sammlung aus dem französischen Exil in Teilen nach Kalifornien gerettet werden konnte; aus deren Grundstock war es dem Schriftsteller später möglich, eine neue beachtliche Sammlung aufbauen,

---

6 Zum Forschungsprojekt „Die Bibliotheken von Karl Wolfskehl" siehe: https://www.dla-marbach.de/bibliothek/projekte/die-bibliotheken-von-karl-wolfskehl/virtuelle-rekonstruktion-der-bibliothek-wolfskehl-in-kiechlinsbergen-1937/(Zugriff: 05.05.2022); zum Begriff „virtuelle Bibliothek" vgl. Definition von Daniel Ferrer, wonach alle gelesenen Bücher eines Schriftstellers/einer Schriftstellerin als „Bibliothèque virtuelle" und alle physisch erhaltenen Exemplare als „Bibliothèque réelle" bezeichnet werden, ders., Introduction. „Un Imperceptible trait de gomme de tragacanthe…", *Bibliothèques d'ecrivains*, 21.

7 Das Projekt „Stefan Zweig Digital" welches auf Initiative des Literaturarchivs an der Universität Salzburg ins Leben gerufen wurde, ermöglichte eine (fragmentarische) Rekonstruktion der Bibliotheken Stefan Zweigs unter Darstellung der unterschiedlichen Verwahrungsorte heute: http://gams.uni-graz.at/o:szd.bibliothek/sdef:TEI/get?locale=de (Zugriff: 05.05.2022).

die heute mit ihren circa 30.000 Bänden als Lion Feuchtwanger Memorial Library in Los Angeles erhalten ist.[8] Aber auch in Deutschland finden sich heute noch Fragmente deutsch-jüdischer Privatbibliotheken: So wird die Sammlung Jakob Wassermanns, wie er sie zum Zeitpunkt seines Todes 1934 besessen hatte, beinahe vollständig in der Stadtbibliothek Nürnberg aufbewahrt, ist jedoch von der Forschung bisher unbeachtet geblieben. Die Auswahl zeigt, dass bei den Beispielen nicht immer von „Exilbibliotheken“ im klassischen Sinne gesprochen werden kann – also von Sammlungen, die ihre Besitzer ins Exil begleiteten; die Bücher nahmen oft vollkommen andere Wege als ihre Voreigner und kehrten manchmal gar „aus dem Exil“ in ihre Ursprungskontexte zurück.

Wege von Büchersammlungen

Bei der Auswahl der Sammlungen stand eine Akzentuierung der vielfältigen Überlieferungswege und -formen im Vordergrund. Dies bezieht sich zum einen auf die unterschiedlichen Verwahrungsorte (unter anderem Israel, Tunesien, USA, Brasilien, Deutschland) und zum anderen auf die Form der Überlieferung (Transfer durch Verkauf, Mitnahme ins Exil, erzwungene Auflösung, Wiederaufbau einer verlorenen Sammlung). Darüber hinaus musste die Auswahl nach dem Kriterium der Rekonstruierbarkeit erfolgen: Während viele Privatbibliotheken nach 1933 über die Welt zerstreut wurden, sind nur wenige durch Quellenmaterial und Aufzeichnungen im Detail rekonstruierbar. Insbesondere für private Sammlungen wurden selten ausführliche Kataloge angelegt oder Vermerke über den Fortbestand der Sammlungen verfasst. Die in der vorliegenden Arbeit betrachteten Bibliotheken zählen zu jenen Beispielen, für welche die Quellenlage eine Rekontruktion in unterschiedlichen Nuancen möglich macht. Dabei ist auch die Auswahl der Sammlungen von fünf deutsch-jüdischen Intellektuellen nicht zufällig: zum einen waren es gerade Sammlungen von Intellektuellen, über die sich schriftliche Aufzeichnungen erhalten haben, da Bücher für das Werk aber auch im Alltag eine besondere Rolle spielten; während sich also alle Bibliotheken in ihrer heutigen Form und ihrem Verwahrungsort unterscheiden, haben die ursprünglichen Bibliothekseigner gemein, dass es sich bei ihnen um erfolgreiche deutschsprachige jüdische Autoren und Intellektuelle handelte, deren Kernschaffenszeit sich zwischen Fin-de-Siècle und dem Ende der Weimarer Republik verorten lässt. Damit ist eine gute Vergleichbarkeit, sei es mit Blick auf den Enstehungskontext, aber auch hinsichtlich Überlieferung

8 Zur Lion Feuchtwanger Memorial Library siehe https://libguides.usc.edu/feuchtwanger (Zugriff: 22.03.2022). Ich danke an dieser Stelle Michaela Ullmann von der Lion Feuchtwanger Memorial Library für ihre Auskünfte und die Unterstützung bei meiner Recherche.

und Rezeption gegeben. Mit ihrem Werk leisteten alle Besitzer einen nachhaltigen kulturellen Beitrag zwischen Jahrhundertwende und den Weimarer Jahren, sowohl in der jüdischen als auch in der nichtjüdischen Kultursphäre.[9] Das spiegelt sich auf vielfache Weise in den Sammlungen wider, auch wenn sich diese im Umfang, Charakter und in den Sammelschwerpunkten deutlich unterschieden. Die Sammlungen fungieren somit als eine Konstellation persönlicher und intellektueller Zeugnisse und geben zugleich Aufschluss über die besonderen politischen, gesellschaftlichen und historischen Umstände ihres Entstehungs- und Überlieferungskontextes.[10] Ferner sind die Schicksale der Sammlungen auf das Engste mit jenem ihrer Besitzer und auch Besitzerinnen verbunden. Die Tatsache, dass es sich bei der Auswahl der Sammlungen auf den ersten Blick um ausschließlich männliche Bibliotheksbesitzer handelt, soll nicht darüber hinwegtäuschen, dass für die Entstehung, den Erhalt und den Fortbestand aller hier betrachteten Sammlungen zahlreiche Frauen von großer, wenn nicht essenzieller Bedeutung waren; auch das wird in den einzelnen Kapiteln zum Ausdruck kommen.

Das Ziel der Arbeit besteht darin, mithilfe der Nachzeichnung der Aneignungs-, Übertragungs- sowie Überlieferungsgeschichte der Privatbibliotheken auch die Lebenswirklichkeit der Menschen zu rekonstruieren, die mit den Sammlungen in Verbindung stehen, und beides in einen historischen und narrativen Zusammenhang zu bringen: Welche Rolle nahmen die Sammlungen im Leben ihrer Besitzer und Besitzerinnen in ihrer Funktion als deutsch-jüdische Intellektuelle ein, wie und wohin wurden sie verlagert und welche Bedeutungszuschreibung und Rezeption erfahren die Sammlungen in ihren neuen Kontexten? Diese und daran anknüpfende Fragen sollen in der vorliegenden Arbeit beantwortet werden. Die Zuschreibung „deutsch-jüdisch" bezieht sich im Folgenden auf die jüdische Herkunft der Bibliothekseigner, die dem deutschsprachigen Raum entstammen. Dabei wird die Bezeichnung „jüdische Bibliothek" nicht für ausschließlich „jüdische Inhalte" im Sinne von Hebraica oder Judaica verstanden, sondern für Sammlungen, die einen Bezug zur jüdischen Kultur herstellen.[11] Mit Blick auf den Untersuchungsgegenstand „Privatbibliothek" sei an dieser Stelle auf die Definition des Philologen und Historikers Wolfgang Adam verwiesen:

> Mit dem Terminus Privatbibliothek wird eine Büchersammlung bezeichnet, deren Entstehung und gegebenenfalls auch Erweiterung auf die Initiative eines Einzelnen oder mehrerer Personen, die aber nicht in einem institutionell begründeten Zusammenhang

9 M. Brenner, *Jüdische Kultur*; B. Jensen, *Ein Kanon der jüdischen Renaissance*.

10 Vgl. E. Fischer, Nachwort. Büchersammlungen als Lebenszeugnisse und Erinnerungsräume, *Privatbibliotheken Jüdischer Intellektueller*, 389f.

11 Vgl. hierzu die Definition von Avriel Bar-Levav, Libraries and the Collecting of Jewish Books, *EJBC*.

> stehen, zurückgeht, und deren Anlage entscheidend durch den Geschmack und die Auswahlpräferenz des oder der Besitzer geprägt ist. Die individuelle Initiative des oder seltener der Sammler ist das entscheidende Kriterium für die Konstitution des eigenständigen Typs der Privatbibliothek [...].[12]

Während sich die Forschung bisher vorrangig (und aus gutem Grund) dem Raub- und Zerstörungsaspekt jüdischen Buchbesitzes gewidmet hat, wurden Fragen nach den Formen und Wegen des Fortbestandes, insbesondere mit Bezug auf Privatbibliotheken bisher nur für wenige einzelne Sammlungen untersucht.[13]

Die Vielfältigkeit der Überlieferungen sowie die Wahrnehmungen der Sammlungen in all ihren Divergenzen und Gemeinsamkeiten sind dadurch bisher kaum zum Ausdruck gekommen. Durch die Gegenüberstellung der Entstehungsprozesse der Bibliotheken, aber auch der Schicksale der Büchersammlungen und ihrer Besitzer wird nicht nur ein umfassendes Bild von Translokationsprozessen materieller Kultur im Spiegel von Flucht und Emigration gezeichnet. Auch die Bedeutung deutsch-jüdischer Privatbibliotheken als bis heute weiter sichtbare Relikte des deutsch-jüdischen kulturellen Erbes wird hervorgehoben.

Die Arbeit ist in fünf Hauptkapitel gliedert, in welchen jeweils ein einzelnes Bücherschicksal im Zentrum steht. Nach der Einleitung widmet sich das zweite Kapitel der Bibliothek des Philisophen Franz Rosenzweig. Dabei wird nicht nur die Odyssee der über 3.000 Bücher von Europa nach Tunesien rekonstruiert, sondern es wird zugleich der sich darum spannende Kontext einer bisher vergessenen deutsch-jüdischen Familienbiographie nachgezeichnet. Im Fokus steht der Versuch der Witwe Franz Rosenzweigs, Edith Rosenzweig, im Zuge von Flucht und Exil die Bibliothek des deutsch-jüdischen Denkers vor ihrer Zerstörung und Auflösung zu bewahren. Während des Transportes der Sammlung nach Palästina im Mai 1940 gelangte die Sammlung durch die Kriegswirren nach Tunesien, wo sie bis heute verwahrt wird. Zur Rekonstruktion des Schicksals der Sammlung erfolgte nicht nur erstmals eine umfassende Bestandsaufnahme der Inhalte der Sammlung in der Nationalbibliothek von Tunesien, sondern auch eine Rekonstruktion des Transfer-

---

12 W. Adam, Privatbibliotheken im 17. und 18. Jahrhundert, *IASL* 1 (1990), 125.

13 Zum Raub-, Zerstörungs- und Restitutionsaspekt siehe: D. Schidorsky, Confiscation of Libraries, *Libraries & Culture* 4 (1998); E. Gallas, *Kulturrestitution und jüdisches Geschichtsdenken*; E. Adunka, *Der Raub der Bücher*; R. Dehnel (Hg.), *Jüdischer Buchbesitz als Raubgut*; C. Briel, *Beschlagnahmt, erpresst, erbeutet*; R. Ovenden, *Bedrohte Bücher*; F. Báez, *A Universal History of the Destruction of Books*; D. Diner/G. Wunberg (Hg.), *Restitution and Memory*; J. Lillteicher, *Raub, Recht und Restitution*.

prozesses und der unterschiedlichen Akteure, die daran beteiligt waren.[14] Darüber hinaus werden die Wahrnehmung und Bedeutung der Sammlung Rosenzweig in Tunis heute herausgearbeitet.

Das dritte Kapitel nimmt die Überlieferungsgeschichte der unterschiedlichen Sammlungen im Leben Lion Feuchtwangers zwischen München, Sanary-sur-Mer in Frankreich und Los Angeles in den Blick. Dabei wird zunächst der Entstehungskontext im jüdisch-orthodoxen und bibliophilen Familienumfeld Feuchtwangers im München der Jahrhundertwende beleuchtet. Daran anschließend werden die Ereignisse um den Raub der Bibliothek durch die NS-Behörden in Berlin, die Entstehung und den erneuten Verlust der Exil-Sammlung in Frankreich sowie die Rettung weniger Bücher als Ausgangspunkt der über 30.000-bändigen Bibliothek Feuchtwangers in der Villa Aurora in Kalifornien durch Auswertung bisher unveröffentlichter Quellen (u. a. Briefe von Feuchtwangers Sekretärin und langjähriger Freundin Lola Sernau) nachgezeichnet.

Der vierte Abschnitt widmet sich den Bücherwegen der Bibliothek des österreichischen Schriftstellers Stefan Zweig. Auch hier erfolgt zunächst eine Betrachtung des Entstehungskontextes im bibliophilen Umfeld Wiens sowie der Sammlerszene, der Zweig als leidenschaftlicher Autographen- und Büchersammler angehörte. Mit seiner Flucht aus Salzburg nach England 1934 und weiter nach Brasilien im Jahr 1940 löste Zweig sowohl die Bücher- als auch die Autographensammlung in großen Teilen auf. Der Fortbestand ohne Heimat erschien sinnlos und Zweig wollte einer gewaltsamen Entziehung zuvorkommen. Auch wenn der Verkauf nicht unter direktem Zwang oder durch finanzielle Notwendigkeit stattfand, erfolgte er vor dem Unrechtshintergrund der nationalsozialistischen Verbrechen. Das Schicksal der Bücher Zweigs wurde durch das Projekt „Stefan Zweig Digital" sowie die einschlägige Publikation von Stephan Matthias und Oliver Matuschek bereits eingehend beleuchtet, jedoch wurde Archivmaterial aus der Nationalbibliothek Israel bisher nicht umfassend ausgewertet.[15] So hat Zweig nicht nur bedeutende Korrespondenz als Vorlass der Nationalbibliothek nach Jerusalem übergeben, sondern zumindest auch einzelne Ausgaben seiner eigenen Werke dorthin übersandt, wie sich im Briefwechsel mit der Bibliothek widerspiegelt. Auch die Korrespondenz mit seinem Sammlerfreund Abraham Schwadron, der in den 1920er Jahren nach Palästina auswanderte und für die Bibliothek Jerusalem tätig war, ist mit Blick auf den Sammler Zweig und sein Umfeld aufschlussreich. Unter Einbezug dieser Materialien folgt das Kapitel den Spuren der Bücher von Österreich nach England und Brasilien

---

14 N. Waszek (Hg.), *Rosenzweigs Bibliothek*; ders., „Bibliothèque", *Le dictionnaire Franz Rosenzweig*; ders./W. Fink, Un trésor méconnu, *IBLA* 218 (2016).

15 S. Matthias, O. Matuschek, *Zweigs Bibliotheken*.

und nimmt hier den Versuch Zweigs in den Fokus, die Deutungshoheit über das Schicksal seiner Sammlungen zu bewahren.

Das fünfte Kapitel thematisiert die Sammlung des Germanisten Karl Wolfskehl, der die Bibliothek im Zuge seiner Flucht aus Europa an den Bibliophilen Salman Schocken veräußern musste, um sein Überleben im Exil zu sichern. Nach der Rekonstruktion des Entstehungskontextes im familiären, aber auch bibliophilen und antiquarischen Umfeld Münchens, folgt das Kapitel den verzweigten Wegen der Büchersammlung(en) Wolfskehls zwischen Deutschland, Neuseeland und Palästina/Israel. Darüber hinaus beleuchtete es den Fortbestand und die Sichtbarkeit des besonderen Büchererbes heute; im Fokus steht die Stadt München, die nicht nur für die Entstehung der Sammlung von herausragender Bedeutung war, sondern wohin die Bibliothek nach 1945 unter Bestrebung unterschiedlicher Stellen beinahe zurückgekehrt wäre – ein Vorhaben, das jedoch am Ende scheiterte. Die Umstände werden anhand von bisher unveröffentlichtem Archivmaterial nachgezeichnet.

Das sechste Kapitel widmet sich dem Schicksal der Bibliothek Jakob Wassermann. Während alle vorausgegangenen Beispiele über die Welt verstreut und höchstens in Teilen zu ihrem Entstehungskontext zurückgekehrt sind, wird die Privatbibliothek von dem in Fürth geborenen Wassermann heute nahezu vollständig in der Stadtbibliothek Nürnberg verwahrt.[16] Die Sammlung wurde nach dem Tod des Schriftstellers 1934 mit seiner Villa in Altaussee versteigert und im Zuge des Besitzübergangs mit NS-Literatur vermischt. In den 1960er Jahren wurde sie in dieser Form von der Stadtbibliothek Nürnberg übernommen, wo sie sich bis heute befindet. Das Kapitel rückt die Frage in den Fokus, welche Rolle Bücher und die Bibliothek im Leben des deutsch-jüdischen Autors spielten, wie die Sammlung überliefert wurde und inwieweit die Privatbibliothek eines der erfolgreichsten Autoren der Weimarer Jahre heute in Deutschland, also ihrem Ursprungskontext nachwirkt.

In Zusammenschau dieser Bücherschicksale erfolgt eine geschichtswissenschaftliche Rekonstruktion der Überlieferungswege deutsch-jüdischer Privatbibliotheken. Der zeitliche Rahmen umfasst die Entwicklung der Sammlungen von ihrer Entstehung im Leben ihrer Besitzer bis heute. Um ein umfassendes Bild der Tradierung der Sammlungen zeichnen zu können, wurden Quellen aus deutschen, österreichischen, israelischen, belgischen, französischen, tunesischen sowie amerikanischen Archiven und Bibliotheken herangezogen und ausgewertet, die über die Wege der Sammlungen und ihren Fortbestand heute Aufschluss geben. Allein die geographische Verteilung der Sammlungen sowie der Quellen zeugt davon, wie komplex

16 Zur Stadtbibliothek Nürnberg und der Sammlung Wassermann siehe https://www.nuernberg.de/internet/stadtbibliothek/privatbibliotheken.html (Zugriff: 05.05.2022). An dieser Stelle danke ich Christine Sauer, Leiterin der Historisch-Wissenschaftlichen Stadtbibliothek Nürnberg, für ihre Auskünfte und Unterstützung bei der Recherche.

sich die Rekonstruktion der Überlieferungsgeschichte der Bibliotheken gestaltet. Ausgewertet wurden unter anderem Kataloge, Bücherlisten, Selbstzeugnisse wie Briefe und Tagebücher sowie (auto)biographische Aufzeichnungen, behördliche Dokumente wie Zollunterlagen sowie sogenannte Entschädigungs- und Wiedergutmachungsakten. Für die Rezeptionsgeschichte wurden vorrangig Zeitungsberichte einbezogen. Darüber hinaus waren es vor allem die Sammlungen selbst und die darin enthaltenen Spuren wie Besitzeinträge, Widmungen, Annotationen und Exlibris, die in der Gegenüberstellung mit anderen Quellen wichtige Zeugnisse für die Überlieferungsgeschichte darstellen. Die Arbeit folgt einem verflechtungsgeschichtlichen Ansatz, der die Büchersammlungen sowohl in ihren topographischen Kontexten als auch über die mit ihnen in Verbindung stehenden Biographien untersucht.[17] In der synoptischen Gegenüberstellung soll vor allem die Vielfältigkeit der Überlieferungswege, aber auch der Überlieferungsraum der Sammlungen herausgestellt und gleichzeitig jenseits des Einzelfalls eine Antwort auf die Frage gefunden werden, wie deutsch-jüdische Büchersammlungen heute als kulturelle Zeugnisse wahrgenommen werden können.[18]

Jüdische Privatbibliotheken im Spiegel der Forschung

Im Jahr 2011 hat der Sprachwissenschaftler Michael Studemund-Halévy in seiner Auseinandersetzung mit „sephardischen Bücherschicksalen des 17. Jahrhunderts" auf die Bedeutung von „Sammlungen als Schlüssel zum Verständnis jüdischer Geschichte und jüdischer Kultur"[19] hingewiesen. Heute, über ein Jahrzehnt später, gibt es noch immer nur eine überschaubare Anzahl an historischen Arbeiten, die sich der jüdischen Geschichte und Kultur über die Erforschung von Bibliotheken und Sammlungen annähern. Hierfür lassen sich unterschiedliche Gründe anführen: Allen voran erweist sich die Quellenlage im Kontext der jüdischen (Privat)bibliotheken häufig als komplex und lückenhaft; bisher ist eine starke Fokussiertung auf Fragen nach Lese- und Schreibforschung sowie Werkentwicklung im literaturwissenschaftlichen und buchwissenschaftlichen Bereich festzustellen.[20] Während die

---

17 Zur Material Culture und Geschichtswissenschaft siehe auch P. Schorch, Materielle Verflechtungsgeschichte, *ZfWg* 2 (2020), 333ff.

18 Für einen umfassenden Überblick zu methodischen Annäherungen an Fragestellungen aus dem Bereich materielle Kultur siehe S.Woodward, *Material Methods*, hier insbesondere die Kapitel „Follow the things" und „Understanding things-in-relations: surface assemblages, inventories and interviews".

19 M. Studemund-Halévy, Sephardische Bücherschicksale, 69.

20 Hervorzuheben sind hier die Arbeiten von Stefan Höppner, Anke Jaspers und Andreas B. Kilcher zu Autorenbibliotheken, vgl. u. a. S. Höppner: Bücher sammeln und schreiben, *Autorschaft und*

stark von Frankreich aus geprägte Zuwendung zum Gegenstand „Autorenbibliothek" diesen vor allem als „verlängerung des Schreibtisches"[21] begreift, also die Sammlung in enger Abhängigkeit zum Werk des Autors untersucht, lässt sich diese Perspektive auf eine breitere biographische und historische Betrachtung jenseits der Buchwissenschaft ausweiten.[22] Hierzu merkt der Kulturwissenschaftler Emile Schrijver an, dass buchwissenschaftliche Fragestellungen häufig nicht auf die Besonderheiten eingingen, die bei der Betrachtung von Büchersammlungen aus jüdischem Besitz von Notwendigkeit seien.[23] Insebsondere mit Blick auf Fragen nach dem „Gemeinsame[n] und Übergreifende[n]"[24] in der Geschichte, auch im translokalen und transnationalen Kontext, lassen sich anhand von Büchersammlungen wichtige Rückschlüsse auf individuelle aber auch kulturelle Zusammenhänge der jüdischen Geschichte ziehen. Nach Schrijver zeige sich die Geschichte des jüdischen Buches ebenso vielschichtig wie die Jüdische Geschichte als Ganzes.[25] Im Bereich der Sammlungsforschung standen in Bezug zur jüdischen Geschichte dagegen lange kunstgeschichtliche und museale Sammlungen im Fokus.[26] Bibliotheken wiederum wurden vorrangig im institutionellen Kontext und, wie bereits erwähnt, mit Fokussierung auf den Zerstörungs- und Raubaspekt untersucht.[27] Eine Auswahl der wenigen, wenn auch umso wichtigeren Einzeluntersuchungen, die sich mit der Rekonstruktion jüdischer Privatbibliotheken befassen und für die vorliegende Arbeit eine wichtige Grundlage darstellen, werden im Folgenden hervorgehoben: Wie vielschichtig die Schicksale und Überlieferungskontexte deutsch-jüdischer Privatbibliotheken im 20. Jahrhundert sein konnten, zeigt der 2008 von Ines Sonder und Karin Bürger herausgegebene Sammelband *„Wie würde ich ohne Bücher leben*

Bibliothek, 14–22; A. Jaspers, A. B. Kilcher, *Randkulturen;* vgl. auch A. Assmann/Monika Gomille u. a., *Sammler – Bibliophile – Exzentriker*, 7; K. Pomian, „Sammlungen", 107ff.

21 O. Belin/C. Mayaux u. a., *Bibliothèques d'écrivans*, IX.

22 Siehe hierzu die richtungsweisende Arbeit *Bibliothèques d'ecrivans* hg. von Paolo D'Iorio und Daniel Ferrer.

23 E. G. L. Schrijver, Introdution, *EJBC*; ders., Jewish Book Culture Since the Inventing of Printing, 291ff.

24 J. Rüsen, *Was ist Geschichtskultur*, 5.

25 E. G. L. Schrijver, Introdution, *EJBC.*

26 Zu jüdischen Kunstsammlungen, -sammlern, und -händlern siehe u.a.: I. Rotermund-Reynard, Erinnerung an eine Sammlung, 151ff, https://www.degruyter.com/document/doi/10.1515/9783112423042-012/html (Zugriff am 02.05.2022); O. Dascher, *Alfred Flechtheim*; A. Pophanken/F. Billeter, *Die Moderne und ihre Sammler*; E. Brockhoff/ F. Kiermeier, *Gesammelt, gehandelt, geraubt*; S. Kuhrau, *Der Kunstsammler im Kaiserreich*; O. Lohr/B. Purin (Hg.), *Jüdisches Kulturgut.*

27 Wie Ernst Fischer herausstellt, sind jedoch auch Fragen zum Thema NS-Bücherraub nicht umfassend beforscht, wie etwa das Schicksal von Büchersammlern und ihren Sammlungen, die nicht ins Exil gingen. Vgl. E. Fischer, Buchbesitz und Lesen im Exil, *Geschichte des deutschen Buchhandels*, Bd. 3,2, 1092.

und arbeiten können?" Privatbibliotheken jüdischer Intellektueller im 20. Jahrhundert.[28] Die darin porträtierten 18 Büchersammlungen männlicher und weiblicher jüdischer Intellektueller vermitteln einen Eindruck, auf welch unterschiedlichen Wegen und unter welchen Umständen privater Buchbesitz überliefert wurde. Wie der Buchwissenschaftler Ernst Fischer im Nachwort des Bandes in Bezug auf die Aussagekraft dieser Sammlungen hinweist, fungieren Privatbibliotheken nicht nur als „autobiographisches Dokument" sondern auch als „überpersönliches Zeugnis ihrer Epoche".[29] Zudem wurde die Bedeutung von Sammlungen für die Exilforschung durch wichtige Untersuchungen hervorgehoben.[30] Dass bisher jedoch nur wenige Monographien zu einzelnen Sammlungen erschienen sind, zeigt jedoch, dass viele Sammlungs- und Bücherschicksale bisher nur oberflächlich erforscht wurden. In einer der ersten Einzeluntersuchungen widmete sich Volker Dahm bereits in den späten 1970er Jahren im Rahmen seiner umfassenden Studie über den Philanthropen und Geschäftsmann Salman Schocken auch dessen Bibliothek.[31] Daran anknüpfend sind zahlreiche weitere vertiefende Untersuchungen um die Ausnahmesammlung Schockens entstanden. So beschäftigte sich die Historikerin Stefanie Mahrer mit der Rettung der Bibliothek Schockens nach Jerusalem und verwies in diesem Zusammenhang auch auf das Desiderat im Hinblick auf die Überlieferung jüdischer Privatbibliotheken:

> The rescue of precious and important private Hebrew book collections before they were looted by the Nazis has thus far remained in the shadows. This was probably because there are not many such collections, and – as always – because of the difficulty of finding sources that shed light on these stories.[32]

Das Zitat unterstreicht zum einen die bisher vernachlässigte Auseinandersetzung mit dem Schicksal von Privatbibliotheken und zum anderen die komplexe Quellenlage, die mit deren Rekonstruktion im Zusammenhang steht. Caroline Jessen hat mit ihrer Monographie *Der Sammler Karl Wolfskehl* (2018) aufgezeigt, wie durch die Herausstellung einzelner besonderer Inhalte und Sammlungsteile ein

---

28 Sonder u. a., *Privatbibliotheken jüdischer Intellektueller.*

29 Ebd., Nachwort. Büchersammlungen als Lebenszeugnisse, 389f.

30 C.-D. Krohn, L. Winckler, *Bibliotheken und Sammlungen im Exil*; C. Jessen, *Kanon im Exil.*

31 V. Dahm, *Das jüdische Buch im Dritten Reich*; Salman Schocken und seine Ausnahmestellung als Sammler ist für die hier behandelten Beispiele von Bedeutung, da Schocken nicht nur etwa die Bibliothek Karl Wolfskehls erwarb und damit rettete, sondern sich auch für die Rückführung der Bibliothek Franz Rosenzweigs aus Tunis einsetzte. Vgl. dazu Kapitel 2 und Kapitel 5.

32 Der Ausdruck „Hebrew book collections" ist hier im Sinne von Sammlungen jüdischer Besitzer zu verstehen, da er sich nicht nur auf Sammlungen von Hebraica und Judaica bezieht; vgl. Stefanie Mahrer, The Schocken Library, *Naharaim* 1–2 (2015), 22; siehe auch dies., *Salman Schocken.*

umfassendes Bild von der Zusammensetzung und Überlieferungsgeschichte von Privatbibliotheken gezeichnet werden kann.[33] Die Arbeit von Caroline Jessen ist ein wichtiges Fundament für die vorliegende Betrachtung, die das Beispiel der Bibliothek von Karl Wolfskehl mit Fokus auf die komplexe Überlieferungsgeschichte zwischen Deutschland, Israel und Neuseeland beleuchtet. Einen nicht weniger wichtigen Impuls für die vorliegende Untersuchung gab der von Norbert Waszek herausgegebene Katalog der Bibliothek des Philosophen Franz Rosenzweig.[34] Die lange in Vergessenheit geratene Geschichte, die durch den Katalog wieder offengelegt wurde, konnte im Rahmen der vorliegenden Arbeit erstmals umfassend rekonstruiert werden.

Ferner waren die grundlegenden Arbeiten von Oliver Matuschek und Stephan Matthias ein wichtiger Ausgangspunkt sowohl für die Biographie[35] als auch für die Sammlung Stefan Zweigs.[36] Darüber hinaus seien die Arbeiten von Marje Schuetze-Coburn,[37] Michael Meyer, Anne Clara Schenderlein[38] sowie Roland Jaeger[39] mit Bezug auf die Erforschung der Sammlung Lion Feuchtwangers hervorgehoben, deren Ergebnisse in diese Untersuchung eingeflossen sind sowie erweitert und fortgedacht wurden. Die Bibliothek Jakob Wassermanns wird in der vorliegenden Arbeit erstmals in ihrer Überlieferungsgeschichte rekonstruiert.[40]

Mit Blick auf die Erforschung von buchgeschichtlichen Zusammenhängen im Bereich der jüdischen Geschichte seien an dieser Stelle noch die Arbeiten von Joshua Teplitsky zur Bibliothek David Oppenheimers,[41] Andreas Lehnardts Studie zu Judaica und Hebraica der Johannes Gutenberg-Universität Mainz[42] sowie Markus Kirchhoffs grundlegende Arbeit *Häuser des Buches. Bilder Jüdischer Bibliotheken*, hervorgehoben, die wichtige Impulse für eine Auseinandersetzung mit dem Thema

---

33 C. Jessen, *Der Sammler Karl Wolfskehl*; C. Jessen/J. Schneidawind, Bücherspuren: Karl Wolfskehls deutsch-jüdische Bibliothek, *Münchner Beiträge* 2 (2019).

34 Waszek, *Rosenzweigs Bibliothek*.

35 O. Matuschek, *Drei Leben*.

36 Matthias/Matuschek, *Zweigs Bibliotheken*; Matuschek, *Ich kenne den Zauber der Schrift*.

37 M. Schuetze-Coburn, Privatbibliothek; B. Dotson/M. Schuetze-Coburn u. a., *Against the Eternal Yesterday*.

38 M. Meyer, A. C. Schenderlein, Lion Feuchtwanger.

39 R. Jaeger, Lion Feuchtwanger als Büchersammler, *AdA* 5 (1998), A330–A340; siehe auch D. Fechner, Die Bibliotheken Lion Feuchtwangers, *Marginalien* 1 (1984), 23–28.

40 J. Schneidawind, Unliebsame Neuzugänge, https://mimeo.dubnow.de/unliebsame-neuzugaenge/ (Zugriff: 04.05.2022).

41 J. Teplitsky, *Prince of the Press*.

42 A. Lehnardt, *Die Jüdische Bibliothek*; ebenfalls erwähnt sei die Studie Martin Schumachers zu Büchern und Bibliotheken jüdischer Rechtsanwälte nach 1933: M. Schumacher, *Bücher und Bibliotheken jüdischer Rechtsanwälte nach 1933*.

gaben.[43] Der dritte Teil der *Geschichte des deutschen Buchhandels*, welchen Ernst Fischer 2021 vorgelegt hat, wie auch seine vorausgegangenen Arbeiten zum Buch- und Antiquariatshandel sowie zu Exilbibliotheken, waren wichtiger Ausgangs- und Anknüpfungspunkt für die buchhistorischen Aspekte der vorliegenden Untersuchung.[44] Einen wichtigen Beitrag mit Blick auf das Schicksal jüdischer Kulturgüter nach 1945 leistete der Sammelband *Contested Heritage: Jewish Cultural Property after 1945* (2020), der mit Fragen um Translokation, Restitution und den Umgang mit Kulturgütern aus jüdischem Kontext ein bisher wenig beleuchtetes Themenfeld in den Fokus rückt.[45]

Ansätze für die Rekonstruktion von Sammlungen

Fragen nach der Verlagerung materieller Kultur haben in den letzten Jahren in unterschiedlichen Disziplinen und Forschungsfeldern zunehmend Aufmerksamkeit erfahren. Nicht zuletzt die aktuelle Debatte über den Umgang mit „kolonialem Erbe" hat Fragen nach Provenienz und Erwerbungswegen von Kunst- und Kulturobjekten erneut ins Zentrum zahlreicher Diskussionen gerückt.[46] Der interdisziplinäre Forschungsbereich der *Material Culture Studies* hat in seiner Auseinandersetzung mit Objekten einen Ansatz geschaffen, der auch in der Geschichte zunehmend Beachtung findet.[47] Lange war die Beschäftigung mit materieller Kultur sowie mit Fragen um ihre Herkunft und Mobilität vor allem in der Archäologie, Ethnologie und Kunstgeschichte vorherrschend. Mit seiner viel beachteten Arbeit *The Social Life of Things* (1986) hat der Ethnologe Arjun Appadurai die Fragen nach der Objektbedeutung und den Objektwegen in zahlreiche Disziplinen und Forschungsfelder getragen.[48] Nach Appadurai müsse man den Objekten selbst

---

43 M. Kirchhoff, *Häuser des Buches*.

44 Fischer, *Geschichte des deutschen Buchhandels*, Bde. 3,1–3; siehe auch Reinhard Wittmanns grundlegende Arbeiten zur Geschichte des Buchhandels, die ebenfalls wichtiger Ausgangspunkt für diese Untersuchung waren: R. Wittmann, *Hundert Jahre Buchkultur in München*; ders., *Geschichte des deutschen Buchhandels*; ders., Münchens Jüdische Antiquariate – Glanz und Zerstörung, *Münchner Beiträge* 2 (2009).

45 E. Gallas/Y. Weiss u. a., *Contested Heritage*.

46 B. Savoy, *Die Provenienz der Kultur*; dies., *Afrikas Kampf um seine Kunst*; T. Sandkühler/A. Epple/J. Zimmerer, *Geschichtskultur durch Restitution*.

47 H. Kalthoff/T. Kress u. a., Einleitung: Materialität in Kultur und Gesellschaft, 25; zur Material Culture im globalgeschichtlichen Kontext siehe: G. Riello, The "Material Turn" in World and Global History, *J. World. Hist*, 33 (2022), 193–232.

48 A. Appadurai, *The Social Life of Things*; mit Blick auf den Bedeutungswandel von Objekten ist auf die Arbeit von Nicholas Thomas zu verweisen, der mit seinem Konzept der „Entangled Objects" die wandelbare, historisch bedingte Verwendung von materiellen Objekten herausstellt: N. Tho-

folgen, um deren Bedeutung und Wert zu erfahren, da diese in ihren Formen, ihrer Verwendung und in ihren Wegen eingeschrieben seien.[49] Der Kulturanthropologe Igor Kopytoff wiederum hat sich der Frage nach Objektwegen über den Ansatz der „Objektbiographie" genähert. In *The cultural biography of things* (1986) spricht er den Dingen eine Biographie zu, die wie menschliche Biographien von ihrem kulturellen Kontext geprägt sind.[50] Um jedoch gerade die komplexen und manchmal verschlungenen Formen von Mobilität von Dingen herauszustellen, führte Hans Peter Hahn gemeinsam mit Hadas Weiss das Konzept des „Itinerars" ein.[51] Im Gegensatz zu der häufig auf lineare Abläufe ausgerichteten Idee der Objektbiographie, ermögliche das Konzept des Itinerars als einer Art Routenplan, die Abbildbarkeit der nicht geradlinig verlaufenden Wege von Objekten, so Hahn: „Itineraries describe pathways that do not lead directly to a given goal, but take an irregular and convoluted course with a multitude of meanderings."[52] Nach Hahn liege die Leistungsfähigkeit dieses Begriffs im sensiblen Nachzeichnen komplexer Wege durch Raum und Zeit.[53] Im Bereich der Geschichtswissenschaft sind bisher wenige Arbeiten entstanden, die auf dem Itinerar-Ansatz fußen. Erwähnt sei Kim Siebenhüners Untersuchung zur Geschichte der globalen Zirkulation von Juwelen.[54] Viel beachtete aktuellere historische Arbeiten wie etwa Götz Alys Monographie über die Herkunft eines im Berliner Humboldt Forum ausgestellten Luf-Bootes[55] zeigen jedoch, wie vielversprechend die Rekonstruktion von Objektwegen – auch jenseits des Itinerar-Begriffes – für historische Fragestellungen sein kann. Anhand der Nachverfolgung der Wegmarken und Besitzübergänge lässt sich materielle Kultur

---

mas, *Entangled Objects*; für die Auseinandersetzung mit Objekten in der Kunstgeschichte siehe: K. Schankweiler/A. S. Messner u. a., *Reading Objects in the Contact Zone*; N. Henning, *Lebensgeschichte in Objekten*; zum Objekt in der Literaturgeschichte siehe u. a.: M. Niehaus, *Das Buch der wandernden Dinge*.

49 Appadurai, *The Social Life of Things*, 5.

50 Kopytoff, *The Cultural Biography of Things*; zum Konzept der Objektbiographie siehe auch: D. Boschung/P. A. Kreuz u. a., *Biography of Objects*; der Soziologe Bruno Latour entwickelte das Konzept der Objektbiographie in Verknüpfung mit der Akteur-Netzwerk-Theorie weiter, indem er Menschen und Dinge in ihrer „agency" gleichwertig auffasst: B. Latour, *Einführung in die Akteur-Netzwerk-Theorie*; Diese Gleichwertung stößt in der historischen Forschung an ihre Grenzen, da der Wirkungsmacht Latours vor allem auf der Ebene des Sozialen verstanden wird. Zur Einordnung und Kritik vgl. C. Antenhofer, Die Akteur-Netzwerk-Theorie, 67ff.

51 H. P. Hahn/H. Weiss, Introduction: Biographies, travels, and itineraries of things, 1ff; siehe hierzu auch: K. Siebenhüner, Die Mobilität der Dinge, 39ff.

52 Hahn/Weiss, Introduction: Biographies, travels and itineraries of things, 8.

53 Hahn, Dinge sind Fragmente und Assemblagen, 11ff.

54 Siebenhüner, *Die Spur der Juwelen*; siehe auch: N. Safier, *Measuring the New World*; ders., Global Knowledge on the Move, *Isis* 101 (2010), 133ff.

55 G. Aly, *Das Prachtboot*.

erst richtig in den historischen und räumlichen Kontext einordnen.[56] Wenn die Kunsthistorikerin Bénédicte Savoy etwa betont, wie die Dinge über ihre „Rückverfolgbarkeit" („traceability") weit mehr „über Europa und die Welt" erzählen als über die Objekte allein,[57] so lässt sich dieser Ansatz auch auf Fragen nach dem deutsch-jüdischen Buchbesitz übertragen. Die Fragen nach der Herkunft und der Wege materieller Kultur sind nicht nur im Kontext von Restitution sinnvoll, sondern auch um die darumliegenden historischen Zusammenhänge zu rekonstruieren und einzuordnen. Dies gilt auch für die Überlieferungsgeschichte von Privatbibliotheken. Insbesondere bei der Auseinandersetzung mit ganzen Sammlungen und nicht nur mit einzelnen Objekten, erweist sich die Fokussierung auf „Routen" oder „Itinerare" als fruchtbar, da sich hier sammlungsgeschichtliche Zusammenhänge wie etwa Besitzübergänge und Translokation von Sammlungsteilen sichtbar machen lassen. Mit Blick auf Fragen nach der Mobilität sind Bibliotheken hauptsächlich in ihren Einzelobjekten erforscht worden.[58] In diesem Zusammenhang und in Anlehnung an das zuvor bereits beschriebene Konzept der Objektbiographie hat sich der Ansatz der „Biographie des Buches" entwickelt.[59] Aber auch hier gilt: Während sich der Biographie-Ansatz für die inhaltliche Erschließung eignet, stößt man jedoch bei der Auseinandersetzung mit ganzen Sammlungen schnell an Grenzen, da jedes *einzelne* Exemplar eine *eigene* Biographie aufweist. Hingegen erweist sich das im Rahmen der Sammlungstheorie und Museumswissenschaft eingeführte Konzept des „Semiophor" von Kryzstof Pomian für die Auseinandersetzung mit Bibliotheken als ergiebig.[60] Der Begriff „Semiophor", der Objekte als Zeichenträger versteht, deren Bedeutungszuschreibung sich durch Transferprozesse und den Wandel von Kontexten ändert, ist sowohl auf Einzelobjekte als auch auf ganze Sammlungen- und Sammlungsteile übertragbar.[61] Wie Caroline Jessen in ihrer Arbeit *Kanon im Exil* gezeigt hat, in welcher sie Schicksalen deutsch-jüdischer Bücher und Bibliotheken in Palästina/Israel nachspürt, ändern sich die Sammlungen nicht nur in ihrer

56 Vgl. hierzu auch S. Gaber/ S. Höppner, S. Hundehege (Hg.), *Provenienz. Materialgeschichte(n) der Literatur.*

57 Savoy, Was unsere Museen nicht erzählen, https://monde-diplomatique.de/artikel/!5437994 (Zugriff: 20.08.2021).

58 R. Myers/M. Harris u. a., *Books on the move*; verwiesen sei an dieser Stelle auf das an der Columbia University New York angesiedelte Projekt „footprints. Jewish books through time and place" welches die Wege frühneuzeitlicher Judaica und Hebraica in einer Datenbank sammelt und über virtuelle Karten sichtbar macht: https://footprints.ctl.columbia.edu (Zugriff: 02.05.2022); siehe in diesem Zusammenhang auch das Projekt „Manuscript Hunters" am Institut für den Nahen und Mittleren Osten an der LMU, https://www.naher-osten.uni-muenchen.de/studium_lehre/manuscript_hunters/index.html (Zugriff: 02.05.2022).

59 U. Gleixner/C. Baum/J. Münkner u. a. (Hg.), *Biographien des Buches.*

60 Pomian, Vom Sammeln.

61 Zum Konzept der Semiophoren siehe auch: S. Samida, Semiophoren, 249ff.

materiellen Zusammensetzung, sondern auch in ihrer Funktion, Wahrnehmung und Rezeption.[62] Wie komplex die Wege und Formen der Transferprozesse sein können, wie sich Zuschreibungen mit ihnen verändern, wie Sammlungen heute in den unterschiedlichen Kontexten als Überlieferungsräume wahrgenommen und reflektiert werden, all das wird anhand der folgenden Schicksale zwischen Europa, Ozeanien, Amerika, Asien und Nordafrika aufgezeigt.

62 Jessen, *Kanon im Exil.*; siehe auch: dies., Affirming Ownership, Obscuring Provenance.

2. Verlorenes zwischen Frankfurt am Main, Tunis und Jerusalem – Die Bibliothek von Franz Rosenzweig

2.1 Tel Aviv, August 1945

> [I]ch schreibe Ihnen, um Ihnen von dem Schicksal der Bibliothek meines verstorbenen Mannes zu berichten und Sie um Ihren Rat und ev[en]t[uell] Beistand zu bitten, da ich annehme, dass Sie sich aus verschiedenen Gründen für die Sache interessieren. [...][1]

Mit diesen Zeilen begann Edith Rosenzweig-Scheinmann (1895–1979) ihren ausführlichen Brief an den Verleger und Geschäftsmann Salman Schocken (1877–1959), den sie im August 1945 von Tel Aviv nach Jerusalem schickte. Die Bibliothek ihres verstorbenen Mannes, des Historikers und Philosophen Franz Rosenzweig (1886–1929), hatte seit mehreren Jahren als verschollen gegolten, nun gab es neue Spuren, die nach Tunesien führten. Der Witwe war es vor ihrer Flucht 1939 aus Deutschland noch gelungen, die über 3.000 Bücher aus Frankfurt am Main nach Antwerpen bringen zu lassen, von wo diese ihr und ihrem Sohn Rafael (1922–2001) ins britische Mandatsgebiet Palästina hätten nachgeschickt werden sollen – aber die sechs Kisten waren nie eingetroffen. Erst im Februar 1944 erhielt Edith Rosenzweig-Scheinmann, wie sie nach erneuter Heirat hieß, eine Mitteilung des belgischen Konsuls aus Tunis, der ihr berichtete, dass sich die Bibliothek im französischen Protektorat Tunesien befand.[2] Das belgische Transportschiff *Egypte*, auf welchem die Bibliothek samt den Regalen und dem Bechstein-Flügel der Familie verladen worden war, war zwar noch im Mai 1940 in Richtung Palästina aufgebrochen, aber wenige Tage darauf vom französischen Militär vor der tunesischen Küste in den Hafen der Stadt Tunis umgeleitet und die Fracht beschlagnahmt worden.[3] Später wurden die Kisten mit den Büchern, die auch persönliche Papiere Rosenzweigs enthielten, in die Stadtbibliothek von Tunis verbracht. Das Chaos der Kriegsjahre hat das Schicksal der Bibliothek in den

---

1 SchA 332/244, Edith Rosenzweig-Scheinmann an Salman Schocken am 24. August 1945; im Originalbrief lautet die Unterschrift „Edith Scheinmann-Rosenzweig“. Den Doppelnamen trug die Witwe Franz Rosenzweigs nach ihrer Heirat mit Max Scheinmann (1886–1971). In den später herausgegebenen Gesammelten Schriften Franz Rosenzweigs lautet die Schreibweise „Rosenzweig-Scheinmann“, die aus Gründen der Einheitlichkeit im Folgenden verwendet und im Fußnotenapparat mit ERS abgekürzt wird.

2 Ebd.

3 BeStA, Administration de la Marine, 8516 sowie Office Belge de Gestion et de Liquidation, 707.

Hintergrund treten lassen, bis sich Edith Rosenzweig-Scheinmann im August 1945 wieder der Sache annahm. Für sie hatte die Sammlung weit mehr als nur einen materiellen Wert, sondern war zugleich ein wichtiges Zeugnis über Denken und Werk Rosenzweigs als eine der bedeutungsvollsten deutsch-jüdischen Stimmen des frühen 20. Jahrhunderts. Nachdem sie keine Mühen und Kosten gescheut hatte, die Bibliothek vor den Nationalsozialisten aus Deutschland zu retten, war es Edith Rosenzweig-Scheinmann ein Anliegen, nun auch „die Legalität der Requisition"[4] durch Tunesien anzufechten, um die „jüdischen, persönlichen und materiellen Werte" Franz Rosenzweigs zu bewahren.[5] Mit ihrem Schreiben an den Verleger Schocken hoffte sie auf die Unterstützung durch den großen Bibliophilen, dem es im Nachgang seiner eigenen Flucht 1934 aus Deutschland gelungen war, eine Vielzahl an Büchern, Manuskripten sowie ganze Privatbibliotheken nach Jerusalem zu retten – unter anderem die des Dichters Karl Wolfskehl.[6]

Schocken, der die Rosenzweigs nicht zuletzt durch die Veröffentlichungen der Werke des Philosophen in seinem Verlag kannte, nahm Anteil an dem Schicksal der Familie und den Geschehnissen um die Bibliothek, die es durchaus wert sei, sie „in ihrer Geschlossenheit zu erhalten."[7] Es waren schließlich die anhaltenden politischen Konflikte in Palästina/Israel, die Lage in Tunesien sowie die finanziell schwierigen Umstände Edith Rosenzweig-Scheinmanns, die am Ende alle Versuche scheitern ließen, die Sammlung Rosenzweig nach Jerusalem zu transferieren. Bis heute ist die Bibliothek in der Nationalbibliothek Tunesiens erhalten geblieben. Sie ist ein Sonderfall und steht doch auch exemplarisch dafür, auf welch vielfältigen Wegen deutsch-jüdisches Erbe bis heute über die Welt verstreut liegt – und wo es, manchmal sichtbarer, manchmal weniger sichtbar –wahrgenommen und erinnert wird.

---

4 SchA 332/244, ERS an Salman Schocken am 24. August 1945.

5 Ebd.

6 Zur Geschichte der Sammlung Wolfskehl vgl. Kapitel 5.

7 SchA 332/244, Salman Schocken an ERS am 23. Oktober 1945.

Magazinaufstellung der Sammlung Franz Rosenzweig in Tunis, 2019 © Julia Schneidawind

Um die Bedeutung der Sammlung sowohl als biographisches als auch intellektuelles Zeugnis zu verstehen, wird zunächst der Entstehungskontext der Sammlung nachgezeichnet und die Bibliothek inhaltlich charakterisiert, bevor in den darauffolgenden Abschnitten der Transfer nach Tunis, die Überführungsversuche nach Israel sowie der Fortbestand der Sammlung heute dargestellt werden. Der Fokus des Kapitels liegt auf der Frage, wie die Sammlung nach deren Verlust für die Familie Rosenzweig heute noch als deutsch-jüdische Bibliothek von Bedeutung ist und wie sie in Tunis als solche nachwirkt.

2.2 Zwischen Kassel und Üsküb: Die Entstehung der Bibliothek

„Es ist eine Bibliothek, die auch für einen gebildeten Kaufmann, Anwalt, Arzt etwas ist, durchaus nicht bloss für einen Gelehrten“[8], notierte Franz Rosenzweig im September 1922 über seine Privatbibliothek in sein Tagebuch. Mit etwa 3.000 Bänden war die Sammlung, die in den Regalen der Frankfurter Mansardenwohnung aufgestellt war, weder von außergewöhnlichem Umfang noch fanden sich darin zahlreiche Raritäten oder Kostbarkeiten. Dennoch zählte Rosenzweig, der einem großbürgerlichen jüdischen Elternhaus aus Kassel entstammte, seine Bücher zu seinem wertvollsten Besitz. Im Tagebucheintrag hielt er daher auch den Wunsch fest, dass die Bücher nach seinem Tod an seinen Sohn Rafael übergehen sollten, der wenige Tage zuvor als einziges Kind des Ehepaares Rosenzweig zur Welt gekommen war. „Mein Sohn wird aus diesen Büchern, die ja nie en masse gekauft sind, sondern von Fall zu Fall, viel von mir erfahren, was er anders nicht erfahren kann“[9],

8 LBINY, Tagebucheintrag vom 13. September 1922, Tagebuch Franz Rosenzweig, Franz Rosenzweig Collection, AR 3001; vgl. N. Glatzer, *Rosenzweig*, 119f; siehe auch: Schneidawind, A diaspora of books, *Jew. Cult. His* 2 (2021); Schneidawind/Waszek, Auf Abwegen, *Jüdische Geschichte & Kultur* 5 (2021), 12f.

9 LBINY, Tagebucheintrag vom 13. September 1922.

begründet Rosenzweig das Vermächtnis.[10] Mit „Fall zu Fall" waren die Ereignisse im Leben des gerade 35-Jährigen gemeint, die ihn in seiner Persönlichkeit sowie als Philosoph und Historiker geprägt hatten und an welche er einzelne Ausgaben, aber auch ganze Abteilungen der Bibliothek knüpfte: Bücher und Widmungsexemplare aus dem familiären Umfeld und Freundeskreis, die Literatur der Studienjahre und Promotion, Schriften, die ihn bei seinen religionsgeschichtlichen, -philosophischen und theologischen Überlegungen und Arbeiten darüber beeinflussten. Hier waren es gerade die Jahre des Ersten Weltkrieges – später dann die berühmten Übersetzungsarbeiten, die Rosenzweig in seinem Denken sowie seine Bibliothek stark formten.[11] Dass er den Tagebucheintrag zu seinem Büchervermächtnis wenige Tage nach der Geburt seines Sohnes Rafael im Spätsommer 1922 niederschrieb, hatte einen tragischen Hintergrund: Monate zuvor hatten Ärzte bei Rosenzweig das unheilbare Nervenleiden einer Amyotrophen Lateralsklerose (ALS) diagnostiziert. Die im Vergleich zu seinen vorhergehenden Tagebucheinträgen deutlich ungleichmäßigere Handschrift war Ausdruck der schnell fortschreitenden Lähmungserscheinungen, die Rosenzweig zunehmend einschränkten. Obwohl die Ärzte ihm nur wenig Hoffnung machten, seinen Sohn aufwachsen zu sehen, sollte er weitere sieben Jahre, wenn auch bald in vollständiger Paralyse, mit der Krankheit leben.[12] Der Tagebucheintrag mit dem Wunsch bezüglich seiner Bücher wurde einer der letzten handschriftlichen Aufzeichnungen, die er ohne Unterstützung zu Papier brachte. Rosenzweigs Bibliothek, aber auch die in den Büchern enthaltenen Spuren in Form von Vorbesitzeinträgen, Widmungen, Exlibris sowie Randbemerkungen machen die Privatbibliothek zu einem biographischen Repositorium und zugleich zu einem vergessenen und schließlich entrückten Überlieferungsraum.[13]

10 Schneidawind/Waszek, Auf Abwegen, 12; Glatzer, *Rosenzweig*, 119f.

11 Während eine Fülle an Literatur zu Rosenzweigs philosophischem Werk existiert, fehlt bis heute eine umfassende Biographie; vorliegende Arbeit stützt sich maßgeblich auf die biographischen Angaben der folgenden Publikationen: F. Rosenzweig, *Der Mensch und sein Werk*, im Folgenden *GSI,1*; U. H. Rosenzweig, Herkunft und Verwurzelung; Glatzer, *Rosenzweig*; A. H. Shevitz/S. Hillmann, Adele Alsberg Rosenzweig, *LBIYB* 65,1 (2020), 55f.

12 F. Rosenzweig, *GSI,1*, XXVI.

13 Laut einem Brief von ERS an ihre Schwester Ilse Strauss hat Franz Rosenzweig auch in seinem Testament verfügt, dass die Bibliothek nicht vor Rafaels 25. Lebensjahr veräußert werden soll, vgl. Brief ERS an Ilse Strauss am 22. Dezember 1938, Privatarchiv Eli Shavit, zu Verfügung gestellt durch Amy Hill Shevitz, der an dieser Stelle herzlich gedankt wird.

Franz Rosenzweig (1886–1929)
© LBI New York, Franz Rosenzweig Collection, AR 3001

Franz Louis August Rosenzweig wurde am 25. Dezember 1886 in Kassel geboren. Nach dem jüdischen Kalender war es der Schabbat-Abend des jüdischen Lichterfestes Chanukka des Jahres 5647, welcher in diesem Jahr auf den ersten Weihnachtsfeiertag fiel. Während man in Deutschland vielerorts mit „dem größten Schneefall des 19. Jahrhunderts“[14] zu kämpfen hatte, freute man sich im Kreis der Unternehmer-Familie Rosenzweig über die Geburt des ersten (und einzigen) Kindes. Die Mutter, Hedwig Paula Adele Louise (geborene Alsberg, 1867–1933), entstammte einer westfälischen jüdischen Familie. Nach der Geburt war Adele oder „Dele“ , wie sie genannt wurde, schwer erkrankt, weshalb Mutter und Sohn viele Monate getrennt waren.[15] Trotz anhaltender physischer wie psychischer Probleme, die Adele ihr weiteres Leben begleiteten, blieb sie in der großbürgerlichen Gesellschaft Kassels gut vernetzt. Sie galt als kunstbeflissen, belesen und feingeistig – Eigenschaften, die sie, wie später auch Teile ihrer Bibliothek, an ihren Sohn Franz weitergab.[16]

In ihren handschriftlichen an den Sohn adressierten Erinnerungen dokumentiert sie die Faszination für alles Schriftliche, die Franz bereits früh zeigte: „[S]chon

14 H. von Rudloff, *Die Schwankungen und Pendelungen des Klimas*, 164f.

15 Shevitz, Adele Alsberg, 61.

16 Ebd.; vgl. R. Horwitz, Adele Rosenzweigs Jugenderinnerungen, *BLBI* 16/17 (1977/1978), 133ff. Original in LBINY, Franz Rosenzweig Collection, Adele Rosenzweigs Jugenderinnerungen, AR 3001.

erstaunlich früh fingst Du an, Dich mit den Buchstaben in Deinen Bilderbüchern zu befassen [...] später kam das Lesen mit einem Schlag. [...] bald war dir nichts Gedrucktes mehr fremd."[17] Über das religiöse Leben innerhalb ihrer Familie führte Adele später aus, dass „von allen [jüdischen] Gebräuchen nur noch das Jahrzeitlicht[18]" für die Großeltern geblieben war. Die in der Bibliothek des Sohnes erhaltenen Bände Adeles zeigen, dass sie zumindest über ihre Bücher dem Judentum verbunden blieb. So sind die *Gesammelten Schriften* Gabriel Riessers (1864) oder die Biographie Moses Mendelssohns von Bertha Badt-Strauss (1929) mit dem handschriftlichen Besitzvermerk „Adele Rosenzweig" in der Bibliothek des Sohnes überliefert worden.[19]

Franz Rosenzweigs Vater Georg Rosenzweig (1857–1918) war in zahlreichen Vereinen aktiv und eine Persönlichkeit des öffentlichen Lebens der Stadt.[20] So hatte er als erfolgreicher Unternehmer das in dritter Generation geführte Drogerieunternehmen zu einer angesehenen Farben- und Lackfabrik ausgebaut und fungierte als Stadtverordneter von Kassel sowie als Vorstand der Nationalliberalen Partei.[21] Zwar unterstützte Georg die Jüdische Gemeinde in Kassel finanziell, Besuche der

---

17 UB/LMB Kassel, Aufzeichnungen Adele Rosenzweig, Franz Rosenzweig Teilnachlass, 2°Ms. Philos. 39 A25,1; U. H. Rosenzweig, Herkunft und Verwurzelung, 17.

18 Bei der sogenannten „Jahrzeit" handelt es sich in der jüdischen Tradition um das Gedenken am Todestag. Siehe dazu: S. A. Goldberg, „Tod", in: *EJGK*, http://dx.doi.org.emedien.ub.uni-muenchen.de/10.1163/2468-2845_ejgk_COM_0931> (Zugriff: 05.05.2022).

19 Insgesamt ließen sich 27 Einzelbände mit Besitzvermerk „Adele Rosenzweig" in Tunis nachweisen; zudem findet sich dort eine Gesamtausgabe von Goethes Werk (Cotta-Jubiläumsausgabe in 60 Bänden), die Postkarten an Adele Rosenzweig enthalten, weshalb anzunehmen ist, dass es sich bei der Gesamtausgabe um jene von Adele Rosenzweig handelte. Die Bibliothek der Schwiegermutter wurde von ERS übernommen, musste jedoch zu großen Teilen im Zuge der Flucht der Rosenzweigs abgestoßen werden, wie ERS in einem Brief an ihre Schwester Ilse andeutet, vgl. ERS an Ilse Strauss, 22. Dezember 1938. An dieser Stelle sei darauf verwiesen, dass sich hinter „männlichen" Bibliotheken häufig Paarbibliotheken oder ganze Familienbibliotheken verbergen, wie es sich im Falle Rosenzweig deutlich offenbart.

20 Georg Rosenzweig war u. a. Mitglied im Kunstverein Kassel sowie in der kurhessischen Gesellschaft für Kunst und Wissenschaft. Zudem erwarb er selbst Kunst, wie etwa 1910 bei einer Auktion in Kassel das Gemälde „Waldtal" des Münchner Künstlers Wilhelm Stumpf; vgl. J. Schräder, *Deutsche Kunstausstellung Cassel 1913*, 74.

21 Im Jahr 1818 erhielt Louis J. Rosenzweig, der Urgroßvater Franz Rosenzweigs, die Genehmigung für die Eröffnung einer Destillier- und Spirituosenlackfabrik, worauf er das Unternehmen „L. J. Rosenzweig" gründete. 1886 benannte Georg Rosenzweig unter neuer Teilhaberschaft von Theodor Baumann das Unternehmen in „Rosenzweig & Baumann" um und führte es gemeinsam mit seinem Bruder Traugott Rosenzweig (1848–1889), der darüber hinaus als Armenrat der Stadt Kassel fungierte, vgl. *GSI,1*, 1; LBINY, Kassel Jewish Community Collection, AR 454, 167; Stadtarchiv Kassel, Firmengeschichte des Unternehmens L. J. Rosenzweig, S 1 Nr. 2087; vgl. Adreßbuch von Kassel, 275, https://orka.bibliothek.uni-kassel.de/viewer/image/1382947338432_1886/295/ (Zugriff: 03.02.2022).

Synagoge blieben jedoch auf die hohen Feiertage oder Familienfeste beschränkt. Das Ehepaar Adele und Georg Rosenzweig feierten die Brit Mila und Bar Mitzwa ihres Sohnes, befolgten jedoch keine Speisegesetze und hielten nicht den Schabbat.[22] Das änderte sich, als Adam (Abraham) Rosenzweig (1826–1908), ein Onkel Georgs, im Jahr 1873 bei den Rosenzweigs einzog.[23] Der Junggeselle Adam hatte zunächst eine handwerkliche Lehre als Formstecher absolviert und arbeitete als Holzschnitt-Künstler in Kassel.[24] Im Gegensatz zu Adele und Georg Rosenzweig, mit denen er nun eine Wohnung oberhalb der Firmenräume in der Unteren Königstraße 58 bewohnte, besuchte Adam regelmäßig die in derselben Straße gelegene Synagoge und lebte nach den jüdischen Religionsgesetzen. Auf das Einzelkind machte der Onkel mit dem „Käppchen"[25], wie ihn Franz Rosenzweig später erinnerte, einen nachhaltigen Eindruck. Während die Eltern größten Wert auf eine bildungsbürgerliche Schulausbildung am Königlichen Friedrich-Gymnasium legten – welches bereits die Gebrüder Grimm sowie der spätere Kaiser Wilhelm II. besucht hatten – war es Onkel Adam, der ihn mit den traditionellen Schriften des Judentums vertraut machte und ermunterte, Hebräisch zu lernen.[26]

Aber auch ein Leben fernab des Judentums einschließlich der Konversion zum Christentum war im familiären Umfeld der Rosenzweigs durchaus ein Thema, wie etwa in dem Familienzweig der Ehrenbergs, welcher über die Heirat des Onkels Victor Ehrenberg sogar eine genealogische Linie zu Martin Luther herstellte.[27] Später versuchte Franz Rosenzweig sein eigenes Leben derart zu gestalten, dass dieses weiter eng mit der jüdischen Tradition und ihren Schriften verbunden blieb, ohne dadurch einem modernen Leben entgegenzustehen.[28] Gerade der Austausch und

---

22 Glatzer, *Rosenzweig*, XXXVI.

23 U. H. Rosenzweig, Herkunft und Verwurzelung, 16; Glatzer, *Rosenzweig*, XXXVI.

24 Adam Rosenzweig hatte bei dem Braunschweiger Holzschnitt-Künstler Georg Peter Mezger gelernt und zahlreiche Bücher illustriert, vgl. „Adam Rosenzweig", *Archiv für Geschichte des Buchwesens*, Bd. XXIV, 1136 sowie ebd. „Georg Peter Mezger", 1106. Im Jahr 1877 erwähnt ein Artikel in der *AZJ* ein „kalligraphisches Meisterstück", welches von Adam Rosenzweig im Auftrag der Jüdischen Gemeinde Kassel zum Jubiläum des Landesrabbiners Lazarus Adler angefertigt worden war, vgl. *AZJ* 25 (1877), 393; das LBINY verwahrt zahlreiche Zeichnungen, Buchillustrationen und Selbstportraits von Adam Rosenzweig, vgl. LBINY, Franz Rosenzweig Collection AR 300.

25 In einem Brief an die Mutter aus Warschau berichtete Franz Rosenzweig später: „Wußtest du, daß das Schildkäppchen, das Onkel Adam im Haus trug, daß das hier zur Tracht gehört? Teils diese teils die Rundkäppchen wie ich noch eins habe [...]"; F.R. an Adele Rosenzweig am 23. Mai 1918, *GSI,1*, 564.

26 U. H. Rosenzweig, Herkunft und Verwurzelung, 11; Horwitz, The Shaping of Rosenzweig's Identity, 14; *GSI,1*, XIV.

27 Mendes-Flohr, *Jüdische Identität*, 94.

28 R. N. Rosenzweig, Augenblicke, 325; vgl. auch Gespräch zwischen ERS und Bernhard Casper „Franz Rosenzweig. Ein prophetischer Jude. Erinnerungen" SWR, ausgestrahlt am 9. März 1979; Brenner, *Jüdische Kultur*, 86.

Untere Königstraße 58 in Kassel, Geschäftsräume „L. J. Rosenzweig“
und Wohnung der Familie Rosenzweigs, um 1850

das Lernen auf Augenhöhe, wie er es von seinem Onkel Adam kannte, waren es, die Franz Rosenzweig später bei der Gründung des Freien Jüdischen Lehrhauses beeinflussten.[29] Die Familie Rosenzweig ist beispielhaft für zahlreiche deutsch-jüdische Familien des Kaiserreiches und verdeutlicht, wie vielschichtig der Umgang mit der jüdischen Religion innerhalb einer Familie sein konnte.[30] Dass es doch zahlreiche Schattierungen zwischen vollkommener Abwendung von allem Religiösen und einem Leben in strenger Orthodoxie gab, auch wenn im jüdischen Bürgertum des ausgehenden 19. Jahrhunderts nur noch wenige Juden ein Leben streng nach der

29 Brenner, *Jüdische Kultur*, 81.
30 Ders., A Tale of Two Families, *Judaism* 42 (1993), 349ff.

Halacha führten, zeigt sich auch in den Bücherschränken.[31] Nicht selten wurden neben Goethe, Schiller oder Heine auch die seit Generationen weitergegebenen hebräischen und jiddischen Schriften in der Privatbibliothek aufbewahrt, jedoch durch die moderneren Ausgaben in deutscher Übersetzung ergänzt.[32] Bei der Familienbibel der Rosenzweigs handelte es sich um eine deutsche Übertragung nach Leopold Zunz, der nicht nur in Form seiner Schriften, sondern auch in der Familiengeschichte der Rosenzweigs eine prominente Rolle einnahm.[33] Zahlreiche Bücher aus dem familiären Umfeld oder mit Bezug zur Familiengeschichte haben sich auch in Franz Rosenzweigs Bibliothek erhalten: So finden sich darin die bereits erwähnten Bücher aus dem Vorbesitz der Mutter Adele und des Onkels Adam[34] sowie Widmungsexemplare der Vettern Hans und Rudolf Ehrenberg, die insbesondere mit Blick auf Rosenzweigs Auseinandersetzung mit dem Judentum und Überlegungen bezüglich eines Übertrittes zum Christentum einen starken Einfluss hatten.[35] Persönliche Interessen wie etwa die Liebe zur Musik, aber auch die Studienschwerpunkte kommen in etlichen Bänden der Sammlung zum Vorschein. Im Jahr 1905 begann Franz Rosenzweig zunächst Medizin in Göttingen und München zu studieren, wechselte jedoch später zur Geschichte und Philosophie nach Freiburg und Berlin, wo er auch mit Hermann Cohen in Kontakt kam, der an der Hochschule für die Wissenschaft des Judentums lehrte und ihn nachhaltig

---

31 Vgl. M. Kaplan, *Jüdisches Bürgertum*; J. Shandler, The Consumer Cultures of American Jews; M. Richarz, Der Jüdische Weihnachtsbaum; zur Tradition von Büchern siehe auch: A. Assmann, Der väterliche Bücherschrank, *ZfPäd* 1 (2004), 5ff.

32 Zur Herausbildung des Begriffs „deutsch-jüdischer Literatur" im 19. Jahrhundert siehe: A. B. Kilcher, Die Wissenschaft des Judentums, 70ff; Brenner, *Jüdische Kultur*, 15.

33 Leopold Zunz war Schüler von Rosenzweigs Urgroßvater Samuel Mayer Ehrenberg und hatte die Großeltern Rosenzweigs getraut. Das Bücherverzeichnis Franz Rosenzweigs führt über zwanzig Bibelausgaben auf, von denen ein Großteil mit der späteren Übersetzungsarbeit Franz Rosenzweigs gemeinsam mit Martin Buber in Verbindung stehen dürfte. Zudem befand sich ursprünglich auch die Biographie Samuel Meyer Ehrenberg verfasst von Zunz in der Bibliothek, die jedoch heute nicht mehr in Tunis nachweisbar ist, vgl. F. Rosenzweig an J. Horovitz, April 1924, *GSI,2*, 957.

34 Widmungsexemplar von A.R. an F.R. zu dessen 19. Geburtstag mit der handschriftlichen Widmung „Onkel Adam am 25. XII 1905", C. Le Brün, *Handwörterbuch der Seelenmahlerey*; vgl. Kat. Waszek, 1282.

35 Nach Rosenzweig war es Selma Lagerlöfs Roman *Die Wunder des Antichrist* (1897), welcher den Ausgangspunkt für das sogenannte „Nachtgespräch" im Juli 1913 darstellte, und wonach Rosenzweig den Übertritt zum Christentum erwog. Von den insgesamt zehn Werken der Autorin, die im Ausfuhr-Katalog nachweisbar sind, lässt sich dieser Titel nicht finden; es lassen sich jedoch acht andere Titel Lagerlöfs nachweisen; vgl. Kat. Waszek 1248–1257; F. Rosenzweig an E. Rosenstock, 13. August 1917; F. Rosenzweig, *Briefe an Margrit Rosenstock-Huessy*, 21; zum sogenannten „Nachtgespräch" im Zusammenhang mit Rosenzweigs Überlegungen zur Konversion siehe: B. Pollock, *Franz Rosenzweig's Conversions*; Mendes-Flohr/J. Reinharz, From Relativism to Religious Faith, *LBIYB* 1 (1977), 161.

beeinflusste.[36] Erhalten geblieben sind zahlreiche Werke von Letzterem, aber auch über zwanzig Bände zu Hegel, darunter auch eine Erstausgabe *Phänomenologie des Geistes* von 1807.[37] Gerade in den philosophischen Inhalten der Sammlung finden sich Anstreichungen und Annotationen aus der Hand Rosenzweigs. Neben den Ausgaben selbst geben die Tagebücher Aufschluss über das Leseverhalten.[38] Es war insbesondere Goethe, der eine Faszination auf ihn ausübte, wie das Tagebuch an mehreren Stellen offenbart. Am 8. November 1906 hält der 19-Jährige darin fest: „Seit vorgestern habe ich den Goethe in 55 Bänden."[39] Die hier erwähnte Gesamtausgabe, die bis heute in Tunis erhalten ist, weist auch das Exlibris Franz Rosenzweigs auf, welches von der Künstlerin Hanna von Kaestner (1864–1920) gestaltet wurde.[40] Neben den annähernd 200 Bänden zu Goethes Werk, die sich im Bücherverzeichnis sowie in Teilen in Tunis nachweisen lassen, besaß Rosenzweig auch die Gesammelten Werke von Theodor Fontane, Friedrich Gottlieb Klopstock, Gotthold Ephraim Lessing und Henrik Ibsen,[41] wobei es sie hier zum Teil um Geschenke zur Bar Mitzwa gehandelt haben dürfte, wie ein Brief Rosenzweigs andeutet.[42] Auch wenn der spätere Philosoph bereits seit der Schulzeit, über die Studienjahre bis zur Promotion einen Grundstock seiner Bibliothek aufgebaut hatte, waren es die Jahre des Ersten Weltkrieges, in welchen die Sammlung substanziellen Zuwachs erfuhr.

---

36 Cohen und Rosenzweig standen bis zu Cohens Tod im Jahr 1918 in enger Verbindung, zudem planten sie Gründung einer „Akademie für die Wissenschaft des Judentums", vgl. *GSI,1*, 511; zur philosophischen Beziehung Rosenzweig zu Cohen vgl. M. Bienenstock, *Cohen und Rosenzweig*.

37 Während sich in der Erstausgabe keinerlei handschriftliche Notizen finden lassen, sind in einer weiteren Ausgabe der *Phänomenologie* zahlreiche Vermerke Rosenzweigs überliefert; vgl. Katalog Waszek, 883, 884.

38 Rosenzweig führte nachweislich von 1905 bis 1914 sowie ab 1922 Tagebuch, vgl. *GSI,1*, XXVI; vgl. auch: Brasser, *Rosenzweig als Leser*.

39 *GSI,1*, 62f; J. W. Goethe, *Gesammelte Werke*, vollst. Ausgabe letzter Hand. 55 Bde., Cotta, 1828–1833; vgl. Kat. Waszek, 745; sämtliche der in Tunis erhaltenen Einzelausgaben der *Gesammelten Werke* tragen das Exlibris Franz Rosenzweigs und den Vorbesitzer Vermerk „Karl Volckmar 1836"; bei Karl Volckmar handelte es sich um einen Lehrer der Klosterschule Pädagogikum Ilfeld, vgl. https://www.deutsche-biographie.de/pnd117488267.html (Zugriff: 06.05.2022).

40 N. Block, Ex Libris and Exchange, *Ger. Q.* 3 (2013), 352.

41 Vgl. Kat. Waszek, 650, 1148, 1312, 1041; es finden sich weitere Gesamtausgaben Goethes, vgl. Kat. Waszek 745,746; in einer Ausgabe befindet sich eine Postkarte des späteren Nobelpreisträgers Max Born, bei dem es sich um einen Großneffen Adele Rosenzweigs handelte; eine Gesamtausgabe von Lord Byron trägt den Besitzeintrag „Edith Hahn", vgl. Kat.Waszek 316.

42 In einem Brief äußert sich Rosenzweig kritisch über die Form der Gesamtausgabe: „Gegen Gesamtausgaben habe ich einen Abscheu; ich liebe das Einzelbuch. Außer Schopenhauer habe ich alles immer nur einzeln, übrigens ja auch die Dichter meist, soweit nicht Barmizwohgeschenke.", F. Rosenzweig an die Eltern am 20. September 1917, *GSI,1*, 445.

Bände der Gesammelten Werke Goethes aus dem Vorbesitz Franz Rosenzweigs in Tunis
© Julia Schneidawind

Exlibris Franz Rosenzweig in Goethe-Ausgabe (Cotta, 1828)
© Julia Schneidawind

Die sogenannte Juli-Krise des Jahres 1914 erlebte Rosenzweig in Berlin, wo er seine 1912 fertiggestellte Dissertation zu *Hegel und der Staat* ausbaute.[43] Etwa einen Monat nach Ausbruch des Krieges meldete sich Rosenzweig im September 1914 freiwillig zum Militär. Zunächst wurde er als Krankenpfleger beim Roten Kreuz eingesetzt und später als Unteroffizier dem sogenannten „Karpatenkorps" in der Flugabwehr zugeteilt.[44] Aus der extensiven Korrespondenz mit den Eltern aus dem Kriegseinsatz, den er zum größten Teil auf dem Balkan verbrachte, geht hervor, dass kaum ein Tag verging, an welchem er sich nicht Bücher an die Stellung schicken ließ.

43 Die Dissertation wurde 1912 von Rosenzweig eingereicht, konnte jedoch aufgrund des Kriegsausbruchs zunächst nicht veröffentlicht werden. Sie erschien 1920 beim Oldenbourg Verlag.

44 Brief von F.R. an die Eltern, 5. Oktober 1916, *Feldpostbriefe*, 266.

Der Aufenthalt an zeitweilig vom Frontgeschehen eher abgelegenen Kriegsschauplätzen in Mazedonien, etwa in Veles oder Üsküb (das heutige Skopje), aber auch längerer Krankheitsphasen im Lazarett, ließen Rosenzweig ausreichend Zeit für die Lektüre.[45] Die Flucht in die Bücher diente jedoch nicht nur der Zerstreuung im monotonen Kriegsalltag, sondern war auch Teil seiner Auseinandersetzung mit den historischen Entwicklungslinien und den politischen Ereignissen um den Kriegsausbruch.[46] Ein Thema, das ihn zudem beschäftigte, war die Auseinandersetzung mit der ihm im Vergleich zu Kassel so fremd erscheinenden jüdischen Lebenswelt, der Rosenzweig in Warschau begegnete und die ihn an seinen Onkel Adam erinnerten.[47] Auch die jüdische sowie muslimische Bevölkerung auf dem Balkan wurden Gegenstand von Rosenzweigs Auseinandersetzung und Aufzeichnungen sowie seinen Bücherbestellungen nach Kassel.[48] Das Gelesene reflektierte und diskutierte Rosenzweig in seinem Tagebuch und in seinen persönlichen Aufzeichnungen, aber auch in einem regen Briefwechsel mit seinen Vettern Ehrenberg, dem Freund Eugen Rosenstock sowie dessen Gattin Margrit, mit welcher Rosenzweig zudem eine Liebesbeziehung verband.[49] Am stärksten floss die Lektüre jedoch in das zu großen Teilen während der Kriegsjahre konzipierte Opus Magnum *Der Stern der Erlösung*.[50]

Im Laufe der Jahre waren es über 400 Bücher, die Rosenzweig sich seinem Briefwechsel mit den Eltern nach als Soldat an die Stellung schicken ließ.[51] Davon lässt sich etwa die Hälfte auch noch in Tunis nachweisen.[52] Welche Priorität Rosenzweig diesen Büchersendungen aus der Heimat beimaß, zeigt sich unter anderem in der Akribie, mit welcher er die Bestellungen unter genauen bibliographischen Angaben nach Kassel sandte und die Ankunft entsprechend überwachte. Rosenzweig

45 Herzfeld, *Feldpostbriefe*, 12.

46 C. Thoma, Franz Rosenzweig; S. Meineke, A Life of Contradiction. The Philosopher Franz Rosenzweig, *LBIYB* 36 (1991), 461ff; Mendes-Flohr, *Franz Rosenzweig*, 235ff.

47 F.R. an Adele Rosenzweig am 23. Mai 1918, *GS,I,1*, 564.

48 So ließ er sich etwa Nathan Birnbaum, *Was sind Ostjuden* (Kat. Waszek 165) und Salomon Kalischer, *Die Lage des Jüdischen Volkes in Russland* (Kat.Waszek 1088) zusenden. Zum Thema Islam finden sich Literatur des Orientalisten Friedrich Giese, *Die Toleranz des Islam* (Kat. Waszek 719) sowie die Schriften des Gelehrten Gazali, die Rosenzweig studierte (Kat. Waszek 699). Zu Rosenzweigs Auseinandersetzung mit dem Islam siehe auch Y. Schwartz, Die entfremdete Nähe.

49 Die Briefe, die Rosenzweig mit Margrit Rosenstock-Huessy und Eugen Rosenstock austauschte, sind in einer Edition erschienen, siehe: Rosenzweig, *Briefe an Margrit Rosenstock-Huessy*.

50 F. Rosenzweig, *Der Stern der Erlösung*; A. Funkenstein, The Genesis of Rosenzweig's „Stern der Erlösung“, *JbIfDG* 4 (1982), 17ff.

51 Vgl. LBINY, Rosenzweig Collection, „Booklist“, AR 3001; Herzfeld, *Feldpostbriefe*, hier „Verzeichnis der von Franz Rosenzweig an der mazedonischen Front gelesenen Publikationen (Februar 1916 – Mai 1918), 569–587.

52 Ergebnis des Abgleichs der Lektüreliste mit Kat. Waszek sowie den in Tunis aufgenommenen Titeln durch die Autorin.

reagierte bisweilen missmutig, wenn er „wieder tagelang nichts erhalten"[53] hatte und er daraufhin die Eltern ermahnte, die Sendungen zu nummerieren, damit er offene Bestellungen ausmachen konnte. Eine Liste, die sich im Teilnachlass Rosenzweigs im Leo Baeck Institut New York befindet und mit der von Rosenzweig gelesenen Lektüre während der Kriegsjahre in Verbindung steht, vermittelt einen Eindruck von der Vielfalt der Themengebiete, die Rosenzweig während dieser Zeit beschäftigten.[54]

Mitunter beliefen sich die Bestellungen auf bis zu 16 Titel pro Brief.[55] Von zu Hause ließ er sich auch Antiquariatskataloge schicken, wie etwa von dem Berliner Antiquar Louis Lamm, der sich 1916 mit seinem *Verzeichnis Jüdischer Kriegsschriften*[56] mit einem Programm direkt an jüdische Kriegsteilnehmer richtete, oder Kataloge vom Kasseler Buchhändler Conrad Skopnik, über welchen er unter anderem *Die Poetik* des Aristoteles bestellte.[57] Die Kosten für die Bücher versuchte Rosenzweig gegenüber den Eltern dahingehend zu rechtfertigen, dass er jahrelang „kaum welche angeschafft"[58] habe. Rosenzweig war bemüht, sämtliche Ausgaben in möglichst gutem Zustand zurück nach Kassel zu senden, was jedoch nicht nur aufgrund der Bedingungen im Schützengraben eine Herausforderung darstellte. Um die Büchersendungen gemäß den Feldpostvorschriften überhaupt empfangen und auch wieder retournieren zu können, wies er die Eltern an, die Bücher aufgeschnitten und in Teilen zu versenden. So gab er den Eltern die Anweisung, ihm Hermann Cohens *Logik der Reinen Erkenntnis* „pfundweise" zuzusenden.[59] Hierzu sollten die Bücher aus ihren Einbänden gelöst und in einzelnen Abschnitten verschickt werden. Auch *De civitate Dei* von Augustin erbat er „nur aufgeschnitten, nicht [an den Rändern] beschnitten", um das Buch so „aufbewahren und später einmal beide Bände in einen ganz dicken binden lasse[n]" zu können.[60]

Die Bücher, von den Kriegsschauplätzen zurück nach Kassel geschickt, wurden in der Familienvilla aufbewahrt, welche die Rosenzweigs noch vor Kriegsausbruch bezogen hatten. Die Sammlung war insbesondere durch die Lektüre der Kriegsjahre deutlich erweitert worden. Am 12. März 1917 schreibt Rosenzweig an die Eltern: „Ich bin selbst neugierig, mal das Regal zurückgeschickter Bücher zu sehen; Ihr lasst

---

53 F.R. an die Eltern, undatiert, *Feldpostbriefe*, 57.

54 Vgl. LBINY, Rosenzweig Collection, „Booklist", AR 3001.

55 F.R. an die Eltern am 19. Juni 1916, *Feldpostbriefe*, 151.

56 L. Lamm, *Verzeichnis Jüdischer Kriegsschriften*.

57 Das in Tunis erhaltene Exemplar enthält einen Stempel der akademischen Buchhandlung von Conrad Skopnik Berlin; F.R. an die Eltern am 28. September 1916, *Feldpostbriefe*, 256.

58 F.R. an die Eltern am 19. Juni 1916, *Feldpostbriefe*, 151f.

59 F.R. an Adele Rosenzweig, 23. Mai 1918, *GSI,1*, 565.

60 F.R. an die Eltern am 26. April 1916, *Feldpostbriefe*, 119f; vgl. auch 96; die Teubner-Ausgabe hat sich in Tunis nicht erhalten, daher ist nicht überprüfbar, ob das Buch neu gebunden wurde, vgl. Kat. Waszek 51.

sie ja wohl beisammen stehen; das Einordnen kann ich selber machen."[61] Welche genaue Ordnung von Rosenzweig vorgenommen wurde, ist nicht überliefert. Später scheint Rosenzweig die religiösen Bände mit Bezug zum Judentum von seinen übrigen Büchern separiert zu haben, wie der Historiker Paul Mendes-Flohr in seiner Arbeit *Cultural Disjunctions* (2021) nach der mündlichen Überlieferung durch Rosenzweigs Schüler Norbert Glatzer beschreibt.[62] Demnach waren die Bücher ursprünglich nach „religiös-jüdischer" Literatur sowie „nichtjüdischer" Literatur zwar innerhalb einer Bibliothek, jedoch getrennt voneinander aufgestellt worden. Die Frage, nach welcher Stringenz hier zwischen „sakralen" und „profanen" Büchern unterschieden wurde, muss offenbleiben, da die ursprüngliche Ordnung der Bibliothek mit der erzwungenen Flucht ihrer späteren Besitzer Edith und Rafael Rosenzweig verloren ging. Mit der im Zuge dessen für die NS-Behörden angefertigten Ausfuhrliste von 1939 wurden die darauf verzeichneten 3.027 Bände in alphabetischer Reihenfolge aufgelistet, ohne diese in bestimmte Abteilungen oder Fachgebiete zu unterteilen. Diese Liste offenbart jedoch, dass „sakrale" Schriften – zählt man hierzu lediglich traditionelle jüdische Literatur – nur einen vergleichsweise kleinen Teil der Bibliothek ausmachten.[63] Der größere lässt sich den Bereichen Philosophie und Geschichte sowie in großer Mehrheit der deutschen Literatur zuordnen.[64] Auch wenn Rosenzweig nicht als bibliophiler Sammler bezeichnet werden kann, interessierte er sich durchaus für die Thematik und war Mitglied in der Bibliophilenvereinigung Soncino-Gesellschaft.[65]

Erst wenige Wochen vor seinem 32. Geburtstag war Franz Rosenzweig aus dem Kriegsdienst entlassen worden und kehrte nach Kassel zurück, wo seine Mutter nach dem Tod des Vaters im März 1918 in der Familien-Villa lebte.[66] Im März

---

61 F.R. an die Eltern am 12. März 1917; *Feldpostbriefe*, 443.

62 Mendes-Flohr, *Cultural Disjunctions*, 46.

63 Von jenen auf der Ausfuhrliste aufgeführten Titeln, die sich der traditionellen jüdischen Literatur zuordnen lassen, seien folgende als Auswahl genannt: Shlomo Salomon London, *Sefer kehillath schlomo*, o. O. 1871; Moses Maimonides, *More Nebuchim*, Basel, 1629; ders., *Mischne Tora*, 5 Bde. Wilna 1900 (Kat. Waszek 1364, 1389, 1388). Die Maimonides-Ausgaben lassen sich in Tunis nicht mehr nachweisen; neben den bereits erwähnten Bibelausgaben von Zunz finden sich mehrere Luther-Bibeln, eine sogenannte Schlachter-Bibel (benannt nach Franz Eugen Schlachter) sowie eine Polyglottenbibel, die womöglich mit der Übersetzungsarbeit Rosenzweigs mit Martin Buber in Verbindung stehen. Darüber hinaus finden sich mehrere Ausgaben von Psalmen in Hebräisch, Judäo-Arabisch, Niederländisch und Jiddisch; vgl. Kat. Waszek 1712–1717.

64 In Tunis lassen sich hingegen auch Bücher mit Besitzeinträgen Rosenzweigs vorfinden, die nicht im Katalog verzeichnet waren, weshalb der Katalog als unvollständig gelten muss. So findet sich etwa eine Ausgabe Gottfried Kellers, *Das Sinngedicht* von 1902, die ein Exlibris Franz Rosenzweigs enthält, jedoch nicht auf der Ausfuhrliste aufgeführt war.

65 Bürger/Sonder, *Soncino*, 465; vgl. LBINY, Soncino-Gesellschaft Collection, AR 2358.

66 Die Rosenzweigs waren am 21. Februar 1914 in das Anwesen, Adresse Terrasse 1, in Kassel gezogen; F.R. lebte nach dem Kriegseinsatz seit dem 4. Dezember 1918, abgesehen von einem kürzeren

1920 heiratete Franz Rosenzweig Edith Mirjam Hahn.[67] Sie war die älteste von drei Töchtern des kaiserlichen Justizrates Rudolf Hahn und dessen Ehefrau Elise (geb. Salomon) aus Berlin.[68] Mit Edith lebte er zunächst in Kassel, ehe das Paar im Sommer 1920 nach Frankfurt zog, wo für Franz Rosenzweig eine schaffensreiche Zeit begann.[69]

Noch im selben Jahr eröffnete das Freie Jüdische Lehrhaus, welches Rosenzweig nachhaltig prägte.[70] Als Anfang des Jahres 1921 der *Stern der Erlösung* erschien, folgte nur wenige Monate später die erschütternde Diagnose der unheilbaren Krankheit. Obwohl Edith Rosenzweig für das Fortführen der Arbeit ihres Mannes mit Fortschreiten dessen schwerer Krankheit unabdingbar war, ist sie von der Forschung lange übersehen worden.[71] Ohne ihre Hilfe wäre wohl weder Rosenzweigs vielbeachtete Übersetzung der Dichtung Jehuda Halevis noch die Bibelübersetzung entstanden, an welcher Franz Rosenzweig bis zu seinem Tod gemeinsam mit Martin Buber gearbeitet hatte.[72] Die Unterstützung ihres Mannes blieb über die Jahre ungebrochen, auch wenn sie die nach ihrer Hochzeit weiterhin anhaltende Beziehung

---

Aufenthalt in Berlin, bis 20. Dezember 1920 in der Villa, ehe er nach der Heirat mit Edith Hahn nach Frankfurt am Main zog. Wie der Melderegister der Stadt Kassel zeigt, lebten über die Jahre zahlreiche Untermieter bei den Rosenzweigs. So waren in der Villa unter anderem auch Margarete Rosenstock Huessy (seit dem 6. Februar 1918) gemeldet, bevor ihr Ehemann Eugen Rosenstock dort am 12. November 1918 miteinzog. Zwischen 24. Januar 1919 und 1. April 1921 lebte zudem der Maler Ludwig Jonas im Hause Rosenzweig. Jonas war beeinflusst von Künstlern wie Max Liebermann und zählte zu den bedeutenden Impressionisten Berlins der 1920er Jahre; Jonas fertigte auch eine Zeichnung von Franz Rosenzweig an, vgl. LBINY, Rosenzweig Collection, AR 3001, https://www.lbi.org/griffinger/record/212255 (Zugriff: 11.05.2022); Stadtarchiv Kassel, Meldebogen zu Terrasse 1, A 3.32 HB 591.

67 Shevitz, Silence and Translation, *Modern Judaism* 3 (2015), 283.

68 Rudolf Hahn (1850–1932) stammte aus Dresden, Elise Salomon (1850–1943) aus Berlin. Nach ihrer Heirat 1894 lebten beide in der Brüderstraße 38, Berlin, vgl. LAB, Heiratsregister 123.

69 ERS erinnert sich später in dem SWR Interview, wie sie mit ihrem Mann aufgrund der großen Wohnungsnot in Frankfurt am Main zunächst von Einzimmerapartment zu Einzimmerapartment zog, ehe sie in einem Haus in der Kronstetterstraße unterkamen, wo auch Albert und Mileva Einstein wohnten. Über Henry Rothschild wurde ihnen dann die Mansardenwohnung in der Schumannstraße zur Verfügung gestellt. Vgl. ERS, Ein prophetischer Jude (1979).

70 Das Freie Jüdische Lehrhaus wurde zur leitenden Institution jüdischer Erwachsenenbildung und sollte auch in der modernen Welt eine Verbindung zum traditionellen Judentum schaffen. Zur Lehrhaus-Bewegung in der Weimarer Republik siehe: Brenner, *Jüdische Kultur*, 81ff.

71 Erstmals behandelt Amy Hill Shevitz die Biographie Edith Rosenzweigs ausführlicher, Shevitz, Silence and Translation, 281ff.

72 Wie sich der Judaist Frederik Perez Bargebuhr (1904–1987) später erinnerte, hatte Karl Wolfskehl Buber und Rosenzweig im Zuge der Bibelübersetzung beraten. Zudem war Rosenzweig ein Lehrer für Wolfskehl mit Blick auf dessen eigenen Übersetzungsarbeiten, u. a. der Werke Ibn Gabirols; siehe dazu: F. P. Bargebuhr, Karl Wolfskehl, 283.

Edith und Rafael Rosenzweig, Photographie von Lotte Fürth 1925
© Dita Rosenzweig Liron

zu Margrit Rosenstock-Huessy tief gekränkt haben dürfte.[73] Am Ende verdankte nicht nur ein Großteil des Werkes ihres Mannes, sondern auch die Bibliothek Edith Rosenzweig die Rettung.

Mit Rosenzweigs Tod 1929 verstummte nicht nur eine der einflussreichsten deutsch-jüdischen Stimmen der Moderne, die von der intellektuellen Welt als tragischer Einschnitt und gar als „Ende der jüdischen Philosophie" kommentiert wurde, sondern er hinterließ eine große Lücke in seinem Familien- und Freundeskreis.[74] Die Bibliothek wurde gleichzeitig materielle Manifestation und Andenken einer bewegten deutsch-jüdischen Biographie. Zum Zeitpunkt des Todes Rosenzweigs war nicht vorhersehbar, dass sich die Weitergabe der Bibliothek an den Sohn Rafael

73 *GSI,1*, XXIV; Shevitz, Silence and Translation, 284f.

74 Vgl. Nachrufe u. a. von Martin Buber und Karl Wolfskehl, *Frankfurter Israelitisches Gemeindeblatt* 5 (1930), 176ff; vgl. A. Funkenstein, Franz Rosenzweig and the End of German-Jewish Philosophy.

angesichts der aufkommenden politischen Entwicklungen als ein schweres Erbe erweisen würde. Rosenzweig hatte neben seinem Tagebucheintrag wohl zusätzlich testamentarisch verfügt, dass die Bibliothek an das einzige Kind übergehen sollte.[75] Als sich die Witwe Edith und der Sohn Rafael aufgrund der zunehmenden Gefahr durch die Nationalsozialisten gezwungen sahen, Deutschland zu verlassen, sollten auch die Bücher ihren Platz und ihre Bestimmung verlieren. Nach dem Wunsch des Vaters hätte Rafael mit den Büchern aufwachsen, sie lesen und mit ihnen arbeiten sollen. Ebenso hatte er gehofft, dass die Bücher verliehen werden könnten – „nur gegen Leihscheine", wie Franz Rosenzweig im Tagebucheintrag betonte.[76] Die Realität war eine andere: In Frankfurt am Main, der langjährigen Wirkstätte Rosenzweigs waren die Repressionen und Übergriffe auf die jüdische Bevölkerung mit Machtantritt im Januar 1933 alltäglich und beendeten eine jahrhundertealte Tradition jüdischen Lebens.

2.3 Zwischen Frankfurt am Main und Tunis

Das Leben von Edith und Rafael Rosenzweig erfuhr in den Jahren nach dem Tod des Ehemannes und Vaters im Dezember 1929 in mehrerlei Hinsicht eine radikale Veränderung. Zwar lebten sie aufgrund des Familienvermögens und der Einnahmen aus der stillen Teilhabe an der Lackfabrik in Kassel in finanzieller Unabhängigkeit, aber der Alltag bedurfte nun einer vollkommenen Neuausrichtung. Der Verlust des „ruhenden Pol[s] [des] Hauses"[77] hatte in der Familie eine große Lücke hinterlassen. Dabei war Edith Rosenzweig auch während ihrer Ehe immer sehr viel mehr als nur Haus- oder Ehefrau gewesen. Sie war vielseitig interessiert und eine begeisterte Leserin, wie auch die zahlreichen Besitzeinträge der Bibliothek widerspiegeln.[78] Im Jahr 1914 hatte sie das Sprachlehrerinnen-Seminar in Berlin besucht und die Religionslehrerinnenprüfung mit einer Arbeit zu *Theodizee bei Philo von Alexandrien* abgeschlossen.[79] Seit ihrer Heirat mit Franz Rosenzweig im März 1920 war sie auch

75 Das Testament konnte nicht ausfindig gemacht werden, jedoch erwähnt ERS die Verfügung in ihrem Brief an ihre Schwester Ilse vom 22. Dezember 1938, Privatarchiv Eli Shavit.

76 Tagebucheintrag vom 13. September 1922, vgl. Glatzer, *Franz Rosenzweig*, 119.

77 R. N. Rosenzweig, Augenblicke, 323.

78 In Tunis finden sich beispielsweise ein Exemplar der Rembrandt-Biographie Emile Verhaerens in deutscher Übertragung von Stefan Zweig, eine Ausgabe *Die jüdische Literatur seit Abschluss des Kanons*, hg. von Jakob Winter und August Wünsche sowie Franz Werfels *Paulus unter den Juden* mit dem Besitzvermerk von Edith Hahn bzw. Rosenzweig. In der Ausfuhrliste zu Ediths Reise- und Handgepäck sind zudem sechs Gebetbücher sowie ein hebräisches Lehrbuch und - Lexikon aufgeführt; vgl. Kat. Waszek 2346, 2477, 2442; HHStAW, 519-3, 19879.

79 D. Rümmele, Erinnerungen an die Begegnungen mit Edith Scheinmann-Rosenzweig, *Freiburger Rundbrief* 117–120 (1979), 32.

Edith Rosenzweig mit Sohn Rafael in Frankfurt am Main, undatiert (um 1929) © Dita Rosenzweig Liron

in die Arbeit um das Lehrhaus eingebunden und gab dort Hebräisch-Unterricht.[80] Nach dem Tod Rosenzweigs widmete sich Edith gemeinsam mit Ernst Simon und Nahum (Norbert) Glatzer , die ebenfalls beide am Lehrhaus tätig waren, der Herausgabe der ersten Briefedition Rosenzweigs.[81] Im selben Jahr veröffentlichte sie zudem in einer Ausgabe der *Blätter des Jüdischen Frauenbundes* die Rezension „Ein Altes Neues Frauenbuch" über die von Bertha Pappenheim neuaufgelegte *Tzene Rene-Bibel,* die sich ebenfalls bis heute in Tunis erhalten hat.[82] Wie Amy Hill Shevitz in ihrer Arbeit über Edith Rosenzweig hervorhebt, wurde diese nicht nur in ihrem Beitrag für das Werk von Franz Rosenzweig und das Lehrhaus bisher von der Forschung übersehen, sondern war auch als eigenständige Persönlichkeit und Intellektuelle verkannt worden.[83]

Insbesondere für die Kindheit Rafaels brachten die schwere Krankheit und der frühe Tod des Vaters zahlreiche Entbehrungen mit sich. Über die Jahre blieb eine Distanz zwischen Mutter und Sohn, als hätte sich die Lücke, die durch den Verlust

---

80 Shevitz, Silence and Translation, 284; Brenner, *Jüdische Kultur*, 86.

81 Im Jahr1935 gab ERS zusammen mit Ernst Simon die erste Brief-Edition Franz Rosenzweigs beim Schocken-Verlag heraus. Im Archiv der NLI findet sich ein Briefwechsel zwischen beiden, der jedoch die Bibliotheksangelegenheit unerwähnt lässt.

82 Jacob Ben-Isaac, *Zeenah u-reenah: Frauenbibel; Übersetzung und Auslegung des Pentateuch* bearb. von Bertha Pappenheim. Frankfurt am Main 1930, vgl. Kat. Waszek, 2520.

83 Shevitz, Silence and Translation, 286, 289; zur Unsichtbarkeit von Frauen in der jüdischen Geschichtswissenschaft siehe auch: S. Heschel, Gender Issues, *Modern Judaism*, 365ff.

entstanden war, zwischen beide gedrängt. „Auch jetzt bringt sie es nicht fertig, mich in den Arm zu nehmen", erinnert sich Rafael später an jenen Moment, als die Mutter ihm die Nachricht vom Tod des Vaters überbrachte.[84] Zu diesem Zeitpunkt war Rafael gerade sieben Jahre alt und die traumatischen Ereignisse der Zeit mögen sich negativ auf die Empfindungen gegenüber der Mutter ausgewirkt haben.[85] Zwischen dem Vater und Rafael bestand trotz der schweren Krankheit und der wenigen Jahre, die ihnen blieben, eine enge Bindung. Als es ihm noch möglich gewesen war, hatte Franz Rosenzweig seinem Sohn jeden Freitag aus den Geschichten vorgelesen, die einst seine Mutter Adele Rosenzweig niedergeschrieben hatte. Neben den Erzählungen zu den jüdischen Feiertagen las er die Geschichte „von den Buchstaben", die mit dem Satz endete: „Diese Geschichte steht nicht in der Bibel, sondern im Talmud, das sind die vielen braunen Bände unten im großen Bücherschrank mit der goldenen Aufschrift auf den Rücken."[86] Es scheint, dass Franz Rosenzweig seinen Sohn früh mit den vielen unterschiedlichen Büchern aus seiner Bibliothek vertraut gemacht hatte. Seit 1929 besuchte Rafael Rosenzweig das Frankfurter Philanthropin.[87] Das Reformrealgymnasium war 1804 durch die Jüdische Gemeinde der Stadt begründet worden und bis zu seiner kompletten Schließung 1942 eine der bedeutendsten und die am längsten bestehende jüdische Schule in Deutschland. Die Lehranstalt stand auch nichtjüdischen Schülerinnen und Schülern offen. Während sich das Philanthropin im 19. Jahrhundert noch durch eine „sittliche Bildung" auszeichnete, stand im 20. Jahrhundert vor allem die Vermittlung praktischer Inhalte und ein säkularisierter Religionsunterricht im Fokus.[88]

Seit dem Jahr 1922 war auch der Erwerb des Abiturs am Philanthropin möglich und für Rafael war vorgesehen, dass er eine Ausbildung im Bereich der Chemie einschlagen sollte, da er so später in der Lage sein würde, in das Familienunternehmen in Kassel einzusteigen.[89] Mit der Machtergreifung der Nationalsozialisten im Januar 1933 wurden diese Pläne obsolet. Während sich zahlreiche Mitglieder aus dem Kreis um das Lehrhaus in Frankfurt sowie Verwandte für die Auswanderung entschieden, hielt Edith Rosenzweig weiter an einem Leben in ihrer Heimat fest.

84 R. N. Rosenzweig, Augenblicke, 323.

85 Rafael verbrachte nach dem Tod des Vaters viel Zeit bei seiner Großmutter Adele in Kassel. Ebd., 324.

86 UB/LMB Kassel, Teilnachlass Franz Rosenzweig, 2° Ms. Philos. 39 A41,1; im Katalog ist eine 20-bändige Ausgabe des Babylonischen Talmud von 1860 aufgeführt, die sich jedoch heute nicht in Tunis nachweisen lässt. Vgl. Kat. Waszek, 2253.

87 HHStAW, 518, 48799; Rafael Rosenzweig verfasste um 1960 auf Anfrage Ball Kaduris einen Bericht über seine Erfahrungen am Philanthropin, vgl. Yad Vashem Archives Jerusalem, K.J. Ball-Kaduri, 295.

88 J. Wachten, „Philanthropin", *EJGK*, Bd. 5, 527ff.

89 HHStAW, 518, 48799.

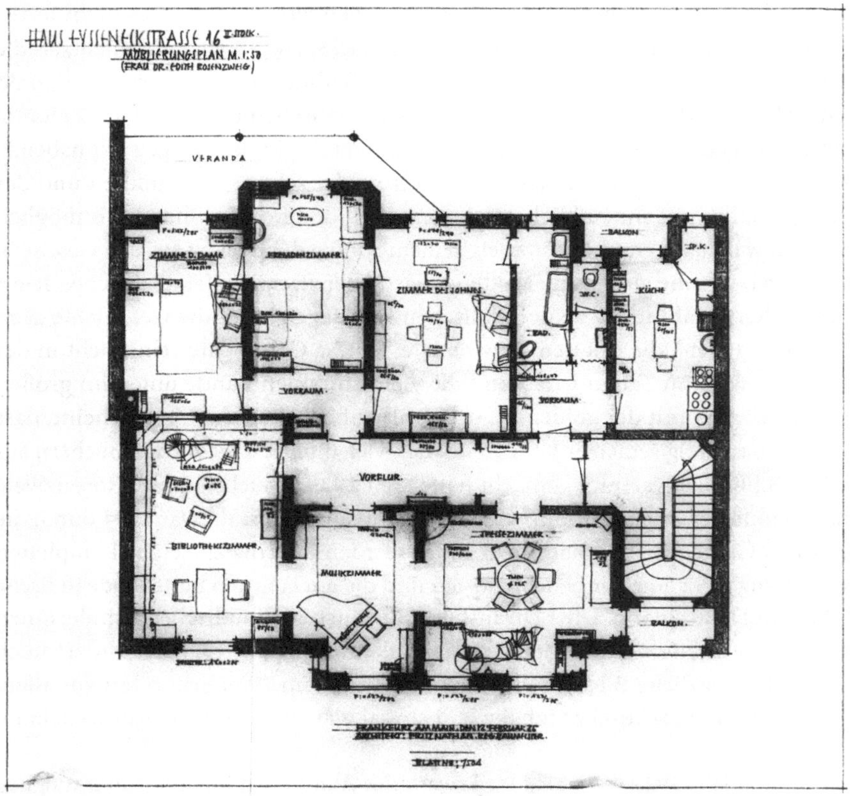

Möbilierungsplan der Wohnung Rosenzweig, Eysseneckstraße 16, mit Planung der Bibliothek, 1935
© LBI New York, Fritz Nathan Collection, AR 1443

Im Jahr 1935 zogen Edith und Rafael aus der Wohnung in der Schumannstraße 10[90] in Frankfurt in ein Apartment in der Eysseneckstraße 16. Die Wohnung im zweiten Stock bot reichlich Platz, auch für die Bibliothek, und so ließ Edith das neue Zuhause vom Architekten Fritz Nathan (1891–1960) an ihre Bedürfnisse anpassen.[91] Nach dessen Plänen sollten in einem der größeren der acht Zimmer die über 3.000 Bücher auf Regalen aus Mahagoni-Holz ihren Platz finden.[92] Die Unterbringung von Privatbibliotheken war bereits um die Jahrhundertwende ein

90 Rümmele, Begegnungen mit Edith Scheinmann-Rosenzweig, 32.
91 HHStAW, 518, 48799; LBINY, Fritz Nathan Collection, Plans and Blueprints, Various Plans B14, F6, darin: Plan Eysseneckstraße 16, 2. Stock, Edith Rosenzweig, AR 1443.
92 HHStAW, 518, 48799; LBINY, Fritz Nathan Collection, AR 1443.

nicht zu vernachlässigender Aspekt bei der Ausgestaltung des bildungsbürgerlichen Interieurs. Das illustriert auch der Beitrag „Wie logieren wir unsere Bücher?" in der *Zeitschrift der Bücherfreunde (1898)*. Darin heißt es: „Wir wollen – heute mehr als je – unseren Büchern eine *Wohnung* geben, nicht nur ein Behältnis, um sie aufzuheben [...]."[93] Auch Walter Benjamin konstatierte in seinen Überlegungen zu seinem berühmten Passagenwerk:

> Man sollte nur recht genau die Physiognomie der Wohnung großer Sammler studieren. Dann hat man den Schlüssel zum Interieur des 19ten Jahrhunderts. Wie dort die Dinge langsam Besitz von der Wohnung ergreifen, so hier ein Mobiliar, das die Stilspuren aller Jahrhunderte versammeln, einbringen will.[94]

Fritz Nathan, der nun das Interieur zur Verwahrung des Rosenzweigschen Büchererbes entwarf und unter anderem Urheber der Pläne des Neuen Jüdischen Friedhofs in Frankfurt am Main war, wo Franz Rosenzweig 1929 beigesetzt worden war, stand in der Tradition des „Neuen Bauens".[95] Diese Architekturströmung, die stark vom Bauhaus inspiriert war, entwickelte sich zur selben Zeit wie Franz Rosenzweigs „neues Denken".[96]

Nicht nur der Wohnungswechsel, der aufwendige Umbau und die Neueinrichtung verdeutlichen, wie Edith, trotz der politischen Entwicklungen, weiter an einer Zukunft in Frankfurt festhielt.[97] Dass sie noch 1937 mit Rafael eine Reise nach Palästina unternahm, von der sie beide wieder nach Deutschland zurückkehrten, bestätigt einmal mehr, dass sie nicht bereit war, ihr Leben und ihre Heimat aufzugeben.[98] Der Besuch Palästinas sollte, wie Rafael es später formuliert, dessen „Zionismus durch eine Ferienreise [...] abtöten."[99] Der zum Zeitpunkt der Reise 15-Jährige hatte sich bereits 1935 der jüdischen Jugendbewegung „Werkleute, Bund

---

93 F. Grunwald, Wie logieren wir unsere Bücher", *ZfB* 3 (1898), 127.

94 W. Benjamin, *GS V,1*, 288.

95 Da Fritz Nathan bereits 1932 das Gebäude Schumannstrasse 10 in Frankfurt plante, wo die Rosenzweigs bis zum Tod Franz Rosenzweigs gewohnt hatten, ist es wahrscheinlich, dass Edith Rosenzweig den Architekten über diesen Weg kennenlernte. Siehe dazu: A. Schenk, *Fritz Nathan*, 156. Zur Entwicklung der Architektur um das „Neue Bauen", siehe T. Poppelreuter, *Das Neue Bauen für den neuen Menschen*.

96 F. Rosenzweig, Das neue Denken, *Der Morgen* 4 (1925), 426ff; zur Entwicklung des „neuen Denkens" von Rosenzweig siehe W. Schmied-Kowarzik, *Franz Rosenzweigs „neues Denken"*; H.-J. Görtz, *In der Spur des „neuen Denkens"*; zum Verständnis des „neuen Lernens" siehe Brenner, *Jüdische Kultur*, 87f.

97 Vgl Schenk, *Fritz Nathan*, 159; LBINY, Fritz Nathan Collection, AR 1443.

98 ERS berichtet in Briefen an Nahum Glatzer über die Reise, vgl. LBINY, Rosenzweig – Glatzer Correspondence, Briefe ERS an N. Glatzer vom 29. Januar 1937 und 9. Februar 1937, AR 25809.

99 R. N. Rosenzwei, Augenblicke, 325.

Jüdischer Jugend" angeschlossen und war ganz im Gegensatz zu seinen Eltern begeisterter Anhänger der zionistischen Bewegung.[100] Die sich verschlechternde Situation für die jüdische Bevölkerung mag hierzu maßgeblich beigetragen haben. Rafael Rosenzweig erinnert sich später an antisemitische Übergriffe und auch einer seiner Schulkameraden, Chaim Strauss, berichtet über zahlreiche antisemitische Anfeindungen, denen er sowie seine Mitschülerinnen und Mitschüler in der Jugendvereinigung ausgesetzt waren.[101] Es war eine Jugend gezeichnet von Diskriminierung und Ausgrenzung, die nur auf eine bessere Zukunft anderswo hoffen konnte.[102] Für viele junge Menschen aus den Jugendorganisationen konnte diese nur in Palästina liegen. Im September 1937 hält Chaim Strauss in seinem Tagebuch fest:

> Wir haben heute einen schönen Ausflug gemacht. Wir waren nicht viel Kameraden, die Stimmung war gut, und die Fahrt war sehr gelungen. Hannah war schon nicht mehr mit uns, denn sie hat mit ihrer Familie die Stadt verlassen. Ihr Vater wanderte in die Schweiz aus und nahm seine Tochter mit, ohne sie drum zu fragen. Hannah hat ein sehr starkes Verlangen danach ins Land Israel einzuwandern und dort ein anderes Leben zu führen, aber trotz aller Kämpfe, die wir ausfochten, gelang es uns nicht, ihren Vater zu überzeugen ihr nachzugeben.[103]

Die politischen Entwicklungen führten schließlich dazu, dass Rafael ab 1938 nicht mehr zur Schule gehen konnte. Nachdem im Zuge der Ausschreitungen gegen die jüdische Bevölkerung im sogenannten „Novemberpogrom"[104] von 1938 auch zahlreiche Lehrer der Schule von der Gestapo in das Konzentrationslager Buchenwald

---

100 Die Jugendorganisation „Werkleute" ging aus der Aufsplittung der Vereinigung „Kameraden, Deutschjüdischer Wanderbund" im Jahr 1932 hervor. Ab 1933 verfolgte die Vereinigung die Begründung eigener Kibbuzim in Israel; Rafael Rosenzweig berichtet Nahum Glatzer in einem Brief vom 15. November 1935, dass er dem Werkbund beigetreten ist; zu der Vereinigung siehe E. Maoz, The Werkleute, *LBIYB* 1, (1959), 165ff; Rafael Rosenzweig an Nahum Glatzer, 15. November 1935, LBINY, AR 25809.

101 R. N. Rosenzweig, Augenblicke, 325; LBIJER, Chaim Strauss, Der Zusammenbruch: Ein Bericht aus dem Jahre 1938.

102 LBIJER, Der Zusammenbruch: Ein Bericht aus dem Jahre 1938.

103 Ebd.

104 Zur kritischen Begriffsentwicklung mit Blick auf die gewaltsamen Übergriffe gegen die jüdische Bevölkerung um den 9. November 1938, die in Abgrenzung zum euphemisierenden Begriff „Reichskristallnacht" heute in der Forschung meist als „Reichspogromnacht" oder „Novemberpogrom" bezeichnet werden siehe R. Gross, *November 1938*, 10 sowie U. Baumann/F. Guesnet, Kristallnacht – Pogrom – State Terror, 1ff.

verschleppt worden waren, war ein normaler Schulbetrieb am Philanthropin nicht mehr möglich.[105]

Laut einer Volkszählung im Dezember 1938 belief sich die Zahl der noch in Deutschland lebenden Juden auf etwa 320.000.[106] Zwischen Machtübernahme und Kriegsausbruch 1939 hatten etwa 48 Prozent der jüdischen Bevölkerung Deutschland verlassen, die meisten nach den Gewaltausbrüchen im Herbst 1938.[107] Diese Ereignisse waren auch der Wendepunkt, an welchem Edith Rosenzweig beschloss, ihren minderjährigen Sohn nach Palästina zu schicken. Wie sehr sich dieser gewünscht hatte, Deutschland endlich verlassen zu können, zeigt sich in dem Geburtstagsbrief, den Rafael seiner Großmutter mütterlicherseits, Elise Hahn (1873–1943), im Februar 1939 schrieb:

> Alles, alles Gute wünsche ich Dir zum Geburtstag. Hoffentlich ist es der letzte in Deutschland, der letzte mit Kummer und Sorge, der letzte im Nebel, Schnee und Regen. [...] Geburtstage sind eigentlich eine Zeit des Zurückschauens, aber für uns werden sie eine Zeit des in die Zukunftschauens. Hinter uns liegt nichts mehr, vor uns alles. Es ist vielleicht eine Art Wiedergeburt, was wir mitmachen, denn bald werden wir alle, wie kleine Kinder, ganz von vorne beginnen müssen.[108]

Der Brief spiegelt den Frust über die Lebensumstände, welchen Rafael Rosenzweig sich und sein Umfeld ausgesetzt sah sowie die Hoffnung, die er in Palästina setzte. Elise Hahn verlor 1943 im Lager Theresenstadt ihr Leben.[109]

Während Edith Rosenzweig nur wenige Wochen nach den Ereignissen um den 9. November die Ausreise ihres Sohnes organisierte und selbst noch auf eine Ausreisemöglichkeit für sich wartete, begann sie bereits, den Haushalt aufzulösen und alles für ein Leben in einem anderen Land vorzubereiten. An ihre Schwester Ilse schrieb sie im Dezember 1938 über die großen Herausforderungen:

> [E]s ist alles hier noch viel komplizierter als ihr Euch vorstellt. [...] Wie soll ich es mit meinen Sachen machen? Im [A]llgemeinen kann die deutsche Fracht jetzt nur mit deutschem Geld bis zum Hafen bezahlt werden; da wäre es doch ratsam, so wenig wie möglich

---

105 LBI Memoir Collection, Erinnerungen Tilly Epstein, Einige Erinnerungen ans Philanthropin in Frankfurt am Main, ME 127.

106 S. Friedländer, *Das Dritte Reich und die Juden*, 159.

107 H. H. Lavsky, *The Creation of the German-jewish Diaspora*, 44.

108 Rafael an Adele Rosenzweig, 6. Februar 1939, NLI, Akibah Ernst Simon Archive, ARC. 4* 1751.

109 Elise Hahn (geb. Salomon) wurde 1942 nach Theresienstadt deportiert und dort am 12. Juli 1943 ermordet. R. N. Rosenzweig, Augenblicke, 328; vgl. auch https://www.stolpersteine-berlin.de/de/biografie/4414 (Zugriff: 03.05.2022). Die Angabe hier, ERS sei 1979 in Israel verstorben ist nicht korrekt. Sie verstarb 1979 in Baden-Baden, wo sich auch ihr Grab befindet.

> [mitzunehmen]. Einen Spediteur hörte ich, gibt es, der durch irgend eine Gegenseitigkeit noch bis Jerus[alem] speditieren kann, es ist aber unsicher, ob es geht, bis ich soweit bin.[110] Aber vielleicht ist es am richtigsten, sich zunächst auf diese letzte Möglichkeit einzustellen, weglassen kann man immer noch. Wenn möglich möchte ich natürlich nichts Neues kaufen oder nur wenig, da das jetzt erhebliche Schwierigkeiten macht, und ich habe ja sehr viel, viel zu viel, und muß abstossen, aber ich weiss eben garnicht, was geeignet ist, u[nd] wie mein Leben drüben wird.[111]

Die Zeilen verdeutlichen, mit welchen Problemen zahlreiche jüdische Familien bei ihrer Flucht konfrontiert waren.[112]

Ein Aspekt spielt jedoch von Beginn der Planung für Edith eine entscheidende Rolle:

> Und die Frage der Bücher!! Jeder sagt, ich soll sie mitnehmen, aber es sind 3-4.000. d. h. ca. 30-40 Kisten! Franz hat auch testamentarisch bestimmt, daß sie vor Rafaels 25. Jahr nicht veräussert werden sollen. Einen Teil, aber einen kleinen, kann ich ohne weiteres ausmerzen, Sachen von mir und aus der Bibliothek meiner Schwiegermutter, die ich damals übernommen hatte. Platz zum Aufstellen werde ich doch sicher nicht haben. Gibt es da eine Möglichkeit evt[l]. als Leihgabe der Universitätsbib[liothek] oder, was mir noch sympathischer wäre, ein eigener Raum in der Schocken-Bibliothek? Besprich das auch bitte mit E[rnst] S[imon] , der aus der Erfahrung unserer gemeinsamen Arbeit an den Briefen weiß, wie wichtig die Bibliothek für jede biographische Arbeit ist.[113]

Der Brief offenbart, dass Edith Rosenzweig noch in Deutschland darüber nachdachte, wo die Bibliothek ihres Mannes einen dauerhaften Verwahrungsort in Palästina finden könnte. Ein Zurücklassen der Sammlung kam für sie trotz der damit verbundenen Schwierigkeiten nicht in Betracht.

Die Tatsache, dass Edith und Rafael Rosenzweig durch das geerbte Vermögen über die nötigen finanziellen Mittel verfügten, schaffte zwar günstigere Voraus-

---

110 Seit einer Gesetzesänderung 1938 war es deutschen Spediteuren nicht mehr erlaubt, direkt in die Zielhäfen der jüdischen Auswanderer zu transportieren, sondern lediglich zum nächstgelegenen deutschen Hafen. Ein Umgehen dieser Praxis war möglich, sofern man auf Spediteure in der Rhein-Gegend auswich, die das Auswanderungsgut über den Rhein nach Rotterdam transportierten, von wo man noch direkt in die Auswanderungsländer speditieren konnte; die Praxis wurde jedoch im Sommer 1939 durch die NS-Behörden ausgehebelt; es ist wahrscheinlich, dass sich ERS auf diese Möglichkeit bezog, vgl. hierzu ausführlich Berrmann-Schön, Taking Advantage, 131.

111 ERS an Ilse Strauss, 22. Dezember 1938, Privatarchiv Eli Shavit.

112 Zur systematischen Enteignung im Zusammenhang mit Ausreise und Flucht, siehe: J. K. Beermann-Schön, Taking Advantage, 130f; C. Kreutzmüller/J. R. Zatlin, *Dispossession*; H. Bleyl, Möbeltransporte im Kontext des Massenmordes, 173ff; Meinl/Zwilling, *Legalisierter Raub*, 68.

113 ERS an Ilse Strauss, 22. Dezember 1938, Privatarchiv Eli Shavit.

setzungen für eine Flucht, jedoch war auch damit kein Visum oder eine Rettung garantiert. In einem Brief vom 12. April 1939 schrieb Edith Rosenzweig an Eduard Strauss, ein Chemiker, der eine Zeit am Lehrhaus in Frankfurt unterrichtet hatte und bereits im Juni 1938 über Italien und Kuba in die USA geflüchtet war:

> [U]nd was mit mir wird? ich ahne es nicht. Alles hängt von der politischen Lage ab, und was für neue Einwanderungsgesetze für Palästina gegeben werden. Jedenfalls versuche ich jetzt, zunächst mal nach England zu kommen. Ich habe auch ein Affidavit und eine Quotennummer für die U.S.A. , die in ca 1-1 ½ Jahren drankommt, – aber bisher gelingt auch das nicht. [...].[114]

Den Brief schließt Edith Rosenzweig mit den Worten:

> Es wird schon irgendwie werden und ich bin mir selbst nicht wichtig genug um mich darüber zu erregen oder zu ängstigen. Schlimm ist nur die immer grösser werdende Einsamkeit.[115]

Als Edith Rosenzweig im Juni 1939 den Antrag auf Mitnahme ihres sogenannten Umzugsgutes bei der „Devisenstelle S" der Strafsachenabteilung in der Goethe-Straße in Frankfurt am Main stellte, musste sie nicht nur ihr gesamtes Vermögen offenlegen, sondern auch eine Auflistung der einzelnen Gegenstände einreichen, die zur Mitnahme ins Exil angedacht waren.[116] Dies schloss eine Auflistung jedes einzelnen Buches der Bibliothek mit ein. Zusätzlich musste eine gesonderte Aufstellung sämtlicher wertvoller Gegenstände wie etwa Schmuck oder Kunstgegenstände erfolgen.[117]

Am 20. Juni 1939 leitete der Sachbearbeiter Josef Hofacker, der als vermeintlicher „Auswanderungsberater" der Rosenzweigs fungierte, deren Antrag zur Mitnahme des sogenannten „Auswanderungsgutes" an den Obergerichtsvollzieher weiter. Dieser hatte zu entscheiden, ob alle auf den Verzeichnissen aufgeführten Gegenstände ausgeführt werden durften. Stellenweise Markierungen auf den Listen lassen das besondere Augenmerk auf wertvolle Gegenstände aus dem Besitz der Rosenzweigs erkennen. So weisen etwa der Bechstein-Flügel, ein Radio, ein Plattenspieler, ein Kühlschrank sowie eine Flurgarderobe, eine Geige und Pelzmäntel Unterstreichungen auf. Ebenfalls und besonders auffällig mit drei Kreuzen markiert

---

114 UB/LMB Kassel, ERS an Eduard Strauss, 12. April 1939, 2° Ms. Philos. 39, G 19,5.

115 Ebd.

116 Zur Rolle der Devisenstelle Frankfurt am Main bei der Ausplünderung jüdischer Flüchtenden siehe: S. Meinl/J. Zwilling, *Legalisierter Raub.*

117 J. K. Beermann-Schön, Taking Advantage, 127ff.

ist ein Gemälde mit dem Titel „Junge Frau" des Hessischen Malers Johann Heinrich Wilhelm Tischbein, der unter anderem das berühmte Bildnis Goethes in der Italienlandschaft gemalt hatte.[118] Eine Geige und zwei Briefmarkensammlungen sowie Gold- und Silberwaren im Wert von über 10.000 Reichsmark mussten die Rosenzweigs abliefern.[119] Weitere Kunstgegenstände, die umfangreiche Bücherliste sowie eine hebräische Pergamentrolle schienen hingegen nicht das Interesse der vermeintlichen Experten geweckt zu haben. So blieben auch die Erstausgabe von Hegels *Phänomenologie des Geistes*[120] sowie mehrere Drucke aus dem 16. Jahrhundert unbeachtet.[121] Am 23. Juli 1939 genehmigte der Obergerichtsvollzieher Secker schließlich die Ausfuhr des Rosenzweigschen Eigentums. Der Antrag wurde am 27. Juli 1939, von einem Kühlschrank abgesehen, ohne Einschränkungen genehmigt.[122] Vor der tatsächlichen Verschiffung musste jedoch noch eine sogenannte Dego-Abgabe enrichtet werden, die sich im Fall Rosenzweig auf 4.500 Reichsmark belief. Da für den Verkauf einer Vielzahl von Möbeln keine Zeit mehr blieb, musste einiges an wertvollen Einrichtungsgegenständen „verschleudert" werden oder ganz zurückbleiben. Für die 175 Bücher, die nach dem 31. Dezember 1932 angeschafft wurden, hatte Edith Rosenzweig weitere 200 Reichsmark zu bezahlen, damit auch diese Bücher zur Mitnahme genehmigt wurden.[123] Nach der aufwendigen und sich über Wochen hinziehenden Prozedur konnte das Umzugsgut für den Versand nach Palästina in unterschiedlichen Sendungen und über verschiedene Transportfirmen bereit gemacht werden. Während der Großteil des Umzugsgutes in die Liftvans verladen wurde, ist die Bibliothek, darunter auch persönliche Papiere und Manu-

---

118 Das Bildnis zeigte Goethe „wie er auf denen Ruinen sitzet und über das Schicksal der menschlichen Werke nachdenket", wie es Tischbein an Johann Casper Lavater schilderte (zit. n. Michael Jaeger, *Goethes kritische Phänomenologie*, 186). Das Gemälde wurde in den 1840er Jahren von der Baronin Salomon de Rothschild erworben und später an das Städel-Museum Frankfurt am Main vermacht, wo es sich heute noch befindet. Was das Schicksal des Gemäldes aus dem Besitz Rosenzweig anbelangt, ergibt sich aus den Akten keine Verlustmeldung, allerdings ist auch nicht nachweisbar, ob das Gemälde jemals in Palästina/Israel ankam.

119 HHStAW, 518, 83785.

120 Vgl. Kat. Waszek 884.

121 Laut Katalog handelt es sich bei den ältesten gelisteten Werken um ein *Lexicon Hebraicum et Chaldaeo-biblicum* (1531) von Johann Buxtorf, *Die Briefe des Melanchton* (1548), Cäsars *Gallischer Krieg* (1565) sowie Luthers *Tischreden* (1569), vgl. Kat. Waszek Nr. 312, 1448, 331 u. 1373; keines der Werke ließ sich mit den exakten bibliographischen Angaben in Tunis oder im Opac-Katalog der Bibliothek von Tunis ausmachen, wobei sich nicht ausschließen lässt, dass das eine oder andere Werk doch noch in der Bibliothek zu finden ist. Eine Recherche von Julia Ng 2023 in Tunis stützt die These, dass Teile der Bibliothek Rosenzweig in andere Bestände der Nationalbibliothek gelangten. Ich danke Julia Ng herzlich für die Information.

122 HHStAW 519-3, 19879.

123 Ebd.

skripte Franz Rosenzweigs sowie der Bechstein-Flügel, per Frachtgut verschifft worden.[124]

Schließlich bestätigte der Hamburger Spediteur Arthur Isenberg der Auftraggeberin Edith Rosenzweig mit einem Schreiben vom 24. August 1939 die Verladung der Bücherkisten in Hamburg. In den nächsten Wochen hätten diese an die Adresse von Ediths Schwester, Ilse Strauss, in Jerusalem geliefert werden sollen. Isenberg vermerkte auf dem Frachtschein: „Ich wünsche Ihnen guten Empfang der Sendung und wäre Ihnen für eine kurze Mitteilung, dass diese dort in einwandfreiem Zustande eintraf, sehr verbunden."[125]

Erst im August 1939 erhielt Edith Rosenzweig die langersehnte Ausreisegenehmigung, die ihr ermöglichte, ihrem Sohn nach Palästina zu folgen. Während das Hab und Gut der Familie auf mehrere Sendungen und Container verteilt als Seefracht verladen worden war, konnte Edith Rosenzweig am 23. August 1939 in Triest an Bord des Schiffes *Galiläa* gehen – dasselbe Schiff, mit welchem ihr Sohn ein halbes Jahr zuvor nach Haifa geflüchtet war.[126] Auch die Dichterin Else Lasker-Schüler war 1937 mit der *Galiläa* nach Palästina aufgebrochen. Darüber hielt sie fest:

> Auf dem Flügel des Schiffes in die weite Welt herrscht Liebe. Namentlich auf der Galiläa: liebreiche Einigkeit. Wir, die wir in Schaaren über den Ozean wollen, ja zum selben Ziel hinsteuern, erleben zusammen dieselben Wasser, dieselben Felsrücken der Länder, lesen im Wasserfluge aus dem gleichen Bilderbuch der Welt.[127]

Die Erleichterung über den langersehnten Antritt der „Reise" Edith Rosenzweigs hielt jedoch nur kurz an, da das Schiff mit Kriegsausbruch am 1. September 1939 zunächst einen Zwangsstopp in Rhodos einlegen und schließlich nach Triest zurückkehren musste. Aufgrund der durch Italien erklärten Neutralität konnte die *Galiläa*, auf welcher sich etwa 300 Flüchtlinge befanden, schließlich erneut auslaufen und erreichte am 11. September 1939 den Hafen von Haifa.[128]

---

124 Der Antrag auf Mitnahme von Umzugsgut unterschied zwischen der Versendung über die Liftvans sowie über die Versendung per „Handgepäck, Express-, Eil- und Frachtstückgut"; HHStAW 519-3, 19879.

125 HHStAW 518, 83785.

126 CZA, S104594, 246.

127 E. Lasker-Schüler, Auf der Galiläa nach Palästina, 445ff; vgl. auch dies., Ich erzähle etwas von Palästina, *JR* 88 (1937), 10.

128 Die *S. S. Galilea* konnte den Triester Hafen am 5. September erneut verlassen und kam am 11. September in Haifa an; siehe auch die Berichte von R. Boehling/U. Larkey, *Life and Loss in the Shadow of the Holocaust*, 170; vgl. auch das Interview mit Gershon Monar (ehem. Günter Mundstock), geb. 1924 in Leipzig in A. Betten/S. Graßl (Hg.), *Sprachbewahrung*, 155–157.

Aber auch der Transport der Bibliothek, die sich etwa zeitgleich mit Edith Rosenzweig auf dem Seeweg befand, war nicht ohne Unterbrechung möglich. Die Bücherkisten gingen auf dem Schiff *Duburg* zunächst von Hamburg nach Antwerpen, wo sie mit der Bibliothek und dem Bechstein-Flügel entladen und dort für die nächsten Monate in einem Container verwahrt wurden.[129]

Erst Monate später, im Mai 1940, wurden die Kisten auf den belgischen Frachter *Egypte* verladen, auf welchem sich neben Handelswaren, Stahlerzeugnissen, Chemikalien, Stoffen, Medikamenten weiteres persönliches „Auswanderungsgut" befand. Die *Egypte* verließ am 11. Mai 1940 den belgischen Hafen.[130] Die Abfahrt erfolgte in letzter Minute, nachdem die deutsche Wehrmacht bereits am 10. Mai in das neutrale Königreich Belgien einmarschiert war. Am 28. Mai erfolgte die bedingungslose Kapitulation der belgischen Armee. Mit Einzug der Deutschen wurden in den nächsten Wochen zahlreiche Liftvans, gefüllt mit Umzugsgut von jüdischen Flüchtenden, die in belgischen Häfen gestrandet waren, geplündert.[131]

Die *Egypte*, die den Hafen noch rechtzeitig verlassen konnte, kreuzte zunächst den Ärmelkanal, lief die Häfen von Dover und die Isle of Wight an und passierte schließlich am 26. Mai 1940 die Meerenge von Gibraltar.[132] Als das Schiff nun im Mittelmeer in Richtung Levante (mit geplanten Anlaufhäfen Alexandria, Haifa und Beirut) steuerte, wurde die Reise erneut unterbrochen. Am Kap Bon vor der tunesischen Küste wurde das Schiff, welches unter belgischer Flagge fuhr, von der Admiralität der französischen Vichy-Regierung aufgebracht und nach La Goulette in die Hafenanlage von Tunis umgeleitet.[133]

---

129 Die Gründe für die mehrmonatige Zwischenlagerung in Antwerpen ließen sich nicht klären, zumal bereits auf dem Lieferschein der *Duburg* noch das Ziel Jerusalem ausgewiesen war. Es ist jedoch naheliegend, dass die erneute Entladung der Bücherkisten im Hafen von Antwerpen mit dem Kriegsausbruch im Zusammenhang stand, vgl. HHStAW 518, 83785.

130 „Goods for Palestine Impounded at Tunis", *Palestine Post*, 29. Juli 1940, 2; die *S.S. Egypte*, die unter belgischer Flagge fuhr, ist nicht zu verwechseln mit dem gleichnamigen britischen Schiff, welches 1923 vor der bretonischen Insel Ouessant mit dem Dampfer Seine kollidierte und sank sowie mit ihr „ein Schatz von einer Million Pfund", wie das Berliner Tageblatt und die Handelszeitung am 29. November 1925 berichteten. Bei der Katastrophe kamen 87 Menschen ums Leben. Seit den 1920er Jahren versuchten Taucher den Schatz zu bergen, was jedoch erst einem italienischen Unternehmen im Jahr 1933 teilweise gelang. Erneute versuche der Bergung des restlichen Goldschatzes erfolgten 1987 und 2001, vgl. „Deutsche Versuche zur Hebung der ‚Egypte'", *Berliner Tageblatt*, 28. November 1925, 5.

131 Zur Enteignung und Plünderung jüdischen Besitzes in Belgien siehe V. Teitelbaum-Hirsch, Confiscation in Belgium, 327–341. Zur Plünderung jüdischer Bibliotheken in Belgien siehe: M. Vermote/ P. Kennedy Grimsted, Documenting Nazi Library Plundering, https://www.errproject.org/docs/looted_libraries_be_Part1_Appendix.pdf (Zugriff: 04.05.2022).

132 TNA, BT 389/35/285.

133 StABe, Bestand Ministère des Affaires Economiques. Office belge de gestion et de liquidation, 707, Akte betr. „Egypte".

2.4 Zwischen Tunis und Jerusalem

> I had a chest of books with me. When I said to them that I did not know any Kabbalah, I removed that manuscript [by Vital] and secretly put it in my garments. And when they came and rummaged through the books they did not find this book among them, for it certainly would have been lost.... They repeatedly urged me to open the small chest that had my writings, but I guarded the keys. At one point they forced themselves upon me, took the keys, and attempted to take the book with my writings as a keep-sake, but I began to scream, invoking bans (Heb. haramot) [against them] until they returned the keys to me.
> Abraham Azulai über Bücher in Tunis (16. Jahrhundert)[134]

Als die Rosenzweigschen Bücherkisten am 31. Mai 1940 auf der *Egypte* den tunesischen Hafen von La Goulette[135] erreichten, war Nordafrika zwar noch nicht direkt in das Kriegsgeschehen involviert, dennoch wirkten die Ereignisse bis in den Maghreb nach. Die Tageszeitung *L'Echo d'Alger* berichtete darüber, wie in den Kirchen und Synagogen von Tunis Gottesdienste für einen Sieg der Alliierten abgehalten wurden.[136] Insbesondere von Seiten der jüdischen Bevölkerung herrschte seit Kriegsausbruch große Angst, die Nationalsozialisten und das faschistische Italien könnten ihren Einflussbereich in Nordafrika (weiter) ausdehnen.[137] Im Jahr 1940 belief sich die Zahl der jüdischen Bevölkerung Tunesiens auf circa 60.000, wovon etwa die Hälfte in Tunis lebte.[138] Die jüdische Gemeinde Tunesiens blickte

134 Zit. n. Y. Dweck, A Jew from the East meets Books from the West, 274.

135 Bei La Goulette handelt es sich um eine eigenständige Stadt, die etwa zehn Kilometer von der Hauptstadt Tunis entfernt liegt und an das Hafenbecken und der größten Hafenanlage von Tunis anschließt.

136 *L'Echo d'Alger*, 10 (1940), 2.

137 Im italienisch-türkischen Krieg (1911–1912) hatte Italien bereits Teile von Libyen annektiert, zusätzliche Eroberungen des Landes wurden nach dem Ersten Weltkrieg fortgesetzt. Im sogenannten Abessinienkrieg von 1935 wurden weitere Teile Nordafrikas kolonial durch Italien besetzt; zur Geschichte der jüdischen Gemeinde Tunesiens, insbesondere unter Französischer Herrschaft siehe C. Hagège, Communautés juive des Tunisie, *Le Mouvement social* 110 (1980), 35ff; zur Situation der jüdischen Bevölkerung in Tunesien während des Zweiten Weltkriegs siehe N. Stillman, *The Jews of Arab Lands*, 121ff sowie C. Nataf, Les Juifs de Tunisie face à Vichy et aux persécutions allemandes, *La Revue Pardès* 16 (1992), 203–231.

138 In der Forschungsliteratur schwanken die Angaben zur jüdischen Bevölkerung Tunesiens stark. Für die Jahrhundertwende reichen die Angaben zwischen 50.000 bis 100.000. Die Französische Protektorats-Regierung gab regelmäßig Demographien heraus, die als weitere Anhaltspunkte gelten können, vgl. D.Corcos/H. Saadoun, „Tunis, Tunisia", *EJ*, 184; vgl. auch: Statistique Génerale de la Tunisie. (1939), 2.

auf eine lange wenn auch spannungsreiche Geschichte zurück.[139] Seit dem Mittelalter galt das heutige Tunesien als Gelehrtenzentrum, wo unter anderem der berühmte Arzt Isaak Israeli wirkte.[140] Im 18. Jahrhundert wurde es Anziehungspunkt zahlreicher Intellektueller und Bibliophiler, wie etwa Abraham Azulais, der über Tunis als Bücherort berichtete.[141] Seit dem 19. Jahrhundert kamen zahlreiche Reisende und Künstler in das nordafrikanische Land. Auch der berühmte jüdische Buchhändler Louis Lamm, bei dem Franz Rosenzweig einst häufiger kaufte, hielt seine Eindrücke in einem Reisebericht von 1929 fest:

> Es ist selbstverständlich, daß mein Hauptinteresse sich auf die Judenstadt erstreckte, und ich durchquerte sie so oft, daß ich in der kurzen Zeit die ich in Tunis zubrachte, dort schon ziemlich bekannt wurde. [...] Es herrscht gutes Einvernehmen zwischen den verschiedenen Nationalitäten. Nahe dem arabischen öffentlichen Schreiber, der für geringes Geld Hilfe in Rechtsfragen, Liebes- und Familienangelegenheiten leistet, kauft der Sofer (Notar steht neben seinem Namen) und repariert טפלין [Teflin, hebr. für Gebete] und ספרים [Sofrim, hebr. für Bücher].[142]

Das belgische Schiff *Egypte* wurde am 29. Mai 1940, einen Tag nach der belgischen Kapitulation am Kap Bon von der französischen Protektoratsregierung abgefangen.[143] Am 31. Mai 1940 wurde es weiter in den Hafen von Tunis verbracht.[144] Daraufhin wurde von den französischen Behörden der Befehl gegeben, die Transportgüter des Schiffes zu entladen.[145] Die Frage nach der Zuständigkeit betreffend des belgischen Schiffes gestaltete sich dabei kompliziert: Bei der Beschlagnahme des Schiffes waren Frankreich und Deutschland noch Kriegsgegner, ehe sich mit dem Waffenstillstandsabkommen auch in den französischen Territorien Nordafrikas das Vichy-Regime etablierte. Als belgisches Schiff war dieses mit der Neutralität

---

139 H. Saadoun, Tunisia, 444ff.

140 Ebd.; vgl. auch Y. Tsur, La culture religieuse à Tunisie, 66.

141 Dweck, A Jew from the East, 239ff; Saadoun, Tunisia, 449.

142 L. Lamm, *Beschreibungen von Tunis*; bei dieser Reisebeschreibung des Antiquars Louis Lamm handelt es sich um eine bisher unbeachtete Schilderung; die Publikation ist heute äußerst selten.

143 Als sich das belgische Schiff *Egypte* im Mai 1940 in Richtung Palästina aufmachte, spitzte sich das Kriegsgeschehen in Europa weiter zu. Die seit 1881 in Tunesien vorherrschende Kolonialmacht Frankreichbefand sich derzeit noch im Krieg mit Deutschland, ehe am 22. Juni 1940 der Waffenstillstand von Compiègne geschlossen wurde. Bis sich das Vichy-Regime in Frankreich und in den Protektoatsgebieten etablieren sollte, vergingen noch einige Wochen.

144 Zur Kriegsentwicklung innerhalb der französischen Kolonialgebiete während des Zweiten Weltkriegs siehe C. Levisse-Touzé, *L'Afrique du Nord dans la guerre*, insbesondere das Kapitel 5.

145 StABe, Office Belge de Gestion et de Liquidation 707, Bericht der belgischen Botschaft, Algier, 8. Januar 1944.

Belgiens jedoch dem deutschen Einflussgebiet unterstellt. Die komplexe Angelegenheit sollte über die Jahre unterschiedlichste Stellen zwischen Tunesien, Belgien, Frankreich, Algerien, Portugal, Großbritannien und den USA beschäftigen.

Seit Juni 1941 ging die in Belgien eingesetzte deutsche Militärverwaltung der Sachlage um den Dampfer nach, da die *Egypte* aus Tunis zurückgeführt werden und im von Deutschland kontrollierten belgischen Handel eingesetzt werden sollte.[146] Gleichwohl interessierten sich die in Tunis regierende französische Verwaltungsmacht für das Schiff. Auch die sich seit Herbst 1940 in London befindliche belgische Exilregierung forderte 1941 eine Berichterstattung zu dem Vorfall über die belgische Botschaft in Algier an.[147] Involviert wurden unter anderem der belgische Außenminister Paul-Henri Spaak[148] aber auch bald das Department of State in Washington, wohin die Angelegenheit über einen Bericht des US-amerikanischen Konsul von Tunis weitergeleitet worden war.[149] Dem Bericht aus Washington zufolge war das Schiff aus einer reinen Vorsichtsmaßnahme nach Tunis verbracht worden, wo das Transportgut zugunsten der Eigentümer versteigert werden sollte.[150] Dass trotz der seit Juni 1940 auch in Tunis etablierten Vichy-Regierung ausgerechnet der belgische Konsul als Treuhänder für die Schiffsware eingesetzt wurde, lässt vermuten, dass das Interesse der einzelnen Stellen eher dem Schiff selbst als dem Transportgut galt. Das Gericht von Tunis hatte am 11. September 1940 den belgischen Konsul Fernand Van den Bergh als „Sequesteur" für die beschlagnahmte Ware eingesetzt. Nachdem daraufhin die Fracht des Schiffes in einer Halle am Hafen von Tunis verwahrt und inventarisiert worden war, wurde sie öffentlich auktioniert.[151] Wie sich jedoch später zeigte, landeten auch Dinge in der persönlichen Wohnung des

---

146 1941 wurde die Egypte von der französischen Vichy-Regierung nach Marseille verlegt, dort von den deutschen Behörden beschlagnahmt und in „Cagliari" umbenannt. 1944 wurde das Schiff durch einen feindlichen Angriff in der Adria versenkt. StABe, Bestuur van het Zeewezen, Administration de la Marine, Signatur 8516 sowie 8517.

147 StABe, Bestuur van het Zeewezen Administration de la Marine 9509.

148 Paul-Henri Spaak war zwischen 1936 und 1938 Premierminister von Belgien und anschließend Außenminister. Er gilt zudem als einer der Gründerväter des vereinten Europa. Vgl. Paul Henri-Spaak: *The continuing Battle. Memoires of a European 1936–1966*. Boston 1971.

149 StABe, Schreiben vom Ministerium 1944, BeStA, Office Belge de Gestion et de liquidation 707; Bestuur van het Zeewezen Administration de la Marine 9509.

150 BeStA, Bestuur van het Zeewezen Administration de la Marine 9509, darin: Bericht des Department of State Washington, 29. September 1941.

151 Die Angelegenheit beschäftigte schließlich auch die belgische Exilregierung in London, die um Aufklärung in der Angelegenheit bat, siehe: Schreiben vom A. van Campenhout an Office Belge de Gestion et de Liquidation, 25. August 1944; über den belgischen Konsul Van den Bergh lassen sich kaum Informationen finden. In einer Ausgabe der Zeitung *La Dépêche tunisienne* findet sich ein kurzer Bericht, dass der belgische Konsul Van den Bergh Tunis nach Paris und Belgien verlassen hat, *La Dépêche tunisienne*, 30. September 1950, 2.

belgischen Konsuls, der etwa den Rosenzweigschen Bechstein-Flügel in seinem Apartment verwahrte.[152]

Den Zuschlag für die Bücherkisten erhielt schließlich die *Bibliothèque Publique* von Tunis. Bei der Stadtbibliothek handelte es sich um die größte öffentliche Bibliothek der Hafenstadt, die sich seit 1885 in der Altstadt am *Souk El Attarine*, dem Namen nach dem Gewürzmarkt, in unmittelbarer Nachbarschaft zur Moschee *Ez-Zitouna* und der islamischen Universität von Tunis befand.[153]

Wann genau die Mitarbeiter der Stadtbibliothek Tunis die sechs großen Holzkisten mit der Aufschrift „ER 2 5/8 10" öffneten, ist nicht überliefert. Fest steht, dass die Kisten nach ihrer Ankunft in Tunis nach einiger Zeit aus dem Hafen in die öffentliche Bibliothek in der Altstadt verbracht wurden.[154] In den Räumlichkeiten der Bibliothek wurden nun die Bücher Franz Rosenzweigs zutage gefördert, die seit mehreren Jahren in den Kisten verpackt geblieben waren. An der mehrheitlich deutschsprachigen Literatur sowie den vereinzelten Werken auf Griechisch, Französisch, Jiddisch, Hebräisch und Arabisch, ist die Odyssee nicht spurlos vorübergegangen.

---

152 Dies geht aus einem Brief von ERS an Salman Schocken hervor, in welchem sie aber auch schreibt, dass sich der Konsul bereit erklärte für den Flügel einen Betrag von 45.000 Französische Francs zu überweisen; ob die Zahlung, die etwa 340 USD entsprochen hätte, tatsächlich erfolgte, ist nicht überliefert, Franz Rosenzweig, Brief ERS an Salman Schocken vom 25. Dezember 1945, SchA 332/244.

153 Unter dem Namen „Bibliothèque Francaise" wurde 1885 in der Altstadt von Tunis eine öffentliche Bibliothek gegründet. 1910 wurde sie in Bibliothèque Publique umbenannt. Während sie erst nach der tunesischen Unabhängigkeit 1956 zur Nationalbibliothek Tunesiens umfunktioniert wurde, verfolgte sie bereits seit den 1910er Jahren eine Sammelstrategie, die jener einer Nationalbibliothek gleichkam. Im Schwerpunkt wurden Werke der tunesischen Literatur und Werke über Nordafrika gesammelt, aber auch französischsprachige Literatur, die vorrangig aus französischen Bibliotheken zugeführt wurde. Von dem Gesamtbestand von insgesamt 240.000 Werken im Jahr 1955 waren lediglich 33.000 in arabischer Sprache. Die Nationalbibliothek untersteht heute dem Kulturministerium Tunesiens; vgl. S. Ben Romdane, „Fallstudien zur Bibliotheksarbeit in Tunesien", 19.

154 Nach dem Bericht der Botschaft von Algier wurde das Transportgut der *Egypte* zunächst im Hafen von Tunis gelagert, inventarisiert und zum öffentlichen Verkauf angeboten, vgl. BeStA, Office Belge de Gestion et de Liquidation, 707.

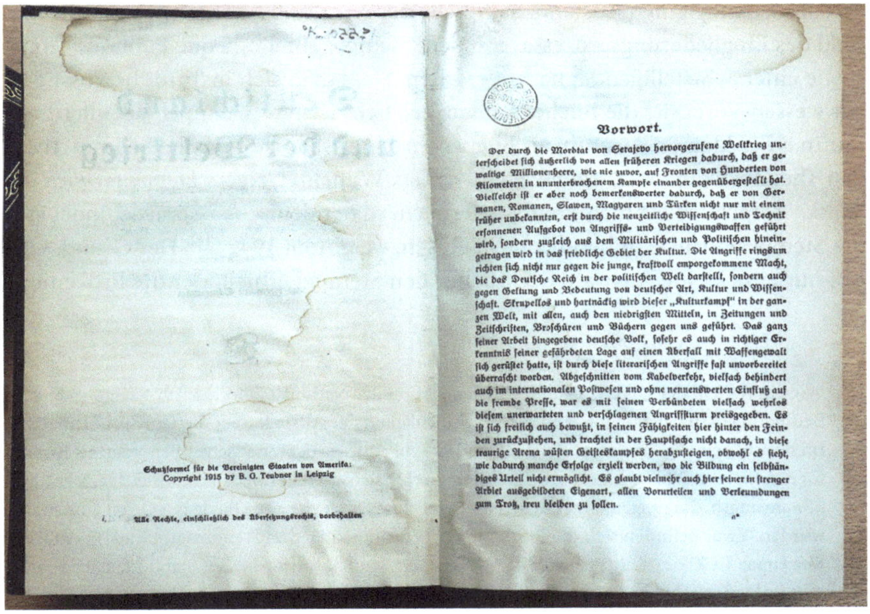

Rosenzweigs Ausgaben *Etymologisches Wörterbuch der Altindischen Sprache* (1898), Kants *Opus Postumum* (1920) und Friedrich Meineckes *Deutschland und der Weltkrieg* (1915) in Tunis
© Julia Schneidawind

Stempel „Bibliothèque Publique Tunis“
© Julia Schneidawind

Die zahlreichen Stockflecken, die einige Bücher heute aufweisen, könnten aber auch den konservatorisch schlechten Bedingungen des damaligen Bibliotheksgebäudes in der Altstadt von Tunis geschuldet sein.[155] Dennoch befand sich die Sammlung in Anbetracht der Umstände und der mehrjährigen Reise noch in einem verhältnismäßig guten Zustand. Sämtliche der circa 3.000 Ausgaben wurden während des Eingliederungsprozesses mit dem Stempel „Bibliothèque Publique Tunis“ sowie einer achtstelligen Signatur versehen. Dass man sich in Tunis bewusst war, aus wessen Vorbesitz die Bücher kamen, zeigt ein weiterer Stempel, der allerdings nur in einer kleinen Auswahl an Büchern nachweisbar ist: Auf den Schmutztiteln von Theodor Fontanes *Gesammelten Werken*, Wilhelm Geigers *Elementarbuch der Sanskritsprache* sowie mehreren Wörterbüchern der deutschen Sprache findet sich der Stempelabdruck „Bibliothèque Fr Rosenzweig Aout 1942“.[156] Der Grund, warum nur eine kleine Auswahl der Bücher den Stempel erhielt, der die Provenienz

155 Wie ein Bericht der UNESCO über eine Inspektion der Nationalbibliothek 1974 zeigt, waren die Bedingungen in der Bibliothek in den Räumlichkeiten der Altstadt über die Jahre problematisch. Im Bericht heißt es dazu: „Der Berater kam 1974 auf Anfrage der tunesischen Behörden als Experte für den Bau von Bibliotheken nach Tunis und machte sich ein Bild von den (bereits schlechten) Aufbewahrungsbedingungen, unter denen die Sammlungen an vier verschiedenen Orten aufbewahrt wurden. Zwar befinden sich die Bestände heute nur noch an drei Standorten (Souk El Attarine, Rue Jamaa Ez Zitouna, Rue Charles de Gaulle), doch sind die ersten beiden Standorte nach wie vor sehr unhygienisch, obwohl an dem zweiten große und teure Renovierungsarbeiten durchgeführt wurden. In den letzten Monaten kam es mehrfach zu schweren Wasserunfällen, durch die die Bestände beschädigt wurden und in der Regel auf dem Boden in Staub und Feuchtigkeit gelagert werden mussten, was die Benutzung der Bestände unmöglich machte.“ Vgl. Bericht der UNESCO über Bibliothek Tunis von 1985, https://unesdoc.unesco.org/ark:/48223/pf0000064945 (Zugriff: 05.03.2022).

156 Vgl. Kat. Waszek, 650, 707, 2415, 474, 916.

Stempel „Fr Rosenzweig Aout 1942“ aus Deutschem Wörterbuch in drei Bänden (1905) © Julia Schneidawind

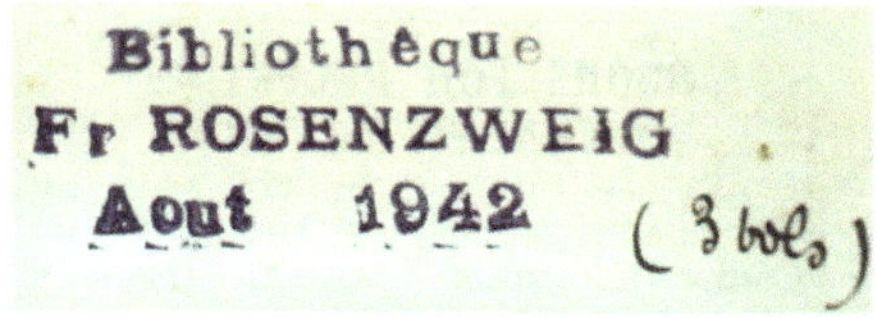

Rosenzweigs in den Buchdeckeln verewigte, könnte sein, dass sich Tunis im Herbst 1942 zum zentralen Kriegsschauplatz des Zweiten Weltkrieges entwickelte und schlicht keine Zeit blieb, die komplette Bibliothek mit dem Stempel zu versehen.[157] In dem Jahresbericht der Bibliothek für den Zeitraum 1943/44 werden auf 14 Seiten die Zustände und Ereignisse dieser Jahre mit Blick auf die Bibliothek, wenn auch sehr vage, geschildert. Neben allgemeinen Belangen um Beschäftigungsverhältnisse und Öffnungszeiten wird auch die Beschlagnahme der Bibliothek Rosenzweig erwähnt. Zu lesen ist darüber der Hinweis: „Séquestre ROSENZWEIG (Suite et fin 1500 volumes environ)“ [Beschlagnahmung Rosenzweig (Fortsetzung und Abschluss etwa 1.500 Bände)].[158] Es liegt somit nahe, dass der Eingliederungsprozess der Bücher Rosenzweig in die Bibliothek von Tunis etwa 1942 begonnen hatte und wie der Jahresbericht zeigt, sich über einen längeren Zeitraum hinzog.

Wie es im Bericht weiter heißt, wurden neben der Sammlung Rosenzweigs auch etwa 12.000 Bände italienischsprachiger Bücher, unter anderem aus dem Institut Dante Alighieri von Tunis sowie dem Ecole Française in die öffentliche Bibliothek integriert und damit „vor einer beklagenswerten Zerstreuung gerettet“, wie es im Bericht beschrieben wird.[159] Darüber hinaus gibt der Jahresbericht Auskunft darüber, dass jeden Montag eine „größere Gruppe von Häftlingen“ für die Arbeit in der Bibliothek zu Verfügung gestellt wurde.[160] Auch wenn die Angaben hierzu vage bleiben, kann davon ausgegangen werden, dass es sich um jüdische Zwangsarbeiter handelte.[161] Die Jahresberichte der darauffolgenden Jahre, die lückenhaft sind, erwähnen die Bücher Rosenzweigs nicht mehr.

Im britischen Mandatsgebiet Palästina dürfte man von den Strapazen um die *Egypte* und das Transportgut wenig mitbekommen haben. Zwar hatte die Tageszeitung *The Palestine Post* am 29. Juli 1940 in einer achtzeiligen Meldung über die Umleitung der ursprünglich in Palästina erwarteten *Egypte* und deren Umleitung in den Hafen von

157 Für die Entwicklungen in Nordafrika nach 1940 siehe K.-M. Mallmann/M. Cüppers, *Halbmond und Hakenkreuz*; P. Lieb, Krieg in Nordafrika.

158 BNT, Rapport sur l'exercice de la bibliothèque 1943–1944.

159 Ebd.

160 Ebd.

161 Saadoun, Tunisia, 454f.

GOODS FOR PALESTINE IMPOUNDED AT TUNIS

Advices received in Tel Aviv by the agents, Messrs M. Dizengoff and Company, state that the Belgian s.s. Egypte which left Antwerp on May 11, discharged all cargo destined for Palestine at Tunis, and that the goods were confiscated by the French authorities.

Zeitungsmeldung über Umleitung des Schiffes *S.S. Egypte* vom 29. Juli 1940
© Palestine Post

Tunis sowie über die Konfiszierung der Fracht berichtet,[162] aber Edith und Rafael Rosenzweig blieben über das Schicksal der Sammlung über Jahre im Ungewissen. Von der Konfiszierung der Bücher erfuhren sie schließlich erst im Februar 1944, als Edith Rosenzweig ein Schreiben des belgischen Vize-Konsuls von Tunis erhielt, jenem Fernand Van den Bergh, der sie über den Verbleib ihrer Bücher und die ihr gewährte Rückzahlung des Betrags aus der Versteigerung informierte.[163]

Wie auch aus den Akten um das Schiff *Egypte* aus Brüssel hervorgeht, sollte den rechtmäßigen 120 Eigentümern, die sich aus unterschiedlichen Firmen, aber auch Privatpersonen, wie Edith Rosenzweig, zusammensetzten, 90 Prozent der ersteigerten Summe zurückbezahlt werden.[164] Aus den Unterlagen um die Inventarisierung des Transportguts der *Egypte* werden die Kisten Edith Rosenzweigs als letzter Posten als „7 caisses effets personnels" [7 Kisten mit persönlichen Gegenständen] aufgeführt und ein Wert von 700 Französischen Francs dafür veranschlagt.[165] Demnach hätten die Rosenzweigs, sofern die 90 Prozent des veranschlagten Wertes von 700 Francs ausbezahlt wurden, umgerechnet etwa 16 US-Dollar für die Bibliothek erhalten, was einer heutigen Kaufkraftwert von etwa 350 US-Dollar entspräche.[166] Wie Rafael Rosenzweig es später schilderte, konnte der Betrag nicht direkt an die

162 *Palestine Post*, 29. Juli 1940, 2.

163 Der Brief des Konsuls hat sich nicht erhalten, die Information ergibt sich aus einem Brief ERS, vgl. SchA 332/244.

164 Das Verfahren um eine Rückzahlung zog eine langwierige Auseinandersetzung des belgischen Konsuls mit der Vichy-Regierung nach sich, die erneut vor einem Gericht in Tunis endete. Der genaue Streitpunkt ist unklar. Wie die Unterlagen andeuten, waren sich die unterschiedlichen Stellen über die Rückzahlung aus der Versteigerungssumme uneins. Vgl. Bericht der belgischen Botschaft von Algier an das belgische Außenministerium in London vom 8. Februar 1944, StABe, Office Belge de gestion et de liquidation, 707.

165 Anlage des Schreibens, Schreiben der Mission Belge à Alger an Monsieur P. H. Spaak, Ministre des Affaires Etrangères et du Commerce Exterieur London, am 8. Januar 1944, datiert 24. Dezember 1943.

166 Hierbei kann es sich nur um eine grobe Schätzung handeln. Für die Berechnung wurde der Wechselkurs von Dezember 1939 für französische Francs in US-Dollar verwendet, nach welchem 1 Francs einem Wert von 0,0223 USD entsprach. Vgl. Historischer Währungsrechner der Universität Mel-

Familie nach Israel überwiesen werden. Nach Abzügen diverser Transfergebühren hat die Familie Rosenzweig am Ende nur eine „sehr kleine Summe" für die Bibliothek und den Flügel erhalten.[167]

Während Edith und Rafael Rosenzweig in Palästina unter prekären Bedingungen und gesundheitlich angeschlagen mit bürokratischen und alltäglichen Hürden beim Aufbau eines neuen Lebens beschäftigt waren, stellte die Nachricht über die Bücher eine weitere Herausforderung dar. Edith Rosezweig wollte die Bücher ihres verstorbenen Mannes, die sie mit solch einem Aufwand aus Deutschland hatte bringen lassen, auf keinen Fall aufgeben.

Da ihr selbst jedoch in finanzieller Sicht die Hände gebunden waren, erhoffte sie sich Hilfe durch den Bibliophilen, Geschäftsmann und Verleger Salman Schocken. Schließlich hatte dieser sich bereits für eine Vielzahl anderer Bibliotheken und deren Rettung und Erhalt eingesetzt.[168] Aber auch Rafael Rosenzweig hatte Schocken bei einer Angelegenheit unterstützt, als dieser nach seiner Ankunft 1939 mit den Zollbehörden von Palästina in Konflikt geraten war.[169]

In einem Brief an den Verleger vom 24. August 1945 schilderte Edith Rosenzweig-Scheinmann die Sachlage um die Bibliothek ihres verstorbenen Mannes:

> Es gelang mir, die Bücher mit den Gestellen noch vor meiner Auswanderung nach Antwerpen zu schaffen. Infolge technischer Schwierigkeiten mancherlei Art wurden die Kisten erst Anfang Mai 1940 von dort hierher eingeschifft. Danach hörte ich nichts mehr, bis ich vor einem Jahr von dem belgischen Konsul in Tunis die Nachricht erhielt, dass das belg[ische] Schiff, S. S. Egypte, auf dem die Kisten sich befanden, im Mai 1940 in Tunis ausgeladen wurde und die Bibliothek vom Tunesischen Staat (damals „Vichy") requiriert wurde unter Zahlung von Frcs. 55.000[170], die bei dem Belgischen Konsul deponiert

---

bourne, https://canvasresources-prod.le.unimelb.edu.au/projects/CURRENCY_CALC/ (Zugriff: 03.05.2022).

167 Vgl.Waszek, *Rosenzweigs Bibliothek*, 14f.

168 Vgl. u. a. T. Hinrichs, Fluchthilfe, *Medaon* 7 (2013) 1–4; Schneidawind, A Friendship Ex Libris, *LBIYB*, 1 (2022), 174ff.

169 Die Auseinandersetzung war der Natur, dass die Zollbehörden des britischen Mandatsgebietes das von Rafael Rosenzweig als „persönliches Auswanderungsgut" deklarierte Hab- und Gut nicht als solches anerkannten. Sie nahmen an, dass ein Teil des Mitgebrachten zum Verkauf gedacht war, was nach Einwanderungsregularien nicht gestattet war bzw. extra verzollt werden musste. Schocken unterzeichnete neben Martin Buber, Eugen Meyer und Shlomo Dov Goitein ein Beschwerdeschreiben Rafael Rosenzweigs an den Chief Secretary der britischen Mandatsregierung. Wie in der Sache entschieden wurde, geht aus der Akte nicht hervor. Vgl. ISA, Sig. 000mfvw.

170 Nach den Tageswerten des Französischen Francs und US-Dollar vom 23. September 1945 entsprachen 55.000 Francs circa 1.110 USD, was bei einer durchschnittlichen Inflationsrate von 3,69 Prozent einer heutigen Kaufkraft von 18.552 USD entspräche. Vgl. *The New York Times*, 23. September 1945, 62.

wurden. Die Bücher sind der Tunisischen [Tunesischen] Staatsbibliothek eingeordnet worden. Das Geld sollte ich ausgezahlt bekommen, sobald die Konnossemente, die nie hier angekommen waren, beschafft sind, was bisher noch nicht gelang. [...] Ich selber (auch mein Sohn nicht) bin nicht in der wirtschaftlichen Lage, die Bücher aufzustellen oder auf ihren Gegenwert in Geld zu verzichten. Es handelt sich um ca. 3000 Bücher, die roh geschätzt, heute einen Wert von ca. LP 1000[171] haben. Es sind, wie Sie wohl wissen, wenige Raritäten dabei, es ist die Bücherei eines vielseitig gebildeten und interessierten Mannes und gibt ein sehr getreues Bild der Entwicklungsstadien im Leben F. Rosenzweigs. Es wäre also das Schönste, wenn die Bibliothek geschlossen erhalten bliebe.[172]

Wie aus den Zeilen hervorgeht, ging es Edith Scheinmann-Rosenzweig, wie sie sich mittlerweile in zweiter Ehe mit Max Scheinmann nannte, nicht allein um die Rückbeschaffung der Bibliothek, sondern auch um eine angemessene Verwahrstätte für die Bücher ihres verstorbenen Mannes.

Sie selbst lebte in einer beengten Wohnung in Tel Aviv und verfügte über keine finanziellen Mittel für einen Rückkauf. Auch Rafael, der mittlerweile eine eigene Familie im Kibbuz Ma'abarot in der Scharonebene begründet hatte, verfügte weder über Geld noch Raum für eine 3.000-bändige Bibliothek. Nach Edith Rosenzweigs Auffassung, wie sie sie bereits vor der Flucht an ihre Schwester Ilse geschildert hatte, war die Schocken-Bibliothek Jerusalem ein geeigneter Ort für das Büchererbe ihres Mannes.[173] Schließlich waren einige der Werke des Philosophen im Schocken-Verlag erschienen und noch vor der offiziellen Eröffnung des neuen von Erich Mendelssohn errichteten Bibliothekgebäudes in Jerusalem, hatte Schocken dort anlässlich des 50. Geburtstags Rosenzweigs eine Gruppe von Intellektuellen eingeladen, um des Werkes des Philosophen zu gedenken und zu diskutieren.[174]

An Schocken formuliert Edith Rosenzweig daher ihre „Frage und [ihren] Vorschlag" wie folgt:

[O]b Sie, als eine wirklich angemessene Form der ehrenden Erinnerung den Büchern in Ihrer Bibliothek, etwa als F[ranz] R[osenzweig]-Zimmer Aufnahme gewähren würden. Ich würde mich in diesem Falle mit einem geringen Beitrag begnügen, als der Einzelverkauf

171 Das Palästina-Pfund (LP) war auf den Wert des Britischen Pfund gebunden; 1.000 LP entsprachen nach Kurs des 25. August 1945 circa 4.000 USD und damit einer heutigen Kaufkraft von 66.853 USD. Vgl. Foreign Exchange. In: *Financial Times*, 25. August 1945, 2. nk.gale.com/apps/doc/HS2302626406/FTHA?u=bayern&sid=bookmark-FTHA&xid=73977235. (Zugriff: 13.05.2022).

172 SchA 332/244, ERS an Salman Schocken am 24. August 1945.

173 SchA 332/244, ERS an Ilse Strauss 22. Dezember 1938.

174 *JR*, 8. Januar 1937, 15.

> ergeben würde. Und denke dabei an ca. LP 500[175], wobei die Transportkosten noch extra gingen.[176]

Schocken befand sich bei Eintreffen des Briefes in den USA, weshalb Edith Rosenzweig-Scheinmann einige Monate auf eine Antwort warten musste. Im Oktober bestätigte Schocken in seinem Antwortbrief „[w]ie alle Freunde von Franz Rosenzweig es [zu] begruessen, wenn es moeglich waere, die Bibliothek in ihrer Geschlossenheit zu erhalten."[177] Dennoch wollte er Edith Rosenzweig-Scheinmann keine falschen Hoffnungen machen und erklärte:

> Aus einer sehr langen Erfahrung weiss ich, dass es nur in den seltensten Faellen moeglich ist, einen solchen Plan durchzufuehren. Neben anderen Fragen tritt dabei auch die Raumfrage auf. In meiner Bibliothek, wie sie jetzt besteht, gaebe es z. B. keinen Raum dafuer.[178]

Auch wenn Schocken auf den Vorschlag der Einrichtung eines Rosenzweig-Zimmers nicht eingehen konnte, verstand er den Wunsch, die Bücher aus Tunis nach Palästina zu transferieren. Daher vermittelte er Edith Scheinmann-Rosenzweig über den Cousin seiner Frau Lilly, Albert Kaufmann in London, den Rechtsanwalt Paul Ghez (1898–1971) aus Tunis. Schocken schloss sein Schreiben mit den Worten:

> Hoffentlich gelingt es Ihnen, die Buecher aus den fremden Haenden zu retten. Ich wuerde mich freuen, wenn ich Ihnen spaeter bei der Loesung der Frage mithelfen koennte.[179]

Wie Paul Ghez bald herausfinden sollte, hielten die „fremden Hände" fest an dem neugewonnen Bücherschatz fest. Der Anwalt war seit Kriegsende in Tunis für das Joint Distribution Committee (JDC) tätig und darüber hinaus in Tunis bestens vernetzt. Ghez war 1898 im tunesischen Sousse geboren und viele Jahre für die Jüdische Gemeinde Tunesiens aktiv gewesen.[180] Im November 1942, nach Eintref-

---

175 500 LP entsprächen heute einer Kaufkraft von circa 32.477 USD., vgl. Historischer Währungsrechner der Universität Melbourne, https://canvasresources-prod.le.unimelb.edu.au/projects/CURRENCY_CALC/ (Zugriff: 13.05.2022).

176 SchA 332/244, ERS an Salman Schocken am 24. August 1945.

177 SchA 332/244, Salman Schocken an ERS, 23. Oktober 1945.

178 Ebd.

179 Ebd.

180 H. Saadoun, „Ghez, Paul", *Encyclopedia of Jews in the Islamic World*, https://referenceworks.brillonline.com:443/entries/encyclopedia-of-jews-in-the-islamic-world%252Fghez-paul-SIM_0008470. (Zugriff: 01.02.2022); P. Ghez, *Six mois sous la botte*, 9–20.

fen der SS-Einsatzkommandos in Tunis, war er von den Nationalsozialisten als sogenannter „Judenrat“ eingesetzt worden, um die Rekrutierung von jüdischen Zwangsarbeitern für die Deutsche Afrikaoffensive voranzutreiben.[181] Nach der Vermittlung über Schocken startete Ghez den Versuch, die Angelegenheit um die Rosenzweigsche Bibliothek vor Ort zu regeln. Hierzu suchte er den Direktor der Bibliothèque Publique Louis Barbeau auf, um ihm die Sachlage darzulegen und mit ihm über eine Rückgabe der Bücher zu verhandeln.[182] Wie der Anwalt Edith Scheinmann-Rosenzweig aus Tunis berichtete, zeigte man in Tunis jedoch wenig Verständnis:

> Ich besuchte Herrn Barbeau, den Direktor der Bibliothek, und fragte ihn, ob er einer gütlichen Rückgabe zustimmen würde. Herr Barbeau erklärte mir, dass er jegliche Rückgabe strikt ablehne, da die Bücher bezahlt und in seiner Einrichtung verteilt worden seien. Er würde jedoch der Rückgabe der persönlichen Papiere und Manuskripte zustimmen, die der Sammlung beigefügt sind. Es ist keine einvernehmliche Lösung möglich. Andererseits erscheint es mir schwierig, einen Prozess zu führen, wenn ein Urteil vorliegt, das den Verkauf der Ladung anordnet, und eine Requisitionsmaßnahme einer tunesischen Behörde.[183]

Die Zeilen verdeutlichen nicht nur die „strikte Ablehnung“ einer Rückgabe von seiten der Bibliothek und wie komplex sich die Möglichkeit einer Rückerstattung der Sammlung aus rechtlicher Sicht gestaltete, sondern offenbaren darüber hinaus, dass sich innerhalb der Bibliothek Rosenzweig auch zahlreiche persönliche Papiere und Manuskripte befanden.[184]

Nach der Veröffentlichung von Ruth Ginsburg (Hebrew University Jerusalem) soll es in den 1980er Jahren lange Verhandlungen um die Rückgabe der persönlichen Papiere Rosezweig und dem Leo Baeck Institut New York gegeben haben, mit dem Ergebnis, dass die persönlichen Papiere nach New York überführt wurden.[185]

---

181 R. Balke/U. Schuster, „Tunis“, *EJGK*; C. Nataf, *Les Juifs de Tunisie.*

182 Louis Barbeau war seit 1910 für die Bibliothek von Tunis tätig. Nach seinem Tod 1949 wurde ein Lesesaal nach ihm benannt, vgl. *Tunisie-France. Quotidien independant d'Information*, 3. November 1949, 2, https://gallica.bnf.fr/ark:/12148/bpt6k51164601/f2.item.r=%22Louis%20Barbeau%22.zoom (Zugriff 03.05.2022).

183 SchA332/244, Brief von Paul Ghez an ERS auf Französisch (Übersetzung ins Deutsche durch die Autorin), undatiert, vermutlich Ende Februar/Anfang März 1946.

184 In einem Brief von ERS an Schocken im Mai 1946 berichtet sie darüber, dass Fernand Van den Bergh wohl noch Hoffnung auf eine Rückgabe der Bibliothek hatte, die ERS hingegen aufgrund der Nachricht des Anwalts Ghez als einen Widerspruch empfand, SchA 332/244, ERS an Salman Schocken, 27. Mai 1946.

185 R. Ginsburg, *French Scholem*, 114; weder im LBI New York noch im LBI Jerusalem haben sich Nachweise zu den Verhandlungen finden lassen; im Briefwechsel zwischen ERS mit N. Glatzer

Auch wenn Edith Scheinmann-Rosenzweig daran gelegen war, die Bibliothek als geschlossene Sammlung zu erhalten, dürfte sie ein langwieriger und vor allem kostspieliger Rechtsstreit davon abgehalten haben, Ghez in Tunis weiter zu bemühen. Mit Schocken blieb sie in der Angelegenheit in Kontakt, jedoch trug der eskalierende Konflikt um die Staatsgründung Israels dazu bei, dass der Versuch der Rückgewinnung der Sammlung aus Tunis erneut in den Hintergrund treten musste.

Schocken selbst hatte einige seiner wertvollsten Manuskripte und Bücher aus Jerusalem nach Südafrika evakuiert, da er Schäden durch den aufflammenden Konflikt befürchtete.[186] In einer Notiz zu dem Gespräch vom 2. Juli 1946, dem ein persönliches Treffen mit Edith Rosenzweig in Tel Aviv voraus ging, notierte sich Schocken zum weiteren Vorgehen in Bezug auf die Bibliothek Rosenzweig in Tunis, „dass jetzt jede Aktion in der Sache unterbleiben soll, in ruhigeren Zeiten versuchen, Chief Secretary zu interessieren."[187] Als mit Henry Gurney im Jahr 1948 der letzte Chief Secretary des Britischen Mandats in Palästina abgezogen wurde, war auch diese Möglichkeit obsolet geworden.

Ob es darüber hinaus zu erneuten Bemühungen vonseiten Edith Scheinmann-Rosenzweigs oder ihres Sohnes Rafael bezüglich der Bibliothek kam, ist ungewiss.[188] Es scheint, als hätten die neuen Herausforderungen des Lebens im Exil sowie die erneute Kriegssituation seit 1948 die Bibliothek nebensächlich werden lassen.[189] Edith Scheinmann-Rosenzweig war seit den 1950er Jahren in Israel unter stets angespannten finanziellen Bedingungen mit den nervenaufzehrenden Bemühungen um Rückerstattung und „Wiedergutmachung" aus Deutschland beschäftigt.[190] Nachdem im Jahr 1954 nach langwierigen juristischen Auseinander-

---

wird die Übergabe von Papieren nur im Allgemeinen erwähnt. Vgl. LBINY, Franz Rosenzweig Collection, Addendum 5.

186 SchA 871/73.

187 SchA, 332/244, handschriftliche Notiz vom 2. Juli 1946.

188 Wie der Briefwechsel im Schocken-Archiv Jerusalem offenbart, hatte der Schwager Lilly Schockens Edith Rosenzweig noch den Hinweis gegeben, dass über einen gewissen Herrn Duff „eine gute Beziehung zur franzoesischen Regierung" bestünde, die ERS in der Angelegenheit um die Bibliothek von Nutzen sein könnte. Bei Herrn Duff wird es sich um Abraham Beer Duff (1899–1987) gehandelt haben, der seit 1938 den Lehrstuhl für Französische Kultur in Jerusalem innehatte und über gute Verbindungen nach Paris verfügte. Dass ERS den Rat befolgte, hat sich bisher nicht nachweisen lassen; SchA, 332/244, Arthur Kaufmann an ERS am 28. Januar 1946.

189 Der erhaltene Briefwechsel Rafaels u. a. mit Ernst Simon, Eduard Strauss, (NLI/LBINY) schweigt über die Bibliothek. In einem Brief ERS an Nahum Glatzer erkundigt sich ERS ob aus „dem Plan der R[osenzweig]-Gesellschaft" etwas geworden ist, jedoch ist nicht klar, ob diese Pläne auch die Bücher Rosenzweigs betrafen, vgl. ERS an Nahum Glatzer, 23. September 1954, LBINY, Glatzer Correspondence, AR 25809.

190 HHStAW 518, 83785.

setzungen schließlich eine Entschädigungszahlung erfolgte, entschied sich das Ehepaar Rosenzweig-Scheinmann, nach Deutschland zurückzukehren. An Nahum Glatzer schreibt Edith Rosenzweig-Scheinmann in diesem Zusammenhang:

> [W]enn uns der Staat Israel durch seine Finanzpolitik, die dahin tendiert, uns das wenige, das uns jetzt durch „Wiedergutmachung" von Deutschland zurueckgegeben wird, so zu entwerten, dass wir doch keinen sorgenfreien Lebensabend haben koennen, werden wir zurueckgehen.[191]

Nachdem Edith Rosenzweig-Scheinmann bereits seit 1954 einen Großteil des Jahres in Europa verbrachte, kehrte sie schließlich 1959 gemeinsam mit Max Scheinmann dauerhaft nach Berlin, ihre Heimatstadt, zurück.[192] Edith Rosenzweig widmete sich in den folgenden Jahren der Herausgabe der Gesammelten Schriften ihres verstorbenen Mannes Franz Rosenzweig.[193]

Die erhaltenen Briefwechsel dieser Jahre, etwa mit Nahum Glatzer, Eduard Strauss oder Ernst Simon, lassen die Bibliothek unerwähnt.[194] Zu einer möglichen Eingliederung der Bibliothek Rosenzweig in die Nationalbibliothek in Jerusalem ließen sich keinerlei Anhaltspunkte ausmachen. Auch in dem 1976 im SWR ausgestrahlten Fernsehinterview mit dem Religionsphilosophen Bernhard Casper, in welchem Edith Rosenzweig-Scheinmann über Leben und Werk Franz Rosenzweigs spricht, wird die Bibliothek nicht thematisiert.[195]

Edith Rosenzweig-Scheinmann starb 1979 in Baden Baden, wo sie auf dem jüdischen Friedhof beigesetzt wurde.[196]

Rafael Rosenzweig wählte als überzeugter Zionist zunächst das Leben im Kibbuz. Er beteiligte er sich am Aufbau des am Fuße der Golanhöhe gelegenen Kibbuz Scha'ar HaGolan.[197] Seit 1943 lebte er in der Scharon-Ebene im Kibbuz Ma'abarot.[198] Zwischen 1944 und 1946 diente er als Soldat in der sogenannten „Jüdischen

---

191 ERS an Nahum Glatzer, 1. Februar 1954, LBINY, Rosenzweig-Glatzer Correspondence, AR 25809.

192 HHStAW 518, 83785, siehe hier Unterlagen aus der Akte zur sogenannten „Rückwanderung".

193 Martin Goldner, der einen Nachruf auf ERS verfasste, beschreibt darin, wie ERS über die Jahre Briefe und Aufzeichnungen Franz Rosenzweigs zusammensammelte, auch kaufte, um die Arbeit so vollständig wie möglich abschließen zu können. In der Arbeit unterstützt wurde ERS von ihrem Sohn Rafael und dessen Ehefrau Rachel Rosenzweig. Vgl. M. Goldner, *AJR Information* 4 (1980), 5.

194 LBINY, AR 25809 sowie AR 7192, 12. April 1939, ERS an Eduard Strauss, UB/LMB Kassel, 2° Ms. Philos. 39, G 19,5; Korrespondenz zwischen Ernst Simon und Edtih und Rafael Rosenzweig, NLI, Akibah Ernst Simon Archive, Arc. 4* 1751 01 871.

195 ERS, Ein prophetischer Jude (1979).

196 StAL, EL 228 b II Nr. 3713-3714.

197 R. N. Rosenzweig, Ökonom und Agrarwirtschaftler Tel Aviv Zürich, 320.

198 Archiv Kibbuz Ma'abarot, Israel, Aufnahmeformular Rafael Rosenzweig, Archiv Kibbuz Ma'abarot. Ich danke dem Archiv für die Auskunft.

Brigade" der British Army, im Zuge dessen er auch nach Deutschland zurückkehrte um sich um den Rückerhalt einiger zurückgelassener Immobilienwerte zu bemühen.[199] In den 1950er Jahren erwarb er im Rahmen eines Fernstudiums das Diplom der Wirtschaftswissenschaften an der London School of Economics.[200] Nach seiner Tätigkeit für das Landwirtschaftsministerium Israel avancierte er 1966 zum Senior Economic Adivsor des landwirtschaftlichen Attachés der U.S.-Botschaft in Tel Aviv.[201] Rafael Rosenzweig engagierte sich zudem für die Israelische Friedensbewegung um Uri Avineri [202] und verlegte seinen Lebensmittelpunkt schließlich durch die Ehe mit Ursula Hava Rosenzweig in die Schweiz, wo er 2001 verstarb.

2.5 Eine Bibliothek in „fremden Händen"? Franz Rosenzweigs Bücher in Tunis heute

Am 21. September 1950 erschien in der tunesischen Tageszeitung *La Dépêche tunisienne* ein längerer Artikel über die Bibliothek am Souk-El-Attarine von Tunis.[203] Der Beitrag sollte die „unbekannte" Bibliothek einer breiteren Öffentlichkeit vorstellen. Wie der Beitrag darlegt, fungierte die Sammlung als eine Art „staatliche Bibliothek, in die alles, was in Tunesien gedruckt" worden ist, aufgenommen wurde. Mit ihren rund 210.000 Bänden aus den Bereichen „griechische und römische Archäologie, Religionswissenschaft, alte Sprachen sowie französische, italienische, englische und deutschsprachige Literatur" sowie den circa 4.000 Manuskripten wird sie als die wichtigste Bibliothek Nordafrikas bezeichnet, und in ihrer Bedeutung „direkt nach Lyon, noch vor Dijon, Lille, Marseille"[204] beschrieben. Der Artikel gibt auch Einblicke in die Erwerbungspraxis und die Erweiterung der Bestände. Dazu heißt es: „Wiederholte Schenkungen und der Erwerb zahlreicher Privatbibliotheken, die zu sehr günstigen Bedingungen eingegliedert wurden, haben viel zu ihrer Bereicherung beigetragen."[205] Als jüngere Erwerbung wird auch die Bibliothek „des deutschen Philosophen Rosenzweig" genannt, die mit „etwa 5.000[!] Bänden, Be-

199 R. N. Rosenzweig, Augenblicke, 327.

200 Ebd., 330.

201 R. N. Rosenzweig, Ökonom und Agrarwissenschaftler, 320.

202 Ders., Augenblicke, 330; am 1. Juni 1967 verfassten Rafael Rosenzweig und seine Frau Rahel Rosenzweig (diese zweite Ehe Rafael Rosenzweigs wurde wie bereits die erste geschieden) einen Brief an Freunde in Deutschland, den die *FAZ* in einem Auszug abdruckte, vgl. „Redet mit den Arabern", *FAZ*, 1. Juli 1967, 54.

203 *La Dépêche tunisienne*, 19. September 1950, 2.

204 Ebd.

205 Ebd.

reiche Judentum, Philosophie und deutschsprachige Literatur" abdecke.[206] Über „die sehr günstigen Bedingungen", unter denen die Bücher Rosenzweigs in die Sammlung kamen, schweigt der Artikel. Es ist fraglich, ob der Leserschaft der *La Dépêche tunisienne* der Name Franz Rosenzweig geläufig war. Dennoch zeigt der Beitrag, dass man die Provenienz der Bibliothek nicht verheimlichte. Interessant ist der Artikel auch mit Blick auf andere Privatbibliotheken, die in die Bibliothek von Tunis integriert worden waren. So waren auf bisher unerforschtem Weg auch Teile der Bibliothek des französischen Philosophen Henri Bergson nach Tunis gelangt.[207]

Wie die Bücher des deutsch-jüdischen Philosophen Rosenzweig heute in Tunis Verwendung finden, lässt sich schwer nachvollziehen. Nutzungsspuren in Form von in den Büchern zurückgelassenen Visitenkarten, Photographien oder andere Ephemera, die in den Büchern nach ihrer Ankunft in Tunis zurückgelassen wurden, zeigen lediglich, dass die Bücher geliehen und genutzt wurden. Über die bereits erwähnten Statistiken der Bibliothek, die sich seit dem Jahr 1934 (wenn auch nicht lückenlos) erhalten haben, lassen sich zumindest allgemeinere Rückschlüsse auf die Nutzung der Bestände der Nationalbibliothek ziehen. Für das Jahr 1948 informiert der Jahresbericht über insgesamt 35.733 männliche und 1.355 weibliche Besucher des Lesesaals der Bibliothek. Von diesen Lesesaalbesuchern waren es laut der Statistik „3.598 Franzosen, 30.672 Tunesier, 2.461 Juden sowie 367 Fremde".[208] In den folgenden Jahren lässt sich ein Rückgang der „jüdischen Nutzer" feststellen. Nach welchen Kriterien diese Zahlen erhoben wurden, muss im Dunkeln bleiben. Diese Tendenz mag mit der allgemeinen Entwicklung der jüdischen Gemeinde Tunesiens zusammenhängen. Während im Jahr 1948 noch etwa 100.000 Juden in Tunesien lebten, nahm die Auswanderung, nicht zuletzt aufgrund anhaltender antijüdischer Ausschreitungen zu.[209] In den 1990er Jahren wies Tunesien noch eine Gemeinde von etwa 2.000 Mitgliedern auf – heute dürfte es nur noch weit weniger als die Hälfte sein.[210]

Wie die Aufzeichnungen weiter verraten, stammte der Großteil der insgesamt im Jahr 1948 entliehenen Bücher von 77.744 Bänden mit 51.807 Büchern dem Bereich der „Kultur des Islams und Nordafrika", gefolgt von der zweitgrößten Sparte der Romanistik, während mit 3.179 Titeln der Bereich Philosophie und

206 Ebd.; der in dem Artikel ausgewiesene Umfang stellt eine starke Übertreibung dar. Nach dem Ausfuhrkatalog waren es etwa 3.000 Bände aus dem Besitz Rosenzweig, die in die Bibliothek von Tunis integriert wurden.

207 Ebd.; über den Weg des Teils der Bibliothek Bergson nach Tunis gibt es bisher keine Untersuchungen.

208 BNT, Rapport sur l'exercice de la bibliothèque publique 1949.

209 Stillman, *The Jews of Arab lands*, 550f; Balke/Schuster, „Tunis".

210 Stillman, *The Jews of Arab lands*, 177.

Religion einen vergleichsweise kleinen Anteil ausmachte.[211] Daraus lassen sich freilich keine Rückschlüsse auf die Bücher Rosenzweigs ziehen, jedoch vermitteln die Zahlen einen allgemeinen Eindruck von der Ausstattung und Nutzung der Bibliothek.

In Tunesien, wie auch in Israel und Deutschland, hat das Schicksal der Sammlung Rosenzweig als deutsch-jüdische Bibliothek kaum Aufmerksamkeit erfahren. Mehrere Arbeiten, die sich mit den Beständen der Nationalbibliothek Tunesiens beschäftigen, lassen die Bibliothek Rosenzweig unerwähnt.[212] Auch auf der Webseite der Nationalbibliothek war auf die Bibliothek Rosenzweig lange kein Hinweis zu finden. Mit der Vorstellung eines neuen Webauftritts der Bibliothek wird jedoch in einer Pressemitteilung der derzeitigen Generaldirektorin Raja Benslama vom 29. Mai 2022 auf die Bibliothek Rosenzweig hingewiesen.[213] In der auf der Webseite publizierten Pressemitteilung wird zudem ein für die Zukunft geplantes umfassendes Digitalisierungsprojekt erwähnt, welches die Bestände der Bibliothek, und damit das „tunesische schriftliche Erbe“ global sichtbarer machen soll.[214] Sofern das Digitalisierungsprojekt auch die Sammlung Rosenzweig beinhaltet, wäre das eine große Bereicherung für die Rosenzweig-Forschung. Insbesondere in den philosophischen Werken der Sammlung haben sich bei einer ersten Bestandsaufnahme vereinzelte Annotationen erhalten. Bisher konnte nur ein kleinerer Teil der handschriftlichen Anmerkungen in den Einzelexemplaren ausfindig gemacht und dokumentiert werden.[215] Bereits 2016 hatte Norbert Waszek gemeinsam mit Wolfgang Fink in einem Artikel in der Zeitschrift *Revue de l'institut des belles-lettres arabes* dafür plädiert, dass die Bibliothek Rosenzweig, bzw. zumindest Werke mit

---

211 Ebd.

212 Ben Romdane, *Fallstudien zur Bibliotheksarbeit in Tunesien.*

213 BNT, Pressemitteilung der Generaldirektorin der BNT Raja Benslama, 29. Mai 2022, vgl. https://www.bibliotheque.nat.tn/BNT/doc/AGENDA/37/اطلاق-منصة-المكتبة-الوطنية-الرقمية-المكتوب-التونسي-التراث-لتثمين (Zugriff: 06.06.2022); Raja Ben Slama wurde im Februar, wohl aus politischen Gründen, von ihrer Funktion als Generaldirektorin entbunden, vgl. https://www.espacemanager.com/raja-ben-slama-limogee-de-ses-fonctions-la-bibliotheque-nationale.html (Zugriff: 31.03.2023).

214 BNT, Pressemitteilung der Generaldirektorin der BNT Raja Benslama, 29. Mai 2022.

215 Die Autorin hat bei ihrer Bestandsaufnahme 2019 nur jene Ausgaben in der Bibliothek nach handschriftlichen Anmerkungen untersucht, die geschlossen im Magazin verwahrt werden. Ein Abgleich der Ausfuhrliste von 1939 mit dem Katalog der BNT legt nahe, dass Teile der Bibliothek in andere Bestände der Bibliothek gelangten und somit die Bibliothek Rosenzweig nicht mehr vollständig geschlossen im Magazin verwahrt wird. Wie eine weitere Recherche von Julia Ng (London) 2023 in Tunis zeigte, ließen sich tatsäch Teile der Sammlung in anderen Beständen ausmachen. Allein ein minutiöser Abgleich des Ausfuhrkataloges mit dem Katalog der Bibliothek Tunis sowie eine damit verbundene vollumfassende Bestandsaufnahme würden ein Gesamtbild von der Überlieferung der Sammlung, und den darin enthaltene handschriftliche Aufzeichnungen Rosenzweigs vermitteln.

handschriftlichen Annotationen oder Benutzerspuren digitalisiert werden könnten, um diese so der internationalen Forschungsgemeinschaft zur Verfügung zu stellen.[216] Unter den derzeitigen politischen Bedingungen ist es beispielsweise israelischen Forscherinnen und Forschern schwer möglich, nach Tunesien zu reisen, da Israel und Tunesien keine diplomatischen Beziehungen unterhalten.[217]

Wie aus den Jahresberichten der BNT hervorgeht, ist im Jahr 1988 zwischen der tunesischen Nationalbibliothek und der Niedersächsischen Staats- und Universitätsbibliothek Göttingen eine Kooperation geschlossen worden, in deren Rahmen auch ein „Austausch seltener Druck- und Handschriften mittels Mikrofilm oder Papierkopie" vereinbart wurde – eine Grundlage, die als Vorbild für weitere Kooperationen dienen könnte.[218] Denkbar wäre etwa ein Projekt,wie jenes zur Bibliothek Jacques Derrida, welches an der Universität Princeton entstanden ist.[219]

Bisher sind die Bücher Rosenzweigs nur vor Ort in Tunis über den Lesesaal der Nationalbibliothek zugänglich. Die Sammlung wird im Magazin der Bibliothek aufbewahrt und die Exemplare können über den Katalog in den Lesesaal bestellt werden. Allerdings sind die einzelnen Bücher aus der Sammlung im Katalog nicht als die Bücher Franz Rosenzweigs erkennbar – allein ein Abgleich mit der Transportliste von 1939 offenbart, welche Bücher aus dem Vorbesitz von Rosenzweig stammen. Zudem scheint der Bestand nicht mehr vollständig geschlossen aufgestellt – insbesondere die im Katalog von 1939 als die ältesten aufgeführten Ausgaben von Johann Buxtorf *Manuale hebraicus et chaldaicus* (1531), Melanchtons, *Epistolarum liber* (1548), Cäsars, *Der gallische Krieg u. Bürgerkrieg* (1565) sowie Martin Luthers *Tischreden* (1569) lassen sich heute nicht mehr nachweisen.[220] Ohne eine umfassende Verzeichnung besteht die Gefahr, dass auch Einlagen und Annotationen verlorengehen könnten, da Stellenweise handschriftliche Eintragungen entfernt wurden.[221]

---

216 Fink/Waszek, Un trésor méconnu; vgl. auch: Waszek, *Rosenzweigs Bibliothek*, 20.

217 Tunesien und Israel unterhielten in den 1990er Jahren im Rahmen des Oslo-Abkommens teilweise diplomatische Beziehungen, doch wurde die tunesische diplomatische Vertretung in Israel nach dem Scheitern des Friedensprozesses geschlossen. Zwar gab es immer wieder Annäherungsbestreben, allerdings bleibt unter der aktuellen Regierung Kais Saieds und der politischen Entwicklung in Israel eine Annäherung unwahrscheinlich; vgl. T. Staff, Tunisia's new president regards any ties with Israel as ‚high treason', *The Times of Israel*, 16. Oktober 2019; siehe auch: J. Abadi, Tunisia and Israel: relations under stress, *Middle Eastern Studies*, 4 (2017).

218 BNT, Rapports annuels 1988, 36.

219 Vgl. Derrida's Library, https://derridas-margins.princeton.edu/references/?is_annotated=on&is_extant=false&corresponding_intervention=false (Zugriff: 01.05.2023).

220 Vgl. Kat. Waszek, 312, 331, 1448, 1372.

221 Ich danke Julia Ng für diesen Hinweis.

Dennoch: Es ist schwer abzuschätzen, welches Schicksal die Sammlung ereilt hätte, wäre sie in den 1950er Jahren nach Israel in die Schocken-Bibliothek überführt worden. Schließlich hat auch diese sich nur in Bruchstücken erhalten und große Teile der deutschsprachigen Literatur wurden über die Jahre aufgelöst.[222]

---

222 Jessen, *Der Sammler*, 291ff.

3. Rekonstruiertes zwischen München, Sanary-sur-Mer und Los Angeles – Die Bibliothek von Lion Feuchtwanger

3.1 Paris, März 1935

> Was fangen Sie wohl mit den beiden Räumen an, die meine Bibliothek enthielten? Bücher, habe ich mir sagen lassen, sind nicht sehr beliebt in dem Reich, in dem Sie leben... Manchmal denke ich darüber nach, wofür man wohl im Dritten Reich die Büchergestelle verwenden könnte.
>
> Lion Feuchtwanger, *Offener Brief. An den Bewohner meines Hauses Mahlerstrasse 8 in Berlin* (1935)[1]

Am 20. März 1935 wandte sich der Münchner Schriftsteller Lion Feuchtwanger (1884–1958) in einem offenen Brief im *Pariser Tageblatt* an die Nationalsozialisten, die zwei Jahre zuvor sein Haus in der Mahlerstraße 8 in Berlin geplündert hatten.[2] Feuchtwanger, der zu den meistgelesenen Schriftstellern der Weimarer Republik zählte, befand sich im Januar 1933 auf einer Lesereise in den USA. Am 30. Januar 1933 wurde der Autor noch zu einem offiziellen Empfang der Deutschen Botschaft geladen. Am selben Tag, als Adolf Hitler zum Reichskanzler ernannt wurde.[3] Eine Rückkehr in die Heimat war nicht mehr möglich und so erfuhr Feuchtwanger von dem Raub seines „gesamte[n] bewegliche[n] und unbewegliche[n] Vermögens“[4] in dem plötzlich über ihn hereingebrochenen Exil.[5] Geplündert wurde auch Feuchtwangers über 10.000-bändige Privatbibliothek. Die über Jahre aufgebaute Sammlung aus der Villa in Berlin-Grunewald war nicht die einzige Bibliothek,

---

1 L. Feuchtwanger, Offener Brief, *Pariser Tageblatt*, 20. März 1935, 4, https://www.deutsche-digitale-bibliothek.de/newspaper/item/JHZCAUVQA4UASJP4QYDTGMQZHLIIYE2I?query=%22Was+fangen+Sie+wohl%22&hit=1&issuepage=4 (Zugriff: 03.04.2022).

2 Ebd.; seit 7. Juli 1990 befindet sich an der Adresse der früheren Mahlerstrasse 8 (heute Regerstraße) in Berlin eine Gedenkplakette zum Andenken an die Feuchtwangers, vgl. https://www.berlin.de/ba-charlottenburg-wilmersdorf/ueber-den-bezirk/geschichte/persoenlichkeiten-und-gedenktafeln/artikel.125712.php (Zugriff: 04.05.2022).

3 M. Flügge, Marta Feuchtwanger, 162; der Konsul, der Feuchtwanger empfangen hatte, wurde nach dem Empfang entlassen, vgl. Brief von Stefan Zweig an Franz Karl Ginzkey vom 18. März 1933; S. Zweig, *Briefe* (2005), 51.

4 L. Feuchtwanger, Offener Brief, 4.

5 Tagebucheintrag Lion Feuchtwanger vom 13. März 1933; L. Feuchtwanger, *Tagebücher*, 321f.

Lion Feuchtwanger (1884–1958), undatiert
© USC Digital Library, Lion Feuchtwanger Papers Collection

die der Schriftsteller ebenso wie seine Familie im Laufe der Jahre verlieren sollte. Nachdem der einst so verehrte Münchner Erfolgsautor und seine Frau nicht mehr nach Deutschland zurückkehren konnten, ließen sie sich 1933 an der Côte d'Azur nieder und bauten sich dort ein neues Leben sowie eine mehrere tausend Bände umfassende Büchersammlung auf. Mit Kriegsbeginn 1939 war auch das Leben in Frankreich nicht mehr sicher. Die Feuchtwangers wurden zunächst als „feindliche Ausländer" in unterschiedlichen Lagern interniert. Als die deutsche Wehrmacht 1940 schließlich in die Dritte Republik einfiel, gelang dem Ehepaar Feuchtwanger gerade noch die Flucht über Portugal in die USA. Einige Bücher kamen unter anderem durch die Hilfe von Feuchtwangers Sekretärin und Freundin Lola Sernau (1895–1990) später nach Kalifornien. Im „zweiten Exil" versuchte Feuchtwanger, seine verlorenen Bibliotheken in einer noch umfassenderen und wertvolleren Bibliothek in Los Angeles zu rekonstruieren.

Das Kapitel folgt den Spuren der unterschiedlichen Bibliotheken im Leben Lion Feuchtwangers, einem der erfolgreichsten Autoren der Weimarer Republik. Seit seiner frühen Kindheit im bibliophilen Umfeld aufgewachsen, spielten Bücher in der Biographie des deutsch-jüdischen Schriftstellers eine herausragende Rolle. Die Rekonstruktion seiner verlorenen Bibliotheken wurde nicht nur zu einem persönlichen Überlieferungsraum: Nach dem Tod des Autors 1958 wurden die circa 30.000 Bücher in der Lion Feuchtwanger Memorial Library zu einem Denkmal

Lola Sernau (1895–1990), undatiert
© USC Digital Library, Lion Feuchtwanger Papers Collection

jüdischen Kulturerbes, welches nicht nur mahnend für die Erfahrungen zahlreicher deutsch-jüdischer Exilanten steht, sondern auch für den Neuanfang einer jüdischen Buchkultur im Exil.[6]

3.2 Zwischen München und Berlin

Lion Jakob Arje Feuchtwanger wurde am 7. Juli 1884 als ältester Sohn von neun Kindern in eine jüdische Fabrikantenfamilie in München geboren.[7] Der ebenfalls in München geborene Vater Sigmund Feuchtwanger (1854–1916),[8] der eine Margarine-Fabrik leitete, und die Mutter, Ida, genannt Johanna, geb. Bodenheimer (1864–1926), die ursprünglich aus Darmstadt stammte, bewohnten eine geräumige Wohnung in der Münchner Sankt-Anna-Vorstadt, dem späteren Lehel, in welchem sich im ausgehenden 19. Jahrhundert zahlreiche Familien des gehobenen Bürgertums in den neuerrichteten Stadthäusern niederließen.[9] Als traditionell jüdische Familie, die ein Leben streng nach der Halacha, dem jüdischen Gesetz, führte,

---

6 Fischer, Verlust und Wiederaufbau von Büchersammlungen, *Geschichte des deutschen Buchhandels*, Bd. 3,3, 1104ff.

7 H. Specht, *Die Feuchtwangers*, 65.

8 A. Heusler, *Lion Feuchtwanger*, 23.

9 Specht, *Die Feuchtwangers*, 96; W. von Sternburg, *Lion Feuchtwanger*, 24; R. Bauer, *Lehel.*

zählten die Feuchtwangers innerhalb der jüdischen Bevölkerung Münchens zu einer Minderheit. Sie besuchten nicht etwa die Hauptsynagoge in der Herzog-Max-Straße, in welcher es nach liberalem Ritus einen Synagogen-Chor und Orgelmusik gab, sondern zunächst den kleinen Betsaal in der Kanalstraße (seit 1881 Herzog-Rudolf-Straße) und später die dort 1891 errichtete Synagoge, wo die Gebetbücher noch keine deutsche Übersetzung aufwiesen und der Gottesdienst noch ohne instrumentelle Untermalung abgehalten wurde.[10] Trotz ihrer strengen Observanz führten die Feuchtwangers jedoch keineswegs ein isoliertes Leben, sondern besuchten regelmäßig den Biergarten, das Theater oder unternahmen Wanderungen in den Bayerischen Alpen.[11]

Sigmund Feuchtwanger war nicht nur ein erfolgreicher Unternehmer und innerhalb Münchens gut vernetzt, sondern zudem literarisch gebildet und vielseitig interessiert. So verfügte er über eine umfassende Bibliothek, die vor allem aufgrund ihrer Schätze aus dem Bereich Hebraica und Judaica über die Grenzen Münchens bekannt war.[12] Die häufigen Reisen, die Feuchtwanger als Unternehmer machte, wird er auch zur Erweiterung seiner Bibliothek genutzt haben. So war eine seiner Bezugsquellen etwa das Antiquariat von Moritz (Moses) Poppelauer in Berlin, in dessen Kundenverzeichnis Sigmund Feuchtwanger Erwähnung findet.[13] In München gab es trotz der zahlreichen jüdischen Antiquare, die sich um die Jahrhundertwende vor allem zwischen Königsplatz und Residenz ansiedelten, wenige Händler, die sich in ihrem Sortiment auf hebräische Schriften oder Inhalte mit Bezug zum Judentum spezialisierten.[14] Im Jahr 1880 hatte in unmittelbarer Nachbarschaft der Synagoge an der Westenriederstraße die Buchhandlung von Ludwig Wertheimer eröffnet.[15] Die „Hebräische Buchhandlung“ bot „Gebetbücher jeder Art und Ausführung“, „Schulbücher für den Gebrauch in den Münchner Schulen“, „Ritualien“ sowie „Jüdische Literatur“ an.[16]

---

10 Die Familie stand in der Tradition der sogenannten Neo-Orthodoxie, die die traditionelle jüdische Lebensweise und die Halacha in die moderne Alltagswelt integrierte; Specht, *Die Feuchtwangers*, 69ff; E. Angermair, Eine selbstbewußte Minderheit, 110ff; zur Neo-Orthodoxie und deren Hauptvertreter Samson Raphael Hirsch siehe: M. A. Meyer, Jüdisches Selbstverständnis, 135ff.

11 Sternburg, *Feuchtwanger*, 21.

12 *Israelitisches Familienblatt*, 7 (1916), 4; vgl. auch M. Feuchtwanger, *An Émigré Life*, Bd. 2, 715; Heusler, *Feuchtwanger*, 24.

13 LBINY, M. Poppelauer Collection, AR 7231; zu Poppelauer als Buchhändler und Antiquar siehe auch G. Jäger, *Geschichte des deutschen Buchhandels*, Bd. 1,3, 191.

14 Wittmann, Münchens Jüdische Antiquariate, *Münchner Beiträge* 2 (2009), 23ff.

15 Zur Geschichte der Synagoge, deren Grundstein 1824 gelegt wurde, siehe: Bauer/Brenner, *Jüdisches München*, 70ff.

16 Anzeige „Aug. Wertheimer. Hebräische Buchhandlung“, *Bayerische Israelitische Gemeindezeitung*, 13 (1930), 211; vgl. auch: „Wertheimer, August“, *Geschichte des deutschen Buchhandels*, Bd. 3,3, 551.

Eine weitere Adresse für traditionelle jüdische Literatur stellte das Antiquariat des jüdischen Talmudgelehrten Raphael Neta Rabinowitz (1830–1888) dar, der am Rande des Englischen Gartens, in der Königinstraße 43, ein kleines Antiquariat mit Schwerpunkt auf Hebraica führte.[17] Dass die Interessen Sigmund Feuchtwangers sehr vielfältig waren, daran erinnerte später auch sein Sohn Lion:

> Mein Vater war interessiert an Geschichte, an klassischer Literatur, am Theater, an bibliophilen Dingen und es war ihm recht, daß ich schon früh entschlossen war, kein Brotstudium zu wählen, sondern Literaturgeschichte zu betreiben.[18]

Auch in den Erinnerungen von Lions Bruder Martin Feuchtwanger (1886–1952) kommt das breite Interesse des Vaters zum Ausdruck:

> Dagegen hing er mit großer Liebe an seiner Briefmarkensammlung, die für heutige Begriffe ungeheure Werte umfaßte. Ebenso liebte er seine Bibliothek, eine große Sammlung althebräischer Werke, Erstdrucke, Pergamentmanuskripte aus den ältesten Zeiten. Altjüdische Gelehrsamkeit war ihm ungemein interessant, und über spitzfindige mittelalterliche Auslegungen von Bibelstellen konnte er stundenlang diskutieren. [...] Er konnte uns Kindern am Mittag von der Verschiedenheit der Auslegungen von Hillel und Schamai erzählen und fünf Minuten später von der Tücke der Elisabeth gegenüber der Maria Stuart oder von den Schönheiten der versunkenen Glocke. Altjüdische Gelehrsamkeit und neue deutsche Literatur in einem Topf.[19]

In den Bücherschränken der Feuchtwangers fand sich eine breite Vielfalt an literarischen Schätzen: Neben Goethe, Schiller und Shakespare war es auch moderne Literatur, wie etwa die Werke von Gerhart Hauptmann, Max Halbe, Frank Wedekind, Emanuel Geibel, Hermann Lingg, oder Paul Heyse, die Sigmund Feuchtwanger besonders schätzte.[20]

Mit Blick auf die Bildung der Söhne war für den Vater hingegen zentral, dass diese sowohl eine bürgerliche als auch eine traditionelle jüdische Ausbildung erhielten. Neben den zahlreichen Lehrstunden durch Sigmund Feuchtwanger selbst, dem Besuch der Volksschule und später des renommierten Wilhelmsgymnasiums,

---

17 A. Löffelmeier, Ludwig Rosenthal, 72f; Rabinowitz gab mehrere Kataloge heraus, u. a. *Reshimat sefarim yeshenim ha-nimtsaʻim liḳnot ba-bayit misḥar ha-sefarim shel Refaʼel Neṭa Rabinoviṭts be-Minkhen*, [hebr. für „Liste alter Bücher, die bei Raphael Rabinowitz in München gekauft werden können"].

18 L. Feuchtwanger, Meine Schulzeit, 201.

19 M. Feuchtwanger, *Zukunft ist ein blindes Spiel*, 22.

20 Ebd.

gaben Privatlehrer Unterricht in Hebräisch und Talmud.[21] Lion erwies sich als unauffälliger, wenn auch guter Schüler.[22] In der Beurteilung der achten Jahrgangsstufe wird seine „Belesenheit" hervorgehoben, während er „die Geschichte [...] wiederholt mehr oder weniger vernachlässigt"[23] haben soll – später sollte man ihm das auch mit Blick auf seine historischen Romane vorwerfen.[24] Die Lehranstalt, die bereits im 16. Jahrhundert durch die Jesuiten begründet wurde, verfügte ebenfalls über eine umfangreiche Bibliothek.[25] Lion, der sich von der orthodoxen Lebensweise des Elternhauses eingeengt fühlte und mit Abschluss des Gymnasiums, ganz zum Missfallen der Eltern zunehmend den Lebensstil eines Bohemian entwickelte, blieb den Büchern (auch den traditionellen) verbunden.[26] So machten beispielsweise die „alten, mächtigen Folianten" des Flavius Josephus, die Lion als Kind auf dem Schreibtisch des Vaters liegen sah, nachhaltig Eindruck auf ihn.[27] Später sollte der Themenkomplex um den jüdisch-hellenistischen Geschichtsschreiber nicht nur das Werk, sondern auch die Bibliothek Lion Feuchtwangers prägen.[28] In seiner kalifornischen Sammlung vereinte er eine Auswahl besonders seltener Josephus-Ausgaben, die bis heute in Los Angeles erhalten sind.[29]

Wie beeindruckend wiederum die Sammlung des Vaters Sigmund gewesen sein muss, zeigen auch die Erinnerungen, des berühmten Kabbala-Forschers und zeitweiligen Wahlmünchners Gerhard (Gershom) Scholem (1897–1982).[30] Dieser hielt in seinen autobiographischen Erinnerungen Von *Berlin nach Jerusalem* ein Erlebnis fest, das ihn nachhaltig beeindruckte:

---

21 Sternburg, *Feuchtwanger*, 29f.

22 R. Selbmann, Feuchtwanger als Schüler, 206; Sternburg, *Feuchtwanger*, 29.

23 Zit. n. Selbmann, Feuchtwanger als Schüler, 209f.

24 Nachdem 1952 Feuchtwangers Roman *Narrenweisheit oder Tod und Verklärung des Jean-Jacques Rousseau* erschienen war, warfen Kritiker Feuchtwanger die historische Entstellung der Ereignisse im Leben Rousseaus vor. Vgl. dazu: J. Pischel, *Lion Feuchtwanger*, 223ff.

25 J. B. Hutter, Bericht über die Bibliothek.

26 Sternburg, *Feuchtwanger*, 39.

27 Zit. n. Schuetze-Coburn, Privatbibliothek, 230.

28 Lion Feuchtwanger arbeitete seit den 1930er-Jahren an seiner Josephus-Trilogie: Der Erste Teil *Der Jüdische Krieg* erschien 1932 beim Berliner Propyläen Verlag, der zweite Teil *Die Söhne* 1935 beim Querido Verlag Amsterdam und der dritte Teil *Der Tag wird kommen* erschien 1945 bei Bermann Fischer in Stockholm.

29 So besaß Feuchtwanger später eine Vielzahl an seltenen Frühdrucken von Flavius Josephus, *Jüdischer Krieg*, vgl. Lion Feuchtwanger Memorial Library, https://uosc.primo.exlibrisgroup.com/discovery/search?query=any,contains,Flavius,AND&tab=LibraryCatalog&search_scope=MyInstitution&sortby=date_a&vid=01USC_INST:01USC&facet=creator,include,Feuchtwanger%20Memorial%20Library&lang=en&mode=advanced&offset=0&pcAvailability=true&came_from=sort (Zugriff: 05.06.2022).

30 Zur Biographie Gershom Scholems siehe N. Zadoff, *Von Berlin nach Jerusalem und zurück*.

> Eines Tages erzählte Käthe Becher, […] daß im Haus des Onkels ihres Freundes, eines seinerzeit bekannten Sammlers, ein großer, kostbarer und unvergleichlicher Schatz stehe: ein Erstdruck des Sohar, Mantua 1558–1560, und alle drei Bände aufs prächtigste auf Pergament gedruckt. Was für ein Ereignis – ein auf Pergament gedruckter Sohar in einem Münchner Privathaus! Ich bat Käthe, bei ihrem Freund für mich um die Erlaubnis nachzusuchen, dieses Kleinod mit eigenen Augen besichtigen zu dürfen. Ich weiß nicht mehr, ob Sigmund Feuchtwanger (der Onkel) noch am Leben war, aber ich meine, er war schon gestorben. Jedenfalls nahm man mich freundlich auf, brachte mir die drei Bände, und ich erfreute mich an den glanzvollen und berühmten Blättern.[31]

Bei der Erinnerung Scholems an diese äußerst seltene Ausgabe des zentralen Werkes der jüdischen Mystik, den Sohar, handelt es sich um weit mehr als nur eine Anekdote.[32] Sie ist einer der wenigen Anhaltspunkte zu der die Sammlung Sigmund Feuchtwangers, da deren Schicksal und Verbleib bis heute ungeklärt geblieben sind.[33] Nach dem Tod Sigmund Feuchtwangers im Jahr 1916 verlieren sich allmählich die Spuren. Lediglich in einem Nachruf im *Israelitischen Familienblatt* wird die Sammlung in ihrer Bedeutung noch einmal hervorgehoben. Darin heißt es:

> Der Verstorbene, eine Hauptstütze des altgläubigen Judentums in Bayern, hatte sich die Förderung der hebräischen Wissenschaft als eine besondere Lebensaufgabe gestellt und besaß eine *erlesene judaistische Bibliothek*, deren Besuch und Benutzung viele Sprachforscher, Kulturhistoriker usw. in sein Haus führte.[34]

Einer dieser Forscher war der berühmte Bibliograph Aron Freimann, der in seiner Bibliographie *Die hebräischen Pergamentdrucke*[35] neben dem Sohar zwei weitere seltene Drucke dieses Typus aus der Sammlung Feuchtwanger beschreibt: eine *Megillat Antiochus* (1557)[36] sowie ein Tefilla [hebr. für Gebetbuch] nach deutschem

---

31 G. Scholem, *Von Berlin nach Jerusalem*, 154f.

32 Siehe hierzu auch: J. Schneidawind, Autobiographische Zeugnisse.

33 Scholem erwähnt den Sohar aus dem Feuchtwanger-Besitz in seiner berühmten Bibliographie zur Kabbala: G. Scholem, *Bibliographia kabbalistica*, 166f.

34 *Israelitisches Familienblatt*, 7 (1916), 4, Hervorhebung im Original.

35 A. Freimann, Die Hebräischen Pergamentdrucke, *Zeitschrift für Hebräische Bibliographie*, 2 (1911), 56; Freimann gibt hier bei der Nr. 75 seiner Auflistung den Namen „Siegmund Fränkel“ an, korrigiert dies jedoch im zweiten Teil seiner Bibliographie mit dem Hinweis „Oben nr. 75 muss es statt Siegmund Fränkel heissen Siegmund Feuchtwanger, siehe: ders., Die Hebräischen Pergamentdrucke, Zeitschrift für Hebräische Bibliographie, 3 (1911), 82f, hier 83.

36 Bei einer *Megillat Antiochius* [megillat, hebr. für Schriftrolle] handelt es sich um eine Erzählung aus der sogenannten jüdischen aggadischen Literatur, welche Ereignisse aus Regierungszeit des Seleukiden-Herrschers Antiochus V. Eupator und dem Makkabäeraufstand aus dem 2. Jahrhundert v. d. Z. thematisiert. Die ursprüngliche auf Aramäisch abgefasste Schrift entstand nach Meinung der

Ritus (1558).[37] Darüber hinaus erwähnt Freimanns Bibliographie einen Katalog zur Sammlung Sigmund Feuchtwangers mit dem Titel *Beit Sefer* [hebr. für Bibliothek] über welchen sich jedoch keine weiteren Hinweise finden. In der Literatur taucht stellenweise der (weiter unbelegte) Vermerk auf, Sigmund Feuchtwanger habe seine Sammlung in seinem Testament an die Universitätsbibliothek Oxford vermacht, wie es auch Joseph Pischel in seiner Biographie über Lion Feuchtwanger von 1976 angibt.[38] Allerdings finden sich nach Auskunft der Bibliothek Oxford weder dort Hinweise auf eine Übernahme dieser Sammlung, noch enthält das Testament Sigmund Feuchtwangers eine solche Verfügung.[39]

Die Memoiren Scholems und die seltene Ausgabe des Mantua-Sohar verweisen darauf, dass Teile aus der Bibliothek nach Sigmund Feuchtwangers Tod veräußert wurden. Scholem hält hierzu weiter fest:

> Ich fragte den Bibliothekar der Gemeinde, Herrn Hirschinger[40], einen alten und bücherkundigen Mann, der mir sagte, daß es seines Wissens nur noch ein weiteres Exemplar [des Sohar] in Paris gebe. Das Buch, das ich in München sah, wanderte später in die Sammlung Sasso[o]n in London, und von dort kam es über eine Auktion zu einem stolzen Preis und durch die Güte eines bekannten Mäzens an die Jerusalemer Nationalbibliothek und gehört heute zu den wunderbarsten Schätzen.[41]

Nach dem Kabbala-Experten Scholem fand der Sohar also seinen Weg nach Jerusalem, wo er sich bis heute nachweisen lässt.[42] Ein Blick in den Katalog der

---

Forschung im 7. Jahrhundert d. Z.; zur Entstehung und Rezeption der Schrift siehe: A. Kasher, The Historical Background of the ‚Megillath Antiochus', *Proceedings of the American Academy for Jewish Research* 48 (1981), 207.

37 Bei den Tefilla [hebr. für Gebete], handelt es sich um die Hauptgebete des jüdischen Gottesdienstes. Siehe dazu auch J. Hoffman, „Liturgie", *EJGK*, doi:http://dx.doi.org/10.1163/2468-2845_ejgk_COM_0453 (Zugriff: 12.05.2022).

38 Pischel, *Lion Feuchtwanger*, 20; vgl. auch: J. G. Backhaus, *Werner Sombart*, 117.

39 StAM, Feuchtwanger AG München, 1916/241. Nach schriftlicher Auskunft des Hebrew and Judaica Department der Bodleian Libraries Oxford ist nichts über eine Sammlung Feuchtwanger bekannt; auch Edgar Feuchtwanger kann nichts zum Verbleib der Sammlung berichten; Es ist möglich, dass der Verfügung aufgrund des Tods von Sigmund Feuchtwanger während der Kriegsjahre nicht entsprochen werden konnte und die Sammlung demnach aufgelöst und verstreut wurde, wie es die Geschichte um die Sohar-Ausgabe nahelegt.

40 Bei „Herrn Hirschinger" handelt es sich um Jakob Hirschinger (1857–1930), der die Jüdische Gemeindebibliothek München leitete, und als großer Bücherkenner den Gelehrten Raphael Rabinowitz auf seinen Forschungsreisen in den „Orient" begleitete, wie die Münchner Wochenzeitung in einem Beitrag über Hirschinger zu berichten weiß; vgl. *Das Jüdische Echo* 29 (1930), 12.

41 Scholem, *Von Berlin nach Jerusalem*, 155.

42 Laut Auskunft der Nationalbibliothek Jerusalem handelt es sich bei dem dreibändigen Mantua Sohar, Signatur 37A2030, um die Sassoon-Ausgabe. Ich danke Zvi Leshem für die Auskunft; zum

Sassoon-Versteigerung vom 30. Juni 1970, bei welcher der Mantua-Sohar als Nr. 186 angeboten und als „extremely rare“ ausgewiesen wurde, offenbart, dass es sich bei den drei Bänden aus der Sammlung Sassoon tatsächlich um „the Feuchtwanger copy“ handelte.[43]

Die Nennung Feuchtwangers kann auch als Hinweis auf dessen Bekanntheit als Sammler gewertet werden. Der detaillierten Beschreibung des Kataloges nach handelte es sich um eine auf Pergament gedruckte Erstausgabe in drei Bänden auf 828 Seiten.[44] Offen bleibt, wie der Sohar den Weg in die Sassoon-Sammlung nach London fand und was mit dem Rest der Bibliothek passierte. Die Bemerkung Scholems, der Sohar sei „durch die Güte eines bekannten Mäzens an die Jerusalemer Nationalbibliothek“ gelangt, bezieht sich womöglich auf Norman Bentwich, Professor für Völkerrecht und Präsident der United Restitution Organization URO.[45] Bentwich hatte die Erwerbung von 17 Inkunabeln für die Jüdische National- und Universitätsbibliothek Jerusalem ermöglicht, wie ein Zeitungsbericht offenbart:

> The Hebrew University's - National Library in Jerusalem, through the British Friends, of the University, has acquired a collection of ancient, Hebrew, printed books from the famed Sassoon collection, including rare fifteenth and sixteenth century works, which were sold at an auction at Sotheby[']s. The entire sale yielded £121,444. The British-Friends provided £26,000 towards the purchase. They had been interested in 24 items but only 17 could be obtained. Among them is the famous Aleppo Bible printed in 1627. The prime mover in London behind the acquisition was Professor Norman Bentwich. In Jerusalem, the Director of the National Library, Dr. Joseph Adler, stated that the works, especially the Aleppo Bible were "priceless".[46]

Bei einem der 17 Exemplare muss es sich demnach um den Sohar aus der Provenienz Feuchtwanger gehandelt haben.[47]

Mantua-Sohar siehe die Beiträge von A. Raz-Krakotzkin, „Persecution and the Art of Printing“ sowie M. Idel, „Printing Kabbalah“; D. Abrams, The Self-Awareness of the Printers, https://beithazohar.com/the-printing-of-the-zohar-in-mantua/?lang=en (Zugriff: 03.06.2022).

43 Sotheby's London, Catalogue of the Sassoon Collection, 74.

44 Ebd.

45 Bei der URO handelte es sich um eine rechtliche Vertretung, die sich für finanziell benachteiligte jüdischer Opfer des NS-Regimes für Kompensation und Restitution einsetzte, vgl. dazu: N. Bentwich, *The United Restitution Organization*.

46 The Australian Jewish News, 30. Oktober 1970, 16.

47 Die National- und Universitätsbibliothek von Jerusalem (JNUL) versuchte Gelder für weitere Ankäufe aus der Sammlung Sassoon aufzubringen. Über die Jahre kamen immer wieder bedeutende Manuskripte und Inkunabeln daraus auf den Markt, wie etwa bei der Sotheby's-Auktion im Dezember 1975 in Zürich, die Rekordpreise erzielte, und im Zuge derer die JNUL ein Mischna-Kommentar des gelehrten Maimonides für eine Rekordpreis von 461,000 US-Dollar erwarb. Der israelische Bil-

Da Sigmund Feuchtwangers Katalog als verschollen gilt und sich auch keine Hinweise auf die Bibliothek in den Familienpapieren oder Erinnerungen finden, lässt sich der Weg der restlichen Exemplare aus der Sammlung nicht abschließend klären. Ob es sich bei dem Exlibris, welches der Miesbacher Künstler Sepp Frank für einen „Sigmund Feuchtwanger" anfertigte, um jenes des Münchner Margarine-Fabrikanten handelte, bleibt ebenfalls unklar.[48]

Bereits das Beispiel der Sammlung von Lion Feuchtwangers Vater zeigt daher, wie komplex sich die Rekonstruktion der Wege von Sammlungen auch jenseits von Verfolgungs- und Exilgeschichte erweisen kann. Obwohl es sich bei der Bibliothek um eine äußerst wertvolle Sammlung gehandelt hat, finden sich kaum Hinweise darauf und schließlich verlieren sich die Spuren. Hinsichtlich des Wertes der Inhalte mag es auf den ersten Blick verwundern, dass die Bibliothek nicht innerhalb der Familie weitergegeben wurde – schließlich war nicht nur Lion, sondern auch die meisten seiner Geschwister literarischen Themen und Büchern verbunden.[49] Da es sich jedoch vorrangig um eine Gelehrten-Bibliothek gehandelt haben dürfte, schien die Übergabe an eine institutionelle Sammlung naheliegender, da sie so der Forschung weiter zu Verfügung stehen würde.

Die lückenhaften Informationen zu den Bücherschätzen des Hauses Feuchtwanger deuten an, was für eine Vielfalt an Literatur den Familienmitgliedern zu Verfügung stand. Martin Feuchtwanger erinnert sich später, wie die Feuchtwanger-Kinder sich in die Märchen von Wilhelm Hauff, Berthold Auerbach, Heinrich Seidel, oder Johan Peter Hebels Geschichtensammlungen vertieften, sich in den Schuljahren den Abenteuergeschichten *Robinson Crusoes* oder *Sigismund Rüstigs* zuwandten,

---

dungsminister Aharon Yaldin hatte zuvor international unter Mäzenen für finanzielle Unterstützung geworben; siehe dazu: „Maimonides MS. in Auction Record", *The New York Times*, 6. November 1975, 53.

48 Vgl. Pfälzische Landesbibliothek, *Die Exlibris-Sammlung der Pfälzischen Landesbibliothek*, 95; darin heißt es: „Ex Libris Sigmund Feuchtwanger.- Motiv: Felsen.- Radierung.- 125 x 90 mm.- Exl. 42."

49 Ludwig Feuchtwanger (1885–1947) war Jurist und Lektor des Verlags Duncker und Humboldt, darüber hinaus war er seit den 1930er Jahren als Leiter der Gemeindebibliothek der Jüdischen Gemeinde München tätig. Martin Feuchtwanger (1996–1952) war Schriftsteller, Journalist sowie Verleger. Er leitete nach dem Tod Sigmund Feuchtwangers die Margarine-Fabrik, während der jüngste Bruder Berthold (1896–1944) das Gymnasium mit 16 verlässt, keinen Beruf erlernt und sich mit Gelegenheitstätigkeiten durchschlägt. Er emigriert 1938 mit seiner Frau nach Südamerika, arbeitet in einer Mine in Peru und auf einer Hacienda in Ecuador. Nach einer Krebserkrankung wird er finanziell von seinem ältesten Bruder Lion unterstützt; Auch die Schwestern erhielten eine Schulausbildung, Henny Feuchtwanger (1892–1979) und Marta (1897– unbekannt, genannt Medi) werden später überzeugte Zionistinnen. Franziska (1889–unbekannt) emigriert mit ihrem Ehemann Eduard Diamant um 1930 nach Brasilien und später Argentinien. Siehe: Specht, *Die Feuchtwangers*, 176 sowie 418f.

um sich bald darauf für die Werke von Schiller, Goethe, Kleist und Heine aus dem elterlichen Bücherschrank zu interessieren.[50]

Aufzeichnungen zur Lektüre Lion Feuchtwangers haben sich in seinen Tagebüchern erhalten, die jedoch erst seit dessen Studienjahren überliefert sind.[51] Neben dem ausgeprägten literarischen Interesse beginnt Feuchtwanger schriftstellerische Arbeiten zu entwerfen. Mit erfolgreich bestandenem Abitur im Jahr 1903 tauschte der 19-Jährige das Elternhaus für eine kleine Mansardenwohnung, die in der Gewürzmühlstraße, und damit nur wenige Gehminuten vom elterlichen Heim lag. Noch im Jahr des Schulabschlusses erschien die erste Veröffentlichung in Form zweier Prosaskizzen.[52] Feuchtwanger immatrikulierte sich an der Königlichen Ludwig-Maximilians-Universität in München, wo er Deutsche Philologie, Geschichte, Philosophie und Anthropologie belegte.[53] In seinen Tagebucheinträgen machte er sich fast täglich Notizen zu seinem Tagesablauf und im Zuge dessen auch Vermerke zu seiner Lektüre.[54] So schreibt er am 31. Juli 1906, nach jüdischem Kalender der 9. Aw, an welchem der Zerstörung des Tempels gedacht wird:

> Tischoh beaw. Sehr langweilig – Den „Moloch“ von Wassermann zu Ende gelesen. Ein ganz ausgezeichneter Roman. Seine Psychologie schürft bis in die tiefsten Tiefen, betont überall das Animalische, den Zusammenhang mit dem Weltganzen. Von wunderbarer Treffkraft sind die Vergleiche.[55]

Gerade diesen psychologischen Aspekt, der ihn bei Wassermann faszinierte, versuchte er in sein eigenes literarisches Werk zu integrieren.[56] Das Interesse an den Werken Wassermanns, der wenige Jahre zuvor seinen literarischen Durchbruch in München erlebte, behielt Feuchtwanger sein Leben lang. Zahlreiche Werke Wassermanns erwarb er später in seinem kalifornischen Exil.[57] Während der Studienjahre sind es hauptsächlich Dramen, die Feuchtwanger als begeisterten Theaterbesucher

---

50 M. Feuchtwanger, *Erinnerungen*. 38f.

51 Zur Geschichte der Überlieferung der Tagebücher siehe Einleitung der Tagebuch-Edition: L. Feuchtwanger, *Tagebücher*, 16ff.

52 Sternburg, *Feuchtwanger*, 33.

53 Ebd., 39.

54 L. Feuchtwanger, *Tagebücher*, 18.

55 Ebd., 61.

56 Vgl. dazu J. von Holtum, Zur frühen Heine Rezeption, 131.

57 Während sich *Der Moloch* (1902) nicht im Katalog der Universitätsbibliothek der USC nachweisen lässt, finden sich u. a. die Romane *Christian Wahnschaffe* (1932), *Faber; oder, Die verlorenen Jahre* (1924) sowie *Adam Urbas und zwei andere Geschichten* (1929); vgl. Kat. Memorial Library, https://uosc.primo.exlibrisgroup.com/discovery/search?query=any,contains,Jakob%20Wassermann&tab=Everything&search_scope=MyInst_and_CI&vid=01USC_INST:01USC&facet=creator,include,Lion%20Feuchtwanger%20Memorial%20Library&lang=en&offset=0 (Zugriff: 03.04.2022).

interessierten. Er las die Werke der Realisten Theodor Storm und Theodor Fontane, Eduard von Keyserling sowie Oscar Wilde. [58] Henrik Ibsen und Gottfried Keller empfand er als stimmungslos, „sie sind wie Blumen, die nicht duften", vermerkt er in sein Tagebuch.[59] Neben dem Studium und dem Theater genoss Feuchtwanger die neu gewonnene Freiheit, die ihn beinahe täglich in die Cafés und Kneipen von München trieb. Trotz der von den Eltern räumlich getrennten Lebenssituation konnte sich der junge Bonvivant jedoch nicht vollständig aus der Abhängigkeit seiner Familie lösen und war vor allem immer wieder auf die finanzielle Unterstützung des Vaters angewiesen.[60] Nach kurzem Studienaufenthalt in Berlin wurde Feuchtwanger 1907 in München mit der literaturhistorischen Studie zu Heines *Der Rabbi von Bacherach* promoviert.[61] Der Doktor der Philologie haderte mit der Entscheidung, eine Habilitation anzustreben. Die Zweifel kamen nicht nur daher, dass ihm als Jude eine akademische Kariere *de facto* immer noch versperrt war, sondern auch durch die Tatsache, dass sich Feuchtwanger in der kulturellen und literarischen Welt weitaus wohler fühlte als in der Academia.[62] Zwar hätten die Eltern die Universitätskarriere durchaus vorgezogen, aber der Sohn verwarf das Ziel der Venia Legendi, um sich zukünftig seinen feuilletonistischen Arbeiten und dem Theater zu widmen, das ihn als Kritiker, aber auch als Verfasser von Dramen zunehmend vereinnahmte.[63] Erste kleinere publizistische Erfolge machten Feuchtwanger in der Münchner Kulturszene bekannt. Es waren aber nicht nur seine Kritiken, mit denen er von sich reden machte: Mancherlei Skandal, vor allem durch exzessives Glückspiel und zahlreiche Liebesaffären, sogar Betrugsvorwürfe schürten Bekanntheit und brachten ihm den von Kurt Eisner geprägten Beinamen „Margarinebarönchen" ein.[64] Beinahe täglich besuchte Feuchtwanger die Torggelstube am Hofbräuhaus oder das Café Stefanie in Schwabing, wo er regelmäßig hohe Summen beim Kartenspiel verlor.[65] Am 11. Juli 1910 schrieb der Hasardeur verzweifelt in sein Tagebuch: „Mein ganzes Hab und Gut, alle meine Bücher usw. verspielt. Nun aber den festen Entschluss gefaßt, keine Karte mehr zu berühren."[66] Der gute Vorsatz hielt allerdings nur kurz. Unzählige Tagebuchnotizen der Jahre vor 1914 berichten von „großer Geldnot", unbezahlter Miete und Schulden auf-

58 L. Feuchtwanger, *Tagebücher*, 16. Januar, 16. April sowie 12. Juli 1906, 33ff.

59 Ebd., 55.

60 Sternburg, *Feuchtwanger*, 33.

61 Ebd., 50; von Holtum, Zur frühen Heine Rezeption, 132.

62 Specht, *Die Feuchtwangers*, 180.

63 L. Feuchtwanger, *Tagebücher*, 75ff; Sternburg, *Feuchtwanger*, 48.

64 Flügge, *Marta Feuchtwanger*, 27; Sternburg, *Feuchtwanger*, 46.

65 L. Feuchtwanger, *Tagebücher*, 81/125.

66 Ebd., 106.

grund der hohen Verluste beim Glücksspiel.[67] Während das im Tagebuch verewigte Schuldenverzeichnis am 27. Juli 1910 noch 280 Mark auswies, waren es drei Monate später bereits 1.340 Mark, was bei heutigem Wert etwa 8.600 Euro entspräche.[68] Mit seinen feuilletonistischen Arbeiten und seiner Tätigkeit als Nachhilfelehrer konnte sich Feuchtwanger kaum über Wasser halten. Dennoch hielt er an seinem ausschweifenden Lebensstil fest.[69] Immer wieder muss er bei dem Vater oder den Geschwistern um finanzielle Hilfe bitten. Nur durch erste erfolgreichere Bühnenstücke, wie eine Neubearbeitung des Stückes „Eine feste Burg ist unser Gott" (1861) können finanzielle Einkünfte Schlimmeres abwenden.[70]

Umfangreichere Bücherkäufe dürften in jenen Jahren aufgrund der ständigen Geldnot eher die Ausnahme gewesen sein. Heinrich Mann soll später scherzend über seinen Freund gesagt haben: „Das einzige Buch, das Feuchtwanger besitzt ist ein Reklamheft".[71] Hingegen finden Besuche der Königlichen Hof- und Staatsbibliothek häufiger im Tagebuch Erwähnung.[72] Der Lesesaal der Bibliothek war sein zweites Zuhause, wie sich seine spätere Frau Marta an die frühen gemeinsamen Münchner Jahre erinnerte.[73] Allmählich konnte sich Lion Feuchtwanger aber auch jenseits des Skandals durch seine literarische Produktion behaupten. Durch seine Publikationen, vor allem für die *Schaubühne*, die später in der *Weltbühne* aufging, steigerten sich die Bekanntheit und der Erfolg Feuchtwangers.[74]

Bereits kurz nach Abschluss des Studiums lernte der aufstrebende Schriftsteller Marta Löffler (1891–1987) kennen.[75] Wie die vielen Frauenbekanntschaften fand auch diese Begegnung Niederschlag im Tagebuch.[76]Als Marta, die ebenfalls einer jüdischen Familie aus München entstammte, ein Kind erwartet, entschließen sich beide, trotz ihrer eher antibürgerlichen Beziehung, zur Heirat.[77] Auf die Hochzeit

---

67 L. Feuchtwanger, *Tagebücher*, 106; siehe auch Sternburg, *Feuchtwanger*, 80f.

68 Feuchtwanger, *Tagebücher*, 105,113; vgl. Tabelle Kaufkraftäquivalente historischer Beträge in deutschen Währungen der Deutschen Bundesbank, Stand 2022, https://www.bundesbank.de/resource/blob/615162/13c8ab8e09d802ffcf2e5a8ae509829c/mL/kaufkraftaequivalente-historischer-betraege-in-deutschen-waehrungen-data.pdf (Zugriff: 02.02.2022).

69 Sternburg, *Feuchtwanger*, 41.

70 Hierbei handelt es sich um eine Neubearbeitung von Arthur Müllers Stück *Ein feste Burg ist unser Gott* von 1861, siehe Ingrid Bigler-Marschall, „Müller, Arthur". Deutsches Literatur-Lexikon, https://www.degruyter.com/database/DLLO/entry/dllo.dll.010.3053/html. (Zugriff: 20.05.2022); Sternburg, *Feuchtwanger*, 82.

71 Zit. n. M. Feuchtwanger, *An Émigré Life*, Bd. 2, 707.

72 L. Feuchtwanger, *Tagebücher*, 91/118.

73 M. Feuchtwanger, *An Émigré Life*, Bd. 1, 147; siehe auch: Schuetze-Coburn, Privatbibliothek, 229.

74 Sternburg, *Feuchtwanger*, 71f.

75 L. Feuchtwanger, *Tagebücher*, 94.

76 Ebd., vgl. dazu Sternburg, *Feuchtwanger*, 84.

77 Zur Biographie Marta Feuchtwangers siehe: M. Feuchtwanger, *Nur eine Frau*; Flügge, *Marta Feuchtwanger*; Sternburg, *Feuchtwanger*, 98f.

folgt eine längere Reise durch Europa. In Lausanne kommt die Tochter Marianne zu Welt, jedoch verstarb sie wenige Wochen nach der Geburt.[78] Es ist einer der zahlreichen Schicksalsschläge, die das Paar gemeinsam zu überstehen hatte. Die unkonventionelle, wenn auch nicht reibungslose Ehe hielt über 50 Jahre bis zum Tod von Lion Feuchtwanger 1958.[79] Nach dem Verlust des Kindes reisten Lion und Marta durch Italien und Südfrankreich und schließlich übers Mittelmeer.[80] Sie befanden sich in Tunis, als der Erste Weltkrieg ausbrach. Lion Feuchtwanger wird in einem Internierungslager für feindliche Ausländer inhaftiert. Zahlreiche seiner während der Reisejahre verfassten Manuskripte wurden ihm in Tunis abgenommen und sind seither verschwunden geblieben.[81] Nach wenigen Stunden der Gefangenschaft, gelingt es dem Paar schließlich, mit einem Schiff nach Italien zu fliehen und von dort nach München zurückzukehren.[82] Ein kurzer Artikel in der Zeitung *Kleine Presse* berichtet über den Vorfall:

> Nach zuverlässigen Berichten aus Tunis sind dort am 3. August [1914] sämtliche männliche Deutsche über 18 Jahren ins Gefängnis geworfen worden. Ihr Geld und ihre Papiere wurden konfisziert, ihre Frauen und Kinder ausgewiesen. Von militärpflichtigen Deutschen sind nur der Advokat Petereit (Straßburg) und Dr. Lion Feuchtwanger (München) entkommen, da sie von italienischen Matrosen auf einem italienischen Schiff versteckt worden sind.[83]

Nach der Rückkehr von der großen Reise, die zahlreiche Turbulenzen für das Paar bereitgehalten hatte, wollten sie sich nun wieder in ihrem bekannten und beschaulichen München niederlassen. Aber auch hier kamen sie nicht zur Ruhe: Es waren die Jahre des Krieges, der Revolution, der Inflation, des Hitler-Putsches, des Erstarkens der völkischen Bewegung und des Antisemitismus.[84] Feuchtwanger verarbeitete und dokumentierte die Ereignisse dieser Zeit in seinem literarischen Werk. Dass es Lions und Martas letzte Jahre in ihrer Heimatstadt München sein sollten, konnten sie nicht wissen. Hauptsächlich aufgrund der besseren Arbeitsbedingungen im

---

78 Sternburg, *Feuchtwanger*, 85.

79 Ebd., 84.

80 Ebd., 107.

81 Ebd., 109.

82 L. Feuchtwanger, *Der Teufel in Frankreich*, 11; Sternburg, *Feuchtwanger*, 110; Feuchtwanger hielt seine Eindrücke aus Tunis und die Gefangenschaft in einem Artikel in der Schaubühne fest: L.Feuchtwanger, „Flucht aus Tunis“, *Die Schaubühne* 39 (1914), 231.

83 *Kleine Presse* 192 (1914), 3.

84 Zu dieser Zeitspanne und den Auswirkungen auf die jüdische Bevölkerung siehe: M. Brenner, *Der lange Schatten*.

kulturell weltstädtischeren Berlin siedelten sie Anfang 1925 dorthin über.[85] Wenn Lion Feuchtwanger später aus dem Exil an die Heimat dachte, waren es vor allem „die schönen staatlichen Bilder- und Büchersammlungen und der Karneval", an die er sich positiv zurückerinnerte.[86]

3.3 Zwischen Berlin und Sanary-sur-Mer

Die Jahre in Berlin wurden eine arbeits- und schaffensreiche Zeit für Lion Feuchtwanger. Durch die umfangreichen Recherchen für seine historischen Romane entwickelte sich zudem erstmals eine größere eigene Bibliothek. Aber auch in München hatte das Paar einen Teil seiner Münchner Bibliothek auf dem Dachboden von Martas Eltern aufbewahrt, die nun nach Berlin überführt werden konnte.[87] Später erinnerte sich Lion Feuchtwanger, dass es genau „10.248 Bücher und 28 Manuskripte"[88] waren, die er in seiner Villa in Grunewald über die kurze Zeit ansammelte. Nachdem aber weder ein Verzeichnis oder Katalog noch überliefert wurden, sind es vor allem die Erinnerungen Martas sowie eine Photographie, die einen Eindruck von der Bibliothek vermitteln.[89]

Lion Feuchtwanger in seiner Berliner Villa, 1932
© USC Digital Library, Lion Feuchtwanger Papers Collection

85 Sternburg, *Feuchtwanger*, 267.

86 L. Feuchtwanger, „Selbstdarstellung", *Die literarische Welt* (1933); zit. n. Sternburg, *Feuchtwanger*, 97.

87 M. Feuchtwanger, *Nur eine Frau*, 219f.

88 L. Feuchtwanger, Eine Bilanz, *Die Neue Weltbühne* (1935), 746; Schuetze-Coburn, Privatbibliothek, 233; A. Stuhlmann, Die Villa Aurora, 57.

89 In ihrem umfangreichen Interview mit Lawrence Weschler werden auch immer wieder die Bibliotheken aufgegriffen; M. Feuchtwanger, *An Émigré Life*, Bd. 2, 713.

Nachdem die ersten Jahre in Berlin von wenig Beständigkeit, viel Arbeit und zahlreichen Reisen innerhalb und außerhalb Europas geprägt waren, beschlossen Lion und Marta sich mit einem eigenen Heim einen dauerhaften Rückzugsort zu schaffen. 1931 kaufen sie ein sich im Rohbau befindliches Haus in der Mahlerstraße 8 in Berlin Grunewald (heute: Regerstraße 8).[90] Wie Marta es später schilderte, war sie es, die sich um die Gestaltung und Einrichtung des Hauses kümmerte. So soll zunächst der Architekt Henri Rosenthal für die Fertigstellung des Hauses im Gespräch gewesen sein, aber wie Marta angibt, konnte sie sich mit seiner „Art des Bauens" nicht anfreunden und am Ende waren es vor allem Pläne von Franz-Heinrich Sobotka, die bei der Errichtung der Villa umgesetzt wurden.[91]

Zahlreiche Wände im Haus wurden mit Einbauregalen und extra Schränken für die Manuskripte ausgestattet.[92] Für seine umfangreichen Recherchen für die Arbeit an seinen historischen Romanen ließ sich Feuchtwanger Literatur und Quellen von seinem Assistenten Werner Cahn-Bieker aus den Archiven und Bibliotheken zusammensuchen, erwarb jedoch auch zunehmend selbst Bücher, wodurch die Bibliothek deutlich anwuchs.[93] Marta Feuchtwanger schilderte später dem deutschen Fernsehjournalisten Reinhart Hoffmeister, wie die Sammlung in Berlin entstand:

> In Berlin-Grunewald wohnten wir ziemlich weit weg von der Bibliothek, und er [Lion Feuchtwanger] mußte immer hin- und herfahren. Außerdem waren oft Bücher, die er brauchte, gerade verliehen. So dachte er, wie wäre es, wenn man die Bücher einfach kaufte, dann sind sie immer da. Deshalb hat er sich Bücher angeschafft. Und da hat ihn der Floh gebissen, wie der Volksmund sagt. Als er die schönen Bücher sah, die seltenen Erstausgaben mit ihren Holzschnitten und Stahlstichen, kam die Sammelleidenschaft über ihn.[94]

---

90 Die Straße, die ursprünglich nach Gustav Mahler benannt war, wurde von den Nationalsozialisten in „Regerstraße" umbenannt. Später setzte sich Marta über ihre Verbindung zu Willy Brandt dafür ein, dass die Straße wieder ihren ursprünglichen Namen erhalten sollte, jedoch wurde das von der Berliner Senatsstelle abgelehnt. Siehe dazu Flügge, *Marta Feuchtwanger*, 373 sowie M. Feuchtwanger, *An Émigré Life*, Bd. 2, 682.

91 Franz-Heinrich Sobotka (1907–1988) war unter anderem bei dem Wiener Architekten Oskar Strnad ausgebildet worden, der die Villa Jakob Wassermanns in Wien plante (siehe Kap. 6); in Berlin arbeitete Sobotka unter anderem im Atelier Erich Mendelsohn, der zahlreiche der berühmten Schocken-Kaufhäuser sowie der Schocken-Bibliothek in Jerusalem entwarf. Vgl. Feuchtwanger, Offener Brief; zu Schocken und Mendelsohn siehe: A. Borrmann/D. Mölders/S. Wolfram, *Konsum und Gestalt*; M. Feuchtwanger, *An Émigré Life*, Bd. 2, 811.

92 M. Feuchtwanger, *An Émigré Life*, Bd. 2, 709.

93 Schuetze-Coburn, Privatbibliothek, 231.

94 M. Feuchtwanger, *Leben mit Lion*, 90.

Durch Lion Feuchtwangers stetig wachsendes Freundes- und Bekanntennetzwerk von Schriftstellern und Intellektuellen, erhielt er regelmäßig Widmungsexemplare zugeschickt, die ebenfalls in der Sammlung ihren Platz fanden. Wie Marta Feuchtwanger später angab, bestand die Sammlung der Berliner Jahre hauptsächlich aus Werken der deutschsprachigen klassischen und zeitgenössischen Literatur. Aber auch Erstausgaben in lateinischer und griechischer Sprache kamen im Zuge der Arbeit am Josephus-Roman hinzu, die Feuchtwanger in Berlin aufnahm.[95] Auf die Frage Lawrence Weschlers[96], der Marta Feuchtwanger 1975 in Los Angeles interviewte, an welche wichtigen Ausgaben sie sich aus der Berliner Bibliothek erinnerte, antwortete diese: „Sie waren alle wichtig."[97] Die Freude am neu eingerichteten Heim und an der langersehnten Bibliothek währte jedoch nur kurz. Nicht ganz ein Jahr sollten die Feuchtwangers in der Villa am Grunewald wohnen, ehe sich mit der Ernennung Adolf Hitlers zum Reichskanzler am 31. Januar 1933 das Leben schlagartig änderte. Lion Feuchtwanger befand sich gerade auf einer Lesereise in den USA, Marta im Skiurlaub in Österreich.[98] Durch Feuchtwangers deutliche Kritik an Hitler und seinen Anhängern, die er unter anderem in seinem Roman *Erfolg* (1930) zum Ausdruck brachte, stand der Autor von Anfang an auf der Feindesliste des Terrorregimes.[99] Es war wenige Wochen nach Machtantritt, als die Sturmabteilung der NSDAP die Villa Feuchtwanger in mehreren Razzien plünderte.[100] Wie Dov Schidorsky herausstellte, begannen die Nationalsozialisten ab 1939 systematisch Bücherbestände aus Institutionen und Privathäusern zu konfiszieren, jedoch waren bereits 1933 vereinzelt Sammlungen geplündert, beschlagnahmt und nicht selten zerstört worden.[101]

Versuche des Assistenten Feuchtwangers Cahn-Bieker, Teile der Bibliothek aus der Villa zu retten, scheiterten. Lediglich wenige Photographien und Manuskripte sowie die Tagebücher konnten aus der Villa geholt werden, bevor die SA sämtliche Wertsachen des Hauses konfiszierte und die Villa besetzt wurde.[102] Wie Marta später berichtete, sollen sämtliche Bücher im Wert von einer Mark verschleudert

95 Dies., *An Émigré Life*, Bd. 2, 714; Schuetze-Coburn, Privatbibliothek, 232.

96 Lawrence Weschler ist ein Enkel des ebenfalls nach Kalifornien geflohenen Komponisten Ernst Toch und heute als Journalist und Autor tätig.

97 M. Feuchtwanger, *An Émigré Life*, Bd. 2, 714.

98 L. Feuchtwanger, *Tagebücher*, 253; Flügge, *Marta Feuchtwanger*, 164.

99 Sternburg, *Feuchtwanger*, 319; Heusler, *Feuchtwanger*, 209.

100 Schuetze-Coburn, Privatbibliothek, 232.

101 Schidorsky, Confiscation of Libraries, *Libraries & Culture* 4 (1998), 348.

102 Schuetze-Coburn, Privatbibliothek, 233.

worden sein.[103] Es ist nicht nachweisbar, ob es das Schicksal aller Bücher der Sammlung war und wo sich die Bände heute befinden.[104]

Die Sammlung Lion Feuchtwangers war nicht die einzige Bibliothek der Familie Feuchtwanger, die den Nationalsozialisten zum Opfer fallen sollte. Im Zuge des sogenannten Novemberpogroms von 1938 wurde Lions Bruder Ludwig, und auch sein Bruder Fritz Feuchtwanger in das Konzentrationslager Dachau verschleppt. Eine Freilassung gelang nur durch Unterstützung von Freunden und der Familie.[105] Ludwig war ausgebildeter Jurist und seit 1915 als Syndikus und Akademischer Leiter des Duncker & Humblot-Verlages München tätig.[106] Seit den 1930er-Jahren war er Dozent am Jüdischen Lehrhaus München sowie Leiter der Gemeindebibliothek der Israelitischen Kultusgemeinde München.[107] Wie sein ein Jahr älterer Bruder Lion war er ebenfalls ein leidenschaftlicher Bibliophiler und Büchersammler. Im Zuge seiner Verhaftung stürmte die Gestapo am 10. November 1938 auch die Münchner Wohnung in der Grillparzerstraße 38.[108] Seine Frau Erna konnte nur tatenlos zusehen, wie die Beamten die umfangreiche Bibliothek durchforsteten und ihnen wertvoll erscheinende Bände in Kisten packten.[109] Darunter befanden sich zahlreiche Drucke aus dem 16. Jahrhundert, unter anderem Flavius Josephus' *Opera* (1544) auf Griechisch, eine Ausgabe, die auch sein Bruder Lion später in seiner kalifornischen Bibliothek verwahrte.[110]

Zunächst wurden die Kisten in den Keller des Gebäudes in der Franz-Josef-Straße 28 und nach einiger Zeit in die sogenannte Schadhalle in der Kaulbachstraße

---

103 Ebd.; M. Feuchtwanger, *An Émigré Life*, Bd. 2, 713.

104 In den Aufzeichnungen der Jewish Cultural Reconstruction Inc. (JCR) zu den „Central Collecting Points", jenen Stellen, die nach Kriegsende die Überreste von Kulturgütern sammelten, um sie den Vorbesitzern oder jüdischen Nachfolgeinstitutionenzurückzugeben, befinden sich auf einer Liste auch drei Bücher aus dem Besitz „Dr. Lion Feuchtwanger", die jedoch nicht weiter spezifiziert werden; vgl. NARA, List Of The Privately Owned (Identifiable) Book Collections, 116; zur Arbeit des JCR siehe Gallas, *Kulturrestitution und jüdisches Geschichtsdenken*.

105 Sternburg, *Feuchtwanger*, 34f.

106 Ludwig Feuchtwanger war über seine Tätigkeit als Lektor auch eng mit Werner Sombart und dem Staatsrechtler Carl Schmitt in Kontakt, der ihn jedoch nach 1933 fallen ließ. Vgl. R. Mehring, *Carl Schmitt*; L. Feuchtwanger, *Der Gang der Juden durch die Weltgeschichte*, VI., https://doi-org.emedien.ub.uni-muenchen.de/10.1515/9783110334227 (Zugriff: 02.02.2022).

107 Vgl. Karl Wolfskehl, *Briefwechsel aus Neuseeland*, Bd. 2, 1193, im Folgenden *BNzII*.

108 NARA, Records Concerning the Central Collecting Points, M1946; vgl. auch T. Meyer, Ludwig Feuchtwanger - ausgewählte Briefe, 128.

109 E. J. Feuchtwanger, Recovering from Culture Shock, 45.

110 Eine Liste der später an die Witwe Erna Feuchtwanger restituierten Bücher aus der Sammlung Ludwig Feuchtwangers gibt zumindest lückenhaft Aufschluss über die Inhalte der Bibliothek. Nach Auskunft von Adrian und Edgar Feuchtwanger sind die meisten dieser Bücher bis heute in Familienbesitz. Ich danke Edgar und Adrian Feuchtwanger an dieser Stelle für ihre Auskünfte; siehe auch: NARA, Records Concerning the Central Collecting Points, M1947.

verbracht.[111] Der Großteil der ca. 4.000-bändigen Sammlung gelangte schließlich nach Berlin in die Bibliothek der SS-Organisation „Ahnenerbe".[112] Ein Teil wiederum gelangte nach Wien, da die Münchner Gestapo die „orientalisch-semitische" Bibliothek im November 1938 dem damals noch amtierenden Präsidenten des „Ahnenerbes", Walther Wüst, zur Verfügung stellte, nachdem dieser zuvor sein Interesse bekundet hatte.[113] Nach dem Krieg wurde von Wüst behauptet, er habe die Sammlung lediglich „ordnungsgemäß treuhänderisch verwaltet".[114] Auch die Gemeindebibliothek der Israelitischen Kultusgemeinde München fiel der Plünderung durch die Nationalsozialisten in großen Teilen zum Opfer.[115] Ludwig Feuchtwanger hatte als Leiter der Sammlung zahlreiche Notizen und Skizzen zur Gemeindebibliothek gemacht, die sich heute im Leo Baeck Institut New York befinden und noch nicht systematisch untersucht wurden.[116] Ludwig Feuchtwangers Witwe Erna Feuchtwanger bemühte sich nach dem Tod ihres Ehemannes weiter um den Rückerhalt der Inhalte aus der Bibliothek.[117]

Lion Feuchtwanger erfuhr in Sankt Anton, Österreich, wo er nach seiner Rückkehr aus Amerika Anfang März 1933 mit Marta zusammentraf, von der Plünderung seines eigenen Hauses durch die SA.[118] Ein Leben in Deutschland war für die Feuchtwangers damit unmöglich geworden. Nach einer kurzen Reise in die Schweiz für einen Besuch bei Bertolt Brecht in Lugano und bei Feuchtwangers Sekretärin Lola Sernau (1895–1990)[119] in Bern ging es weiter nach Frankreich, wo sich die Feuchtwangers schließlich im Sommer 1933 in Sanary-sur-Mer niederließen. Sie

---

111 NARA, Records Concerning the Central Collecting Points, M1946.

112 Specht, *Die Feuchtwangers*, 370; D. Rupnow, Brüche und Kontinuität, 56, 86; vgl. auch: NARA, Property Card Ludwig Feuchtwanger, Nr. 5715/ Ansbach 1214.

113 M. H. Kater, *Das „Ahnenerbe"*, 122; Kater geht hier fälschlich von der Sammlung Lion Feuchtwanger aus, es handelte sich aber um die Bibliothek Ludwig Feuchtwanger; vgl. Adunka, *Der Raub der Bücher*, 161.

114 Zit. n. Kater, *Das „Ahnenerbe"*, 123.

115 Die Bibliothek war in Gedenken an den Gemeinderabbiner Cossman Werner (1854–1918), der seine Sammlung 1906 der Kultusgemeinde stiftete, nach diesem benannt worden. Sie umfasste vorrangig Judaica und Hebraica. 1938 wurde die Bibliothek von der Gestapo geplündert, nur Teile haben die NS-Zeit überstanden und die Nachkriegsgemeinde erhielt Fragmente zurück. Bei dem Brandanschlag auf das Jüdische Altersheim München 1970, bei welchem sieben jüdische Schoa-Überlebende ums Leben kamen, verbrannte auch Bücher der Cossmann-Werner-Bibliothek. Zur Geschichte der Bibliothek siehe: S. von Tiedemann, The Cossmann Werner Library, 12.

116 LBINY, Ludwig Feuchtwanger Collection, Series VIII: Addenda, Notes, AR6001.

117 NARA, Jewish Claims, Records Concerning the Central Collecting Points, Nr. 3725265.

118 L. Feuchtwanger, *Tagebücher*, 321f.

119 Lola Sernau war seit 1926 Lion Feuchtwangers Sekretärin und zeitweilige Geliebte. Seit ihrer Ehe mit dem Schweizer Fritz Humm führte sie den Namen „Humm-Sernau".

fanden Exil in einem kleinen Fischerdorf an der Côte d'Azur, wie bereits *Dr. Geyer*, Hauptprotagonist aus dem drei Jahre zuvor erschienen Roman *Erfolg*.[120] Das Fischerdorf Sanary-sur-Mer wurde zur „Hauptstadt der deutschen Literatur"[121], erinnerte sich Ludwig Marcuse später, der in der Nachbarschaft der Feuchtwangers wohnte und mit ihnen in freundschaftlicher Verbindung stand.[122]

Die erste Anschaffung Feuchtwangers nach der Rückkehr aus den USA war eine Schreibmaschine, um die Arbeit an dem *Josephus*-Roman von vorne beginnen zu können.[123] Das in Berlin verbliebene Manuskript war wie die Bibliothek von der SA gestohlen worden.[124] Noch hoffte der Schriftsteller, dass sich zumindest ein Teil der Bibliothek und des Vermögens aus Deutschland retten ließe, aber es waren nur wenige Dinge, wie die Tagebücher und Photographien, die Cahn-Bieker unter großer Gefahr retten konnte.[125] Das Ehepaar Feuchtwanger bezog zunächst die Villa Lazare, zwischen Sanary und Bandol gelegen, die es spartanisch einrichtete.[126] Nachdem Lion ursprünglich einen Besuch bei seinem guten Freund Arnold Zweig in Haifa geplant hatte, wurde die Villa nicht weiter gemietet, auch wenn die Reise nach Palästina am Ende nicht stattfinden sollte.[127] Im Mai 1934 bezog das Paar die unweit gelegene Villa Valmer bei Sanary. In dem Küstenort trafen sie auf zahlreiche Exilanten, die die einfachen Fischerorte dem teuren Paris vorzogen.[128] Wie Ludwig Marcuse sich erinnerte, waren die meisten froh über die Gesellschaft:

> Es war den deutschen Schriftstellern in der Diaspora nicht genug, mit den Genossen des Schicksals in Verlagen, Anthologien und Zeitschriften vereinigt zu sein. Sie wollten auch miteinander sprechen: Pläne machen, hoffen, traurig sein und verzweifeln.[129]

In Sanary trafen sich Thomas und Heinrich Mann, Ludwig Marcuse, Ernst Toller, Franz Hessel, Alma und Franz Werfel, Klaus Pinkus und viele andere, die sich ebenfalls an der Côte d'Azur niedergelassen hatten oder zeitweilig dort Halt machten. Auch in der Villa Valmer entstand allmählich eine Bibliothek, die bald

120 L. Feuchtwanger, *Erfolg*, 848.
121 L. Marcuse, *Mein zwanzigstes Jahrhundert*, 180.
122 Zur Sanray-sur-Mer als Ort des Exils siehe auch I. Below/H. Häntzschel/I. Hansen-Schaberg u. a. (Hg.), *Fluchtorte – Erinnerungsorte*.
123 L. Feuchtwanger, *Tagebücher*, 323.
124 Heusler, *Feuchtwanger*, 209.
125 Ebd., 330.
126 Flügge, *Marta Feuchtwanger*, 177f.
127 Ebd., 193.
128 LBINY, B. Rotger, Sanary sur mer, 10.
129 Marcuse, *Mein Zwanzigstes Jahrhundert*, 180.

Feuchtwanger in seinem Büro in Sanary-sur-Mer, 1933
© USC Digital Library, Lion Feuchtwanger Papers Collection

über 2.000 Bände zählte.[130] Für Feuchtwangers Arbeit war sie unerlässlich, denn es gab in dem abgelegenen Küstenort keine öffentliche Bibliothek. Ein Großteil der Bücher dürfte über Buchhändler und Antiquare bestellt worden sein.[131] Wie das Tagebuch verrät, kaufte Feuchtwanger aber auch ganze Privatbibliotheken auf. So schreibt er am 14. Juni 1934: „Spier da. Seine Bibliothek gekauft."[132] Ob es sich etwa um den Frankfurter Rechtsanwalt Selmar Spier handelte, der 1936 nach Palästina emigrierte, ließ sich bisher nicht nachweisen.[133]

Darüber hinaus erwarb Feuchtwanger Restauflagen der in Deutschland durch die Nationalsozialisten verbotenen Bücher über ein Wiener Antiquariat.[134] Die genaue Zusammensetzung der Bibliothek ist auch für Sanary nicht überliefert. Das Tagebuch gibt diesbezüglich zumindest wenige Anhaltspunkte. Lion Feuchtwanger arbeitete in Sanary sehr produktiv und nutzte jede Gelegenheit zum Lesen. An der Côte d'Azur waren es unter anderem Dostojewski, Turgenjew, Hugo und Dickens.[135] Vor allem dürfte es jedoch Literatur gewesen sein, die mit seinem *Josephus* im Zusammenhang stand, an welchem er nach dem Verlust des Manuskripts nun neu begann. Mit Arnold Zweig, dem langjährigen Freund, den Feuchtwanger 1922 auf dem Faschingsball in der Münchner Buchhandlung Steinicke kennengelernt hatte, tauschte er sich während der Jahre am Mittelmeer nicht nur regelmäßig über das literarische Schaffen aus, sondern berichtete auch über seine Bibliothek.[136] Im Oktober 1934 teilt er Zweig mit: „Marta hat das Haus hier sehr hübsch eingerichtet, meine Bibliothek macht mir viel Freude, und ich sehe dem Winter nicht ohne

---

130 Sternburg, *Feuchtwanger*, 332; Jaeger, Lion Feuchtwanger als Büchersammler, A331.

131 L. Feuchtwanger, *Tagebücher*, 355.

132 Ebd., 352.

133 Vgl. zu Selmar Spier: https://frankfurter-personenlexikon.de/node/1283 (Zugriff: 02.05.2022).

134 Vgl. M. Grote, *Bücher schreiben und verlegen*, 370.

135 L. Feuchtwanger, *Tagebücher*, 359f.

136 Flügge, *Marta Feuchtwanger*, 104.

Behagen entgegen."[137] Dennoch hatte die Sammlung weiterhin ihre Lücken, worauf er Zweig aufmerksam machte:

> Woher in aller Welt, Zweig, sollte ich „Caliban"[138] haben. Sie wissen doch, daß meine Bibliothek in Deutschland den Weg alles Guten gegangen ist. Von Ihren Büchern habe ich nur die bei Querido[139] erschienenen. Von meinen eigenen frühen Dramen habe ich zwei trotz vieler Bemühungen nicht auftreiben können.[140]

Auch wenn die Antwort des Freundes einige Zeit auf sich warten ließ, erfreute sie Feuchtwanger sehr, als aus der Wiener Buchhandlung Löwit eine Auswahl der Werke Arnold Zweigs bei Feuchtwanger eintraf, die diesem gefehlt hatten. In der mittlerweile zwei ganze Räume einnehmenden Sammlung ließ er den Werken Arnold Zweigs einen „Ehrenplatz" zukommen, wie er es diesem dankend mitteilte.[141] Die Jahre in Sanary wurden schließlich – nicht zuletzt aufgrund der neuen Bibliothek – zur schaffensreichsten Zeit Feuchtwangers.[142] Gleichzeitig war der unfreiwillige Aufenthalt dort geprägt von der ständigen Sorge um Freunde und Familie, denen Feuchtwanger so gut es ging zu helfen versuchte.[143] Darüber hinaus setzte er sich als Gründungsmitglied des „Schutzverbandes Deutscher Schriftsteller im Exil" sowie als Mitstifter der „Deutschen Freiheitsbibliothek" für kulturpolitische Belange ein.[144]

In Deutschland spitzte sich die Lage mit den kontinuierlich verschärften antijüdischen Gesetzgebungen weiter zu. Darüber hinaus waren unterschiedliche Stellen mit der systematischen Plünderung jüdischer Bibliotheken beschäftigt. Während der berüchtigte Einsatzstab Reichsleiter Rosenberg (ERR) erst nach Kriegsausbruch 1939 planmäßig und massenhaft Bücher aus den Bibliotheken der im Osten besetzten Länder sowie aus Belgien und Frankreich plünderte, zeigen zahlreiche Beispiele, – unter anderem jenes von Feuchtwanger – wie Bibliotheken und Sammlungen bereits unmittelbar nach Machtantritt Hitlers in das Sichtfeld der Behörden

137 L. Feuchtwanger/A. Zweig, *Briefwechsel 1933–1958*, 66f, im Folgenden *BWI*.

138 A. Zweig, Caliban oder Politik und Leidenschaft. Potsdam 1927.

139 Bei dem Querido-Verlag handelte es sich um den 1933 in Amsterdam begründeten Exilverlag von Emanuel Querido (1871–1943) und Fritz Landshoff (1901–1988); siehe dazu E. Fischer, Der Querido Verlag, *Geschichte des deutschen Buchhandels*, Bd. 3,1, 307ff.

140 Lion Feuchtwanger an Arnold Zweig am 17. März 1935, *BWI*, 74.

141 Ebd., Lion Feuchtwanger an Arnold Zweig am 1. Mai 1935, 78.

142 Sternburg, *Feuchtwanger*, 329.

143 Unter anderem setzte er sich für die Flucht der Familie seiner Brüder Fritz und Ludwig ein, siehe: Specht, *Die Feuchtwangers*, 370f.

144 Ebd., 334; zum Familiennetzwerk im Exil siehe: Specht, *Die Feuchtwangers*.

gerieten. Bereits im März 1933 wurde in Frankfurt am Main die Bibliothek des Instituts für Sozialforschung beschlagnahmt, wenige Wochen später die Bibliothek des Sexualforschers Magnus Hirschfeld in Berlin.[145] Unzählige Werke vermeintlich gegnerischer Schriftstellerinnen und Schriftsteller wurden auf den Scheiterhaufen verbrannt.[146]

Trotz der sich weiter verschlechternden Lage hofften die Feuchtwangers, dass es sich bei dem Hitler-Regime um ein vorübergehendes Übel handeln würde und sich die Zeit im französischen Exil irgendwie überstehen ließe. Es war die Zeit, in der Feuchtwanger den Roman *Exil* verfasste, in welchem er die eigenen Erfahrungen als Vertriebener festhielt.[147]

Die Hoffnung, dass die Gefahr bald vorüber sein würde, war auch der Grund, weshalb so viele aus Deutschland Geflohene sich weiterhin in Europa, in den Nachbarländern ihrer Heimat – Österreich, Schweiz, Frankreich – aufhielten. Auch für die Feuchtwangers war dies mit ein Grund. Zum einen war eine Ausreise von den französischen Behörden untersagt, bevor nicht ein Visum für ein anderes Land vorlag.[148] Joseph Roth, der selbst in Frankreich im Exil lebte, hatte in diesem Zusammenhang geschrieben: „Ein halbes jüdisches Leben verstreicht in zwecklosem Kampf gegen die Papiere."[149] Aber auch die Tatsache bereits einmal alles verloren zu haben und nicht erneut alles zurücklassen zu müssen, wog für Feuchtwanger schwer:

> Was mich hielt, war die innige Behaglichkeit des Lebens dort, die Schönheit des Ortes, mein wohleingerichtetes Haus, meine geliebte Bibliothek, der vertraute, in allem Kleinsten mir und meinen Methoden angepaßte Rahmen meiner Arbeit, die hundert Einzelheiten des dortigen Daseins, die mir zu lieben, schwer mißbaren Gewohnheiten geworden waren.[150]

Als der Krieg im September 1939 ausbrach, war das für die Feuchtwangers und alle anderen Exilanten in Frankreich ein großer Schock.[151] Bereits wenige Tage

145 Briel, *Beschlagnahmt, erpresst, erbeutet*, 193; siehe auch Gallas, *Kulturrestitution und jüdisches Geschichtsdenken*, 34.

146 J. H. Schoeps/W. Tress (Hg.), *Verfemt und verboten.*

147 Die Erstausgabe von Exil erschien 1940 in Amsterdam, im Querido-Verlag. Er war der dritte Teil der sogenannten Wartesaal-Trilogie, dem *Erfolg* und *Die Geschwister Oppermann* vorausgingen. Letzterer erschein in zwei Auflagen unter dem Titel *Die Geschwister Oppenheim*, da ein NS-Anhänger unter Bedrohung Feuchtwangers Familie eine Namensänderung erzwungen hatte, siehe dazu: Grote, *Bücher schreiben und verlegen*, 92.

148 Friedländer, *Das Dritte Reich*, 159.

149 J. Roth, *Juden auf Wanderschaft*, 65.

150 L. Feuchtwanger, *Der Teufel in Frankreich*, 17.

151 Ders., *Tagebücher*, 461.

nach dem Angriff auf Polen erreichte das Ehepaar in Sanary die Meldung, dass alle Deutschen bis zum Alter von 65 Jahren als „feindliche Ausländer" interniert werden würden. Lion und Marta Feuchtwanger hatten sich daraufhin am 21. Mai 1940 bei den Behörden zu melden. Lion wurde im Lager Les Milles unweit von Aix-en-Provence inhaftiert, während Marta zunächst nach Hyères, und später in das berüchtigte Lager in Gurs verbracht wurde.[152] Bei den Lagern handelte es sich um Internierungslager, in welchen vorwiegend deutsche, österreichische und tschechische Staatsbürger Zwangsarbeit leisten mussten. Seine Eindrücke von der Zeit der Internierung hielt Lion Feuchtwanger in seinem autobiographischen Aufzeichnungen *Der Teufel in Frankreich* fest.[153] In Les Milles traf er auch bekannte Gesichter, wie etwa den Schriftsteller Walter Hasenclever und den Maler Max Ernst.[154]

Die erneute Trennung von seinem Zuhause und den Büchern setzte Feuchtwanger neben der Angst vor der Zukunft sowie um seine Frau und seine Freunde zusätzlich zu. Er hatte versucht, zumindest einige Bücher mit in das Lager zu nehmen, wobei er aus der Erfahrung der ersten Internierung in Tunis gelernt hatte:

> Bei der Mitnahme von Büchern spielten Format und Gewicht eine beinahe größere Rolle als der Inhalt, handliche Dünndruckbände sind da das praktischste. Ich entschied mich für einen Dünndruckband Balzac, der auf kleinstem Umfang sechs Romane enthielt.[155]

Die Lebensumstände im Lager sowie die Unterbringung in den dunklen Baracken ließen jedoch wenig Möglichkeit zum Lesen.[156] Mit dem Einmarsch der Deutschen in Frankreich im Juni 1940 stieg die Gefahr für die von der französischen Regierung Internierten schließlich doch noch den Deutschen ausgeliefert zu werden. Nur knapp vor dem Vordringen der Wehrmacht nach Les Milles wurde das Lager aufgelöst und Lion Feuchtwanger konnte in einem Zug in Richtung Pyrenäen entkommen, während sich nach Waffenstillstand mit der Wehrmacht unter General Pétain im Süden Frankreichs die sogenannte Vichy-Regierung etablierte.[157] Von Bayonne ging es weiter nach Nîmes, wo Feuchtwanger einige Zeit im Lager

---

152 Ders., *Der Teufel in Frankreich*, 21; M. Feuchtwanger, *An Émigré Life*, Bd. 3, 984.

153 Das Buch erschien 1942 bei dem mexikanischen Verlag El libro libre zunächst unter dem Titel *Unholdes Frankreich*, siehe dazu: Sternburg, *Feuchtwanger*, 386 sowie in den Nachbemerkungen in L. Feuchtwanger, *Der Teufel in Frankreich*, 321–323; in der 2018 erschienenen Ausgabe sind zusätzlich die Tagbuchaufzeichnungen und Briefe aus der Zeit von Feuchtwangers Gefangenschaft in Frankreich enthalten.

154 L. Feuchtwanger, *Der Teufel in Frankreich*, 35.

155 Ebd., 22.

156 Ebd., 27/68.

157 L. Feuchtwanger, *Der Teufel in Frankreich*, 158.

Saint Nicola zubrachte. Auch Marta Feuchtwanger hatte aus dem Lager Gurs fliehen können.[158] Unter großer Gefahr und nur mit viel Glück gelang es dem Ehepaar schließlich, über Spanien und Portugal in die USA zu fliehen. Dazu beigetragen hat allen voran die Unterstützung durch Eleanor Roosevelt und Varian Fry[159], derer Rettungsnetzwerk es gelang, zahlreiche jüdische Flüchtende aus Frankreich zu retten. Neben Lion und Marta Feuchtwanger, Heinrich und Golo Mann sowie Franz Werfel und dessen Ehefrau Alma Mahler-Werfel, verhalfen sie auch Stefan Zweigs Frau Friderike und deren Töchter sowie Hannah Arendt und Marc Chagall zur Flucht.[160]

Mit dem Ende der Dritten Republik begannen auch dort die systematischen Plünderungen von Bibliotheken, die federführend durch den Einsatzstab Reichsleiter Rosenberg vorangetrieben wurden.[161] Die Bücher der Feuchtwangers standen weiter in der verlassenen Villa in Sanary-sur-Mer. Wie zuvor bereits in Deutschland mussten erneut unzählige aus Frankreich fliehende Juden ihr Hab und Gut zurücklassen. Insgesamt hielten sich zwischen 1933 und Kriegsausbruch etwa 100.000 Juden aus den deutschsprachigen Ländern in Frankreich auf.[162] Auch die Schriftstellerin Anna Seghers, mit der Lion Feuchtwanger sich für den Schutzverband deutscher Schriftsteller engagierte, war bereits 1933 nach Frankreich geflohen. Im Zuge ihrer Weiterflucht nach Mexiko musste sie ihre Exilbibliothek sowie Manuskripte in ihrer Wohnung zurücklassen. Die Bibliothek war im Keller des Wohnhauses, wohl von den Hausbesitzern, eingemauert worden und hatte dadurch die Jahre des Krieges und die Plünderungen überstanden.[163]

Zwar war es den Feuchtwangers noch gelungen, durch die Hilfe der Sekretärin Lola Sernau, die einige Male in die Villa Valere zurückkehrte, die Bibliothek in Teilen zu verpacken und für den Transport vorzubereiten, allerdings musste ein

---

158 Ebd., 258.

159 Varian M. Fry wurde nach seiner Rückkehr in die USA nicht nur wenig Anerkennung für seine Fluchthilfe zuerkannt, sondern sogar ein Dossier beim FBI aufgrund seiner Unterstützung von „politischen" Flüchtlingen geführt. 1994 wurde Fry von Yad Vashem der Titel „Gerechter unter den Völkern" verliehen, während er in den USA größtenteils in Vergessenheit geraten ist. Evelin Hasler rekonstruierte die Geschichte um die Rettungsaktion in ihrem Roman *Mit dem letzten Schiff*.

160 L. Feuchtwanger, *Der Teufel in Frankreich*, 260; ders., *Tagebücher*, 254; siehe auch: M. Feuchtwanger, *An Émigré Life*, Bd. 3, 992.

161 S. C. Sutter, Looting of Jewish collections, 120ff.

162 J. Franke, *Paris – Eine neue Heimat?*, 68ff.

163 M. Bircken, Anna Seghers' Bibliothek, *Argonautenschiff: Jahrbuch der Anna-Seghers-Gesellschaft*. 29 (2021), 149ff; siehe auch M. Feuchtwanger, *An Émigré Life*, Bd. 3, 1010. An dieser Stelle sei darauf hingewiesen, dass die systematische Auseinandersetzung mit der Geschichte von jüdischen versteckten Büchern ein Desiderat darstellt.

Großteil des Eigentums der Feuchtwangers aus dem französischen Exil erneut zurückbleiben.[164]

3.4 Zwischen Heimat und Exil: Die Rekonstruktion der Bibliothek in Los Angeles

Nach der Flucht über die Pyrenäen nach Portugal erreichten Lion und Marta Feuchtwanger im Herbst 1940 New York.[165] Der auch in Amerika bekannte Autor wurde von zahlreichen Journalisten mit Neugier, aber auch Misstrauen in Empfang genommen.[166] Zunächst wohnte das Paar, wie so viele in New York gestrandete Exilanten, im Hotel Sankt Moritz am Central Park. Feuchtwanger, der sich sofort wieder in die Arbeit stürzte, erschienen die Ereignisse und Erfahrungen der letzten Jahre unwirklich:

> Vor neun Jahren saß ich in meinem Haus in Berlin, im Grunewald, meine Bücher rings um mich, ein kleiner, friedlicher Kiefernwald stieg sanft von meinem Garten hinunter zu einem kleinen, friedlichen See, ich fühlte mich wohl, ich hatte keineswegs die Absicht, dieses Haus aufzugeben. Vor sechs Jahren saß ich in meinem weißen, stillen Haus in Sanary, in Südfrankreich, meine Bücher rings um mich, Olivenbäume stiegen hinunter zu dem sehr blauen Meer, ich fühlte mich wohl, ich hatte keineswegs die Absicht, dieses Haus aufzugeben.[167]

Erneut befand sich der Schriftsteller am Anfang eines neuen Lebens. Der Entschluss, das kalte New York gegen das sonnige Kalifornien einzutauschen, fiel bereits nach wenigen Monaten. Nicht zuletzt aufgrund der besseren Arbeitsbedingungen, die das von der Filmbranche geprägte Los Angeles auch für Autoren bot, zogen die Feuchtwangers an die Westküste. Über das von dort aus leichter zu erreichende amerikanische Konsulat in Mexiko erhielten Lion und Marta Feuchtwanger schließlich die dringend benötigte dauerhafte Aufenthaltsgenehmigung für die USA.[168]

Eine Angelegenheit, die Feuchtwanger ebenfalls schnellstmöglich zu klären versuchte, war der Transport seiner immer noch in Lissabon festhängenden Bücher in

164 M. Feuchtwanger erinnert sich daran, dass Lili Dammert-Aisner, die Ehefrau von Kurt Eisners Neffen, sämtliche Kleidung der Feuchtwangers aus der Villa in Sanary nach Amerika gerettet hatte; M. Feuchtwanger, *An Émigré Life*, Bd. 3, 1059; Schuetz-Coburn, Privatbibliothek, 234.

165 Sternburg, *Feuchtwanger*, 386.

166 Ebd.

167 L. Feuchtwanger, *Der Teufel in Frankreich*, 11.

168 Sternburg, *Feuchtwanger*, 386.

die neue Heimat. Der Versand der Kisten war von Sanary noch von Lola Sernau in die Wege geleitet worden, allerdings konnte die Fracht aufgrund diverser bürokratischer Probleme den Hafen von Lissabon nicht verlassen. Mehrmals suchte Feuchtwanger den britischen Konsul auf, um die Genehmigung für den Transport zu erhalten.[169] Arnold Zweig schilderte er das Problem:

> Meine Bibliothek ist in Lissabon, sie verschlingt riesige Lagerkosten, und ich kann sie nicht herüberkriegen, da es maßlos kompliziert ist, die für die Verschiffung notwendigen Erlaubnispapiere zusammenzukriegen. Geld habe ich nicht viel, doch kann ich halbwegs anständig leben.[170]

Wie der Briefwechsel zwischen Lola Sernau und Lion Feuchtwanger zeigt, versuchte Sernau, die sich 1941 nach Ascona in die Schweiz gerettet hatte, die Angelegenheit mit den Büchern zu klären, während sich Feuchtwanger um die Beschaffung einer Ausreisemöglichkeit für sie in die USA bemühte.[171] Noch im Februar 1941 hatte Sernau an Feuchtwanger berichtet, wie sie in Ascona eine Versandbescheinigung aus Frankreich über den Transport von „39 Kisten Bücher, 1 Koffer, 2 Taschen" sowie „3 Teppichrollen" erreicht hatte.[172] Laut dem Schreiben aus Marseille sei das Transportgut „am 19. Dezember [1940] von Cerberre [Cerbère] mit Waggon vollständig nach Lissabon weitergeleitet" worden.[173] Die Fracht sollte von Portugal aus an die Adresse von Eva Hermann[174] in Los Angeles weitertransportiert werden, wo Lion Feuchtwanger zeitweise wohnte.[175]

In einem Brief vom 27. Mai 1941 kann Feuchtwanger bestätigen, dass die Bücherkisten in Lissabon gestrandet waren:

> [D]ie [B]ücherkisten sind in [L]issabon, aber sie gehen von dort nicht weiter, und wir haben schon schrecklich viel [G]eld und [M]ühe hineingebuttert, ohne [E]rfolg. [I]ch habe seit ewiger [Z]eit kein deutsches [B]uch mehr gelesen.[176]

Wenige Wochen später gibt es immer noch keine Neuigkeiten, als Feuchtwanger schreibt:

---

169 Ebd.; M. Feuchtwanger, *An Émigré Life*, Bd. 3, 940.

170 Lion Feuchtwanger an Arnold Zweig am 9. Juli 1941, *BWI*, 232.

171 DLA, A: Lion Feuchtwanger, darin: Lola Humm-Sernau an L.F. am 22. Februar 1941.

172 Ebd. (Übersetzung aus dem Französischen durch die Autorin).

173 Ebd.

174 Eva Herrmann (1901–1978) war eine erfolgreiche Künstlerin, mit welcher L.F. seit den Exiljahren in Sanary-sur-Mer eine Affäre verband. Siehe: M. Flügge, *Muse des Exils*.

175 Ebd. sowie Sternburg, *Feuchtwanger*, 90f.

176 DLA, A: Lion Feuchtwanger, L.F. an Lola Humm-Sernau am 27. Mai 1941.

> [D]ie [S]ache mit den [B]üchern in [L]issabon geht nicht weiter, dafür kostet aber jede [K]iste in [L]issabon pro [M]onat 3 dollar [L]agerspese. Markuse[sic] und [K]antorowicz fragen mich immerzu nach ihren [B]üchern, bzw. [M]anuskripten.[177]

Ludwig Marcuse, der, wie erwähnt, Feuchtwangers Nachbar in Sanary gewesen sowie Alfred Kantorowicz, der 1940 einige Zeit in der Villa Valmer untergekommen war, hatten einen Teil ihrer Bücher in den Kisten der Feuchtwangers untergebracht.[178]

Kantorowicz, wie Feuchtwanger Mitbegründer der deutschen Freiheitsbibliothek und seine Frau Frieda hatten selbst eine lange und komplizierte Flucht hinter sich. Nachdem das Ehepaar zunächst in Frankreich verhaftet worden war, gelang im Juni 1940 über Marseille gerade noch die Ausreise. Die Route führte auf einem Schiff unter erbärmlichen Bedingungen über Martinique und die Dominikanische Republik, bis das Ehepaar schließlich nach zehn Wochen die USA erreichte. Auch der Soziologe Claude Lévi-Strauss und Anna Seghers hatten sich auf demselben Schiff, der *Captaine Paul Lemerle*, befunden.[179]

Nach der Ankunft in den USA erkundigt sich Kantorowicz nach dem Wohlergehen der Feuchtwangers und Lola Sernaus sowie nach den Büchern. Wie er berichtete, hatte Sernau „einige [seiner] Manuskripte, eine Anzahl von Tschapajew-Büchern [...] und einige andere der [ihm] wichtigen Materialien in eine der Kisten verpackt [...].“[180] Doch die Bücher ließen zunächst weiter auf sich warten.

Erst am 16. Oktober 1941 konnte Feuchtwanger an Lola Sernau berichten, dass sich die Kisten mit den Schätzen nun endlich auf See befanden. Der Transport kostete jedoch über 2.000 Dollar[181], was einem heutigen Kaufkraftäquivalent von über 40.000 Dollar entspräche.[182]

Erst drei Monate später, am 12. Januar 1942, kann Lion Feuchtwanger seiner ehemaligen Sekretärin berichten, dass die Bücher endlich angekommen waren:

---

177 Ebd., L.F. an Lola Humm-Sernau, 19. Juli 1941; pro Kiste wäre es heute ein Wert von ca. 60 USD.

178 L. Feuchtwanger, *Briefwechsel mit Freunden 1933–1958*, Bd. 2., Kantorowicz an Feuchtwanger am 10. Juli 1941, 188.

179 Alfred Kantorowicz an L.F. am 26. Juni 1941; L. Feuchtwanger, *Briefwechsel mit Freunden* 1933–1958, Bd. 2., 184; Anna Seghers verarbeitete ihre Fluchterfahrung in ihrem Roman *Transit* (1948).

180 L. Feuchtwanger, *Briefwechsel mit Freunden 1933–1958*, Bd. 2., Kantorowicz an Feuchtwanger am 10. Juli 1941, 188.

181 DLA, A: Feuchtwanger, L.F. an Lola Humm-Sernau, 16. Oktober 1941.

182 Vgl. https://www.dollartimes.com/inflation/inflation.php?amount=1&year=1941 (Zugriff: 03.05.2022).

> [I]n der ganzen blöden [M]isere gab es nur einen [L]ichtblick. [D]ie [B]ücher sind wirklich angekommen und stehen richtig hier. [N]atürlich war alles [Z]erbrechbare zerbrochen und die [H]älfte der Bücher elend beschädigt. [A]ber lesbar sind sie, und sie stehen vertraut um mich herum, und sie machen mir eine grosse [F]reude. [M]arta hat natürlich endlos geschimpft, und [M]arcuse, dessen [Z]eug ja schliesslich auch viel [M]ühe gemacht hat – es war hoffnungslos ins andere hineingestreut und hat schliesslich auch einen grossen happen [G]eld gekostet – hat kaum ein [W]ort des [D]ankes dafür gehabt. [A]ber ich danke Ihnen herzlich, [L]ola, dass Sie das noch zuweg gebracht haben. [...] [W]enn ich was nachzuschauen habe, schaue ich in den gleichen [B]üchern nach wie früher [...].[183]

Die aus Südfrankreich geretteten Bücher, die hauptsächlich durch die Bemühungen Lola Sernaus und Marta Feuchtwangers ihren Weg nach Los Angeles gefunden haben, bildeten das Fundament der großen Büchersammlung, die über die Jahre im amerikanischen Exil entstehen sollte.[184] Eine genaue Zusammensetzung der Bücher aus Frankreich ist nicht rekonstruierbar. Listen oder Aufzeichnungen zu den Inhalten haben sich nicht erhalten, jedoch könnten etwaige äußerliche Spuren – Feuchtwanger berichtete von dem schlechten Zustand – Aufschluss geben.

Doch auch nach der überstandenen Odyssee der Bücher endeten die Unsicherheiten für die Feuchtwangers nicht. Mit Kriegseintritt der USA im Dezember 1941 galten die Feuchtwangers einmal mehr als „feindliche Ausländer“, zudem war ein Großteil des Feuchtwanger-Vermögens von den US-Behörden eingefroren worden.[185] Die Situation entspannte sich erst, als sich die Veröffentlichung des Romans *Die Brüder Lautensack* (1943) als größerer Erfolg erwies und wieder Geld zu Verfügung stand. Von den Tantiemen konnte sich das Ehepaar Feuchtwanger wieder ein eigenes Heim leisten.[186] Die Wahl fiel erneut auf ein „Schloss am Meer“, die „Villa Aurora“, wie das Haus, Adresse 520 Paseo Miramar in Pacific Palisades in einer Verkaufsanzeige aus dem Jahr 1940 genannt wurde.[187] Bei dem Anwesen im Stil einer mexikanischen Hacienda handelte es sich um ein Modell-Haus eines Bauprojektes, an welchem die *LA Times* beteiligt war.[188] Die Villa an der Bucht von Santa-Monica

---

183 DLA, A: Feuchtwanger, L.F. an Lola Humm-Sernau, 12. Januar 1942.

184 L. Feuchtwanger, *Tagebücher*, 477.

185 DLA, A: Feuchtwanger, L.F. an Lola Humm-Sernau, 8. März 1942.

186 L. Feuchtwanger, *Tagebücher*, 477.

187 In der Verkaufsanzeige zur Auktion „Villa Aurora“, home of Mr. Morris Kaplan, ist die Villa mit 15 Räumen ausgeschrieben, vgl. *LA Times*, 30. Juni 1940, 10; während sonst häufig von 20 Räumen die Rede und zu lesen ist, dass die Villa erst in den 1960-er Jahren „Villa Aurora“ genannt wurde, offenbart die Verkaufsanzeige, dass die Villa den Namen bereits vorher trug. Vgl. Jaeger, *Feuchtwanger als Büchersammler*, A333.

188 *LA Times*, 29. April 1928, 4; *LA Times*, 30. Juni 1940, 10.

Villa Aurora, Pacific Pallisades, undatiert
© USC Digital Library, Lion Feuchtwanger Papers Collection

war 1928 von dem Architekten Mark Daniels errichtet worden.[189] Wie Andreas Stuhlmann in seiner detaillierten Beschreibung der Villa rekonstruiert, kauften die Feuchtwangers das Haus 1943 einem kalifornischen Richter namens Arthur Weber ab.[190] Zu den unmittelbaren Nachbarn zählten die österreichische Schriftstellerin Vicky Baum, der ebenfalls aus Österreich stammende Komponist Hanns Eisler, der deutsche Philosoph Max Horkheimer sowie Thomas Mann, die sich alle in Pacific Palisades ansiedelten.[191] Mit dem Bezug des Hauses fanden nun auch die Bücher aus Europa wieder einen Platz. Marcuse, der in seinen Briefen über die eigenen Bücher aus den Kisten schwieg, erinnerte sich in seinen Memoiren, wie er sich beim Anblick der Bücher in der Villa Feuchtwanger nach Sanary zurückversetzt fühlte:

> […] abermals Wände aus Bücher, ein drittes Mal: in einer Casa auf einem abgelegenen Hügel über der pazifischen Küste. Das war ein gewaltiges Mausoleum aus den Werken der Dichter; ich ging immer zu ihm [Feuchtwanger], wenn die Bibliothek meiner Universität versagte.[192]

Es war der Anfang der größten Sammlertätigkeit Lion Feuchtwangers.[193] Nach einigen Jahren waren allmählich auch wieder sämtliche Wände der Villa mit Bücherregalen ausgestaltet. „Sie machten die beste Tapete", scherzte Marta Feuchtwanger, die sich später in zahlreichen Anekdoten an die Entstehung der neuen Sammlung erinnerte.[194] Feuchtwanger machte sich von da an nicht nur wieder als erfolgreicher Schriftsteller, sondern zunehmend auch als Büchersammler einen Namen.

---

189 Stuhlmann, Villa Aurora, 58.

190 1940 wurde das Haus, damals im Besitz von Morris Kaplan, bei einer Auktion an den Höchstbietenden versteigert; ebd.

191 E. Bahr, *Weimar on the Pacific*, 309ff.

192 Marcuse, *Mein zwanzigstes Jahrhundert*, 280.

193 M. Feuchtwanger, *An Émigré Life*, Bd. 3, 1468.

194 Ebd., 1477.

Überall aus Europa ließ er sich von den namhaften Antiquariatshäusern Kataloge zusenden: aus Großbritannien, den Niederlanden, der Schweiz, aber auch aus den USA.[195] Das Durchsehen und Bestellen wurde eine große Leidenschaft von Feuchtwanger.[196] Die Antiquare schickten auch zahlreiche Telegramme, in welchen sie dem geschätzten Kunden das Vorkaufsrecht für Seltenheiten großer Auktionen anboten.[197] Wenn er Bücher erwerben konnte, die er bereits in Deutschland und in Frankreich besessen hatte, machte ihn das besonders glücklich, wie es Marta beschrieb. Hier beschlich ihn nach den Erinnerungen seiner Frau häufig das Gefühl, es könnte sich um dieselbe Ausgabe handeln, die er bereits einmal besessen hatte – als hätte sie das Schicksal am Ende doch wieder zusammengeführt:

> In his library in Germany, and in France, he had no bookplates in the books, so he thought some of the books were already before in his library. And he bought them again – he was very glad to have them again.[198]

Die Highlights der Sammlung, die von Marje Schuetze-Coburn bereits beschrieben wurden, zählten allen voran die 18 Inkunabeln.[199] Hierbei handelte es sich hauptsächlich um Frühdrucke in lateinischer Sprache, wie etwa die Nürnberger Chronik *Liber Chronicarum*, die nach den Aufzeichnungen von Hartmann Schedel 1493 von Anton Koberger, dem Taufpaten Albrecht Dürers, in Nürnberg gedruckt worden war. Die Inkunabeln wurden in einem Raum im obersten Stock der Villa Aurora verwahrt.[200] Zu den Besonderheiten der Sammlung zählte auch eine Florentiner Ausgabe des *Sophokles*, die aus der Bibliothek Michelangelos stammte.[201]

Eine herausragende Rolle sollte die Thematik des Flavius Josephus einnehmen. Diesen Werken, die ihn bereits seit der Kindheit faszinierten, widmete Feuchtwanger eine besondere Abteilung seiner Bibliothek. Zum einen stellten sie einen Bezug zur Bibliothek des Vaters und zur Heimat her und zum anderen war das eigene Werk Feuchtwangers eng mit dem Stoff verbunden. Die kostbaren Inhalte aus diesem Bereich deckten über 400 Jahre der Buchgeschichte ab. Bei der ältesten dieser

195 Jaeger, Feuchtwanger als Büchersammler; M. Feuchtwanger, *An Emigré Life*, Bd. 3, 1468.

196 M. Feuchtwanger, *An Emigré Life*, Bd. 3, 1477.

197 Ebd., 1471.

198 Ebd., 1472.

199 Schuetze-Coburn, Privatbibliothek, 237; vgl. auch: https://libguides.usc.edu/feuchtwanger (Zugriff: 04.05.2022).

200 M. Feuchtwanger, *An Emigré Life*, Bd. 3, 1467ff; siehe auch: N. Feuchtwanger-Sarig, *Thy Father's Instruction*, 188.

201 Vgl. Kat. Memorial Library https://uosc.primo.exlibrisgroup.com/permalink/01USC_INST/mbk0s6/alma991008981359703731 (Zugriff 05.06.2022).

Ausgaben handelt es sich um einen florentinischen Druck aus dem Jahr 1493.[202] Ferner besaß Feuchtwanger sieben weitere Josephus-Drucke aus dem 16. Jahrhundert, darunter die griechische Erstausgabe der *Opera* von Flavius Josephus, die 1544 von dem berühmten Schweizer Buchdruckers Froben in Basel gedruckt worden war und von der sein Bruder Ludwig ebenfalls eine Ausgabe besaß.[203] Als große Seltenheit ist zudem ein Manuskript aus der Hand von Papst Innozenz III. aus dem 12. Jahrhundert zu nennen, in welchem dieser auch über Josephus schreibt.[204] Hinzu kommen zahlreiche Erstausgaben, unter anderem von Spinoza, Rousseau und Goethe.[205]

Als wertvoll hervorzuheben sind des Weiteren die Inhalte zum Thema Französische Revolution, die ebenfalls im Zusammenhang mit Feuchtwangers Recherche zu seinen eigenen Arbeiten stehen. Neben zahlreichen Büchern erwarb Feuchtwanger eine Vielzahl an Zeitschriften- und Zeitungssammlungen zum Thema, die eine wertvolle Quellensammlung darstellen. So besaß er etwa ein Konvolut der Zeitung *Le Moniteur Universel* aus den Jahren 1792 bis 1813.[206] Dass es sich hier um „[e]ine Rarität ganz großen Ranges" handelte, zeigt die Ankündigung der Versteigerung einer weit weniger umfangreiche Sammlung des *Moniteur* aus dem Jahr 1929 in der Publikation „Die Kunstauktion".[207] Auch Stefan Zweig verfügte über ein umfangreiches Konvolut der Zeitschrift, die er jedoch im Zuge seiner Flucht nach London abstieß.[208] Die Gemeinsamkeit mit dem Sammler Zweig war nicht die einzige: Feuchtwanger begann 1945 sich zunehmend für Autographen zu interessieren und erwarb diese größtenteils über den renommierten Händler Stargardt, welcher damals in Marburg ihre Dependance hatte.[209]

---

202 Vgl. Ausgabe in Kat. Memorial Library https://uosc.primo.exlibrisgroup.com/permalink/01USC_INST/mbk0s6/alma991008954059703731 (Zugriff: 04.05.2022).

203 Vgl. auch: https://libguides.usc.edu/feuchtwanger (Zugriff: 04.05.2022).

204 M. Feuchtwanger, *Leben mit Lion*, 90.

205 M. Feuchtwanger, *An Emigré Life*, Bd. 3, 1479.

206 Nach Jaeger müsste die Sammlung auch noch eine Ausgabe von 1814 beinhaltet haben, Vgl. Jaeger, „Feuchtwanger als Büchersammler", A335 sowie Angabe der Memorial Library, https://libguides.usc.edu/feuchtwanger (Zugriff: 04.05.2022).

207 Die Auktion beinhaltete die Nummern Nr.1 (1789) bis Nr. 101 (1796), siehe: „Vorankündigung zur Auktion bei Max Perl", *Die Kunstauktion* 7 (1929), 2, https://doi.org/10.11588/diglit.47052#0072 (Zugriff: 04.05.2022).

208 Stefan Zweig befasste sich mit der Thematik Französische Revolution im Zuge der Arbeit an seinen Werken zu Fouché sowie dem Drama *Das Lamm der Arm*en und *Marie Antoinette*; vgl. dazu die erhaltenen Bucheinlagen mit Annotationen von Stefan Zweig: Lesezeichen der Lektüre der Zeitschrift *Le Moniteur*, https://www.stefanzweig.digital/o:szd.thema.1/sdef:TEI/get?locale=de (Zugriff: 22.03.2022).

209 Jaeger, Feuchtwanger als Büchersammler, A337.

Aufschlussreich sind auch die Wege, über die neue Schätze in die Villa Aurora kamen.[210] Wie bereits erwähnt, und wie auch von Roland Jaeger ausführlicher beschrieben, waren es vorrangig Antiquare aus Europa, die Feuchtwanger als Kunden schätzten und ihm regelmäßig Auktionskataloge zuschickten.[211] Eine Verbindung mit Blick auf die Heimat und die verlorenen Bücher stellte beispielsweise die Münchner Antiquars-Familie Rosenthal dar. Marta, die entfernt mit den Rosenthals verwandt war, kannte die Familie aus ihrer Kindheit und erinnerte sich an die Besuche der eindrucksvollen Auslagen des Antiquariats von Ludwig Rosenthal in der Briennerstraße von München.[212] Als Erwin Rosenthal, der Sohn Ludwig Rosenthals, in den 1950er-Jahren an der University of Southern California einen Vortrag über Picasso hielt, besuchte er die Feuchtwangers – auch um die prachtvolle Bibliothek in Augenschein zu nehmen. Hier fand er sofort die Werke, die Lion Feuchtwanger über ihn erworben hatte, wie etwa eine Gesamtausgabe von Goethes Werken aus letzter Hand, bei der es sich um eine große Seltenheit handelte.[213] Neben den Rosenthals, die nach ihrer Flucht ins Exil Antiquariate in der Schweiz, England und den USA unterhielten, waren es die Antiquariate Erasmus in den Niederlanden, das Antiquariat Erasmushaus in Basel sowie Sotheran aus London, zu deren Kunden Feuchtwanger in jenen Jahren zählte. [214] Aber auch aus New York erhielt er Kataloge, etwa von Dauber & Pine, worüber Feuchtwanger Literatur mit Bezug zur französischen Aufklärung sowie zur Geschichte Spaniens bezog.[215] Engen Kontakt gab es auch mit Mary S. Rosenberg, der aus Fürth stammenden Buchhändlerin, die ihre Handlung am Broadway in New York führte.[216] Aus San Francisco wiederum schickte das Antiquariat H. H. Evans Angebote.[217] Zudem suchte Feuchtwanger gerne die hiesigen Buchhändler von Los Angeles auf. So war er Kunde von Egon Engelmann in Hollywood oder Kurt Merländer, der ebenfalls aus Deutschland stammte.[218]

---

210 Am ausführlichsten dazu bei: Jaeger, Feuchtwanger als Büchersammler, siehe auch: M. Ullmann, Bücher und Autographen des Aufklärungszeitalters im Bestand der Feuchtwanger Memorial Library, 153ff.

211 Das Archiv der Lion Feuchtwanger Memorial Library verwahrt umfangreiches Material zum Aufbau der Bibliothek im Exil, unter anderem Buchhändler-Kataloge, Quittungen und zur Begründung der Lion Feuchtwanger Memorial Library, die bisher nicht systematisch ausgewertet wurden.

212 M. Feuchtwanger, *An Émigré Life*, Bd. 4, 1473.

213 Ebd., 1475–1485.

214 Jaeger, Feuchtwanger als Büchersammler, A335.

215 Ebd.; Ullmann, Bücher und Autographen, 154; zum Antiquariat Dauber and Pine siehe: D. C. Dickson, *Dictionary of American antiquarian bookdealers*, 44.

216 Zu Rosenberg siehe auch Fischer, *Geschichte des deutschen Buchhandels*, Band 3,3, Supplement, 415f.

217 Jaeger, Feuchtwanger als Büchersammler, A334.

218 Ebd.

Lion Feuchtwanger in Dawson Buchhandlung in Los Angeles, 1949
© USC Digital Library, Lion Feuchtwanger Papers Collection

Besonders häufig besuchte er den Laden von Ernest Dawson. Dieser kam ursprünglich aus England und hatte sich mit seinem Antiquariat in Downtown Los Angeles einen Namen gemacht. Feuchtwanger erwarb bei Dawson unter anderem eine größere Sammlung an Reiseliteratur, ein Genre, das der Schriftsteller besonders schätzte und was sich in vielen seiner Bücher widerspiegelt. Ein Exemplar, welches Marta in ihrem Interview mit Weschler in diesem Zusammenhang hervorhob, John Pinkerton, *General Collection of the Best and Most interesting Voyages* (1808), hat sich in zwei Ausgaben in der Bibliothek erhalten. Zudem war Feuchtwanger Kunde des berühmten Pick Wick Bookshop am Hollywood Boulevard, zu dessen Kunden unter anderem Marlon Brando und Marlene Dietrich zählten.[219]

Mit den in den USA weiter erfolgreichen Publikationen Feuchtwangers wuchs die Bibliothek stetig um ganze Abteilungen. Dabei hatte der Ankauf von Büchern für Feuchtwanger pragmatische Gründe, wie Marta schilderte:

> He always said he loses too much time to go to the libraries for research; he would rather have the books coming from Europe or everywhere he could. For every new novel he had a whole library, and he had always to change: in his study he had two or three shelves,

219 Pickwick wurde 1938 durch den in Russland geborenen Louis Epstein begründet, der hauptsächlich Bücher aus herrenlos gewordenem Einwanderer-Umzugsgut aufkaufte; siehe dazu: K. Starr, *Material of Dreams*, 347; Jaeger, Feuchtwanger als Büchersammler, A334.

> and when one novel was finished, then they had to be changed for the new books for the new novel.[220]

Auch wenn Feuchtwanger als erfolgreicher Autor weiterhin zahlreiche Bücher für die Arbeit an seinen eigenen Werken erwarb, stieg das Interesse – nicht zuletzt aufgrund der finanziellen Möglichkeiten – an besonders seltenen und kostbaren Ausgaben, wie Marta berichtete:

> He could have had those books also in cheaper editions, not always in first editions. But in a way, also, around his books, what they say in Europe, he was bitten by the bug; when he got those catalogs, he just ordered everything he wanted to have, and that had nothing to do with his work. [221]

Die Bibliothek wurde nach Räumen mit ihren unterschiedlichen Inhalten gegliedert. So gab es einen Raum für Deutsche Klassik, wo etwa Erstausgaben von Lessings Werken *Laokoon* oder *Nathan der Weise* sowie viele weitere von Goethe, Heine, Kleist, Herder, Jean Paul und E.T.A. Hoffmann verwahrt wurden. Eine komplette Bücherwand wiederum war den Werken der Exilschriftsteller gewidmet, wo zahlreiche Widmungsexemplare von Thomas Mann, aber auch von Bertold Brecht, Alfred Polgar und vielen mehr verwahrt wurden.[222] Während sich die Exilgemeinde in Pacific Palisades im Laufe der Jahre allmählich auflöste und Lion dadurch viele Freunde verlor, blieben ihm noch über 16 Jahre des Sammelns und der Freude an seinen Büchern. Als mit zunehmendem Alter der Wunsch wuchs, einmal wieder zurück in die deutsche Heimat zu reisen, konnte er sich diesen jedoch nicht mehr erfüllen. Aufgrund der Tatsache, dass Feuchtwanger die amerikanische Staatsbürgerschaft verwehrt wurde, war das Risiko zu groß, nicht mehr in die USA zurückkehren zu können und somit einmal mehr die Bibliothek und den Rückzugsort zu verlieren.

In einem Glückwunschbrief vom 16. Juni 1954 schreibt der Freund Ludwig Marcuse an Feuchtwanger: „Ich kenne kaum einen anderen Zeitgenossen, der so innig mit Büchern zusammenlebt wie Sie; dessen gesellschaftliches Leben so sehr ein fast ausschließlicher und eifriger Verkehr mit dem lebendigsten Toten ist."[223] Lion Feuchtwanger verstarb 1958 im Alter von 74 Jahren als staatenloser deutsch-jüdischer Schriftsteller in Kalifornien.

---

220 M. Feuchtwanger, *An Émigré Life*, Bd. 4, 1453.

221 Ebd., 1496; Schuetze-Coburn, Privatbibliothek, 231.

222 H. von Hofe, Lion Feuchtwanger, *Coranto* 1 (1964), 9; M. Feuchtwanger, *An Émigré Life*, Bd. 4, 1478.

223 L. Feuchtwanger, *Briefwechsel mit Freunden*, Marcuse an L.F., 16. Juni 1954, 20f hier 21.

Marta Feuchtwanger in der Bibliothek der Villa Aurora, ca. 1970
© USC Digital Library, Lion Feuchtwanger Papers Collection

Nach dem Tod Feuchtwangers vermachte Marta Feuchtwanger im Jahr 1960 die Villa Aurora sowie die darin enthaltene Bibliothek von circa 30.000 Bänden der University of Southern California (USC). Diese großzügige Schenkung, insbesondere der wertvollen Bücher, wurde von der Universität als eine große Bereicherung empfunden. Am 22. April 1960 wurde eine Plakette am Gebäude der Villa angebracht, die diese nun offiziell als „Lion Feuchtwanger Memorial Library“ auswies.[224] Marta behielt lebenslanges Wohnrecht und war erleichtert, dass der Erhalt des Erbes ihres Mannes durch die USC ermöglicht wurde.[225]

Auch wenn mit der Schenkung der Bibliothek die Bewahrung dieses besonderen Erbes gewährleistet werden sollte, waren damit nicht alle Gefahren abgewandt. Im November 1961 brach im Stadtteil Bel Air von Los Angeles ein verheerendes Feuer aus, welches als das „Bel Air Feuer“ in die Geschichte eingehen sollte. Die Flammen zerstörten hunderte von Anwesen und kamen auch der Villa Aurora gefährlich nahe. Marta Feuchtwanger schilderte, wie sie gemeinsam mit ihrem Gärtner und der langjährigen Sekretärin Feuchtwangers, Hilde Waldo, die wertvollen Bücher in Kisten zu packen begann. Der Bibliothek der Universität schickte einen Lastwagen und die Bücher wurden in die Bibliothek auf dem Campus verbracht.[226] Einige Bücher wurden bei der Evakuierungsaktion jedoch beschädigt oder gingen ganz verloren, wie sich Marta später erinnerte.[227]

Marta Feuchtwanger war nicht die Einzige, die Bücher vor den Flammen rettete. Auch der spätere Präsident der Vereinigten Staaten, Richard Nixon, der in dem an Bel Air angrenzenden Stadtteil Brentwood lebte und mit seinem Ghost-writer Charles Lichenstein gerade an seinem ersten Buch *Six Crises* arbeitete, musste vor den Flammen fliehen. Nixon rettete das Manuskript seines Buchs sowie seine

---

224 *LA Times*, 23. April 1960, 9.
225 Meyer/Schenderlein, Lion Feuchtwanger, 166.
226 M. Feuchtwanger, *An Émigré Life*, Bd. 4, 1505.
227 Ebd., 1509.

Notizen über das Treffen mit dem russischen Ministerpräsidenten Nikita Chruschtschow vor der Zerstörung, so berichtete es die *New York Times* in ihrem Artikel über den „Storm of Fire" im November 1961.[228]

Die Bücher Lion Feuchtwangers überstanden schließlich auch den Feuersturm. Auf dem Campus der Bibliothek von Southern California, wohin man die Bücher ausgelagert hatte, wurden sie einer Bestandsaufnahme unterzogen und mit einem Exlibris der Lion Feuchtwanger Memorial Library ausgestattet, ehe man sie nach vier Monaten wieder zurück in die Villa brachte,[229] wo Marta Feuchtwanger bis 1987 weiter mit ihnen lebte.[230]

3.5 Lion Feuchtwangers Büchererbe und die Villa Aurora heute

Nach dem Tod Marta Feuchtwangers im Herbst 1987, mit welchem eine der letzten zentralen Persönlichkeiten der deutsch-jüdischen Exilgemeinschaft vom „Weimar am Meer" verschwand, offenbarte sich das bereits lange zuvor vereinbarte Vermächtnis erst in seiner ganzen Tragweite. Marta hatte sowohl die komplette Bibliothek als auch die Villa der USC vermacht. Aus dem „Schloss am Meer" war über die Jahre jedoch ein renovierungsbedürftiges Refugium geworden, für dessen Instandsetzung etwa eine Million US-Dollar aufzubringen waren. Da die Universität angab, nicht über die Mittel zu verfügen[231], sollte die Villa Aurora zum Verkauf angeboten werden, um aus dem Erlös die geschlossene Unterbringung der Bücher Feuchtwangers auf dem Campus der USC zu gewährleisten.[232] Gegen das Vorhaben regte sich bald Widerstand, der von Kalifornien bis in die Bundesrepublik hohe Wellen schlug. So berichtete auch die kalifornische Presse ausführlich über die Pläne des Verkaufs, der von seiten der USC als final erklärt wurde. Auf Nachdruck des Bürgermeisters von Los Angeles Tom Bradley[233] legte die USC die Pläne des Verkaufs zunächst auf Eis.[234] Allen voran der Germanistik-Professor Harold von Hofe, der Lion Feuchtwanger noch persönlich kannte sowie Feuchtwangers

228 *The New York Times*, 7. November 1961, 1.

229 Jaeger, Feuchtwanger als Büchersammler, A336; Flügge, *Marta Feuchtwanger*, 383f.

230 Flügge, *Marta Feuchtwanger*, 392f.

231 Marta Feuchtwanger hatte im Testament auch dem Verkauf der Villa zugestimmt, sofern es die einzige Lösung zum Erhalt der Bibliothek und des Nachlasses sein sollte; siehe dazu: Flügge, *Marta Feuchtwanger*, 406.

232 *LA Times*, 28. Dezember 1987, 65.

233 Tom Bradley war bis zu diesem Zeitpunkt erst der zweite schwarze Bürgermeister der Hauptstadt eines US-Bundesstaats. Flügge, *Marta Feuchtwanger*, 366.

234 V. Skierka, Denkmal der Exilliteratur, *SZ*, 18. Februar 1988, 37.

Biograph Volker Skierka setzten sich für den Erhalt der Villa als Teil des besonderen Erbes ein und gründeten den Förderkreis Freunde der Villa Aurora e.V., dem sich zahlreiche deutsche Intellektuelle und Politiker, darunter Willy Brandt und Hans-Jochen Vogel, anschlossen. Nachdem man bereits versäumt habe, die Häuser von Thomas Mann[235], Bertolt Brecht, Arnold Schönberg oder Ernst Lubitsch zu erhalten, sei es eine Pflicht, die Villa Aurora als ein „Kulturdenkmal der deutschen Exilliteratur" als „lebendige Erinnerungsstätte" zu bewahren.[236]

Harald von Hofe betonte, es gebe „kein anderes Gebäude dieser Art irgendwo auf der Welt, weder in Kalifornien noch in New York, weder in Frankreich oder England noch in der Schweiz, weder in Mexiko noch in Südamerika"[237]. Auch das PEN-Zentrum London begrüßte die Initiative zur Erhaltung des Hauses, welches „[f]ür die deutsche Literatur und Kultur im Exil wichtiges Denkmal humanistischen Geistes" darstelle und „auch weiterhin der Völkerverständigung dienen sollte."[238]

Wie diese Stimmen zeigen, ging es also um weit mehr als um den Erhalt eines Gebäudes, oder dessen Inhalt, sondern darum, was beides gemeinsam symbolisierte. Andreas Stuhlmann hat in diesem Zusammenhang von einem „Ensemble de mémoire" gesprochen – in Anlehnung an Pierre Noras Konzept der *lieux de mémoire*.[239] Feuchtwangers Bücher und der Ort, an welchem sie von Lion Feuchtwanger während der Jahre seines Exils als Rekonstruktion zusammengetragen wurden, verschmolzen zu einer Einheit.[240] Nur in dieser Verbindung blieb das vollständige Erbe erhalten. Trotz nicht unerheblicher Kritik gelang die Rettungsaktion.[241] Die Villa wurde durch Mittel aus der Stiftung Deutsche Klassenlotterie und dem Auswärtigen Amt erworben.[242] Man einigte sich mit der USC, dass die Villa nach Fertigstellung der umfassenden Restaurierungsarbeiten als Erinnerungs- und Begegnungsstätte eröffnet werden sollte.[243]

---

235 Im Jahr 2016 erwarb und renovierte die deutsche Bundesregierung für circa 13 Millionen US-Dollar das Thomas-Mann-Haus in Los Angeles. Dieses wird vom Villa Aurora & Thomas Mann House e.V. seit 2018 unter Beteiligung des Auswärtigen Amtes und diversen Stiftungen als Wissenschaftlerresidenz betrieben. Vgl. dazu J. Crückeberg, *Künstlerresidenzen*, 3.

236 Zit. n. J. von Uthmann, Morgenröte. Villa-Feuchtwanger-Stiftung?, *FAZ*, 18. Dezember 1987, 17.

237 Stadtarchiv München, Villa Aurora, KULR 1272.

238 Skierka, Denkmal der Exilliteratur, *SZ*, 18. Februar 1988, 37.

239 P. Nora, *Zwischen Geschichte und Gedächtnis*.

240 Stuhlmann, Die Villa Aurora, 61.

241 J. von Uthman von der *FAZ* kommentierte, es sei leichter, von einer „lebendigen Erinnerungsstätte" zu träumen, als sie mit sinnvollem Inhalt zu füllen. Vgl. von Uthman, Morgenröte, *FAZ*, 18. Dezember 1987, 17.

242 S. Thielking, Über die Villa Aurora und die Feuchtwanger Memorial Library, 42ff; Meyer/Schenderlein, Lion Feuchtwanger, 169.

243 *FAZ*, 26. August 1993, 29.

Die wertvollsten Bestände der Bibliothek – etwa 8.000 – wurden aus konservatorischen Gründen auf den Campus der USC transferiert. Auch die Werke aus der Feder Feuchtwangers werden heute in der Doheny Memorial Library auf dem Campus untergebracht. Etwa 20.000 Bände der Sammlung sind in der Villa Aurora aufbewahrt, die seit 1995 als Begegnungsort für Künstler, Journalisten und Schriftsteller sowie als Schreibstätte für „Writers in Exile" fungiert.[244] In Deutschland hingegen gibt es wenige Orte, die an den einstigen Erfolgsautor Feuchtwanger erinnern. In München, der Heimatstadt Feuchtwangers, wurde 1979 das Lion-Feuchtwanger-Gymnasium gegründet, welches sich 1987 ebenfalls für den Erhalt der Villa Aurora einsetzte.[245] In Berlin, Burghausen, Pforzheim, Herzogenaurach, Hanau und Mainz wurden Straßen nach Feuchtwanger benannt. Ein im Jahr 1971 in der Mainzer Akademie der Wissenschaften eingerichteter Lion-Feuchtwanger-Gedenkraum ist heute nicht mehr erhalten, sondern auf ein Bücherregal mit den Werken Feuchtwangers reduziert.[246]

Nicht nur in ihrer Entstehungs-, sondern auch in ihrer Wirkungsgeschichte muss die Lion Feuchtwanger Memorial Library heute als einzigartig angesehen werden. Für ihren Erschaffer wurde das Haus mit der Bibliothek nicht nur zur neuen Heimat, sondern Ausdruck von Selbstbehauptung. In der Bibliothek spiegelte sich insbesondere das Selbstverständnis Feuchtwangers als Autor deutscher Sprache wider. Die Widmungsexemplare, die er seinen zahlreichen Freundinnen und Freunden in seinem Haus in Kalifornien aufbewahrte, waren eine Reminiszenz an das Werk deutsch-jüdischer Schriftsteller im Exil, aber insbesondere auch an jene, die es nicht ins Exil geschafft haben. Die Villa Aurora wurde zum Ort der langen Tradition deutsche Literatur, der eigenen jüdischen Tradition, zum Schaffensraum eines deutsch-jüdischen Schriftstellers. Ohne Lola Sernau und Marta Feuchtwanger wäre der Erhalt sicher kaum in dieser Form möglich gewesen. Mit der Bibliothek des aus München stammenden Schriftstellers in Los Angeles bleibt heute im Sinne Aleida Assmanns nicht nur ein Denkmal der Erinnerung, sondern eines der Zukunft.[247]

---

244 Siehe: https://www.vatmh.org/de/feuchtwanger-fellowship.html (Zugriff: 04.05.2022).

245 Skierka, Denkmal der Exilliteratur, *SZ*, 18. Februar 1988, 17.

246 J. B. Bilke, Verbannt, verboten, verdrängt, *FAZ*, 19. Juli 1973, 18; ich danke Petra Plättner der Akademie der Wissenschaften und der Literatur Mainz für die Auskunft bzgl. des Feuchtwanger-Zimmers.

247 A. Assmann, Zur Metaphorik der Erinnerung.

4. Verstreutes zwischen Wien, London und Petrópolis – Die Bibliothek von Stefan Zweig

4.1 Salzburg, Dezember 1933

> Winzige Stücke Unendlichkeit, still gereiht an schmuckloser Wand, steht ihr unscheinbar in unserem Haus. Doch wenn die Hand euch befreit, wenn das Herz euch berührt, so sprengt ihr unsichtbar die werktäglichen Räume und wie im feurigen Wagen führt euer Wort uns aus Enge ins Ewige empor.
>
> Stefan Zweig, *Dank an die Bücher* (1925)[1]

Stefan Zweig, Photographie von Trude Fleischmann, ca. 1930

Am 11. Dezember 1933 wandte sich Stefan Zweig in einem Brief an Hugo Bergman, den Direktor der National- und Universitätsbibliothek in Jerusalem. Die Angelegenheit, so erbat es der österreichische Erfolgsautor in seinen Zeilen, sollte „streng vertraulich" behandelt werden, um kein Aufsehen in der Sache zu erregen.[2] Es ging um Zweigs Briefwechsel mit bedeutenden Intellektuellen (darunter Sigmund Freud, Theodor Herzl und Albert Einstein), die Zweig als Vorlass nach Jerusalem übersen-

1 S. Zweig, Dank an die Bücher; siehe auch: LBINY, Stefan Zweig autographs collection 1915–1942, AR 834.

2 S.Z. an Hugo Bergman am 11. Dezember 1933; S. Zweig, *Briefe zum Judentum*, 126f.

den wollte, um die Papiere vor den immer gefährlicher werdenden Verhältnissen in Europa in Sicherheit zu bringen. Dass die Bibliothek in Jerusalem bald selbst zu einer Art „Niemandsland“[3] werden sollte, konnte Zweig nicht ahnen.

Der Autor war überzeugt, dass es sich bei diesen Briefen um „eine der interessantesten Correspondenzen dieser Zeit“ handelte und diese zum „wesenhafte[n] Besitz“ der Universitäts- und Nationalbibliothek Jerusalem werden würden.[4] Eher beiläufig bemerkte der Schriftsteller in seinen Zeilen, dass er grundsätzlich auch bereit gewesen wäre, einen Teil seiner Bibliothek nach Palästina zu senden, jedoch lohne es nicht den Transport.[5] Hugo Bergman, dem Zweig nicht nur als einer der erfolgreichsten deutschsprachigen Schriftsteller, sondern auch als prominenter Sammler von Autographen und Besitzer einer umfangreichen Bibliothek bekannt war, sah dies nicht nur in seiner Funktion als Bibliotheksdirektor anders:

> Ich bin nicht Ihrer Meinung, dass der Transport von Büchern nicht lohnt. Vielmehr würde ich bitten, falls die Sendung in Kisten abgeht, Bücher zuzupacken. Auf jeden Fall wäre ich Ihnen dankbar, wenn Sie uns ein Verzeichnis der Bücher senden wollten, die Sie uns zu schenken bereit sind. [...] Die Transportkosten würden wir, wenn kein anderer Weg bleibt, übernehmen.[6]

Zu einem Transport der Büchersammlung Stefan Zweigs nach Jerusalem sollte es am Ende nicht kommen. Nur vereinzelte Ausgaben fanden ihren Weg in das Land, welches Zweig trotz des Vorhabens nie besucht hatte. Die große Autographen- und Büchersammlung wurde von Zweig noch in Österreich aufgelöst, in großen Teilen verschenkt und veräußert und nur ein kleiner Teil mit nach London genommen, wohin er 1935 flüchtete. Als Stefan Zweig 1940 mit seiner zweiten Frau Lotte Altmann (1908–1942) nach Brasilien floh, blieb ein Großteil der Bücher in Europa zurück. Für den Schriftsteller, der seit seiner Jugend mit Büchern lebte und arbeitete, war das Fehlen seiner Sammlung aufgrund von Flucht und Exil ein schwerer Einschnitt, an welchem er zunehmend verzweifelte. Fragmente der Bibliotheken Stefan Zweigs befinden sich heute zwischen Österreich, Großbritannien , den USA und Brasilien verstreut und geben Aufschluss darüber, wohin Zweigs Bücher mit

---

3 Y. Weiss, *Niemandsland.*

4 S.Z. an Hugo Bergman am 11. Dezember 1933; S. Zweig, *Briefe zum Judentum*, 126f.

5 Ebd., siehe auch Projekt Künste im Exil: https://kuenste-im-exil.de/KIE/Content/DE/Objekte/zweig-stefan-brief-an-hugo-bergmann.html?catalog=1&cms_x=3 (Zugriff: 04.05.2022).

6 NLI, Archives Department, Stefan Zweig Collection, ARC. Ms. Var. 305/1/131, Hugo Bergman an S.Z., 20. Dezember 1933.

ihm wanderten, zurückgelassen wurden oder andere Wege nahmen.[7] Das Kapitel folgt den Spuren der Sammlungen von ihrem Entstehungskontext Wien bis ins Exil und stellt heraus, welche Rolle die Bücher im Leben des Autors spielten, wie sie heute als die Bücher Stefan Zweigs nachwirken und über Leben und Wirken des jüdischen Schriftstellers Aufschluss geben.

4.2 Zwischen Wien und Salzburg

Der Tag war „grau, kühl, trüb, wie meist um solche Jahreszeit in seiner Vaterstadt Wien. […] ein stiller, sehr gewöhnlicher Tag. Die Stadt, das Land, der Kontinent leben, wenigstens an ihrer Oberfläche, im Frieden". So erinnert sich der Freund und erste Biograph Stefan Zweigs Erwin Rieger (1989–1940) an den Tag, an dem Stefan Zweig am 28. November 1881 in Wien das Licht der Welt erblickte.[8] Stefan Zweig war der zweite Sohn des Webereibesitzers Moriz Zweig (1845–1926)[9], der einer jüdischen Familie aus dem mährischen Possnitz (heute Prostějov, Tschechien) entstammte.[10] Die Wurzeln der Mutter Ida, geborene Brettauer (1854–1938), führten ins bayerische Hürben und in die vorarlberger Gemeinde Hohenems, die während des 19. Jahrhunderts ein lebendiges jüdisches Gemeindeleben beheimatete und wo die Familie ein Bankgeschäft unterhielt. Diese Tätigkeit war es auch, die die Brettauers ins italienische Ancona verschlug, wo Ida 1854 geboren wurde.[11] Ida und Moriz lernten sich in der Donaumetropole Wien kennen und heirateten dort 1878 nach liberalem jüdischem Ritus, ehe der erste Sohn Alfred im Jahr darauf zur Welt kam.[12] Die Zweigs bezogen eine repräsentative Wohnung an der Ringstraße, gegenüber dem berühmten Ringtheater, welches jedoch wenige Tage nach der Geburt des Sohnes Stefan bei einer verheerenden Brandkatastrophe in Flammen aufging.[13] Das Leben der Familie, wie sich Stefan Zweig später erinnert, fand trotz des erfolgreichen Geschäfts des Vaters und der geselligen Mutter hauptsächlich

7 Zur virtuellen Rekonstruktion der Sammlung, die sowohl einzelne Ausgaben als auch deren geographische Verortung heute sichtbar macht, vgl. https://www.stefanzweig.digital/o:szd.standorte/sdef:TEI/get?locale=de (Zugriff: 04.04.2022).

8 E. Rieger, *Stefan Zweig*, 15; Rieger verstarb 1940 nach seiner Flucht nach Tunis, wo er für das Botanische Institut arbeitete. Die Umstände seines Todes am 25. November 1940 sind unbekannt; vgl. A. Schmidt, „Rieger Erwin", ÖBL, Bd, 9, 148; vgl. U. Weinzierl, *Zweigs brennendes Geheimnis*, 136.

9 Die Schreibweise des Namens variiert zwischen Mortiz und Moriz; nachfolgend wird einheitlich letztere verwendet.

10 Matuschek, *Drei Leben*, 19.

11 Zur Familiengeschichte der Zweigs siehe ebd. 19ff.

12 Ebd., 3.

13 Ebd.; zur Geschichte der Ringstraße Wiens siehe C. E. Schorske, *Fin-de-siècle Vienna*.

im Privaten statt.[14] Für die Zweigs war die jüdische Religionszugehörigkeit eine Selbstverständlichkeit, die weder betont noch verschleiert wurde. Diese Haltung spiegelt sich auch in einem späteren Brief Zweigs an Martin Buber wider, in dem es heißt:

> Es belastet das Judesein mich nicht, es begeistert mich nicht, es quält mich nicht und sondert mich nicht, ich fühle es ebenso wie ich meinen Herzschlag fühle, wenn ich daran denke und ihn nicht fühle, wenn ich nicht daran denke.[15]

Während Hannah Arendt später bemerkte, Stefan Zweig habe seine jüdische Identität verleugnen müssen, um sich im Wiener Bürgertum als Künstler Anerkennung zu verschaffen, hat sich dieser nach seiner eigenen Einschätzung, immer offen zu seiner jüdischen Herkunft bekannt.[16] Zur traditionellen jüdischen Welt der Wiener Leopoldstadt, wo sich seit Mitte des 19. Jahrhunderts vermehrt jüdische Zuwanderer aus den Ostprovinzen des Habsburger Reiches ansiedelten, hatte Zweig keinen direkten Bezug, auch wenn viele seiner späteren Freunde ihre Wurzeln dort hatten.[17] Auch Arthur Schnitzler, den Zweig 1908 kennenlernte, war 1862 im zweiten Bezirk Wiens geboren worden.[18] Später hielt dieser seine Eindrücke an diese Umgebung in seinen Erinnerungen fest:

> Die Leopoldstadt war zu jener Zeit noch ein vornehmes und angesehenes Viertel, und insbesondere ihre Hauptstraße, in der auch das Carltheater stand, wusste etwas von ihrem Glanz auch über die spärlichen Stunden hinaus zu bewahren, da in Equipagen und Fiakern die große, die elegante, die leichtlebige Welt von Pferderennen oder von Blumenfesten aus der „Hauptallee“ zurückgesaust kam.[19]

Seit 1892 besuchte Zweig das Maximilian-Gymnasium in der Wasa-Gasse, das er als guter Schüler 1900 mit dem Abitur verließ.[20] In seinen autobiographischen Aufzeichnungen *Die Welt von Gestern* (1942) schilderte er seine Schulzeit als „Zwang, Öde, Langeweile“ und als „eine Stätte, in der man die ‚Wissenschaft des nicht Wissenswerten‘ in genau abtgeteilten Portionen sich einzuverleiben hatte“.[21] Während

---

14 H. Müller, *Stefan Zweig*, 14.

15 S.Z. an Martin Buber, 8. Mai 1916; Zweig, *Briefe zum Judentum*, 45ff.

16 H. Arendt, *Juden in der Welt von gestern*, https://hannah-arendt-edition.net/vol_text.html?id=/3p_III-001-judenGestern.xml (Zugriff: 18.03.2022).

17 M. H. Gelber, Stefan Zweig und E. M. Lilien, *Austriaca* 34 (1992), 17ff.

18 M. Birk, Stefan Zweig und die Novelle, 119.

19 A. Schnitzler, *Jugend in Wien*, 10; siehe auch P. Gay, *Das Zeitalter des Arthur Schnitzler*, 27.

20 Matuschek, *Drei Leben*, 40.

21 S. Zweig, *Die Welt von Gestern*, 46.

der zwei Jahre ältere Bruder Alfred früh vom Vater als angehender Nachfolger in die Geschäfte des Unternehmens eingeführt wurde, war es das Privileg des Zweitgeborenen, seinen literarischen Interessen nachzugehen.[22] Bei jeder Gelegenheit verkroch sich dieser mit einem Buch in eine ruhige Ecke der elterlichen Wohnung.[23] Es waren die Abenteuergeschichten von Karl May, Jonathan Swifts *Gullivers Reisen* oder Daniel Defoes *Robinson Crusoe*, die den jungen Zweig in fremde Welten entführten.[24] Aber auch außerhalb der Bücherwelt entdeckte er bald die mannigfaltigen Möglichkeiten, die seine Heimatstadt zu bieten hatte. Das Wien der Jahrhundertwende wurde für den Kulturinteressierten zu einer „Stadt voll tausendfältiger Anregungen, eine Stadt mit Theatern, Museen, Buchhandlungen, Universität, Musik, wo jeder Tag andere Überraschungen brachte."[25] Noch mehr öffneten die zahlreichen Reisen der Zweigs den Horizont, wie etwa die alljährliche Sommerfrische in Marienbad, oder die regelmäßigen Verwandtschaftsbesuche im weitverzweigten Familiennetzwerk, die nach Paris, Belgien oder Italien führten.[26] Während der junge Zweig die Pflichtübungen des Schulalltags als Last empfand, begann er außerhalb der Schulzeit eigene literarische Texte und Gedichte zu verfassen. Das Lesen wurde auch zu einem verbindenen Element mit anderen Schulkameraden und ein Ausweg aus dem ihm zu engen, bürgerlichen Familienleben und der autoritären Lehranstalt.[27] Mit anderen Jungen seines Alters war er ständig auf der Suche nach neuem Lesestoff:

> [W]ir stöberten bei den Antiquaren, wir revidierten täglich die Auslagen der Buchhändler, um sofort zu wissen, was seit gestern neu erschienen war. Und vor allem, wir lasen, wir lasen alles, was uns zu Händen kam. Aus jeder öffentlichen Bibliothek holten wir uns Bücher, wir liehen einander gegenseitig, was wir auftreiben konnten.[28]

Es gibt keine Überlieferung dazu, inwieweit eine elterliche Bibliothek dazu beitrug, jedoch ist davon auszugehen, dass auch das Ehepaar Ida und Moriz Zweig, das sich sehr für Musik und Theater interessierten, über eine umfangreichere Bibliothek verfügt haben dürften. Bald waren es die zeitgenössischen Dichter, die ihren großen Durchbruch noch vor sich hatten, die die Abenteuergeschichten allmählich ablösten. Hier waren es unter anderem Émile Zola, August Strindberg, Gerhart

22 Rieger, *Zweig*, 30f.
23 F. Zweig, *Stefan Zweig*, 145.
24 Ebd.; K. Renolder, Biografie, *Stefan-Zweig-Handbuch*, 7; Rieger, *Zweig*, 21.
25 S. Zweig, *Die Welt von Gestern*, 55.
26 Renolder, Biografie, *Stefan-Zweig-Handbuch*, 7.
27 F. Zweig, *Stefan Zweig*, 19; siehe auch Renolder, Biografie, *Stefan-Zweig-Handbuch*, 5f.
28 S. Zweig, *Die Welt von Gestern*, 57.

Hauptmann oder Fjodor Dostojewski, die auf Zweig eine Faszination ausübten.[29] Neben den Realisten und Symbolisten war es die Dichtergruppe Jung-Wien, die Zweig begeisterte, allen voran Hugo von Hofmannsthal.[30] Zur Freude an Dichtung und Literatur kam bald eine weitere Leidenschaft hinzu: das Sammeln.[31] Was zunächst als jugendliches Hobby mit dem Aufspüren von Briefmarken und dem Jagen nach Unterschriften von mehr oder weniger berühmten Persönlichkeiten aus der Wiener Theaterwelt begann, entfaltete sich bald zu einem ausgeprägten Interesse an Autographen. Das Sammeln von handschriftlichen Aufzeichnungen berühmter Dichter oder Philosophen wurde zu einer regelrechten Wissenschaft, welcher Zweig im Laufe seines Lebens viel Zeit und Geld opferte. Bereits früh lassen sich eine Professionalisierung und ein System des jungen Sammlers erkennen.[32] Dabei interessierten ihn weniger Briefe, sondern hauptsächlich Werkmanuskripte der Autoren. Zweig beschrieb später in zahlreichen Aufzeichnungen und Publikationen, wie er das Sammeln „als Fünfzehnjähriger dilettantisch begonnen"[33] hatte und wie sich daraus „ein wirkliches Kunstwerk"[34] entwickelte. Dabei verstand er seine Sammlung weniger als eine klassische Autographensammlung, sondern wollte sie „eher und lieber eine *Werkschriften-Sammlung* nennen", da er „niemals bloß die Schrift" sondern vielmehr „den schöpferischen Geist im schöpferischen Zusande" einfing.[35] Über die vielen Jahre, die Zweig die Sammlung „mit wirklich großer Mühe" zusammentrug, hat sich sein Interesse mit Blick auf diese Handschriften nicht gemindert, „ist nur vielleicht klüger geworden, geduldiger und wählender".[36]

Neben der Leidenschaft für Manuskripte der von Zweig verehrten Autoren waren es auch seine eigenen literarischen Arbeiten, an denen der Nachwuchsautor bereits vor seinen Studienjahren beflissen tätig war.[37] Noch war der junge Maturant nicht sicher, ob er die Literatur auch zum Beruf machen wollte. Zunächst entschied er sich 1900 zu einem Studium der Literaturgeschichte, Philosophie und Psychologie an der Universität Wien. Das Umfeld der Universität bot dem Studenten Zweig auch zunehmend mehr Freiheiten, sowohl von den fordernden Eltern, die nun zumindest einen Doktortitel erwarteten, als auch mit Blick auf die Interessen.[38] Aber dieser Ausbruch aus seinem bürgerlichen und wohlbehüteten Heim konfrontierte ihn mit

29 Ebd., 62.
30 Müller, *Stefan Zweig*, 9; Zweig, *Die Welt von Gestern*, 64.
31 S. Zweig, *Die Welt von Gestern*, 368; vgl. Matuschek, *Drei Leben*, 34.
32 Matuschek, *Ich kenne den Zauber der Schrift*, 618ff.
33 S. Zweig, *Die Welt von Gestern*, 395.
34 Ebd.
35 S. Zweig, Meine Autographen-Sammlung, *Philobiblon* 7 (1930), 279, Hervorhebung im Original.
36 Ebd., 280f.
37 Matuschek, *Drei Leben*, 45.
38 S. Zweig, *Die Welt von Gestern*, 117.

politischen und gesellschaftlichen Tatsachen, die ihm bisher verborgen geblieben waren. So erinnert sich Zweig später, wie er an der Universität den „bebänderten Horden“[39] der nationalistischen und antisemitischen Studentenverbindungen begegnete, die ihm sowie anderen jüdischen Studenten Furcht einjagten. Zweig wählte daher, wie er beschrieb, häufig den Hintereingang zur Universitätsbibliothek um „jeder Begegnung mit diesen tristen Helden zu entgehen“.[40] Bereits Arthur Schnitzler, der sich schon an der Universität Wien eingeschrieben hatte, als Zweig gerade geboren wurde, erinnerte sich daran, dass antisemitische Vorfälle an der Universität keine Seltenheit waren.[41]

Mit Blick auf die ersten schriftstellerischen Versuche, waren es zunächst hauptsächlich Dichtungen und Nachdichtungen, später essayistische Arbeiten und Novellen. Bereits mit Beginn seines Studiums gelang es Zweig, seinen Gedichtband *Silberne Saiten* über den Berliner Verlag Schuster & Loeffler zu veröffentlichen.[42] Die Ausgabe weckte Aufmerksamkeit und die Erstauflage zählt heute als Rarität unter Sammlern.[43] Während eines Studiensemesters 1902 in Berlin baute Zweig seine Freundschaften und sein literarisches Netzwerk auch dort weiter aus, was ihm für seine spätere Karriere ein wichtiges Fundament schuf. Dieser erstmals eigenständige Ausbruch aus der Heimat Wien bedeutete zusätzliche Unabhängigkeit und Freiheit.[44] Die Eindrücke vom antibürgerlichen Alltag und das freie Studentenleben in „dieser ungeduldigen, kraftausströmenden Stadt“ verarbeitete er später in seiner Novelle *Verwirrung der Gefühle* (1927).[45]

Es war in diesem bunten Treiben an der Spree, in welchem Zweig unter anderem den Herausgeber Maximilian Harden, für dessen Zeitschrift *Zukunft* Zweig bald publizierte, und die Schriftstellerin Else Lasker-Schüler kennenlernte.[46] In Berlin vertiefte er aber auch seine Freundschaft zu Ephraim Moses Lilien, den er bereits aus Wien kannte und der ihm ein Exlibris sowie sein Briefpapier entwarf.[47] Von der Stadt an der Spree aus nahm Zweig zudem das erste Mal Kontakt zum Insel Verlag auf, zu dessen erfolgreichstem Autor er später avancieren sollte. Bereits in dieser

39 Ebd., 116.
40 Ebd., 117.
41 Schnitzler, *Jugend in Wien*, 151f.
42 Matuschek, *Drei Leben*, 46.
43 Ebd., 49.
44 S. Zweig, *Die Welt von Gestern*, 139ff.
45 S. Zweig, *Verwirrung der Gefühle. Drei Novellen*. Erstmals: Leipzig 1927. Zit. n. S. Zweig, *Novellen* (1980), 439.
46 S. Zweig, *Die Welt von Gestern*, 209.
47 Ebd., 142. Wie Matthias und Matuschek rekonstruierten, lässt sich das Exlibris, das Lilien Zweig anfertigte, jedoch nur auf einer sehr kleinen Auswahl an den bis heute erhaltenen Büchern nachweisen, vgl. Matthias/Matuschek, *Zweigs Bibliotheken*, 13; das Exlibris zierte später das Frontispize des Buches *E. M. Lilien. Sein Werk*. Mit einer Einleitung von Stefan Zweig, das 1903 erschien.

Exlibris Stefan Zweig, entworfen von Ephraim Moses Lilien
© Jewish Museum London, gemeinfrei

Zeit entwickelte der Jungschriftsteller ein ausgeprägtes Gespür für ästhetische und bibliophile Belange, die sich im Laufe seiner literarischen Tätigkeit auch in seiner beratenden Funktion beim Insel-Verlag zeigen sollten.[48] Sein Erstlingswerk *Silberne Saiten* wurde von dem Buchkünstler Hugo Steiner-Prag ausgestattet. Zweig widmete es nicht nur seinen Eltern, sondern auch Adolph Donath.[49] Donath (1876–1937), der wie Zweig selbst, Texte für die *Neue Freie Presse* verfasste, wurde später ein bekannter Kunstkritiker in Berlin, wo er die Zeitschrift *Der Kunstwanderer: Zeitschrift für alte und neue Kunst, für Kunstmarkt und Sammelwesen* herausgab. Donath widmete sich zudem intensiv der Thematik des Sammelns und veröffentlichte 1911 eine Arbeit zum Thema *Psychologie des Kunstsammelns.*[50] Er wurde zu einem guten Freund Zweigs und Teil des Autorenzirkels, der sich häufig in den Kaffeehäusern von Wien traf.

Schon während des Studiums in Wien begann Zweig für die *Neue Freie Presse* zu schreiben, worüber sich für ihn neue wertvolle Kontakte eröffneten. So war es der Dramatiker und Herausgeber Theodor Herzl (1860–1904), den er im Zuge dieser Tätigkeit kennenlernnte. Neben Herzl und Donath war es noch Camille Hoffmann

---

48 Matuschek, *Drei Leben*, 105.

49 Zu Hugo Steiner-Prag als Bibliophilen und Buchkünstler siehe F. Homeyer, *Deutsche Juden als Bibliophile und Antiquare*, 36f; Matuschek, *Drei Leben*, 48; vgl. S. Zweig, *Silberne Saiten*; Widmung am Anfang des Werkes sowie vor dem Gedicht-Zyklus „Im Alten Parke", 75, https://nbn-resolving.org/urn:nbn:de:bvb:384-uba005144-0 (Zugriff: 05.06.2022).

50 A. Donath, *Psychologie des Kunstsammelns.* Berlin 1911.

(1878–1944), dem Zweig im Umfeld der Tagezeitung begegnete.[51] Darüber hinaus knüpfte er Kontakte zu den von ihm so verehrten Vertretern des Jung Wien, darunter Rainer Maria Rilke, Hermann Bahr und den bereits erwähnten Schnitzler.[52] Es war auch jene Zeit, in welcher Zweig neben Schnitzler einen weiteren einflussreichen Arzt kennenlernte: Sigmund Freud lebte und praktizierte seit 1891 in der Berggasse 19, wohin der Jungschriftsteller, dessen elterliche Wohnung sich in unmittelbarer Nähe befand, regelmäßig Briefe unter Beilage seiner Publikationen schickte.[53] Zweig, der auch Psychologie an der Universität belegte, hatte 1904 seine Dissertation über den Philosophen Hippolyte Taine verfasst.[54] Auch Freud war von Taines Milieustudien und dessen Theorie der Massenpsychose beeinflusst.[55] Die Briefe und literarischen Beilagen, die Freud vom jungen Zweig geschickt bekamt, nahm der Arzt nicht kommentarlos entgegen, sondern es entwickelte sich allmählich ein Briefwechsel.[56] Beide verband jedoch nicht nur das Interesse an Psychologie, sondern auch das Sammeln. Neben den Büchern und Autographen sammelte Zweig zahlreiche Landkarten, Globen und Stiche, die im Zusammenhang mit seinen Werken standen.[57] Auch für Freud spielte das Zusammentragen „griechischer, ägyptischer und chinesischer Schätze“[58] eine wichtige Rolle. Auf Reisen, aber auch über Auktionen und den Kunsthandel häufte er Skulpturen, Büsten und Masken an; gleichzeitig erwuchs im Zuge von Freuds Arbeit als Arzt und Kulturwissenschaftler eine beachtliche Bibliothek.[59] Er verfügte über eine umfangreiche Sammlung im Bereich Archäologie und Ethnologie. In einem Brief an Zweig teilte Freud mit, er habe „eigentlich mehr Archaeologie als Psychologie gelesen.“[60] Die Leidenschaft für Bücher reflektiert der Psychoanalytiker auch in seiner berühmten Traumdeutung. Darin heißt es:

> Ich wurde ein Bücherwurm […]. Ich habe diese erste Leidenschaft meines Lebens, seitdem ich über mich nachdenke, immer auf diesen Kindereindruck zurückgeführt, oder

---

51 C. Hoffmann sollte Walter Mehring später bei dem Versuch helfen, dessen väterliche Bibliothek zu retten. Hoffmann wurde 1944 in Auschwitz ermordet, vgl. C. Spinoza/C. Buchwald, Walter Mehring, 652f.

52 S. Zweig, *Die Welt von Gestern*, 64; Matuschek, *Drei Leben*, 63.

53 Matuschek, Der Verkauf der Sammlungen, 53.

54 Die Doktorarbeit ist zu Lebzeiten Zweigs unveröffentlicht geblieben und wurde erst 100 Jahre nach Einreichung, 2005 erstmals publiziert, vgl. J. Le Rider, La race, le milieu, le moment, *Stefan-Zweig-Handbuch*, 715.

55 T. Barth, Wer Freud Ideen gab, 181; siehe auch: J. K. Davies/G. Fichtner, *Freud's Library*, 3403.

56 T. Anz, Psychologie und Psychoanalyse, *Stefan-Zweig-Handbuch*, 73f.

57 F. Zweig, *Stefan Zweig*, 195.

58 Zit. n. K. Neuroth, *Ödipus als Archetyp des Neurotikers*, *FAZ*, 20. März 2023.

59 S. Freud an S. Z. am 7. Februar 1931, Freud, *Briefe* (1960), 398f.

60 Matuschek, Der Verkauf der Sammlungen, 53.

> vielmehr, ich habe erkannt, daß diese Kinderszene eine „Deckerinnerung" für meine spätere Bibliophilie ist […]. Natürlich habe ich auch frühzeitig erfahren, daß man durch Leidenschaften leicht in Leiden gerät. Als ich siebzehn Jahre alt war, hatte ich ein ansehnliches Konto beim Buchhändler und keine Mittel, es zu begleichen, und mein Vater ließ es kaum als Entschuldigung gelten, daß sich meine Neigungen auf nichts Böseres geworfen hatten.[61]

Zahlreiche Bücher Zweigs lassen sich im Verzeichnis der Bibliothek Sigmund Freuds nachweisen und einige Bände haben sich auch physisch erhalten. Darunter einige Widmungsexemplare und Werke die auch inhaltlich Freud gewidmet sind.[62] Bei dem ältesten in Freuds Bibliothek erhaltenen Exemplar, welches dieser von seinem jungen Verehrer erhalten hatte, handelt es sich um das Trauerspiel *Tersite*. Es war 1907 beim Leipziger Insel-Verlag erschien und weist folgende handschriftliche Widmung auf: „Herrn Professor Dr. Siegmund Freud in herzlicher Verehrung".[63] Danach sind es vorrangig Werke aus den 1920er Jahren, wie etwa *Drei Meister. Balzac, Dickens, Dostojewski* (1921), *Drei Dichter ihres Lebens. Casanova, Stendhal, Tolstoi* (1928).[64] In allen Werke, insbesondere den biographischen Arbeiten, ging es Zweig darum, das menschliche Seelenleben der Charaktere abzubilden. So schreibt er Freud in einem Brief 1926: „Mir ist Psychologie (Sie verstehen dies wie kein Zweiter) heute eigentlich die Passion meines Lebens."[65] Diese Passion äußerte sich in Zweigs Werken, vornehmlich in den Novellen, in welchen er komplizierte Charaktere in ihrem Denken und Handeln herausstellte. Freud war dieser literarischen Annäherung an psychologische Zusammenhänge keineswegs abgeneigt, sondern sogar der Meinung, dass psychologische Auseinandersetzungen, insbesondere solche aus dem Bereich der Pathologie, dem „des ernsten Gepräges der Wissenschaftlichkeit entbehren müsse[n]".[66]

Im Jahr 1933 schickt Zweig Freud die portugiesische Übersetzung seines bereits 1931 erschienen Bandes *Die Heilung durch den Geist*, welches einen ausführlichen Essay über Sigmund Freud enthält.[67] Der Band trägt die Widmung: „Dem verehrten Meister im Jahr der Verbrennung sein getreuer Stefan Zweig".[68] Eine Auswahl von

---

61 S. Freud, *Die Traumdeutung*, 151.

62 Davies/Fichtner, *Freuds Bibliothek*, 543ff.

63 Ebd., 545.

64 S. Zweig, *Drei Meister. Balzac, Dickens, Dostojewski*. Leipzig 1921; ders., *Drei Dichter ihres Lebens: Casanova, Stendhal, Tolstoi*. Leipzig 1928.

65 S.Z. an Sigmund Freud, 8. September 1926, S. Zweig, *Über Sigmund Freud*, 142.

66 S. Freud, *Gesammelte Werke*, Bd. 1, 127; vgl. dazu P.-A. Alt, *Sigmund Freud*, 212.

67 Wie Zweigs Biograph Alberto Dines schreibt, hat das Buch Stefan Zweigs über Sigmund Freud dem Psychoanalytiker in Brasilien erst Bekanntheit verschafft, vgl. A. Dines, *Tod im Paradies*, 48.

68 Davies/Fichtner, *Freuds Bibliothek*, 544.

Zweigs Werken konnte noch bis 1936 auf dem deutschen Buchmarkt scheinen. Dennoch fanden auch viele seiner Bücher bei den öffentlichen Verbrennungen im Frühjahr 1933 den Weg in die Flammen.[69] Die Werke Sigmund Freuds standen dagegen weit oben auf den „Schwarzen Listen", auf welchen die Nationalsozialisten die Bücher führten, die sie als „gegen den deutschen Geist" verstanden.[70] Freuds sarkastische Reaktion darauf lautete: „Was wir für Fortschritte machen! Im Mittelalter hätten sie mich verbrannt, heutzutage begnügen sie sich damit, meine Bücher zu verbrennen."[71] Freilich konnte Freud nicht ahnen, welch barbarische Realität sich in den darauffolgenden Jahren einstellen sollte. Den Psychoanalytiker und den Autor Zweig verband bis zu Freuds Tod in London im Jahr 1939 eine Freundschaft und ein Briefwechsel. In das letzte Exemplar, das Zweig Freud überreichte, eine Ausgabe seines Romans *Ungeduld des Herzens* (1939), schreibt Zweig die Dedikation: „medico, magistro, amico".[72]

Es ist nicht weiter verwunderlich, dass Zweig als einer der meistübersetzten deutschsprachigen Schriftsteller neben den zahlreichen Briefen auch Bücher verschickte, wie etwa an Freud. Anhand der umfassenden Korrespondenz, die Zweig führte, zeigt sich nicht nur sein weitverzweigtes Netzwerk, sondern darüber lässt sich die Entstehung der Bibliothek nachzeichnen. Kaum ein Brief an eine Schriftstellerin oder an einen Schriftsteller enthält nicht einen Dank für ein Buchgeschenk.[73] Darüber hinaus waren es die zahlreichen Reisen, die Zweig nach seinem Studium unternahm, die nicht nur seinen Bekannten- und Freundeskreis, sondern auch seine Bibliothek erweiterten. In Berlin, wo er bereits eine Zeit seines Studiums verbracht hatte, kannte und schätzte er die Antiquariate.[74] In Paris machte Zweig zahlreiche bibliophile Funde und ergatterte zudem kostbare Autographen.[75] Im Dezember 1908 unternahm Zweig eine Reise nach Indien, die ihn nach Darjeeling, Rangun, Madras und Colombo (Ceylon) führte. Noch wenige Monate vor Reiseantritt hatte ihn Walther Rathenau (1867–1922), den Zweig in Berlin traf, dazu ermuntert, die Welt zu bereisen: „Sie sind ein freier Mensch, nutzen Sie die Freiheit."[76] Vielmehr als der Ratschlag des Industriellen und Schriftstellerkollegen Rathenau, der den jungen Schriftsteller ohne Zweifel nachhaltig beeindruckte, war

69 Renolder, Biografie, *Stefan-Zweig-Handbuch*, 30.

70 A. Pelgau, Verbotene psychoanalytische Schriften im Nationalsozialismus, 305ff.

71 Zit. n. ebd., 312.

72 Davies/Fichtner, *Freuds Bibliothek*, 545.

73 Matthias/Matuschek, *Zweigs Bibliotheken*, 20.

74 Später verarbeitet Zweig eines der Berliner Antiquariate in seiner Erzählung „Die unsichtbare Sammlung", zuerst abgedruckt in *Neue Freie Prese*, 31. Mai 1925.

75 Matuschek, *Drei Leben*, 65.

76 D. A. Prater, *Stefan Zweig*, 85; S. Zweig, *Die Welt von Gestern*, 209.

es die eigene Neugier, die Zweig zu der Reise nach Indien und zu anderen Abenteuern bewegte.[77] Im Feuilleton des *Leipziger Tageblatt* vom 28. Juli 1908 unter dem Titel „Sehnsucht nach Indien" schreibt er:

> Seit manchem Jahr lockt mich der Gedanke nach Indien, dem alten Wunderlande. Und so mit dem festen Entschluß einer Reise, habe ich mir eine Reihe von Büchern auf den Tisch gelegt, die alle von Indien handeln, das Buch eines Gelehrten, eines Sprachforschers, eines Dichters, eines Kaufmannes und eines Journalisten. Denn aus dieser Vielseitigkeit, aus dieser Verschiedenheit des Blicks scheint mir gerade durch Vergleichung die Wahrheit des Objekts am besten erkenntlich zu sein.[78]

Bei den von Zweig ausgewählten Werken handelte es sich um die *Indischen Reisebriefe* (erstmals 1883) von Ernst Haeckel, Pierre Lotis *Indien (ohne die Engländer)* (1905), von Alfred Meebold *Indien* (1908), von Richard Garbe *Indische Reiseskizzen* (1889), dessen *Beiträge zur Indischen Kulturgeschichte* (1903) sowie die *Tagbuchblätter der Indischen Reise* von Wilhelm A. Fred (1906).[79] Der Verbleib dieser Bücher über den indischen Subkontinent lässt sich heute nicht mehr nachweisen. Es folgten weitere Reisen nach Großbritannien, in die USA, nach Kanada, Puerto Rico, Panama und Kuba, die einen nachhaltigen Eindruck auf den jungen Reisenden machten und worüber er sicherlich umfangreich Reiseliteratur anschaffte.[80] Das Motive der Reise spiegelt sich darüber hinaus häufig in Zweigs Werken wider, wie etwa in der Novelle *Amok* und *Briefe einer Unbekannten*.[81] Zudem verfasst er zahlreiche Reiseberichte und widmet sich auch als Leser intensiv diesem Genre.[82] Erwin Rieger schilderte die Reiseleidenschaft Zweigs ausführlicher:

> Die Welt steht ihm offen. Frei durchstreift er die Länder, aber nicht in der flüchtigen Eile der platten Genießer, der „Spazierfahrer durch die Welt", sondern überall verweilend, Wurzeln schlagend, hinter den äußeren Bildern die innere Geschichte, die Bindungen des Blutes, die geistigen Zusammenhänge erahnend, aufspürend entdeckend. In Paris, in London, in Florenz, in Berlin, in Rom [...] nach Spanien und Schottland, nach Indien,

77 Zu Zweig und Rathenau siehe auch J. Sohnemann, Der Kaufmann und der Künstler, 224f; zu den Reisen vgl F. Zweig, *Stefan Zweig*, 26ff.

78 S. Zweig, Sehnsucht nach Indien, *Leipziger Tageblatt und Handelszeitung*, Abendausgabe, 28. Juli 1908, 1, http://digital.slub-dresden.de/id84535308X-1908072802 (Zugriff: 03.05.2022).

79 Ebd.

80 Rieger, *Zweig*, 39f.; Fidel Castro soll ein begeisterter Leser von Stefan Zweig geworden sein, vgl. R. Rhode, *Fidel Castro*, 77.

81 Beides in: S. Zweig, *Amok: Novellen einer Leidenschaft*. Leipzig 1922.

82 Birk, Reiseberichte, *Stefan-Zweig-Handbuch*, 547ff.

> an die chinesischen Grenzen, nach Afrika, Nordamerika, Kanada, Kuba und an den Panamakanal ist er gereist [...].[83]

Zweig selbst erlebte die Reiseerfahrungen seiner Jugend als freier und als ein „anderes Reisen", als er es später mit zunehmender Berühmtheit erfuhr. Dennoch hatte die Bekanntheit durchaus ihre Vorteile, wie er später schilderte:

> [I]n den öffentlichen Bibliotheken stand ich nicht mehr bittend am Schalter der Bücherausgabe, sondern die Direktoren zeigten mir persönlich die verborgenen Schätze, bei den Antiquaren der Dollarmillionäre wie Dr. [Abraham Simon Wolf] Rosenbach in Philadelphia, an deren Läden der kleine Sammler mit scheuem Blick vorbeigegangen, war ich zu Gast.[84]

Nach der ausgedehnten Welterkundung kehrte Zweig mit neuen Eindrücken in seine Heimatstadt Wien und die seit 1907 bewohnte Zwei-Zimmer-Wohnung in die Kochgasse 8 zurück. Hier lebte er zwar nicht derart zentral wie einst in der elterlichen Wohnung in der Nähe des Rathausplatzes, aber immer noch in Fußreichweite der renommierten Theater- und Konzertsäle sowie der zahlreichen Buchhändler und Antiquare von Wien.[85] In der Bognerstraße 2 befand sich das Antiquariat Gilhofer & Ranschburg,[86] wo regelmäßig die von Zweig geliebten Autographenversteigerungen stattfanden.[87] Was als Jugendhobby begann, wuchs später zu einer einzigartigen Sammlung heran. Bereits während der Schulzeit gab sich Zweig nicht etwa mit der großen Auswahl an heimischen Antiquariaten zufrieden, sondern er gelangte an Kataloge jener renommierten Händler, die weit außerhalb seiner Heimatstadt lagen.[88] An seine frühe Begeisterung für die hochwertigen Kataloge mit ihren detaillierten Beschreibungen erinnerte sich Zweig viele Jahre später eindrücklich in seinem Brief an den Münchner Antiquar Emil Hirsch zu dessen 70. Geburtstag im Jahr 1936:

---

83 Rieger, *Zweig*, 39.

84 S. Zweig, *Die Welt von Gestern*, 371.

85 Ebd., 57.

86 Zum Antiquariatswesen in Wien siehe: G. Hupfer, Zur Geschichte des antiquarischen Buchhandels in Wien, https://www.wienbibliothek.at/sites/default/files/files/buchforschung/hupfer-georg-antiquariat-wien.pdf (Zugriff: 23.05.2022); heute befindet sich das Antiquariat in der Rathausstraße 19, im Nachbarhaus zur ehemaligen Wohnung Zweig; vgl Historischer Stadtplan Wien https://www.wien.gv.at/kulturportal/public/grafik.aspx?bookmark=a05zRmtFLEZmpQFDvi-qUQhwpYtD3&lang=de&bmadr= (Zugriff: 05.06.2022).

87 Vgl. Anzeigen „Wiener Autographen-Auction", *Neue Freie Presse*, 27. März 1899, 3/7 sowie Anzeige *Neue Freie Presse*, 5. April 1900, 14.

88 Das DLA bewahrt das Zweig Katalog-Verzeichnis, DLA, A: Stefan Zweig, Verzeichnis meiner Lagerkataloge von Autografen nach Firmen geordnet.

> [I]ch war doch, ehe ich die Freunde hatte, Ihr Freund zu werden, schon Ihr Kunde und darf mich rühmen, einer Ihrer allerfrühesten gewesen zu sein. Weiß Gott, wie damals Ihr erster Katalog aus München nach Wien kam und mich dort fand, der ich noch im Gymnasium steckte oder ihm gerade entronnen war. Jedesfalls, ich meldete mich um ein kleines Autograph aus dem Katalog und ich bekam es. Das Kind jener zarten Verbindung, unsere Freundschaft, steht also schon in den stattlichsten Mannesjahren und wir wollen es hoffentlich weiterhin hegen und pflegen. Es war eine so schöne Selbstverständlichkeit, wenn man nach München kam, zu Emil Hirsch zu gehen, in die Karlstraße zu erst und dann an den üppigeren Karolinenplatz, und selbst wenn man sich nicht ein Stück heimholte, so war man nie vergebens bei Ihnen gewesen. Man hatte viel gelernt, man hatte Schönes und Seltenes gesehen, man hatte vielerlei erfahren und kam angeregt und heiter aus Ihrer Gegenwart. Ich weiß, daß es vielen so erging wie mir, daß sie Ihr Geschäft gar nicht als Geschäft empfanden, sondern als eine Art kleine Academia, wie sie in den Humanistenzeiten die Läden der Buchdrucker darstellten, wo man sich traf, sich bildete, sich in geistiger Gemeinschaft vereinte und in einen abgeschlossenen künstlerischen Raum von aller Torheit der Zeit errettet fühlte. Herrlich schien es mir, so ein Emil Hirsch zu sein, unter schönen Büchern zu wohnen, mit edlen Dingen befaßt zu sein; immer ist es ja unser Fluch, daß der eigene Beruf, wohl weil wir ihn in seinen Ansprüchen zu genau kennen, uns niemals ganz gefällt. Und wenn ich mir oft dachte, es sei ersprießlicher und beglückender, alte und zuverlässig kostbare Bücher zu verkaufen als neue selbst zu scheiben, deren Wert in schwarzen Stunden einem höchst fraglich erscheint, so waren, glaube ich, zum guten Teil Sie an solchen Wunschträumen schuld. Denn Sie als Antiquarius wirkten niemals auf uns wie ein kalter Geschäftsmann, sondern halb als Künstler, halb als Gelehrter.[89]

Auf seinen häufigen Reisen nach München besuchte er regelmäßig den Antiquar Hirsch, „de[n] einzigen anständigen Menschen", wie Zweig den Antiquar in seinem Tagebuch bezeichnete.[90]

Diese Welt des Antiquariats spielte nicht nur für die Erweiterung Zweigs Bücher- und Autographensammlung eine Rolle, sondern sollte auch auf vielfache Weise in das eigene literarische Werk Eingang finden. So beschrieb Zweig in der Novelle *Buchmendel,* die 1929 erstmals in der *Neuen Freien Presse* erschien, den „galizischen kleine[n] Buchtrödler" Jakob Mendel, der aus dem Kaffeehaus Gluck seinen fliegenden Buchhandel betrieb:

> Jakob Mendel vergaß nie einen Titel, eine Zahl, er kannte jede Pflanze, jedes Infusorium, jeden Stern in dem ewig schwingenden und ständig umgerüttelten Kosmos des Bücher-

---

89 S. Z. an Emil Hirsch, undatiert; S. Zweig, *Briefe* (2005), 151ff; siehe auch Matuschek, *Ich kenne den Zauber der Schrift*, 141.

90 S. Zweig, *Tagebücher*, 32, 352.

> weltalls. Er wußte in jedem Fach mehr als die Fachleute, er beherrschte die Bibliotheken besser als die Bibliothekare, er kannte die Lager der meisten Firmen auswendig besser als ihre Besitzer trotz ihren Zetteln und Kartotheken, indes ihm nichts zu Gebote stand als Magie des Erinnerns, als dies unvergleichliche, dies nur an hundert einzelnen Beispielen wahrhaft zu explizierende Gedächtnis.[91]

Zweigs erste Ehefrau Friderike (1882–1971)[92], die den Schriststeller 1912 kennenlernte, bemerkte in ihren Memoiren zur Figur *Buchmendel*, es sei anzunehmen, dass sich Stefan Zweig an den „Gestalten der verhunzelten Antiquare, die [sie] zuweilen in Paris hinter verstaubten Ladenfenstern der Galerien des Palais Royal in ihrer fanatischen Buchliebe beobachteten, die Maske des Buchmendel abgeschaut hat".[93] Wahrscheinlicher ist, dass Zweig in der Figur des galizischen fliegenden Buchhändlers unterschiedliche Eindrücke verarbeitete. Mit Sicherheit kannte er die Werke des jiddischsprachigen Autors Mendele Mojcher Sforim („Mendele der Buchhänlder"); zudem hatte er eigene Berührungspunkte mit dem traditionellen Judentum von Wien oder den Ostprovinzen Böhmen, Galizien und Ungarn.[94] Während des Ersten Weltkrieges brachte Zweig seine Tätigkeit für das Propagandaministerium des österreichischen Kriegsarchivs selbst nach Galizien, wo er das Leid der jüdischen Bevölkerung aufgrund von Krieg und Flucht erlebte.[95] Diese Eindrücke bestärkten nicht nur seine paneuropäischen Ideen und seinen Pazifismus, sondern fanden auch in seinem Werk, allem voran dem Drama *Jeremias* (1917) Ausdruck.[96] Es soll eine weitere Reise gewesen sein, diesmal auf einem Mittelmeerdampfer, die Zweig „den goldenen Schatz der Bücher als etwas Ewiges und Unersetzliches"[97] einmal mehr verinnerlicht haben soll; wie Friderike Zweig es später schildert, war Zweig auf dem Schiff einem Analphabeten begegnet: Dass dieser Mensch „ferne vom ‚zweiten Weltall' des geschriebenen und gedruckten Wortes"[98] lebt und „das

---

91 S. Zweig, Buchmendel; siehe auch S. Zweig, *Jüdische Erzählungen und Legenden.*

92 Friderike Maria Zweig, geborene Burger, nach erster Heirat Friderike von Winternitz, wurde 1882 als eines von sieben Kindern in Wien geboren. Ihr Vater Emanuel Burger (1844–1902) entstammte einer jüdischen Familie, ihre Mutter Elisabeth, geborene Feigl (1844–1923) war Katholikin; vgl. dazu A. Dines, *Adressbuch*, 227ff.

93 F. Zweig, *Stefan Zweig*, 17.

94 S. Zweig, *Die Welt von Gestern*, 374.

95 C. Rechenberger, Buchmendel, 230f; M. H. Gelber, Judentum und Zionismus; vgl. auch I. Voloshchuk, Characters of Eccentrics, 77ff.

96 S. Zweig, *Jeremias. Eine dramatische Dichtung in neun Bildern*. Leipzig 1917 S. Zweig, *Briefe zum Judentum*, 1.

97 F. Zweig, *Stefan Zweig*, 145.

98 Ebd.

Wunderreich der Bücher selbst nicht betreten“[99] kann, soll Zweig tief betroffen gemacht haben.

Mit welcher Sorgfalt Zweig mit Blick auf die Erweiterung seiner Sammlung, insbesondere der Autographen, vorging, zeigt sich am eindrucksvollsten in seiner Sammlung von Antiquariats- und Autographenkatalogen. Schließlich machte diese Sammlung, die auf das Jahr 1835 zurückging, bald einen bedeutenden Teil seiner Bibliothek aus.[100] Zweig selbst hob die Bedeutung dieser Sammlung hervor; so habe er „systematisch und sehr sorgfältig alle „Autographen-Kataloge von Anbeginn des Sammelns überhaupt“[101] zusammengetragen und damit eine Sammlung geschaffen, die „weder das Britische Museum noch die Preußische Staatsbibliothek, noch irgend einer der Welt besitzt.“[102] Tatsächlich war diese Zusammenstellung von circa 3.000 Katalogen nicht nur für einen Sammler wie Zweig, sondern auch für die Wissenschaft von unermesslichem Wert, da solche Kataloge selten dauerhaft verwahrt wurden und insbesondere jene Exemplare aus der ersten Hälfte des 19. Jahrhunderts eine große Seltenheit darstellen.[103] Noch heute findet sich auf dem Antiquariatsmarkt eine Vielzahl der Kataloge, die den ovalen Stempel mit Zweigs Namenszug im Umschlag aufweisen.[104] Das Deutsche Literaturarchiv in Marbach hält heute neben der Berliner Autographenhandlung J. A. Stargardt einen beträchtlichen Teil dieser Kataloge aus dem Vorbesitz Zweigs.[105] Wie sich zeigte, gelangte ein Großteil der Kataloge später in den den Besitz des Antiquars Heinrich Eisemann, seit 1919 ein guter Freund Zweigs , der sie in den 1960er Jahren an das DLA veräußerte.[106]

Mit dem Verleger Anton Kippenberg, ebenfalls Autographensammler, plante Zweig noch 1930 die Herausgabe eines eigenen Kataloges seiner Sammlung, jedoch sah er nach einer Reihe von Widrigkeiten, die sich dem Projekt in den Weg stellten am Ende ganz davon ab.[107] Nicht zuletzt auch deshalb, weil er den beträchtlichen Wert in der Inhalte zu Zeiten einer Wirtschaftskrise ungern öffentlich zur Schau stellen wollte.[108]

---

99 Ebd.

100 DLA, Hausarchiv, Schreiben von Wilhelm Hoffmann an Heinrich Eisemann, 16. Mai 1962.

101 S. Zweig, Meine Autographen-Sammlung, 218 (Hervorhebung im Original).

102 Ebd.

103 Ebd., 284.

104 Vgl. Abbildung „Sammlung Stefan Zweig“ mit Nummer im Stempel, http://gams.uni-graz.at/archive/objects/o:szd.glossar/methods/sdef:SKOS/get (Zugriff: 03.05.2022).

105 G. Mecklenburg, *Vom Autographensammeln*, 73.

106 DLA, Hausarchiv, Schreiben von Heinrich Eisemann an Wilhelm Hoffmann, 21. Mai 1962.

107 S. Zweig, Meine Autographen-Sammlung, *Philobiblon* 7 (1930), 280.

108 Matuschek, *Ich kenne den Zauber der Schrift*, 620; siehe auch Matuschek, *Drei Leben*, 250f.

Als Zweig 1913 Mitglied der Wiener Bibliophilen Gesellschaft wurde, weitete sich der Kreis der Bekannten aus der Bibliophilen- und Sammlerwelt, und damit auch die Bibliothek weiter aus.[109]

Friderike beschrieb ihren Eindruck von der mit Büchern gefüllten Wohnung in der Kochgasse, nachdem sie diese nach dem Kennenlernen 1912 zu Gesicht bekam: „In einem schmalen, langen Raum, der auf der Terrasse mündete, reichten die Regale bis zur Decke."[110] Die Küche wiederum diente als Registratur, von wo aus Zweig die Inhalte der Sammlungen, sowohl der Bücher als auch der Autographen verzeichnete.[111]

In den Jahren vor dem Ersten Weltkrieg kam Stefan Zweig in Kontakt mit Abraham Schwadron (1878–1957), der an der Universität in Wien Chemie und Philosophie studierte. Auch Schwadron war wie Zweig ein ambitionierter Autographensammler. Zweig, der den Markt und die Sammler aus Wien wie kein anderer kannte, gab Schwadron nützliche Hinweise:

> In Wien gibt es glaube ich, keinen Sammler, der seine Sammlung richtig in Ordnung hält und am besten werden Sie von unserem gemeinsamen Bekannten, Herrn Hinterberger der Firma I. V. Heck informiert werden. Regierungsrat Steger[112] hat seine Sammlung längst aufgegeben und sonst ist hier eigentlich mir niemand bekannt. Ich selbst lege jedes Blatt in einen Umschlag mit genauer Beschreibung und habe mir ausserdem noch einen Zettelkatalog, eine sogenannte Kartothek angelegt – das einfachste System, weil es jederzeit Vermehrung oder Verminderung gestattet.[113]

Zwar hatte Schwadron seine erste größere Sammlung bei einem Feuer verloren, begründete jedoch darauf eine neue, die bald über 65.000 Briefe ausmachte und 1927 mit ihrem Besitzer den Weg nach Jerusalem fand.[114] Schwadron stammte aus einem kleinen Ort Bieniów in Ostgalizien (im heutigen Polen) und hatte über einen Briefwechsel mit dem Wiener Rabbiner Moritz Güdemann das Sammeln

---

109 Matuschek, *Ich kenne den Zauber der Schrift*, 619.

110 F. Zweig, *Stefan Zweig*, 47.

111 Ebd.

112 Bei Heinrich Steger (1854–1929) handelte es sich um einen jüdischen Rechtsanwalt aus Wien, der auch als Sammler von Musik-Autographen bekannt war; ein Teil seiner Sammlung wurde nach seinem Tod versteigert; vgl. Internationale Sammlerzeitung: Zentralbl. für Sammler, Liebhaber u. Kunstfreunde, 1 (1909), 197; Auktionshaus Albert Kende, Versteigerung 19. bis 22. November 1930, Kat.-Nr. 106, 1930.

113 NLI, Abraham Schwadron Collection, 01 18 12, S.Z. an Abraham Schwadron am 28. August 1925.

114 A. Schwadron, Die Autographen- und Porträtsammlung der Jüdischen National- und Universitätsbibliothek, 305; „Dr. Schwadron's Gift to the Hebrew University", *The Palestine Bulletin*, 2056 (1932), 5.

begonnen.[115] Wodurch der Kontakt zwischen Schwadron und Zweig zustande kam, ist nicht überliefert, aber es scheint wahrscheinlch, dass es die Liebe zum Sammeln von Autographen war, die beide verband. So schickte Schwadron Zweig seine Desidertata-Liste, in der Hoffnung, dieser könne ihm bei der Ergänzung seiner Sammlung helfen.[116] Wie Zweig war auch Schwadron ein Kenner und Liebhaber des schönen Buches und Mitglied der Bibliophilenvereinigung Soncino-Gesellschaft.[117]

Zweig und Schwadron verband über diese geteilten Leidenschaften eine lange Freundschaft, die über Schwadrons Alija 1926 nach Palästina hinausreichte. Gemeinsam planten sie sogar die Herausgabe eines Autographen-Bandes, wie ein Brief offenbart. So schrieb Zweig an Schwadron:

> Ich schicke Ihnen gern die Abzüge aus meiner Sammlung und will sehen was ich sonst noch für Sie finde. Schön wäre es natürlich, wenn man einmal einige Ihrer Schätze reproduzieren könnte, zum Beispiel die Originalhandschrift von [Alfred] Einstein [,] die ja nur wenige Seiten umfasst oder ein ganzes Buch. Ich würde Ihnen gern dabei helfen.[118]

Die Verbindung von Zweig zu Abraham Schwadron offenbart, dass Zweig bereits lange vor der Zeit des Verkaufs der eigenen Bibliothek mit dem Antiquar Hinterberger in Verbindung stand. Dieser zählte, damals noch in der Tätigkeit für das Antiquariat Heck, zu den einschlägigen Experten Wiens mit Blick auf den Autographen-Handel; ferner stellte Schwadron für Zweig einen engen Kontakt zur National und Universitätsbibliothek Jerusalem her, der ihn sicherlich bei der Entscheidung, den Vorlass nach Jerusalem zu senden, beeinflusste. Schwadron vermachte seine eigene Sammlung mit seiner Einwanderung 1926 der im Aufbau begriffenen Bibliothek und dem Archiv, für welche diese Sammlung einen wichtigen Grundstock darstelle.[119]

Es scheint naheliegend, dass Stefan Zweig, der Schwadrons Sammlung gut kannte und um deren Verwahrung in Jerusalem wusste, dort auch für seine eigenen Briefe einen angemessenen Platz erachtete. Ebenso scheint es wahrscheinlich, dass Schwadron die Sammlung Zweigs in Jerusalem anpries. In einem Artikel über „Die Autographen- und Porträtsammlung der Jüdischen National- und Universitätsbibliothek in Jerusalem“ von 1935 schreibt Schwadron in der *Zeitschrift für den Aufbau Palästinas*:

---

115 „Schwadron, Abraham“, *Lexikon deutsch-jüdischer Autoren*, Bd. 19, 151f.

116 NLI, Abraham Schwadron Collection, S.Z. an Schwadron am 23. November 1923.

117 LBINY, Soncino-Gesellschaft Collection, AR 2358; Zweig war kein Mitglied dieser Vereinigung; vgl. auch K. Bürger, *Soncino*, 175.

118 NLI, Abraham Schwadron Collection, S.Z. an Schwadron am 27. April 1932.

119 R. Misrati, „A Jewish National Collection for a Jewish National Library“, *Judaica Librarianship*, 20 (2017), 52ff.

> Unter den allgemeinen Sammlern nehmen viele Juden einen hervorragenden Platz ein. [...] Auch der Schriftsteller Stefan Zweig besitzt eine weitbekannte und sehr wertvolle allgemeine Sammlung, im besonderen von autographischen Manuskripten und literarischen und musikalischen Inhaltes.[120]

Wie wichtig diese Verbindung nach Jerusalem für Zweig werden sollte, offenbarte sich erst viele Jahre später. Die Schlaglichter auf Zweigs Jugend haben gezeigt, dass es vor allem die Jahre in Wien, die Eindrücke seiner Reisen und Begegnungen waren, die Zweig vor 1914 erlebte und die er später in seinem literarischen Denkmal *Die Welt von Gestern* für die Nachwelt konservierte.

4.3 Zwischen Salzburg und London

> Ich schreibe jetzt eine kleine Novelle oder vielmehr eine jüdische Legende, die mir Freude macht [...].Die Legende wird heissen „Der ewige Leuchter" und behandelt in dichterischer Form die (der Allgemeinheit völlig unbekannte) Wanderung der Cultgeräte des Tempels, vor allem des Leuchters.[...] Sie wurden von Nebukadnezar aus Salomos Tempel nach Babylon geschleppt, von dort kamen sie unter Cyrus nach Jerusalem zurück, von dort brachte sie Titus nach Rom (Titusbogen), von Rom raubten sie die Vandalen und brachten sie nach Carthago, von Carthago brachte sie Belisar nach der Erstürmung Carthagos nach Byzanz, dort liess sich Justinian von Juden bestimmen, sie wieder nach Jerusalem zu bringen. Dort sind sie spurlos verschwunden.[121]
>
> Stefan Zweig an Ben Huebsch, 29. April 1936

Bereits während der Kriegsjahre, im Oktober 1917 erwarben Friderike von Winternitz und Stefan Zweig die als „Paschinger-Schlössl" bekannte Villa auf dem Salzburger Kapuzinerberg.[122] Ursprünglich hatte das Paar davon geträumt, nach Bozen oder Meran überzusiedeln, schließlich fiel die Wahl dann doch auf Salzburg.[123] Das in der zweiten Hälfte des 17. Jahrhunderts errichtete Anwesen, welches

---

120 Schwadron, Autographen- und Porträtsammlung, 305.

121 S.Z. an Ben Huebsch, 29. April 1936, Zweig, *Briefe zum Judentum*, 223f.

122 Renolder, Biografie, *Stefan-Zweig-Handbuch*, 21, vgl. *Salzburger Volksblatt*, 20. April 1937, 7; demnach befand sich die Villa vor dem Ersten Weltkrieg im Besitz der „Oberstensgattin Marie v. Ziegler", im Jahr 1916 habe dann Josef Kranz, ein Spiritus-Industrieller, sie erworben. Von Letzterem habe Zweig die Villa 1919 abgekauft.

123 F. Zweig, *Stefan Zweig*, 75.

sich zuvor im Besitz des Spirituosen-Industriellen Josef Kranz befand, konnte erst nach aufwendigen und kostspieligen Renovierungsarbeiten bezogen werden. Zwischenzeitlich verbrachte Zweig einige Zeit in der Schweiz und die Sommermonate in Rodaun am Rande des Wienerwaldes, wo auch Hugo von Hofmannsthal lebte.[124] Ende März 1919 übersiedelte das Paar Zweig-Winternitz gemeinsam mit Friderikes beiden Töchtern[125] nach Salzburg, in das Haus Kapuzinerberg Nr. 5.[126] Im Frühjahr 1919 folgten auch die Wohnungseinrichtung sowie die Bücher- und Autographensammlung, die während der Kriegsjahre in der Kochgasse in Wien verwahrt geblieben waren. Die neue Hausherrin beschrieb die Tage des Einzugs in ihren autobiographischen Aufzeichnungen *Stefan Zweig. Wie ich ihn erlebte*. Darin heißt es:

> Der Salzburger Garten quoll über in seiner wundervollen Obstblüte, als Stefan auf seinem Kapuzinerberg Einzug hielt. Er bezog für sich selbst zwei Zimmer, die auf eine riesige Terrasse gingen und einen sehr großen Bibliothekraum im unteren Stockwerk, vor dem später eine größere Registratur eingerichtet wurde, die gleichfalls mit Büchern und mit der immer wachsenden Sammlung der Autographenkataloge angefüllt war.[127]

An die Lage und das besondere Ambiente des neuen Heims in Salzburg erinnerte sich später Zweigs Freundin, die Salonière Berta Zuckerkandl aus ihrem Exilort Algier:

> Es ist vielleicht kein Zufall, daß zu seinem Schloß kein Fahrweg führte, nur ein Passionsweg, der zum angrenzenden Kloster gehörte. Oben angelangt, durchschritt man die terrassenartigen Anlagen und verlor sich dann in einem Labyrinth von Räumen. Die reichhaltige Bibliothek barg eine kostbare Manuskriptsammlung, und als Heiligtum stand hier Beethovens Schreibtisch, von Zweig erworben und ehrfürchtig bewahrt.[128]

„Der Berg hinderte nur selten Besucher, auch unangesagten […]“ erinnerte sich wiederum Friderike Zweig.[129] Zahlreiche Gäste besuchten die Schriftstellerin und den Schriftsteller in ihrem Anwesen über den Dächern von Salzburg, nicht zuletzt, um die beeindruckende Bibliothek und die Autographen zu Gesicht zu bekommen.

---

124 J. Seng, Hugo von Hofmannsthal in Rodaun, 19ff.

125 Zu den Biographien der Stieftöchter Zweigs siehe: Dines, *Stefan Zweig und sein Freundeskreis*, 190; H. Zohn, Friderike Maria Zweig, 1677ff.

126 Renolder, Biografie, *Stefan-Zweig-Handbuch*, 20.

127 F. Zweig, *Stefan Zweig*, 100f.

128 B. Zuckerkandl, *Österreich intim*, 169.

129 F. Zweig, *Stefan Zweig*, 109.

So etwa Romain Rolland, der mit Zweig in dessen Bücher- und Autographenschätzen schwelgte,[130] oder der Dichter und Psychoanalytiker Charles Baudouin, der beschrieb, wie in Zweigs Bibliothek „jede mögliche Sorgfalt angewendet wird, damit die Bücher in ihren dunklen oder gelbbraunen Rücken sich wirklich zu Hause fühlen."[131] Wie Friderike schilderte, „arbeiteten ständig junge Leute und Professoren in der schließlich mehr als 10000 Bände starken Bibiothek".[132]

Aber auch die Manns, Jakob Wassermann, James Joyce, Schalom Asch, Richard Strauss und Arthur Schnitzler stiegen die über 100 Stufen auf den Kapuzinerberg, um die bibliophilen Schätze Zweigs zu bewundern.[133]

Der Großteil der Bibliothek war im großen Saal im Erdgeschoss des Anwesens untergebracht, während ein kleinerer Teil, wie etwa die Sammlung an Belegexemplaren und Übersetzungen in einem großen Schrank im ersten Stock verwahrt wurde.[134] Mit dem neugewählten Wohnsitz, der ausreichend Platz für Bücher und die Autographen bot, konnte diese Sammlung neu geordnet und weiter ergänzt werden. Friderike war hier bei „Registraturarbeiten für das Ordnen und Beschriften der Sammlungen und das Katalogisieren der Bibliothek" behilflich.[135] Zweig fungierte weiter als Berater in Sammlerkreisen, und stellte ausgewählten Sammlern seine lückenlose Katalogsammlung für Recherchezwecke zu Verfügung.[136] Der Musikhistoriker Alfred Einstein nahm dieses Angebot noch 1937 kurz vor Auflösung der Sammlung an, wie Friderike sich erinnerte.[137] Die vermehrte Aufnahme von Musikhandschriften wurde bald zu einer besonderen Abteilung in Zweigs Autographensammlung, die viele Interessenten anlockte.[138]

---

130 G. Kerschenbaumer, *Stefan Zweig*, 97.

131 Zit. n. ebd.

132 F. Zweig, *Stefan Zweig*, 203.

133 Müller, *Stefan Zweig*, 91f.

134 Matthias/Matuschek, *Zweigs Bibliotheken*, 27f.

135 F. Zweig, *Stefan Zweig*, 110.

136 S.Z. an Georg Minde-Pouet sowie S.Z. an Frank Zinkernagel, 8. Mai 1925 am 6. Juni 1924, abgedruckt in: Stefan Zweig, *Briefe* (2000), 115f, 139f.

137 F. Zweig, *Stefan Zweig*, 205.

138 Ebd.

DIE BÜHNE

Wie Künstler wohnen

Bei Stefan Zweig

Von Paul Stefan

Mit Aufnahmen von R. Tomaselli, Salzburg

In diesem Jahr geschieht es zum erstenmal, daß Stefan Zweig während der Salzburger Festspiele die Stadt nicht verläßt und sein Heim einigen alten Freunden, aber auch Fremden öffnet. Daß eine scheue und sensitive Natur wie er den Lärm der Festspiele und ihren unvermeidlichen Trubel floh, ist nur zu begreiflich. Sehr schön aber ist die Geste, daß er nun trotzdem zu Hause ist, gleichsam der österreichische Dichter, der an Stelle Hofmannsthals zu repräsentieren, Hausherr zu sein hat. In der Tat, sein Name ist, besonders im letzten Jahrzehnt, nicht minder weit gedrungen

(Photo Franz Löwy)

Stefan Zweig und seine Frau im Garten ihrer Villa in Salzburg

als der Hofmannsthals. Als Novellist, als Theaterautor, aber auch als Mann des europäischen Gewissens hat er eine immer größere Volkstümlichkeit gefunden. Wann immer er spricht, wird seine Stimme gehört und gezählt. Die schöne Biographie, die Erwin Rieger seinem Freund Zweig gewidmet hat, zählt sorgfältig die vielen Übersetzungen auf, die das Werk Stefan Zweigs gefunden hat; in russischer Sprache ist sogar eine Gesamtausgabe erschienen. Daneben unterhält Zweig zahlreiche persönliche Beziehungen mit Persönlichkeiten aller Länder; auch ist er ein passionierter und erfolgreicher Sammler von Handschriften. Kein Wunder, daß viele den Weg zu seiner Behausung suchen.

Der Dichter lebt seit dem Ende des Krieges in Salzburg, das ihm, von den Festspielmonaten abgesehen, die nötige Ruhe, viel Natur- und Kunstschönheiten und einen ausgesuchten Freun-

29

Artikel des Musikhistorikers Paul Stefan über Stefan Zweig in der Zeitschrift *Die Bühne (1929)*
© Die Bühne (1929)

Auch in einem ausführlichen Zeitungsporträt unter dem Titel „Wie Künstler wohnen. Bei Stefan Zweig", welches von dem Musikhistoriker und -kritiker Paul Stefan[139] verfasst wurde und 1929 in der Zeitschrift *Die Bühne* erschien, wird das herrschaftliche Haus des Schriftstellers vorgestellt:

> Es hat herrliche alte Räume und bietet einen wundervollen Fernblick über die Stadt hinweg bis weit ins Bayerische hin. Man muß wohl kaum versichern, daß es mit erlesenem Geschmack, zum Teil mit alten Möbeln eingerichtet ist, die zu dieser Besitzung gehörten.[140]

Die Einrichtung, teilweise vom Vorbesitzer übernommen, wurde durch den Zukauf von Antiquitäten ergänzt, die in den zahlreichen Antiquitätenläden der Stadt angeboten wurden.[141] Zu Zweigs Lieblingsstücken gehörte der von Friderike erwähnte Schreibtisch Ludwig van Beethovens, den er 1929 aus dem Vorbesitz von Gerhard von Breuninger (der Arzt Beethovens) über das Antiquariat A.V. Heck

139 Paul Stefan war als Hauptmann im Kriegsarchiv der Vorgesetzte von S.Z.; F. Zweig, *Stefan Zweig*, 86; Paul Stefan wird auch in Zweigs späterem Exil-Adressbuch erwähnt. Es gelang ihm 1941 die Flucht nach New York, wo er wieder als Musikkritiker arbeitete, vgl. Dines, *Stefan Zweig und sein Freundeskreis*, 188.

140 P. Stefan, Wie Künstler wohnen, *Die Bühne* 250 (1929), 29f.

141 F. Zweig, *Stefan Zweig*, 108.

Wien erwarb.[142] Über die prachtvolle Bibliothek und das Arbeitszimmer gibt Paul Stefan in seinem Zeitschriften-Porträt Auskunft:

> Das Arbeitszimmer des Dichters sieht eher wie eine Gelehrtenstube aus: die zahllosen Bücher- und Zeitschriften-Sendungen von überall nehmen jedes Fleckchen Platz weg. Mir war es immer ein Rätsel, wie sich jemand in diesem Wust auszukennen und durchzuhelfen imstande ist.[143]

Dank eines bereits in Wien eingeführten, aber in Salzburg überarbeiteten Ordnungssystems fand sich Zweig in der umfassenden Sammlung zurecht. Der *Bühnen*-Artikel hebt die Schätze des Hauses hervor: „Zweigs Autographensammlung ist eine internationale Sehenswürdigkeit, die eine eigene Beschreibung verdienen würde. Kostbarkeiten jeder Art, auch Notenmanuskripte sind hier geborgen", berichtet Paul Stefan.[144] Gerahmt ist der Beitrag über das „Künstler-Heim" von großen Photographien, die das besondere Interieur des Hauses sowie Ausschnitte aus der Bibliothek abbilden.

Die Thematik des Sammelns wurde zudem Inhalt zahlreicher Essays und Texte, die Zweig sowohl noch während seiner Zeit in Wien als auch in Salzburg verfasste.[145] In seinem Interview zum Thema „Was Sammler sagen" gab Zweig Einblicke in sein Verständnis über das Sammeln:

> Jede Sammlung wird unwillkürlich zum Bildnis unserer Neigungen und somit Spiegel inneren Wesens; welche Form wir auch wählen, ob Bücher, Stiche oder Bilder oder Autographen, immer stellen wir durch die Vorliebe in unserer Liebe gleichsam mit verschiedenem Material die gleich geheime Welt dar, die wir jeder und jeder einmalig sind. Je persönlicher wir wünschen, je sinnvoller wir ordnen und wählen, umso persönlicher, umso geistiger wird unsere Sammlung sein: ein Blick auf den Bücherschrank oder in die Mappen eines fremden Menschen sagt einem Wissenden mehr über ihn als alle seine Worte. Darum ist Sammeln der große Trost aller nicht ganz produktiven und doch beseelten Naturen, denn hier kann die bloße Neigung schöpferisch werden, und wem die Gabe der Mitteilung in Wort und Schrift versagt ist, vermag doch in einer Sammlung von

142 Vgl. F. Zweig, *Stefan Zweig*, 109; der Schreibtisch wurde nach Zweigs Tod aus dessen Nachlass an Hans Conrad Bodmer verkauft und befindet sich heute im Beethoven-Haus in Bonn; vgl. hierzu Provenienzangaben Beethoven-Haus Bonn https://www.beethoven.de/s/catalogs?opac=bild_de.pl&t_idn=bi:i3869 (Zugriff: 03.03.2022).

143 Stefan, Wie Künstler wohnen, *Die Bühne* 250 (1929), 30.

144 Ebd.

145 Eine Auswahl der zahlreichen Essays von Zweig zum Thema Autographen findet sich bei Matuschek, *Ich kenne den Zauber der Schrift*, 147ff; vgl. Matthias/Matuschek, *Zweigs Bibliotheken*, 28.

> Werten der Kunst sein Wesen als einen Wert und seine Neigung als ein Gestaltetes, als ein Kunstwerk zu hinterlassen.[146]

In den Worten Zweigs kommt zum Ausdruck, dass das generieren einer Sammlung für ihn auch das Erschaffen eines eigenen, sehr intimen Überlieferungsraumes bedeutete. Wie all die Beschreibungen und Impressionen über das Haus am Kapuzinerberg zum Ausdruck bringen, waren es erst die Autographen und die beeindruckenden Bücherwände, die dem Haus eine besondere „Aura" gaben und Zweig als Arbeitsraum sowie als Zufluchtsort dienten. Glaubt man Friderike Zweig, soll der Hausbesitzer jedoch nie „besondere Besitzgefühle"[147] an das Heim geknüpft haben. Solche „stellten sich immer erst ein, wenn er etwas verloren" habe.[148] Auch wenn Zweig sich mit dem Kauf des Hauses in Salzburg, und der Heirat mit Friderike einen festen Lebensmittelpunkt einrichtete, der ihm wichtig war, behielt er sich durch seine zahlreichen Reisen stets eine gewisse Ungebundenheit, die er nicht aufgeben wollte. Als sich Zweig bewusst für das im Vergleich zu Wien eher provinzielle Salzburg als Wohnort entschied, konnte er noch nicht wissen, dass Salzburg ein Jahr nach seiner Übersiedlung, durch die von Max Reinhardt gründeten Festspiele zu einem Pilgerort werden sollte. An Victor Fleischer schrieb Zweig am 22. August 1920, als der *Jedermann* erstmals auf dem Domplatz in Salzburg aufgeführt wurde:

> [I]ch schreibe Dir aus der belagerten Festung, Salzburg. Mein Lieber, es gibt keinen Juden, der jetzt nicht in S[alzburg] ist und seit Reinhardt da ist, sammelt sich das Volk wie schwarze Fliegen. Aussee formiert sich aus, wir haben manchmal uns bitter zu verteidigen. Meine Arbeit geht ganz futsch dabei. Und ich hätte so viel zutun![149]

Zweig reiste von Salzburg häufig nach Deutschland, Italien und Frankreich, wo er sich mit Freunden und Schriftstellerkollegen verabredete. Im Jahr 1928 unternahm er eine Reise nach Russland, wo er zu einer Feier zum 100. Geburtstag Leo Tolstois nach Moskau geladen war und dem Schriftsteller Maxim Gorki erstmals begegnet.[150] Wie Zweig an Abraham Schwadron schrieb, plante er darüber hinaus eine Reise nach Palästina, jedoch kam diese nie zustande.[151] Trotz der regelmäßigen Ortswechsel war das Heim in Salzburg, mit Bibliothek und Garten der wichtigste

---

146 Abgedruckt in Matuschek, *Ich kenne den Zauber der Schrift*, 109. Ursprünglich Ergebnis einer Umfrage der Buchhandlung Perles für den Bücherwurm Almanach.

147 F. Zweig, *Stefan Zweig*, 104.

148 Ebd.

149 Friderike und S.Z. an Victor Fleischer, um den 22. August 1920; Stefan Zweig, *Briefe* (2000), 27.

150 Reinold, Biografie, *Stefan-Zweig-Handbuch*, 25.

151 Zweig schreibt auf einer Postkarte (undatiert) an Schwadron „nach Jerusalem hoffe ich bestimmt zu kommen", NLI, Abraham Schwadron Collection; vgl. S. Zweig, *Briefe zum Judentum*, 74.

Arbeitsraum. Seit Ende der 1920er Jahre sind dort in großen Teilen die ersten umfassenden biographischen Arbeiten entstanden: 1928 erschien *Dichter ihres Lebens (Casanova, Stendhal, Tolstoj)*, ein Jahr darauf *Joseph Fouché. Bildnis eines politischen Menschen*. Hinzu kam die Biographie *Marie Antoinette. Bildnis eines mittleren Charakters*, die 1932 noch beim Insel Verlag erschien. Sie wurde zum größten literarischen Erfolg Zweigs und gleichzeitig das letzte Buch, das beim Leipziger Verlag erschien. Das biographische Werk *Triumph und Tragik des Erasmus von Rotterdam* erschien 1934 bei dem Wiener Verlag Reichner, dessen Herausgeber Herbert Reichner auch die Bibliophilen-Zeitschrift *Philobiblon* herausgab, für die Zweig zahlreiche Beiträge verfasst hatte.[152] Zweig empfahl Reichner zudem den jungen und bis dahin unbekannten Elias Canetti in seinen Verlag aufzunehmen.[153]

Nach der Machtergreifung der Nationalsozialisten im Januar 1933 wurde der Zusammenarbeit mit dem Insel Verlag sowie dem Vertrieb von Zweigs Werken auf dem deutschen Buchmarkt allmählich ein Ende gesetzt, was Zweig tief verletzte.[154] Dennoch kam die Entwicklung nicht überraschend, hatte er das Schicksal vieler seiner Autorenfreunde aus Deutschland doch aufmerksam verfolgt und erlebt, wie diese bereits in den ersten Tagen unter NS-Herrschaft öffentlich diffamiert und beraubt worden waren. So hatten die Nationalsozialisten Albert Einsteins Wohnung in Berlin Schöneberg, wie auch sein Ferienhaus in Caputh bei mehreren Hausdurchsuchungen im Frühjahr 1933 aufgesucht und einiges daraus geplündert. Die Bibliothek Albert Einsteins konnte jedoch nach Princeton gerettet werden.[155] Die Erfahrung Lion Feuchtwangers bewegte Zweig schließlich dazu, eine Reise nach Skandinavien und ein Treffen mit dem deutschen Konsul abzusagen, nachdem der deutsche Vertreter in New York nach dem Empfang Feuchtwangers 1933 entlassen worden war.[156] Zweig wollte in seiner politisch passiven Haltung weder Aufsehen erregen noch andere Personen durch seine Besuche in Gefahr bringen. Dass sich der österreichische Erfolgsautor aber nur noch ungern in Salzburg aufhielt, lag ohne Zweifel an der geographischen Nähe zu Hitlers Berghof. Aber auch die zunehmenden Spannungen zwischen Zweig und seiner Ehefrau Friderike und deren beiden Töchtern führten mit zu der Entscheidung, nach London überzusiedeln. Zweig zog

---

152 S. Buchinger, *Stefan Zweig*, 235f.

153 H. Zohn, Stefan Zweigs kulturelles Mittlertum, *BLBI* 63 (1982), 22.

154 Im Jahr 1935 wurde in Dresden noch die Richard Strauss-Oper *Die Schweigsame Frau* mit dem von Zweig verfassten Libretto uraufgeführt; vgl. dazu A. Larcati, Libretto, *Stefan-Zweig-Handbuch*, 169ff.

155 Die Bibliothek war durch Einsteins Frau Else aus der Wohnung in der Haberlandstraße verpackt und versandt worden, während ein Großteil von Einsteins Manuskripten über den französischen Botschafter André Francois-Poncet in die USA gerettet werden konnte. Siehe hierzu: S. Grundmann, *Einsteins von den Nazis konfisziertes Eigentum*, 126.

156 S.Z. an Ben Huebsch, 18. März 1933, *Briefe zum Judentum*, 149f; Zweig an Karl Ginzkey, 18. März 1933, Zweig, *Briefe* (2000), 51.

sich seit Herbst 1933 regelmäßig dorthin in eine Service-Flat zurück, um an Werk *Maria Stuart* zu arbeiten.[157] Noch reiste Zweig häufiger nach Salzburg, wo er sich um seine Korrespondenz und andere geschäftliche Belange kümmerte. So auch über den Jahreswechsel 1933/34, als er sich mit seinem „streng vertraulichen Brief" an Hugo Bergman in Jerusalem wandte.[158] Als Zweig bereits Anfang Dezember 1933 den Direktor der Bibliothek auf dem Berg Skopus seine Bereitschaft erklärt hatte, Teile seiner wichtigen Korrespondenz als Vorlass nach Jerusalem zu übergeben, war das der erste Schritt, den Zweig in Richtung Auflösung seines Nachlasses und seiner Sammlungen unternahm.[159] Bereits im Juni 1933 hatte Zweig Romain Rolland mitgeteilt, Salzburg im Herbst zu verlassen: „Es ist unmöglich, in einem Umfeld von Haß zu leben, zwei Schritte von der deutschen Grenze." [160]

Die Entscheidung, die wichtigen Schriften aus der Sammlung an die im Aufbau befindliche Jüdischen National- und Universitätsbibliothek zu übersenden, mag auch damit im Zusammenhang gestanden haben, dass Zweig die Briefe, sowohl die eigenen als auch die seiner Briefpartner, vor unbefugtem Zugriff schützen wollte. Wenige Tage bevor sich Zweig an Hugo Bergman wandte, war ohne Zweigs Wissen einer seiner Briefe veröffentlicht worden. Dabei handelte es sich um einen Brief an den Insel Verlag, in welchem sich Zweig gegen seine Beteiligung an Klaus Manns Exil-Zeitschrift *Die Sammlung* aussprach.[161] Der Brief brachte Zweig in eine unangenehme Situation, die schließlich auch das Ende der Zusammenarbeit mit dem Leipziger Verlag einläutete.[162] Das Ereignis dürfte dazu geführt haben, dass Zweig sich nach einer Lösung für die von ihm verwahrte Korrespondenz Gedanken machte. Seine grundsätzliche Vorsicht mit Briefen kommt auch zum Ausdruck, als ihm 1932 ein persönlicher Rilke-Brief durch den Sammler Arthur Fischer-Colbrie[163] angeboten wurde. Auf das Angebot antwortete Zweig ablehnend, da er „eine schwere Hemmung nicht überwinden" könne und es ihm „immer schrechklich" sei „einen

---

157 Matuschek, *Drei Leben*, 267.

158 M. Nadav, Stefan Zweigs Übersendung seiner Privatkorrespondenz an die Jewish National und University Library, *BLBI* 63 (1982), 67ff; siehe auch M. H. Gelber, Stefan Zweig und die Judenfrage von heute, 160ff.

159 Siehe dazu auch „Eine neue Tafel für Stefan Zweig in Salzburg", *Der Standard*, 26. Mai 2020, https://www.derstandard.de/story/2000117688038/eine-neue-tafel-fuer-stefan-zweig-in-salzburg (Zugriff: 03.06.2022).

160 R. Rolland/S. Zweig, *Briefwechsel* (1987), 518.

161 Matuschek, *Drei Leben*, 265.

162 Die Arbeit mit Anton Kippenberg endete schließlich mit einem Skandal, als ein von Zweig an Kippenberg persönlich gerichteter Brief im Börsenblatt für den deutschen Buchhandel veröffentlicht wurde, Vgl. S.Z. an Anton Kippenberg, 5. November 1933, *Briefwechsel 1905–1937*, 769ff.

163 Arthur Fischer-Colbrie war Schriftsteller und für das Oberösterreichische Landesmuseum tätig; nach dem „Anschluss" hat sich Fischer-Colbrie stark für die sogenannte Reichsschrifttumkammer engagiert.

Brief in den Händen zu haben oder gar zu besitzen" der nicht ihm selbst gehörte. Deshalb habe er in seiner „Sammlung auch immer nur Manuskripte zusammengetan, weil die niemandem gehörten als dem Dichter".[164] Nun wollte Zweig auch seine eigenen Korrespondenzen in Sicherheit wissen. Eine Verbindungslinie nach Jerusalem war über Abraham Schwadron gegeben.[165] Als er schließlich mit dessen Vorgesetzten Hugo Bergman in seinem Brief vom 11. Dezember 1933 herantrat und mitteilte, den Vorlass an die Bibliothek in Jerusalem zu übergeben, war es für Jerusalem ein willkommenes Angebot. Der Bedingung, dass die Korrespondenz erst zehn Jahre nach seinem Tod veröffentlicht werden sollte, stimmte man dort zu.[166] Dass Zweig in jenen Tagen zumindest nicht ausschloss, auch die Bibliothek über kurz oder lang aufzulösen, wird ebenfalls aus dem Briefwechsel mit Bergman klar, dem er für einen späteren Zeitpunkt die Überstellung seiner Sammlung an Widmungsexemplaren nach Jerusalem in Aussicht stellte:

> Was die Bücher betrifft, so werden wir, hoffe ich, noch einmal Gelegenheit haben, mündlich darüber zu sprechen. Wenn ich mich nicht schon bei Lebzeiten davon trenne, so möchte ich wenigstens später der Bibliothek alle Widmungsexemplare überlassen, ich habe tausend bis zweitausend, schätze ich und wirklich die schönsten Namen vereint.[167]

Auch wenn es tatsächlich zur baldigen Auflösung der Bibliothek kam, gelangten am Ende nur sehr wenige Bände aus Stefan Zweigs Bibliothek nach Jerusalem. Er entschied sich, vermutlich aufgrund des Risikos und des Aufwands, den die Verschiffung einer umfangreicheren Büchersammlung mit sich gebracht hätte, gegen einen Versand nach Palästina. Bergman, der eine Übernahme von Teilen der Bibliothek des berühmten Schriftstellers sehr begrüßt hätte, versuchte Zweig zumindest davon zu überzeugen, der National- und Universitätsbibliothek Jerusalem seine dort noch fehlenden Werke, etwa die zahlreichen Übersetzungen, zu übersenden. Hierfür hatte der Bibliotheksdirektor Zweig eine Liste von etwa 30 Titeln geschickt, mit der Bitte, diese gemeinsam mit dem Archiv zukommen zu lassen.[168] Bezüglich der Übersendung des Archivs gab Bergman Zweig noch den Hinweis,

---

164 LBINY, Stefan Zweig autographs collection, AR 834, Stefan Zweig an Arthur Fischer-Colbrie, 26. September 1932.

165 NLI, Abraham Schwadron Collection, Abraham Schwadron an S.Z., 30. Juli 1932.

166 Zweig, *Briefe zum Judentum*, 180f; später machte Zweig eine Ausnahme, indem er der National- und Universitätsbibliothek in Jerusalem erlaubte, Kopien der Briefe Maxim Gorkis anzufertigen und diese dem Gorki-Museum in Moskau zur Verfügung zu stellen; vgl. NLI, Stefan Zweig an Nationalbibliothek Jerusalem, 31. Mai 1937, Arc. Ms. Var. 305/131.

167 S.Z. an Bergman, 11. Dezember 1933, abgedruckt in S. Zweig, *Briefe* (2005), 79.

168 NLI, Stefan Zweig Collection, ARC. Ms. Var. 205 1131, Hugo Bergman an S.Z., am 26. Dezember 1933.

dass die Privatbibliothek des österreichischen Philosophen Wilhelm Jerusalem durch dessen Sohn Edmund derzeit von Wien aus für den Versand nach Palästina vorbereitet würde und auf diesem Wege auch die Inhalte aus der Sammlung Zweig mitverschickt werden könnten.[169]

Da Zweig die Sendung der ihm so wertvollen Korrespondenz nicht allein dem unsicheren Seeweg überlassen wollte, versuchte er eine andere Möglichkeit zu finden, wie er Bergman mitteilte:

> [H]alten Sie mich bitte nicht für kleinlich[,] wenn ich die Sendung der Post nicht anvertrauen will, ich fühle mich doch nicht recht als Besitzer sondern gleichsam verantwortlich für den geistigen Wert. [...] und ich glaube, dass ich doch inzwischen jemanden finden werde, der hinunterreist.[170]

Bergman bemühte sich ebenfalls, „einen zuverlässigen Palästinareisenden" ausfindig zu machen, der die wertvollen Papiere und bestenfalls auch eine Auswahl der Bücher nach Jerusalem bringen könnte.[171] Am 2. Februar 1934 konnte Zweig Bergman endlich mitteilen, eine Lösung für die Überführung seines Archivs gefunden zu haben:

> [...] Mein Freund, Adolf Böhm, dessen Namen Ihnen vielleicht bekannt ist – er ist einer der verdientesten Männer der zionistischen Organisation Österreichs und bekannt als der Autor einer vorzüglichen Geschichte der zionistischen Bewegung – fährt Ende Februar hierher. Ich habe ihn, ohne Ihren Namen zu nennen, anfragen lassen und er hat sich bereit erklärt das Paket, wenn es nicht allzu gross ist, mitzunehmen.[172]

Zweig organisierte über Adolf Böhm die Mitnahme der Papiere und diese erreichten im März 1934 Jerusalem.[173] Böhm war jedoch nicht der Einzige, der den wertvollen Papieren von Stefan Zweig in ihre neues Refugium verhalf. Im April 1934 berichtet Hugo Bergman, dass ein weiteres Paket an Dokumenten in Jerusalem angekommen war, welches von „Dr. Walter Schwarz" an Bergman übergeben worden war. Bei Walter Schwarz (später Michael Evenari) handelte es sich um einen deutsch-jüdischen Botaniker, der 1934 nach seiner Berufung an die Hebräische Universität in Jerusalem nach Palästina übersiedelte. Weitere Teile des Vorlasses

---

169 Ebd.

170 NLI, Stefan Zweig Collection, S.Z. an Bergman am 28. Dezember 1933.

171 NLI, Stefan Zweig Collection, Bergman an S.Z. am 23. Januar 1934.

172 Ebd., S.Z. an Hugo Bergman am 2. Februar 1934.

173 Ebd., Notizen „Pratim al mesirat miktavei Stefan Zweig 20.12.1935" [hebr., Einzelheiten über die Zustellung der Briefe Stefan Zweig, 20.12.1935].

wurden von einem Vetter Zweigs, Egon Zweig, der in Jerusalem lebte, nach Palästina gebracht.[174] Wie sich Friderike Zweig 1958 in einem Leserbrief in der *New York Times* erinnerte, war auch sie an der Übergabe der Korrespondenzen beteiligt, als sie Papiere an einen „Vertreter der Universitätsbibliothek Jerusalem" übergab, der sich zeitweilig in Wien aufhielt. Wie sie im Leserbrief ausführte, war sie es gewesen, die die Korrespondenz von Richard Strauss aus den Papieren herausnahm, da sie bei der Übersendung dieser Briefe nach Jerusalem ein schlechtes Gefühl hatte.[175]

Bezüglich der von Bergman erbetenen Werke Zweigs für die Bibliothek wurden über die nächsten Monate von dem Autor, bzw. dessen Verlag immer wieder einzelne Bücher nach Jerusalem übersandt, für die sich Bergman schriftlich bedankte.[176] Eine größere Sendung aus der eigenen Bibliothek blieb jedoch aus, auch als Zweig sich zur endgültigen Auflösung der Sammlung entschloss.

Als er Anfang des Jahres 1934 für einen kürzeren Aufenthalt von London nach Salzburg zurückgekehrt war, wurde er am Morgen des 18. Februar 1934 in seinem Haus am Kapuzinerberg von vier Polizisten geweckt. Für Zweigs Anwesen war eine Hausdurchsuchung angeordnet und der Hausherr aufgefordert worden „alle Waffen des Republikanischen Schutzbundes" herauszugeben, die dieser auf seinem Anwesen versteckt halte.[177] Die offensichtlich aus reiner Schikane initiierte Aktion war der Tropfen auf den heißen Stein, der den Schriftsteller dazu bewegte, Salzburg dauerhaft zu verlassen. Über die Schweiz reiste er zurück nach England. Seine Frau Friderike und die beiden Töchter verblieben in Salzburg, wo sie unter Anweisung Zweigs bald darauf die Auflösung der Sammlungen und schließlich auch des Haushalts fortführten.[178] Der gebürtige Wiener kehrte nur noch selten in die österreichische Heimat zurück, hauptsächlich um die Verkaufsangelegenheiten für die Villa und Fragen um die Bibliothek zu klären. Versuche, einen Abnehmer für die geschlossene Bibliothek zu finden, scheiterten. Es scheint jedoch, als habe Zweig auf den Erhalt der Bibliothek in einer geschlossenen Form keinen größeren Wert gelegt. Anders verhielt es sich mit Blick auf die Katalogsammlung. Hier wurde zunächst versucht, diese im Ganzen an die Nationalbibliothek Wien zu veräußern, was jedoch nicht gelang.[179] Schließlich vereinbarte Stefan Zweig 1936 mit dem Wiener Antiquar Heinrich Hinterberger, dass dieser etwa 300 Manuskripte in Kommission nehmen sollte. Einen kleineren Teil der Autographen und der Bibliothek übernahm

---

174 Ebd., Hugo Bergman an S.Z. am 29. April 1934; vgl. S. Zweig, *Briefe* (2005), Anm., 458.

175 F. Zweig to the Music editor, *New York Times*, 27. Juli 1958, 7.

176 Auch der Nachfolger Bergmans, Gotthold Weil, erbat von Zweig Ausgaben der neuerscheinenden Bücher, siehe NLI, Stefan Zweig Collection, Hugo Bergman an S.Z., 23. Januar 1924 sowie Gotthold Weil an S.Z. am 4. Dezember 1940.

177 S. Zweig, *Die Welt von Gestern*, 438.

178 Zohn, Friderike Maria Zweig, 1677ff..

179 Matthias/Matuschek, *Stefan Zweigs Bibliotheken*, 32.

der Antiquar direkt, und schließlich auch die 4.000-bändige Katalogsammlung, die er als Handapparat in seinem Antiquariat verwendete.[180]

Zum Zweck des Verkaufs der kommissionierten Autographen fertigte Hinterberger einen Verkaufskatalog an, über welchen der Schweizer Sammler Bodmer eine Vielzahl an Kostbarkeiten erwarb.[181] An den guten Sammlerfreund Geigy-Hagenbach schreibt Zweig:

> Es wird Sie interessieren, dass von der deutschen Literatur so ziemlich alles auf einen Hieb verkauft worden ist und zwar, wie ich Ihnen vertraulich mitteilen kann, an Ihren Landsmann Martin Bodmer, der sich zu seiner fabelhaften deutschen Literatursammlung damit auf einen Ruck eine Illustrierung durch Autographen anlegte. Mir ist es nur recht so.[182]

Die herausragende Katalogsammlung sollte später allerdings wieder ihren Weg in den Besitz eines Freundes von Stefan Zweig finden: Der Antiquar Heinrich Eisemann erwarb die Kataloge nach dem Krieg und überführte sie mit in sein Exil nach London.[183]

Von seiner Salzburger Bibliothek nahm Zweig lediglich einen kleineren Teil mit nach London, der große Rest sollte verkauft oder verschenkt werden.[184]

Im Hinblick auf die zahlreichen Widmungsexemplare, entschied er sich – wie bereits erwähnt – gegen die Übersendung nach Jerusalem. Die Exemplare, die einen besonderen Wert für Zweig hatten, sollten ursprünglich in Wien bei dessen Bruder Alfred untergebracht werden, wurden dann aber doch in Friderikes neuem Wohnsitz im Stadtteil Nonntal von Salzburg in Verwahrung genommen, wo sie nach dem „Anschluss" 1938 von der Gestapo konfisziert wurden und bis heute verschollen geblieben sind.[185] Die restlichen Bücher sollten, sofern alle persönlichen Widmungen entfernt waren, verschenkt werden.[186] Ein Teil der Sammlung ging etwa an den Schriftsteller Georg Rendl, an die Salzburger Arbeiterkammer sowie an die Musikhochschule Mozarteum. Die Studienbibliothek Salzburg, die schon früher Zeitschriftenbände von Zweig bezogen hatte, zeigte sich am Ende nicht interessiert

180 Ebd.
181 T. Seebaß, Martin Bodmers Sammlung von Musikautographen, 89.
182 Zit. n. M. Bircher, *Stefan Zweigs Welt der Autographen*, 67.
183 DLA, Hausarchiv, Heinrich Eisemann an Wilhelm Hoffmann, 21. Mai 1962.
184 F. Zweig, *Stefan Zweig*, 225.
185 Ebd., 228.
186 Matthias/Matuschek, *Zweigs Bibliotheken*, 33, 35.

und lehnte die angebotenen Zeitschriftenbestände ab.[187] 1937, als Zweig ein letztes Mal nach Österreich zurückkehrte, organisierte er noch eine größere Schenkung, über die in zahlreichen Zeitschriften berichtet wurde, so auch in der linksliberalen Wochenschrift *Das Neue Tagebuch:*

> Stefan Zweig hat einen grossen Teil seiner berühmten Autographensammlung der österreichischen Nationalbibliothek geschenkt. Sie enthält Manuskripte von Thomas Mann, Jakob Wassermann, Schnitzler, Gorki, Romain Rolland, Hofmannsthal, Rilke, Albert Schweitzer u. a. Die Schenkung wird unter dem Namen „Sammlung Stefan Zweig" als Ganzes innerhalb der beschenkten Bibliothek erhalten bleiben.[188]

Was in der öffentlichen Meldungen nicht erwähnten wurde, ist, dass Zweig die Autographen nur deshalb an die Bibliothek abgab, weil er darüber eine Vereinbarung mit den Finanzbehörden eingegangen war, die andernfalls mit einer Steuernachzahlungsforderung drohten.[189]

Mit der umfassenden Auflösung der Bibliothek und der Autographensammlung brach Zweig seine Zelte in seiner Heimat Österreich endgültig ab. Hierbei stieß er auf Widerstand durch seine Frau Friderike, die Salzburg nicht verlassen wollte.[190] Schließlich wurde die Villa am Kapuzinerberg über die Vermittlung des Rechtsanwalts Emmerich Singer an Friederika Gollhofer verkauft, wobei Zweig lediglich zwei Drittel des bereits unter Wert angesetzten Verkaufspreises von der Familie Gollhofer ausbezahlt bekam.[191] Seit 2021 befindet sich das Anwesen, das auch als „Villa-Europa"[192] oder „Stefan-Zweig-Villa" bekannt ist, im Besitz der Nachfahren Ferdinand Porsches und wie aktuelle Zeitungsmeldungen berichten,

---

187 Ebd., 33; noch wenige Jahre zuvor hatte sich die Studienbibliothek Salzburg darum bemüht, die etwa 20.000-bändige Sammlung Hermann Bahrs zu erhalten. Dieser hatte geschwankt, sie München, Linz oder Salzburg zu schenken; vgl. *Salzburger Chronik für Stadt und Land*, 21. November 1931, 18.

188 „Abseits von der Reichskulturkammer", *Das Neue Tagebuch*, 5 (1938), 119.

189 Matthias/Matuschek, *Zweigs Bibliotheken*, 31; Matuschek, *Drei Leben*, 304, 307.

190 Vgl. S.Z. an Friderike Zweig, 4. März 1937; S. Zweig, *Briefe* (2005), 180f.

191 Die späteren Erben Stefan Zweigs, Manfred und Hannah Altmann, informierten sich nach dem Krieg über Möglichkeiten, die Villa zurückzuerhalten, allerdings schreckten sie am Ende vor langen Rechtsstreitigkeiten zurück. In einem Brief von Hannah Altmann an Zweigs Übersetzerin Mazzuchetti heißt es „Zusammen mit den neuen Besitzern bilden sie [die Anwälte] eine starke Nazikette, wenig hat sich überhaupt geändert. Teils ärgert es uns dem Gesindel alles zu überlassen, teils eckelt[sic] es mich an[,] mit ihnen zu verhandeln", NLI, Stefan Zweig Collection, Hannah Altmann an Lavina Mazzuchetti am 24. Januar 1949; Siehe zum Verkauf der Villa: S. Zweig, *Briefe* (2005), 582, Anm. 3; siehe auch „Das ‚Goldgeschäft' der Gebrüder Gollhofer", *Salzburger Tagblatt*, 18. November 1948, 4.

192 F. Zweig, *Stefan Zweig*, 107.

wurde durch die neuen Besitzer auch die Verwirklichung einer lange geplanten und stets gescheiterten Einrichtung einer Stefan-Zweig-Gedenkstätte in der Villa wieder ins Gespräch gebracht.[193]

Auch wenn Zweig den Entschluss fasste, seine während seines ganzen Lebens aufgebaute Bibliothek sowie die besonders von ihm geliebte Autographensammlung aus eigenen Stücken aufzulösen, erfolgte dies aufgrund einer Zwanglage. Die Auflösung war allein der zunehmenden Anfeindung geschuldet, die ihm als jüdischen Schriftsteller entgegengebracht wurde. Unter anderen Umständen hätte sich Zweig kaum von ihr getrennt. Zwar verwies er häufiger darauf, dass er sich frei machen und nur noch mit dem nötigsten zufriedengeben wollte,[194] jedoch zeigen zahlreiche seiner späteren Äußerungen in Briefen und anderen Verschriftlichungen, wie sehr ihm seine Bibliothek und sein Zuhause fehlten. Wie bereits erwähnt, überführte Zweig nur einen kleinen Teil seiner Bibliothek mit nach Großbritannien. Im Gepäck hatte er auch eine kleinere Auswahl an sehr wertvollen Autographen, die er vor allem als finanzielle Sicherheit für sich behalten wollte. Wie die Bibliothekarin Christina Köstner-Pemsel in ihrer Untersuchung zu österreichischen Büchersammlern und ihren Schicksalen herausgestellte, gelang es nach 1938 nur sehr wenigen österreichischen jüdischen Intellektuellen, ihre Sammlungen außer Landes zu bringen.[195]

Bereits bei einer Reise nach London im Herbst 1933 berichtete Zweig in einem Brief an den Freund Karl Geigy-Hagenbach: „London ist die einzige Stadt mit einer großen Bibliothek, wo ich wenig Bekannte und vollkommen meine Ruhe habe."[196] Dass Zweig nun England, und nicht etwa Frankreich als Fluchtort wählte, wie so viele seiner Schriftstellerfreundinnen und -freunde, mag vorrangig daran gelegen haben, dass er in Großbritannien weniger Aufmerksamkeit erregte und gleichzeitig ohne eine eigene umfangreiche Arbeitsbibliothek leicht Zugang zu dem von ihm benötigten Arbeitsmaterial für seine nächsten Buchprojekte fand.[197] Sein erstes Apartment am Portland Place lag in unmittelbarer Nähe des British Museum (der heutigen British Library), wo Zweig häufig arbeitete oder seine neue Sekretärin Elisabeth Charlotte Altmann, genannt Lotte (1908–1942), für ihn recherchierte.[198]

---

193 „Neue Hoffnung für die Stefan-Zweig-Villa in Salzburg", *Der Standard*, 2. Dezember 2021; https://www.derstandard.de/story/2000131586188/neue-hoffnung-fuer-die-stefan-zweig-villa-in-salzburg (Zugriff: 02.05.2022).

194 S.Z. an Friderike Zweig, undatiert, vermutlich 17. April 1937, S. Zweig, *Briefe* (2005), 183.

195 C. Kösner-Pemsel, Österreichische Büchersammler und ihre Schicksale, 195ff.

196 S.Z. an Karl Geigy-Hagenbach, 2. September 1932, zit. n. Matuschek, *Drei Leben*, 263.

197 S. Zweig, *Die Welt von Gestern*, 430f.; S. Zweig/A. Kippenberg, *Briefwechsel*, 792.

198 S. Zweig, *Briefe an Lotte Zweig*, 28.

Unweit der Bibliothek und des ersten Quartiers mietete Zweig schließlich ab Herbst 1935 eine Wohnung in der Hallam Street, wo er sich sein neues Heim einrichtete.[199] Wie viele Bücher Zweig mit nach London brachte, ist nicht überliefert.[200] Die jedoch erheblich kleinere Exil-Bibliothek wurde von Friderike Zweig unter Mithilfe von Lotte Altmann neu geordnet und eine Kartothek erstellt.[201] Aus der Arbeitsbeziehung zwischen dem Schriftsteller und Lotte Altmann hatte sich bereits seit 1934 eine amouröse Verbindung entwickelt, was zur dauerhaften Trennung und schließlich zur Scheidung von Friderike und Stefan Zweig beitrug. Lotte Altmann, die schon 1933 aus Frankfurt am Main nach Großbritannien zu ihrem Bruder Manfred und dessen Frau Hannah geflohen war, wurde den Zweigs wohl durch eine Empfehlung des Freundes Peter Smolka und über die Flüchtlingsorganisation Woburn House als Sekretärin vermittelt.[202] Während sich Stefan Zweig in London längerfristig einrichtete, wurde Lotte die neue Frau an seiner Seite, ohne dass der Kontakt zu Friderike vollständig abriss.[203]

Die Jahre in Großbritannien sind geprägt von zahlreichen Auslandsreisen: 1935 unternimmt Zweig eine Reise in die USA. Während des Aufenthalts in New York im Januar 1935 hält Zweig die Eindrücke in Tagebuchaufzeichnungen fest. Es ist nicht die erste Reise nach Amerika, wo Zweig bereits 1911 einige Wochen verbrachte. Neben der Erkundung der Stadtviertel von New York, der Tanzlokale und Theater, besucht Zweig die Kunstgalerien sowie die Public Library und Morgan Library, in welcher er die Zeichnungen William Blakes zu dem Buch Hiob, Manuskripte der Briefe Maria Antoinettes sowie ein „wunderbares Blatt aus Goethes Faust" bestaunte.[204] Eine persönliche Einladung des Mäzens John Pierpont Morgan Junior lehnt Zweig jedoch ab, da er dafür keine Zeit habe, wie er im Tagebuch notierte.[205] Auf seiner Reise zurück nach London stellt sich der Schriftsteller die Frage: „Ist es, weil die Welt so unruhig hin- und herschwankt, daß man sich gewöhnt hat, im Gleitenden zu leben?"[206] Für die nächsten Monate nahm er sich vor, „nicht viel mit Menschen [zu] sein", „[m]ehr Kino, mehr Theater, alles was Stoff bringt und Anregungen entwickelt", und vor allem *Maria Stuart* fertig zu schreiben.[207]

---

199 Ebd., 60.

200 Zweig selbst hatte erinnert, „nicht mehr als fünfhundert Bücher nach London mitgenommen" zu haben, während Friderike Zweig unterschiedlich „ein Zehntel" und „ein Drittel" der etwa 10.000 Bände angibt. Vgl. Matthias/Matuschek, *Zweigs Bibliotheken*, 29; F. Zweig, *Stefan Zweig*, 225.

201 Matthias/Matuschek, *Zweigs Bibliotheken*, 30.

202 Ebd., 28.

203 S. Zweig, *Briefe* (2005), 8.

204 S. Zweig, *Tagebücher*, Eintrag vom 24. Januar 1935, 373.

205 Ebd.

206 Ebd., 383.

207 Ebd., Eintrag vom 30. Januar 1933, 380.

Tatsächlich bleibt Zweig rastlos. Es folgen mehrere Aufenthalte in der Schweiz, Österreich, Frankreich sowie Besuche in Marienbad, wo er unter anderem Chaim Weizmann begegnete und mit ihm längere Gespräche führte.[208]

Während Zweig die Biographie der Königin von Schottland fertigstellte und dafür sowohl in Londons Bibliotheken als auch in Schottland selbst recherchierte, feilte er bereits an den Plänen für eine nächste längere Reise, die Brasilien zum Ziel hatte. Auch von London aus war Zweig weiterhin mit der Jüdischen National- und Universitätsbibliothek, seit 1935 unter Leitung von Gotthold Weil, in Kontakt. Letzterer schickte Zweig erneut längere Auflistungen jener Bücher, die der Sammlung in Jerusalem noch fehlten. Am 16. April 1938 teilte Zweig Weil daraufhin mit:

> Ich danke Ihnen für Ihren freundlichen Brief und bin sehr erstaunt, dass Ihnen alle diese Bücher noch fehlen. Zu meinem grossen Bedauern bin ich jedoch nicht in der Lage, Ihnen diese jetzt zu schicken, da der Verlag in Wien kommissarisch verwaltet ist und die Bücher beschlagnahmt sind, und leider habe ich selbst nicht mehr genügend Exemplare meiner Bücher hier.[209]

Zweig versprach jedoch, sollte er wieder Zugriff auf die Bücher erhalten, Jerusalem die fehlenden Titel zuzusenden.[210] Heute finden sich etwa 150 von Stefan Zweigs Titeln in der Bibliothek von Jerusalem, darunter auch Widmungsexemplare.[211]

Das Sammeln war auch von London aus nicht vollständig aufgegeben und Zweig hielt Kontakt zu einem kleineren Netzwerk aus Antiquaren und Buchhändlern, wie etwa mit der Pariser Buchhandlung Alphonse Margraff, und dem berühmten, ehemals in Berlin ansässigen Antiquar Martin Breslauer, der seit 1940 in London ein neues Geschäft aufgebaut hatte. Die Referenzbibliothek seines angesehenen Antiquariats hatte Breslauer abstoßen müssen, um sich die Emigration mit der Familie leisten zu können. Der Schweizer Sammler Martin Bodmer, der große Teile der Autographensammlung Stefan Zweigs erworben hatte, übernahm auch Breslauers Bibliothek.[212] Dass Zweig auch nach der Auflösung der Sammlungen in Österreich die Leidenschaft nicht vollkommen aufgab, zeigt sich in seiner Korrespondenz. In einem Brief an Paul Hirsch, einem Geschäftsmann und Sammler von Autographen, schreibt Zweig:

---

208 Vgl. Brief S.Z. an Siegmund Warburg vom 13. August 1935, S. Zweig, *Briefe* (2005), 133.

209 NLI, Stefan Zweig Collection, S.Z. an Gotthold Weil am 11. April 1938, Arc. Ms. Var. 305/132.

210 Ebd.

211 Vgl. NLI, S. Zweig, *Abschied von Rilke* (1927), Nat. Lib. Systemno. 990013537820205171.

212 Vgl. H. Fürstenberg, Vorwort abgedruckt in: M. Breslauer, *Erinnerungen*.

> Von Otto Haas bekam ich zu meiner Freude Ihren Katalog, dritter Band. Wie schön, dass Sie sich Ihre Sammlung retten konnten, während meine zum großen Teil zerstoben ist (ich habe keinen Platz mehr, keine Zeit und dann als Kinderloser das Bedenken, für wen ich eigentlich gesammelt habe). Ich muss doch noch einmal kommen und mir die Ihre ansehen.[213]

Mit dem Industriellen Paul Hirsch verband Zweig nicht nur das Geburtsjahr, und die Wahl Großbritanniens als Exilort, sondern auch die Leidenschaft für Bücher, Autographen und Musik. Hirsch war es 1936 gelungen, seine Sammlung, die als eine der größten Musikbibliotheken Europas gelten konnte, nach England zu überführen. Zunächst stellte er die Musiksammlung der Universitätsbibliothek in Cambridge zur Verfügung, ehe er sie 1946 an das British Museum (die heutige British Library) veräußerte.[214]

Entgegen dem Hinweis, den Zweig Hirsch mit Bezug auf das Fehlen von „Platz", „Zeit" und „Kindern" als Grund für das Ende seiner Sammelambitionen machte, zeigen die zahlreichen Briefe über Erwerbungen, dass er immer noch als Sammler aktiv war, auch wenn sich seine Prioritäten geändert hatten.[215] Zudem zeigen diese Kontakte Zweigs in Großbritannien zu zahlreichen Sammlern und Antiquaren, wie sich im Exil Netzwerke fortsetzten und neu knüpften.

An Geigy-Hagenbach schreibt er: „Ich habe ja immer weniger Lust auf kleine Dinge. [...] Wenig aber das Beste."[216] Dass es tatsächlich ein Platzproblem gab, zeigt Zweigs Entscheidung, einmal mehr Bücher abzustoßen. Im Herbst 1938 bot er neunzig Bände der London Library an, wobei es sich hauptsächlich um Widmungsexemplare handelte.[217] Es scheint Pragmatismus gewesen zu sein, dass er nicht alle Widmungsexemplare nach Jerusalem schickte, wo man diese so freudig erwartet hatte. Neben dem Antiquar Otto Haas, der ebenfalls aus Deutschland nach Großbritannien (Cambridge) emigriert war, oder dem Antiquar Martin Breslauer stand Zweig in sehr engem Austausch mit Heinrich Eisemann.[218] Dieser war ein

213 Wie Zweig weiter in seinem Brief andeutet, scheint die Sammlung jedoch nicht ohne Schaden in Cambridge angekommen zu sein; S.Z. an Paul Hirsch, 31. Mai 1937, LBINY, Stefan Zweig autographs collection; zur Geschichte und Bedeutung der Bibliothek Hirsch siehe: A. Hyatt King, Paul Hirsch and his Music Library, *British Library Journal* 1 (1981), 1ff; Fischer, Buchbesitz und Lesen im Exil, *Geschichte des deutschen Buchhandels*, Bd. 3,3, 1109.

214 Homeyer, *Deutsche Juden als Bibliophile und Antiquare*, 38ff.

215 Siehe dazu auch J. H. Lebenthal, A Public Memorial to a True European, *Modern Austrian Literatur* 2 (2000), 23ff.

216 S.Z. an Geigy-Hagenbach, 27. Juli 1939, zit. n. Matuschek, *Drei Leben*, 326.

217 Matthias/Matuschek, *Zweigs Bibliotheken*, 29.

218 Eisemann war auch mit der Familie Lotte Altmanns befreundet. Dines, *Zweig und sein Freundeskreis*, 118.

enger Freund der Familie Altmann, insbesondere von Lotte Altmanns Mutter Therese.[219] In der British Library ist eine Vielzahl an Briefen überliefert, die Aufschluss darüber geben, wie Zweig auch nach seiner Auflösung der Bibliothek und Autographensammlung von London aus weiter seiner Leidenschaft verbunden blieb. Der Antiquar Eisemann war 1937 aus Frankfurt am Main nach London emigriert, wo er wie in seiner Heimat als Antiquar tätig wurde.[220]

Wie die erhaltenen Briefe offenbaren, verband den Schriftsteller und Eisemann über Zweigs mehrjährigen Aufenthalt in London (und darüber hinaus) eine enge Freundschaft und Geschäftsbeziehung, bei welcher Eisemann für Zweig bei Auktionen, vorrangig Sotheby's, aber auch anderen Kaufgelegenheiten nach Zeichnungen, Büchern und Autographen Ausschau hielt. Darüber hinaus trafen Eisemann und Zweig die Vereinbarung, dass der Antiquar unter seinem Namen Anzeigen für Kaufgesuche von Autographen schaltete – u. a. in der *Times* und der Zeitschrift *Clique* – und alle eingehenden Angebote Zweig vorgelegt würden. Das genaue Prozedere der Vereinbarung hielt Eisemann in einem Brief an Zweig schriftlich fest:

> Grundsätzlich haben Sie die Vorhand, d. h. sämtliche auf die Inserate hin eintreffenden Angebote sind Ihnen zu unterbreiten. Erwerben Sie Dinge, die angeboten sind, für Ihre eigene Sammlung, dann erhalte ich eine Kommission von 10%. Beauftragen Sie hingegen mich mit dem Verkauf von Ihnen interessant und wichtig erscheinendem Material, dann wird dieses Material je nach meinen Möglichkeiten von uns gemeinsam oder von Ihnen allein finanziert und der eventuell erzielte Gewinn ist zwischen uns zu teilen.[221]

Die von Eisemann angesetzte Provision von 10 Prozent hatte ihm bereits den Namen „Mister Ten Per Cent" eingebracht.[222]

Es waren vorrangig Autographen aus dem Bereich Musik oder Literatur, die Zweig angeboten bekam und die er auch häufig annahm.[223] Das Modell war jedoch offenbar darauf ausgelegt, dass nicht nur Inhalte für Zweigs eigene Sammlung, sondern auch zum Weiterverkauf und zur Erzielung eines Gewinns erworben wurden. Das am 30. Januar 1940 von Eisemann angebotene besondere Bibelmanuskript pries dieser jedoch eher für Zweigs private Sammlung an:

---

219 D. J. Davis/O. Marshall, *South American Letters*, 195.

220 Fischer, Zum Verhältnis von Bibliophilie und Antiquariat, *AdA* 1 (2002), A18f.

221 BLAL, Heinrich Eisemann an S.Z., 6. Dezember 1939, B MS 89376_2_0024.

222 Fischer, Zum Verhältnis von Bibliophilie und Antiquariat, A18–A26.

223 Vgl. Matuschek, *Drei Leben*, 326.

> Unter den ganz grossen Kostbarkeiten befindet sich eine hebräische Bibel. Sie ist auf feinstes, sogenanntes Jungfernpergament geschrieben und umfasst alle 24 Bücher des Alten Testaments. Sie ist in einen roten Samtband gebunden. Die Bibel, die in der Mitte des 15. Jahrhunderts in Italien entstanden ist, ist von unvergleichlicher Schönheit. Titelblatt und Anfang eines jeden Buches tragen reichen farbigen Schmuck. [...] Da mir die Wege zu meinen Kunden für Hebraica gesperrt sind, konnte ich mit der Bibel, die hier in einem Safe liegt, überhaupt noch nichts machen. Das wäre ein Stück für Sie, und Sie würde es gewiss auf Grund des Bilderschmuckes verstehen, auch wenn Sie den Text nicht lesen können.[224]

Ob Zweig bei dem Angebot zuschlug, geht nicht hervor, erscheint aber unwahrscheinlich, da er sich weniger für Hebraica oder Judaica interssierte – was Eisemann natürlich wusste und warum er ihm das Exemplar als Kunstobjekt interessant zu machen versuchte. Bei dem Vorbesitzer dieser kostbaren Bibel handelte es sich um Victor Goldschmidt, einen Professor für Mineralogie der Universität Heidelberg. Er war ein bedeutender Sammler von Kunst und Ethnographica und Mitbegründer des heutigen sogenannten Völkerkundemuseums von Heidelberg. Goldschmidt verstarb 1933 kurz nach seiner Flucht aus Deutschland nach Österreich. Seine Witwe Leontine Goldschmidt hatte die Bibel an ihren (unbekannten) Anwalt als Zahlungsmittel gegeben und dieser wiederum versuchte die Bibel vor seiner Emigration in die USA über Eisemann zum Verkauf zu bringen. Zweig hatte über Eisemann bereits eine Ausgabe des antiken Dichters Terenz aus dem Vorbesitz der Goldschmidts erworben. Leontine Goldschmidt beging im August 1942 Suizid, bevor sie in das Lager Theresienstadt deportiert werden sollte.[225] Der Verbleib der wertvollen Bibel ist bis heute unbekannt.

Dass Zweig an Buchillustrationen sowie an Kunst im Allgemeinen interessiert war, sofern sie einen Bezug zu den Inhalten seiner Sammlung hatten, zeigen zahlreiche weitere Angebote Eisemanns. So vermittelte der Antiquar im Dezember 1939 Zweig zwei Zeichnungen Rembrandts im Wert von 2.000 Pfund (heute etwa 123.000 Euro), die bis dahin in der Rembrandt-Forschung als unbekannt und unbeschrieben galten.[226] Bereits auf seinen Reisen nach New York hatte Zweig die beeindruckende Rembrandt-Sammlung mit Zeichnungen, seltenen Drucken und Radierungen des bekannten Bankiers Felix Warburg in dessen Wohnung am Central Park be-

---

224 BLAL, Heinrich Eisemann an S.Z., 30. Januar 1940; Add MS 89376/2.

225 Zu Leontine Goldschmidt siehe: https://stolpersteine-guide.de/map/biografie/599/leontine-goldschmidt (Zugriff: 19.05.2022).

226 S.Z. überließ die Zeichnungen später seinem Bruder Alfred, vgl. Dines, *Stefan Zweig und sein Freundeskreis*, 226; BLAL, Heinrich Eisemann an S.Z., 6. Dezember 1939, Add MS 89376/2.

wundert.[227] Bei einer Zeichnung handelte es sich um die „Darstellung der Szene zwischen David und Abigail“[228], worauf Eisemann Zweig aufforderte: „Bitte lesen Sie zu der Darstellung von David und Abigail Buch Samuel I 25, Vers 39-41.“[229] Insgesamt hat Zweig wohl vier der bedeutendsten Zeichnungen des Künstlers besessen.[230]

Zudem erwarb Zweig über den Antiquar eine Zeichnung von Josef Danhauser, die Beethoven am Totenbett zeigte. Über den Kauf berichtete er seinem Freund Geigy-Hagenbach voller Freude in einem Brief im Juli 1939.[231] Jedoch konnte er nicht wissen, dass es sich nicht um das Original handelte, wie sich erst später nach Eingliederung der Zeichnung in die Sammlung der British Library zeigte.[232] Dass Eisemann davon wusste, ist unwahrscheinlich. Zwischen Antiquar und Sammler entwickelte sich in der Zeit in London eine enge Freundschaft und Eisemann, war, wie er Zweig versicherte, stets bemüht, ihm solche Inhalte anzubieten, die dessen Sammlung „gegenseitig stützen und ergänzen“.[233]

Nach allmählicher Einrichtung in London wurde das Jahr 1938 für Zweig ein schwerer Einschnitt. Mit dem „Anschluss“ Österreichs, dem damit einhergehenden Terror gegen die jüdische Bevölkerung, der großen Sorge um Familie und Freunde, den Bücherverbrennungen in Wien und Salzburg war nun auch jegliche Hoffnung auf eine baldige Normalisierung oder Rückkehr in die Heimat erloschen. Der schwerste Schlag war der Tod der schwer erkrankten Mutter im August 1938, für die Stefan und Albert Zweig keine Möglichkeit mehr zur Ausreise hatten organisieren können.[234]

Zuvor, im Frühjahr 1938, war das Haus von Friderike in Salzburg, die sich zu der Zeit mit der Tochter Suse in Paris aufhielt, von der Gestapo überfallen und trotz des Versuchs der Tochter Alexis, vor Ort noch Persönliches zu retten, wurde alles Wertvolle, darunter auch das Friderike gewidmete Manuskript des *Jeremias*

---

227 Zweig, *Tagebücher*, Eintrag vom 20. Januar 1935, 369. In der ehemaligen Wohnung Warburgs befindet sich heute das Jüdische Museum New York; Warburgs Rembrandt-Sammlung wurde von der Familie seit 1941 in mehrere Schenkungen an das Metropolitan Museum of Arts übergeben, vgl. *The Metropolitan Museum of Art Bulletin*, 2 (1941), 48ff.

228 BLAL, Heinrich Eisemann an S. Z., 20. Dezember 1939, MS-86376.

229 Ebd.

230 BLAL, Eisemann an S.Z., 10. Mai 1940, MS:89376.

231 Vgl. Matuschek, *Drei Leben*, 326.

232 Vgl. A. Searle, The British Library Stefan Zweig Collection: catalogue of the music manuscripts. London 1999, darin plate XXVII sowie Beschreibung zu der Zeichnung, die sich heute in der British Library befindet: https://www.bl.uk/manuscripts/FullDisplay.aspx?ref=Zweig_MS_30 (Zugriff: 04.05.2022).

233 BLAL, Heinrich Eisemann an S.Z., 28. Februar 1940.

234 Ebd., 313.

gestohlen.[235] Die drei Frauen suchten daraufhin bis auf Weiteres in Frankreich Schutz. Mit der Flucht des Verlegers Reichner aus Wien musste Zweig sich zudem einmal mehr nach einer neuen Publikationsmöglichkeit umsehen, die er schließlich in Schweden bei Bermann-Fischer und bei Albert Lange in Amsterdam fand.[236]

An Arnold Zweig schrieb Stefan Zweig in diesen Tagen aus London:

> Ach was habe ich gewarnt, wie noch Freud beschworen wenigstens den Verlag und sein Archiv nach England zu retten! Aber meine eigene Frau konnte sich doch nicht losreißen und ihre Kinder nicht, sie ließen mich wie einen Schwarzseher in mein angeblich eingebildetes Dunkel rennen und ich selbst, ich wollte wenigstens mit meinen Büchern in Österreich bleiben, um nicht zu zeigen, daß ich den Untergang sehe.[237]

Die Schilderungen an den Schriftstellerkollegen, der selbst zunächst nach Sanary-sur-Mer und 1934 nach Palästina geflohen war, dürften ihn interessiert haben, weil er wie Stefan Zweig ein großer Verehrer Sigmund Freuds war. Später sollte Arnold Zweig auf Bitten der Tochter Anna Freud und durch Zuspruch Lion Feuchtwangers die Geschichte dieser Freundschaft verewigen.[238] Bereits vor Wochen hatte Stefan Zweig an Freud geschrieben:

> Oft dachte ich an Sie in diesen kritischen Tagen. Ich könnte jetzt zufrieden, ja vielleicht hämisch überlegen tun, weil ich allem bösen Gerede trotzend, schon vor vier Jahren meine Zelte abbrach. Aber ich leide genau so als ob es mich selbst beträfe, mit allen, die jetzt in Wien voll Sorge sind. Daß doch Ihr Verlag noch mit den Büchern herüberkäme. Sie wissen, ich mahnte jedesmal daran: Ihr Werk muß da sein, zugänglich und gegenwärtig, gerade wie es so viel Zukunft in sich enthält.[239]

Freud sollte schließlich im Juni 1938 nach London emigrieren. Ob Zweig ihn bezüglich seiner Bibliothek weiter beraten hatte, ist unklar, aber nicht unwahrscheinlich. Den größeren Teil hatte Freud in Wien an den jüdischen Antiquar Paul Sonnenfeld übergeben, welcher wiederum bald darauf selbst floh und daraufhin Heinrich Hinterberger die Sammlung Freud übernahm.[240]

---

235 Matuschek, *Drei Leben*, 316.

236 Ebd., 320.

237 S.Z. an Arnold Zweig, undatiert, vermutlich Mai 1938, S. Zweig, *Briefe* (2005), 222.

238 A. Zweig, *Freundschaft mit Freud*.

239 S.Z. an Sigmund Freud, 2. März 1938, S. Zweig, *Briefe* (2005), 214f.

240 Über Hinterberger gelang die Bibliothek von Freud in Teilen an das New York State Psychiatric Institute, ein kleinerer Teil befindet sich heute in der Library of Congress in Washington, siehe dazu Davies/Fichtner, *Freuds Bibliothek*, 3; vgl. auch Matuschek, Verkauf der Sammlungen, 64;

Etwa 3.600 Bände aus Freuds Bibliothek fanden ihren Weg im August 1938 nach London und wurden in Freuds neuem Heim in London Hampstead aufgestellt.[241] Zweig besuchte ihn dort in Begleitung von Salvador Dali, der eine Skizze von Freud anfertigte.[242] Es war eines der letzten Treffen der beiden Wiener Exilanten in London. Freud verstarb dort am 23. September 1939, was Zeig schwer traf und womit er einen weiteren guten Freund verlor.[243]

Zweig erreichten auch in London aus ehemaligen Verbindungen in Wien und Salzburg immer wieder Anfragen in Sammlungsangelegenheiten. Über Raoul Auernheimer[244] hatte sich die Witwe Arthur Schnitzlers an Zweig gewandt, um sich bezüglich des Verkaufs wertvoller Autographen zu erkundigen. Zweig, empfand es als „schlimme Aufgabe [,] kostbare Illusionen zu zerstören"[245], konnte aber aus Erfahrung und seiner Kennerschaft keine großen Hoffnungen machen:

> An einen Verkauf nach Amerika ist nicht zu denken. Die Amerikaner interessieren sich erstens für ihre eigene Literatur und allenfalls noch für englische, zweitens vielleicht für das Manuskript eines Buches, das heute oder gestern den größten Erfolg gehabt hat, nie aber für Werke, die dreißig und vierzig Jahre zurückliegen. Der deutsche Kaufkreis fällt total aus, der österreichische hat keine Kaufkraft. So fürchte ich, wird sie [Olga Schnitzler] für eine Sache, die uns kostbar ist wie die „Liebelei" nicht die Beträge erhalten, die dem inneren Wert entsprechen und die sie wohl erwartet.[246]

Es scheint als sei das Werkmanuskript der *Liebelei* am Ende doch nicht veräußert worden. Zumindest befindet es sich heute in der Österreichische Nationalbibliothek, der es von Schnitzlers Erben 1983 überlassen worden war.[247]

---

siehe auch Sigmund Freud Rare Book Collection, https://guides.loc.gov/sigmund-freud-collection (Zugriff: 05.04.2022).

241 Alt, *Sigmund Freud*, 856.

242 S. Zweig, *Die Welt von Gestern*, 478; Dines, *Tod im Paradies*, 353.

243 Matuschek, *Drei Leben*, 325.

244 Auernheimer war Mitglied des Jung-Wien-Kreises und mütterlicherseits mit Theodor Herzl verwandt. 1938 wurde Auernheimer in Österreich verhaftet und in das Konzentrationslager Dachau verbracht. 1939 gelang ihm die Flucht in die USA, wo er 1947 in Kalifornien verstarb; A. Zohner, „Auernheimer, Raoul", *NDB*, Bd. 1, 435.

245 S.Z. an Raoul Auernheimer, 5. März 1937, S. Zweig, *Briefe* (2005), 182f.

246 Zweig schreibt hier auch über den Versuch der Familie Wassermann, Autographen von Jakob Wassermann zu veräußern, siehe hierzu Kap. 6; S.Z. an Raoul Auernheimer, 5. März 1937, S. Zweig, *Briefe* (2005), 182f.

247 A. Schnitzler, *Liebelei*, Historisch-kritische Ausgabe, hier „Vorbemerkungen", 6f.

Im Jahr 1938 erfolgte schließlich auch die Scheidung von Friderike und Zweig beendete das Geschäftsverhältnis mit dem Antiquar Heinrich Hinterberger, der immer noch in Kommission Autographen für Zweig offeriert hatte.[248]

Nach den zahlreichen zermürbenden Nachrichten und durch die Sorge um so viele Freunde und Verwandte, suchten Stefan und Lotte Zweig einen gemeinsamen Rückzugspunkt. Eine erste Basis für diesen Neuanfang sollten die britische Staatsbürgerschaft und die Ehe werden. Zugleich sahen sie sich nach einem neuen Heim um, das sie schließlich in der Bath im Südwesten Englands fanden.[249] Die Zweigs erwarben das ländliche Anwesen Rousemount am Lyncombe Hill. Dass man in der Kleinstadt Bath, in welcher bereits Charles Dickens als Reporter gearbeitet hatte, von der Präsenz des österreichischen Schriftstellers Notiz nahm, zeigt ein Zeitungsartikel vom 30. März 1940:

> ‚Rosemount' Lyncombe Hill which was formerly the home of Mr. Huntley, is now occupied by Herr Stefan Zweig, the distinguished and successful writer and his wife and family. Herr Zweig, who is a refugee from Austria, came to Bath temporarily last summer, and decided to make his home here [...].[250]

„[E]s ist gut, in diesen Zeiten ein Haus zu haben", notierte sich Zweig nach dem Kauf des Hauses in sein Tagebuch, das er mit Ausbruch des Krieges wieder zu führen begann.[251] Später blickte Zweig selbst ungläubig auf diese Zeit zurück: „Nach allen Gesetzen der Vernunft hätte ich jetzt rasch meine Bücher, meine Manuskripte zusammenpacken und die britische Insel [...]verlassen sollen [...] [a]ber etwas Unerklärbares widersetzte sich in mir, mich wegzuretten."[252]

Schließlich konnte auch die Hochzeit am 6. September 1939 stattfinden. Jedoch sollte die Eheschließung für Stefan Zweig einmal mehr von unglücklichen Umständen begleitet werden: Während die Heirat mit seiner ersten Frau Friderike auf deren Wunsch hin ohne sie abgehalten worden war,[253] waren nun mit Kriegsbeginn am 3. September sowohl Bräutigam als auch die Braut zu „feindlichen Ausländern" erklärt worden.[254] Dem frischvermählten Ehepaar blieb jedoch eine Internierung erspart und es konnte schließlich sein ländliches Anwesen Rosemount beziehen.[255]

---

248 Matthias/Matuschek, *Zweigs Bibliotheken*, 38; F. Zweig, *Stefan Zweig*, 228.

249 Matuschek, *Drei Leben*, 318.

250 Bath Chronicle and Weekly Gazette, 30. März 1940, 5.

251 S. Zweig, *Tagebücher*, Eintrag vom 6. September 1939, 421f.

252 S. Zweig, *Die Welt von Gestern*, 488.

253 Matuschek, *Drei Leben*, 187f.

254 Weinzierl, *Zweigs brennendes Geheimnis*, 7.

255 Matuschek, *Drei Leben*, 323.

Stefan Zweig in seinem Haus in Bath, Frühjahr 1940

Nach Bath folgten die Bibliothek sowie der Beethoven-Schreibtisch, den Zweig noch aus Österreich nachschicken ließ.[256] Die Bücher fanden in neuen Holzregalen ihren Platz, wurden jedoch nicht noch einmal vollumfänglich verzeichnet.[257] Aber auch das neue Heim und die im April 1940 gewährte britische Staatsbürgerschaft sollten keinen dauerhaften Rückzugsort für die Zweigs in Bath schaffen.

Mit der fortwährend näher rückenden Gefahr einer Invasion erwog Zweig Brasilien, das Land, das ihn wenige Jahre zuvor so begeistert hatte, als möglichen Fluchtort.[258] Die Angst war mit Verlauf des Krieges immer größer geworden. Zweig versucht sich mit Arbeit und dem Bezug des neuen Heims abzulenken, allerdings dachte er auch daran, sich Morphium zu beschaffen, sofern es wirklich zu einer Invasion kommen sollte.[259] Bei Kriegsbeginn schrieb er in sein Tagebuch:

---

256 S.Z. an Friderike, undatiert, vermutlich 17. April 1937, S. Zweig, *Briefe* (2005), 183ff, hier 184.

257 Matthias/Matuschek, *Zweigs Bibliotheken*, 41.

258 Zweig, *Tagebücher*, Eintrag vom 30. Mai 1940, 461.

259 Dines, *Tod im Paradies*, 335f.

> Überall sehe ich den Verlust von Millionen Leben und das menschliche Elend. Ich treffe wenig Leute und habe keine Zerstreuung. Ich arbeite nicht ernsthaft. Ich lese nicht einmal viel, obwohl mir eine ganze Bibliothek zur Verfügung steht. […] [260]

Als Hitlers Armee schließlich in Belgien, den Niederlanden und Frankreich einmarschierte, und dies mit einem Vormarsch auf Calais einherging, glaubte Zweig, einen Überfall auf Großbritannien unaufhaltbar. Eine Weiterflucht wurde immer drängender. „Aber wohin?", schreibt er am 25. Mai 1940 in sein Tagebuch. Die „Kraft" und der „Mut, noch einmal zu packen, zu reisen, ehe man nicht weiß, wohin" fehlten.[261]

Einmal mehr drängte sich auch die Frage auf, was mit all den Dingen, dem Haus und den Sammlungen geschehen sollte, „wohin mit den Autografen, ob die Zeichnungen wegschicken, die Ordnung die man sich mühsam geschaffen, wieder zerstören".[262] Dabei blieb vollkommen unklar, wohin man sich, oder sein Hab und Gut in Sicherheit bringen sollte. Während bereits die Hakenkreuzfahnen auf dem Eifelturm wehten, unternahm Zweig verzweifelte Versuche, für sich und seine Frau Lotte die nötigen Visa und Fahrkarten zu erhalten. Am Ende gelang dies durch die Unterstützung des Antiquars Heinrich Eisemanns, der über einen Bekannten im „Palästina Reisebüro" zwei Karten für die Überfahrt nach Brasilien organisierte.[263]

Es scheint, als habe Zweig vor seiner Reise nach Amerika noch versucht, Bücher und einen Teil der Sammlung nach Übersee zu schaffen. In einem undatierten Brief von Heinrich Eisemann an Zweig, der vermutlich aus der Zeit kurz vor der Abreise von Letzterem stammte, heißt es:

> As far as I am informed by the shipping agents, there are still many opportunities to ship or send goods to U.S.A., inspite of the difficulties which have arisen lately. I do hope that if you come to London this week, you will give me an opportunity of seeing you and we could then discuss the problem of your books. Meanwhile they can stay at Tice and Lynch's until your brother's return to New York.[264]

Die Zeilen legen nahe, dass Zweig noch Bücher nach Amerika verschickt hatte, die zwischenzeitlich bei dem New Yorker Speditionsunternehmen Tice & Lynch gestrandet waren. Um welche Bücher es sich handelte und ob sie von Alfred Zweig, der 1939 nach New York emigriert war, verwahrt wurden, bleibt ungewiss. Nachdem

260 Zweig, *Tagebücher*, Eintrag vom 16. Oktober 1939, 449.
261 Ebd., Eintrag vom 25. Mai 1940, 457.
262 Ebd., Eintrag vom 2. Juni 1940, 464.
263 Ebd., Eintrag vom 18. Juni 1940, 472f.
264 BLAL, Eisemann an S.Z., undatiert, um 1940.

es im letzten Moment gelang, zwei Tickets dritter Klasse für das Transatlantik-Passagierschiff *Scythia* zu reservieren, half Zweig wiederum Eisemann, das Antiquariat aufzulösen, und bemühte sich über den Schriftsteller Alfonso Hernández Catá, der als kubanischer Botschaftsrat in Brasilien tätig war, Visa für Eisemann und dessen Familie für eine Ausreise nach Kuba zu besorgen.[265] Am Ende gelang die Ausreise für Eisemann nicht und dieser brachte sich in der Kleinstadt Harrogate nördlich von Leeds vor den Bomben in Sicherheit.[266] Der Antiquar überlebte die Kriegsjahre und erlangte durch sein Netzwerk und Wissen für den Antiquariatsmarkt der Nachkriegsjahre eine herausragende Bedeutung. Stefan Zweigs Bücher blieben erneut zurück und wurden zu einem Relikt für Zweig und sein einmal mehr abgebrochenes Leben. Noch heute finden sich Fragmente der Sammlung im Familienbesitz der Erben von Lotte und Stefan Zweig, aber auch in der London Library und British Library.[267] Im September 1941 schrieb Zweig aus dem Exil Brasilien an Hannah und Manfred Altmann: „My indifference against books etc. comes from the condition that I shall never see them and I wish you would keep them or the best of them for you."[268]

4.4 Zwischen gestern und heute – Zweigs Bücher in Petrópolis

> Als die Zeit Hitlers einsetzte und ich mein Haus verließ, war die Freude an meinem Sammeln dahin und auch die Sicherheit, irgend etwas bleibend zu erhalten. Eine Zeitlang ließ ich noch Teile in Safes und bei Freunden, aber dann entschloß ich mich, gemäß Goethes mahnendem Wort, daß Museen, Sammlungen und Rüstkammern, wenn man sie nicht fortentwickele, in sich erstarren, lieber Abschied zu nehmen von einer Sammlung, der ich meine gestaltende Mühe weiter nicht mehr geben konnte.
>
> Zweig, *Die Kunst des Abschiednehmens* (posthum 1942)[269]

Als Stefan und Lotte Zweig am 21. August 1940 und damit auf den Tag genau vier Jahre nach dem ersten Besuch Zweigs im „Land des Glutholzes" von Bord des Schif-

265 Davis/Marshall, *South American Letters*, 21.

266 Dines, *Stefan Zweig und sein Freundeskreis*, 118; Eisemann hingegen führte auch nach der Überfahrt mit Lottes Schwägerin Hannah Altmann weiter Korrespondenz bezüglich des Kaufs von Büchern und Autographen; BLAL, Eisemann an Hanna Altmann, 19. Februar 1941, MS_89376_0109; Matuschek, *Drei Leben*, 331.

267 Vgl. https://www.stefanzweig.digital/o:szd.standorte/sdef: TEI/get?locale=de (Zugriff 05.05.2022).

268 Davis/Marshall, *South American Letters*, 138.

269 S. Zweig, Die Kunst des Abschiednehmens, 83f.

fes *Argentina* gingen, waren sie zwei der wenigen jüdischen Flüchtenden, die unter dem autoritären Regime Getúlio Vargas Asyl in Brasilien erhielten.[270] Der sich unter dem Deckmantel einer fortschrittsorientierten Wirtschafts- und Sozialpolitik an faschistischen Idealen orientierende *Estado Nuovo* (Neuer Staat) propagierte öffentlichkeitswirksam die Gefahren einer vermeintlich bevorstehenden Masseneinwanderung und lehnte insbesondere die Einwanderung von jüdischen Flüchtenden ab. Die bereits seit 1933 geltenden Einwanderungsbeschränkungen wurden kontinuierlich verschärft.[271] Die Pläne der Jewish Colonization Association, im Süden Brasiliens Landwirtschaftskolonien zu errichten um dort jüdische Flüchtende aus Europa anzusiedeln, wurden abgelehnt.[272] Während zwischen 1933 und 1937 noch etwa 12.000 Juden die Einreise gewährt wurde, ist bereits im Jahresverlauf von 1937 die Aufnahme von Asylsuchenden „semitischer Herkunft" weiter beschränkt worden.[273] Teilweise wurden Visa-Anträge aufgrund „jüdisch klingender Namen" verweigert.[274] Die Zweigs waren gewissermaßen Teil des Feigenblattes der brasilianischen Regierung, welche durch die Gewährung einer geringen Zahl an Visa für jüdische Wissenschaftler und Intellektuelle internationale Kritik abwenden wollte.[275] Der Sprachforscher und Ethnologe Claude Lévi-Strauss schilderte später in seinem viel beachteten Werk *Traurige Tropen* (1955)[276], wie ihm das Visum von der brasilianischen Botschaft in Paris für die Einreise nach Brasilien verwehrt worden war, obwohl er noch wenige Jahre zuvor als Gastprofessor an der neugegründeten Universität von Sao Paulo seine ethnographischen Forschungsreisen gemeinsam mit seiner Frau Dina Dreyfus im Mato Grosso und Amazonasgebiet durchgeführt hatte.[277]

270 TNA; *BT27 Board of Trade: Commercial and Statistical Department and Successors: Outwards Passenger Lists*; Referenznummer: *Series BT27-143730; Dines, Tod im Paradies, 355, 380.*

271 J. Lesser, Images of Jews and Refugee Administration in Brasil, *CJLACS* 39/40 (1995), 67, 69; vgl. ders., Von deutschen Juden, *Martius-Staden- Jahrbuch* 54 (2007), 1.

272 Ders., Bad Land, *I&M*, 15 (1996), 1ff; zur jüdischen Einwanderung aus dem deutschsprachigen Raum siehe auch: P. Moreira, Juden aus dem deutschsprachigen Kulturraum in Brasilien, 417.

273 Die Angaben zu den jüdischen Einwanderungszahlen schwanken mitunter erheblich, so sprach das brasilianische Außenministerium für den Zeitraum 1934–1937 von 58.000 jüdischen Flüchtlingen, die in Brasilien aufgenommen wurden. Das widerspricht der Angabe von Lesser, der von ca. 10.000 Flüchtlingen ausgeht: vgl. Lesser, *Welcoming the Undesirables*, 52; Dines, *Tod im Paradies*, 365. Zur jüdischen Einwanderung nach Brasilien siehe auch: Lesser, Images of Jews and Refugee Admissions, *CJLACS* 39/40 (1995), 74; ders., Vom Antisemitismus zum Philosemitismus, *Alternative Lateinamerika*, hg. von K. Kohut/P. von zur Mühlen.

274 Lesser, Images of Jews and Refugee Admissions, 75.

275 Ebd., 79.

276 C. Lévi-Strauss, *Traurige Tropen.*

277 Claude Lévi-Strauss erwähnte Dina Dreyfus, die großen Anteil an den Forschungsreisen hatte kein einziges Mal namentlich in der Veröffentlichung *Traurige Tropen.*

Als Stefan Zweig also im August 1940 zum zweiten Mal in das riesige Land im Süden Amerikas reiste, war er nicht blind und taub gegenüber der Politik des Staates, dennoch huldigte er in öffentlichen Äußerungen „dem neuen Brasilien“, welches Vargas als Regierungschef zu verdanken sei.[278] Noch fühlte Zweig sich bei seiner Ankunft im August 1940 als Gast, der ohne politisches Programm nach Brasilien gekommen war. Sein Plan war, nach der Erkundung des Landes und Reisen nach Argentinien, eventuell Uruguay und Chile, wieder nach Nordamerika zu reisen und im besten Falle bald in die europäische Heimat zurückzukehren.[279] Mit der Entwicklung des Krieges wuchs jedoch die Angst davor, dass es bald kein Europa mehr geben würde, wohin er zurückkehren konnte.

Dem Orientalisten Abraham Shalom Yahuda, der wie Zweig ein großer Bibliophiler und Sammler war, ursprünglich aus Jerusalem stammte, für einige Zeit in England gelebt hatte und 1940 in die USA emigriert war, schrieb Zweig von seiner Angst vor der Zerstörung seines Hauses und seiner Bücher in Bath. Yahuda antwortete ihm im September 1940 aus New York nach Rio:

> I can imagine how worried you are about your things in England: so am I too, about my house and the big library and collections I left there. I am only glad to have brought here the best and most important parts of my collections and writings. You will remember that I advised you to do the same, but of course[,] it does not serve any purpose to talk about it now. Let us hope that the worse will not come to the worst [...].[280]

Der Brief erinnert an jenen, den Zweig damals an Sigmund Freud geschrieben hatte, in welchem er ihm den Rat gab, seine Bibliothek aus Wien nach London zu retten. Dass selbst einmal London nicht mehr sicher sein würde, wollte sich Zweig damals nicht ausmalen. Insbesondere mit dem Einsetzen der vermehrten Bombardierungen Englands durch die deutsche Luftwaffe war nicht nur die Angst um Familie und Freunde groß, sondern auch vor der Zerstörung der kulturellen Schätze, die in den zahlreichen Sammlungen und Museen lagerten. Bereits 1939 hatte das British Museum einen Leitfaden veröffentlicht, der Anleitung für Vorkehrungen zum Schutz von wertvollen Kulturgütern geben sollte.[281] Mit Blick auf private Sammlungen waren die Möglichkeiten zur sicheren Unterbringung deutlich begrenzter. Auch der berühmte Londoner Sammler David Salomon Sassoon (1882–1942), der einer der bekanntesten britisch-jüdischen Familien angehörte, war in großer Sorge um seine Ausnahmesammlung an wertvollen Manuskripten

---

278 Dines, *Tod im Paradies*, 367.

279 Ebd., 368.

280 NLI, Abraham Shalom Yahuda Archive, Yahuda an S.Z., 19. September 1940, Arc. Ms. Var. Yah 38 01 3110.

281 British Museum, Air Raid Precautions in Museums, Picture Galleries and Libraries.

und Büchern.[282] Vermutlich dachte er an das Schicksal der Bibliothek seines Urgroßvaters, Farja Hayeem ben Abdullah Joseph aus Bagdad, die 1775 von persischen Truppen zerstört worden war.[283] Sassoon hatte bereits im sogenannten „Anschluss" von Österreich ein Vorzeichen auf Schlimmeres gesehen.[284] Im April 1938 notierte er in sein Tagebuch:

> I was afraid lest the Nazis bombard London. I felt it my duty to preserve my manuscripts. I took a large number of them to Winchester Safe Deposit, Broad Street, London. I placed them in the strong room. I embraced and kissed them, and I reflected whether I should ever set my eyes on them again.[285]

Sassoon sollte seine geliebten Bücher und Manuskripte nicht mehr zu Gesicht bekommen. Er verstarb 1942 im Alter von 61 Jahren. Auch Zweig hatte sich innerlich von alldem, was er in Europa zurückgelassen hatte, verabschiedet und versuchte sich in Brasilien durch neue Projekte abzulenken.

---

282 David Solomon Sassoons Onkel war Mitbegründer der „David Sassoon-Library" von Bombay (heutiges Mumbai). Zur Familie Sassoon siehe: C. Roth, *The Sassoon Dynasty*; der Historiker Cecil Roth adressiert darin in seinem Vorwort direkt Adolf Hitler, um diesem seine „tiefe Verwünschung und […] Abscheu" zum Ausdruck zu bringen. Die Ausgabe von 1941 ist heute höchst selten; zu den Sassoons siehe auch: J. Sassoon, *The Sassoons*.

283 H. Rabinowicz, The Sassoon Treasures, *The Jewish Quarterly Review*, 2 (1966), 152.

284 Ebd.

285 Zit. n. ebd.

Stefan Zweig in der Livraia Guanabara, undatiert
© Archiv der Casa Stefan Zweig, Petrópolis, Brasilien

Bereits seit seinem ersten Besuch 1936 schwebte Zweig vor, seine Eindrücke über das ihn faszinierende Land in einem Buch festzuhalten.[286] Nur einen Tag nach der Ankunft in Rio im August 1940 machte sich Zweig in die Rua do Ouivor 132 auf, zur Adresse der Buchhandlung Livraria Guanabara, um auch dort nach Literatur über die Geschichte und Gesellschaft Brasiliens zu suchen. Insbesondere der Habsburger und einstige Kaiser Brasiliens Dom Pedro II. interessierten ihn. Neben der Lektüre versuchte Zweig im Zuge der Erkundung des Landes Eindrücke für die Arbeit über Brasilien zu sammeln. Zunächst kehrt der Schriftsteller über Argentinien noch einmal in die Vereinigten Staaten zurück. Am 12. Februar 1941 schreibt Stefan Zweig an seine Freunde Alma und Franz Werfel:

> Ich bin von Südamerica zurück, müde, abgehetzt und habe mich für die Monate[,] wo es unten Sommer ist, hierher zurück gezogen – ein kleiner Ort mit einer großen Bibliothek (Yale University) ist für mich jetzt der richtige Platz. Ich mag nicht viel Leute sehen, weil ich mich mit den Wenigsten verständigen kann, sie reden alle über einen „Krieg" mit einer Art abstracter Gleichgiltigkeit. Ich sehe daß es eine Katastrofe[,] ist wie sie die Welt

286 J. Dewulf, Brasilien. Ein Land der Zukunft, *Stefan-Zweig-Handbuch*, 330.

> seit dem Einsturz des [R]ömischen Reiches in gleichen Dimensionen nicht mehr erlebt hat. Wer nicht den Mut hat zu wissen, daß unsere Generation kein Ende sehen wird und kaum das erste Licht des anderen Anfangs, versteht nicht was geschieht.[287]

Obwohl sich Zweig in relativer Sicherheit wiegen konnte, verzweifelt er weiterhin an der Ungewissheit der Zukunft. Selbst die frühere Euphorie mit Blick auf die Arbeit an dem Buch über Brasilien war verflogen. Dennoch schließt er das Manuskript des „Brazil-Book" im Februar 1941 in der Bibliothek der Yale Universität in New Haven ab.[288] Zwar wird das Buch, welches auf Deutsch unter dem Titel *Brasilien. Ein Land der Zukunft* einschienen ist, und darüber hinaus ins Portugiesische, Französische, Englische, Spanische und Schwedische übersetzt wurde, gut verkauft, aber nicht nur positiv aufgefasst. Kritiker sahen in dem Werk eine Anbiederung an das Vargas-Regime.[289] Zweig zeichnete in der Tat ein stark idealisiertes Bild der Geschichte und Gegenwart des Landes, welches die verheerenden Auswirkungen von Kolonialismus, Sklaventum und die totalitaristische Regierung ausblendete.[290]

Das Buch mag auch deshalb derart oberflächlich geblieben sein, weil Zweig sich durch die Erschütterung über die Ereignisse in Europa und der Fluchterfahrung nicht mehr dem „Brasilien von morgen", sondern der *Welt von gestern* widmen wollte.[291] Wie Zweig der Freundin und Übersetzerin Lavinia Mazzucchetti mitteilte, hatte er lange davon abgesehen, eine Autobiographie zu schreiben, da es ihm widerstrebte, sich zu sehr mit sich selbst auseinanderzusetzten. Jedoch fühlte er mit dem Verlauf des Krieges die Notwendigkeit, die Welt, in der er einmal lebte, für die Nachwelt festzuhalten: „[N]ow I see, that I have to describe Vienna, which is irreal [unreal] as Persepolis and Karthago, a time, which has become history […]."[292]

Bereits im Mai 1940 schreibt Zweig an den Schriftsteller Max Hermann-Neiße über das lange in ihm wachsende Projekt:

> Aus Verzweiflung schreibe ich die Geschichte meines Lebens[…]. So will ich wenigstens ein Dokument hinterlassen, was wir geglaubt, wofür wir gelebt haben; ein Zeugnis ist heute vielleicht wichtiger als ein Kunstwerk. Nie ist eine Generation so geprüft, so gepeinigt worden wie die unsere. Sagen wir es der nächsten als Warnung.[293]

---

287 S.Z. an Alma und Franz Werfel, 12. Februar 1941, S. Zweig, *Briefe* (2005), 298ff.

288 Dewulf, Brasilien, *Stefan-Zweig-Handbuch*, 330.

289 Ebd., 331.

290 Zweig wurde für seine kritiklose Darstellung sowohl von Regime-Kritikern Brasiliens als auch von Hannah Arendt kritisiert, siehe: Dines, *Tod im Paradies*, 428.

291 Weinzierl, Autobiographie als Epochendarstellung, *Stefan-Zweig-Handbuch*, 340ff.

292 S.Z. an Lavinia Mazzucchetti am 9. März 1940, S. Zweig, *Briefe* (2005), 271ff.

293 Zit. n. Prater, *Leben und Werk im Bild*, 279.

Stefan und Lotte Zweig kehren im August 1941 wieder nach Brasilien zurück.[294] Gegenüber dem Diplomaten Claudio de Souza äußerte Zweig den Wunsch nach „ein[em] bescheidene[n] Häuschen als Rückzugsort" wo er mit Lotte „und den wenigen Büchern, die [er] erwerben konnte", leben und arbeiten wollte.[295]

Schließlich konnte das Ehepaar in Petrópolis einen kleinen Bungalow beziehen. Obwohl einige Bekannte in unmittelbarer Nachbarschaft lebten, wie etwa die chilenische Konsulin Gabriela Mistral, oder der aus Berlin stammende Journalist Ernst Feder, blieb das Ehepaar zurückgezogen.[296] Stefan Zweig versuchte sich ganz der Arbeit zu widmen und griff das lange ruhende Balzac-Projekt wieder auf, um gleichzeitig eine Arbeit über Montaigne zu entwerfen.[297] Ideen hatte der Schriftsteller viele, jedoch fehlten ihm die Bücher. Am 22. Juli 1941 schrieb er an Eisemann, der sich trotz der Zustände in London noch an kleineren Neuzugängen seiner Sammlung erfreuen konnte:

> I am glad you have been able to find so interesting items. I wish I could see them, but will this ever be possible again? […] I am longing to return to my house and to sit with my books[,] and to continue with my Balzac […]. My interest in books and autografs has also completely disappeared, they are for me so impersonal as if they would be in a catalogue as I am here I will never have more occasion to enjoy them. Sometimes I regret to have left my house in Bath – you will feel yourself how isolated one feels without books […].[298]

Um sich zumindest ein wenig Linderung von dem Schmerz über den Verlust der Bücher und dem Fehlen seiner Bücherfreunde zu verschaffen, streifte Zweig häufig durch die Buchläden von Rio. Die Livraria José Olympio mied er jedoch, denn diese war zum geselligen Treffpunkt der Schriftstellerwelt der Stadt geworden und Geselligkeit ertrug Zweig in dieser Zeit selten.[299] Häufiger besuchte er das Antiquariat Le Connaisseur, welches von dem deutsch-jüdischen Exilanten Wolfgang Apfel geführt wurde.[300] Der ebenfalls nach Brasilien geflüchtete deutsch-jüdische Schriftsteller Victor Wittkowski erinnerte sich später, wie er Zweig dort einmal begegnete:

294 Dines, *Tod im Paradies*, 381.
295 Zit. n. ebd., 459.
296 Ebd., 487.
297 Ebd., 491f.
298 LBINY, Stefan Zweig autographs collection, Stefan Zweig an Heinrich Eisemann, 22. Juli 1941, Copies of letters and other originals, 1916–1942, AR 834.
299 Dines, *Tod im Paradies*, 481.
300 Fischer, *Geschichte des deutschen Buchhandels*, Bd. 3,3, 909.

> In Rio de Janeiro befand sich damals in der rua 7 de Setembro das Buch- und Kunstantiquariat „Le Connoisseur". Als ich das Geschäft eines Tages besuchte, fand ich Zweig und Frau Lotte dort vor, die sich einige Bücher aussuchten. Der Zufall wollte, daß ich gerade am gleichen Tag ein damals seltenes Büchlein, die Verskomödie „Der verwandelte Komödiant", deren Verfasser Zweig war, gekauft hatte [...]. Er nahm das Bändchen, öffnete es und las ein paar Reihen. „Wie leicht mir diese Verse wurden", sagte er zu seiner Frau. „So leicht, wie mir später nur noch die Verse für Strauss geworden sind." Erinnere ich mich recht, so hatte er eine billige kleine Goethe-Ausgabe, einen englischen Shakespeare und eine deutsche Homerübertragung unter den Büchern zum Kauf gewählt.[301]

Bücher von Shakespeare und Goethe aus dem Besitz Zweigs haben sich heute in Petrópolis erhalten.[302] Einige der Goethe-Exemplare weisen einen Stempel der Livraria Kosmos von Rio auf, die von Erich Eichner und Walter Geyerhahn, zwei Exil-Buchhändlern aus Österreich, geführt wurde.[303]

Neben den zahlreichen Buchhandlungen besuchte Zweig auch die öffentliche Bibliothek von Petrópolis, die jedoch von überschaubarem Umfang war und nur vereinzelt interessante Inhalte für Zweig bereithielt.[304] Zurückgezogen in seinen Bungalow am Rande des Urwaldes, wo ihm nur eine kleine Auswahl an Büchern zu Verfügung stand, widmete sich Zweig schließlich einem neuen Vorhaben:

> Das Thema ist eine Geschichte um das Schachbrett, ich glaube die erste, die jemals zu diesem Thema geschrieben wurde. Und da Schach viele Freunde und Anhänger hat und sogar eine Anzahl von Sammlern aller Bücher über Schach existiert, denke ich, dass eine limitierte Luxusausgabe gute Chancen haben dürfte[...].[305]

Diese Zeilen schrieb er an den Freund Jules Romains. Die *Schachnovelle* war die letzte Arbeit, die Stefan Zweig fertigstellte.

Noch am 18. Februar 1942 hatte Zweig seine letzten Autographen zu seinem Verleger in die Buchhandlung Koogan in Rio gebracht. An Abrahão Koogan gab Zweig zudem eine wertvolle Zeichnung, vermutlich jene William Blakes, die er auf seiner ersten London Reise 1906 erworben hatte.[306] Friderike sollte den Mozart-

---

301 Zit. n. Prater, *Leben und Werk im Bild*, 301.

302 Vgl. Stefan Zweig digital, hg. Literaturarchiv Salzburg, letztes Update 21.06.2021, URL: https://stefanzweig.digital/o:szd.bibliothek/sdef:TEI/get?locale=de#SZDBIB.142 (Zugriff: 04.04.2022).

303 Stefan Zweig digital, Hrsg. Literaturarchiv Salzburg, letztes Update 21.06.2021, URL: https://stefanzweig.digital/o:szd.bibliothek/sdef:TEI/get?locale=de#SZDBIB.757; Zur Livraria Kosmos siehe Fischer, Geschichte des deutschen Buchhandels, Band 3,3, 908.

304 Dines, *Tod im Paradies*, 506.

305 S.Z. an Jules Romains; zitiert nach Dines, *Tod im Paradies*, 503.

306 Ebd., 599.

Autographen *Das Veilchen* erhalten.[307] Bücher, die Zweig sich geliehen hatte, legte er für die Rückgabe an ihre rechtmäßigen Besitzer bereit, bevor er seine Abschiedsbriefe verfasste.[308]

Am 23. Februar 1942 nahmen sich Stefan und Lotte Zweig gemeinsam in ihrem Haus in Petrópolis das Leben. In ihren letzten Zeilen an Freunde und die Familie werden unterschiedliche Gründe für den verzweifelten Entschluss angegeben: der Krieg, Stefan Zweigs Depression, Lottes Asthma-Erkrankung. In dem Brief, den Stefan Zweig für Friderike hinterlassen hat, heißt es: „Ich habe mich in Petropolis durchaus wohlgefühlt, aber mir fehlten hier die Bücher, die ich brauchte, und die Einsamkeit, die ja eine deutliche Linderung bewirkte, schlug in Bedrückung um […].“[309]

Der Stadtbibliothek von Petrópolis überließ Zweig eine Sammlung von etwa hundert Bänden, die wie erwähnt, unter anderem die Werke Goethes und Shakespeares enthielt. Darüber hinaus finden sich Gesamtausgaben von Montaigne und Balzac, den zwei Figuren, denen sich Zweig in den letzten Monaten seines Lebens intensiv gewidmet hatte.[310] Dem Direktor der Biblioteca Nacional in Rio de Janeiro überließ Zweig, dankbar für die interessanten Gespräche, sein Manuskript des fragmentarisch gebliebenen Balzacs.

In seiner Erzählung *Die unsichtbare Sammlung*, die von einem erblindeten Autographensammler und dessen aufgelöster Sammlung handelt, heißt es „Versprechen Sie mir nur, einen schönen Katalog zu machen: er soll mein Grabstein sein, ich brauche keinen besseren.“[311]

Für seine eigene Beisetzung hatte Zweig nur den Wunsch hinterlassen „auf dem Friedhof von Rio de Janeiro in bescheidenster und diskretester Form bestattet“[312] zu werden – dass er damit den jüdischen Friedhof meinte, ließ er vermutlich deshalb unerwähnt, weil es ihm als selbstverständlich erschien.[313] Die Jüdische Gemeinde sah es ebenfalls als selbstverständlich an, dass Zweig „inmitten seines Volkes“ beigesetzt werden sollte. Die Regierung entschied jedoch anders: Stefan und Friderike Zweig wurden am 24. Februar 1942 im Zuge eines Staatsbegräbnisses auf dem katholischen Friedhof von Rio beigesetzt.[314] Der liberale Rabbiner Henrique

---

307 Ebd., 601.

308 Von seinem Abschiedsbrief verfasste Zweig zwei Versionen, vgl. Stefan Zweigs Abschiedsbrief, http://www.stefanzweig.digital/o:szd.thema.5/sdef:TEI/get?locale=de (Zugriff: 24.05.2022).

309 S.Z. an Friderike Zweig, 22. Februar 1942. Zweig, *Briefe* (2005), 760.

310 Dines, *Tod im Paradies*, 608.

311 S. Zweig, Die Unsichtbare Sammlung, 48.

312 Zit. n. Dines, *Tod im Paradies*, 615.

313 Ebd.

314 Zit. n. Dines, *Tod im Paradies*, 613.

Lemle las aus Zweigs *Jeremias*, während die Särge entgegen dem jüdischen Ritus mit Blumen verziert waren und die Kirchenglocken läuteten.[315]

4.5 „Winzige Stücke Unendlichkeit" – Die Sammlung Zweig heute

> Sie sind da, wartend und schweigend. Sie drängen, sie rufen, sie fordern nicht. An der Wand stehen sie stumm. Schlaf scheint über ihnen und doch blickt von jedem wie ein aufgeschlagenes Auge ein Name dich an. Geht man vorüber an ihnen mit den Blicken, mit den Händen, so rufen sie dir nicht bettelnd nach, so drängen sie nicht vor. Sie fordern nicht. Sie warten, bis man ihnen aufgetan ist: dann erst tun sie sich auf. [...] sie sprechen magische Sprache und eines wie das andere wiegt und wellt unseren Atem empor. Und indem sie erregen, trösten sie auch; indem sie verführen, beschwichtigen sie den aufgetanen Sinn. Und allmählich sinkt man selbst in sie hinein, wird Ruhen und Schauen, gelassenes Schweben in ihrer Melodie, Welt jenseits der Welt.
>
> Stefan Zweig, *Dank an die Bücher* (1926)[316]

Im Jahr 1926 verfasste Stefan Zweig seine feinfühlige Würdigung unter dem Titel „Dank an die Bücher". Auch wenn diese Reminiszenz an die Liebe zum Buch bereits viele Jahre vor Zweigs Flucht aus Österreich erschienen war, offenbart sich deren Symbolkraft vollumfänglich erst im späteren Schicksal des Schriftstellers. Als „eine Welt jenseits der Welt"[317] bezeichnete Stefan Zweig seine Büchersammlung, die er seit seiner frühen Jugend über die Jahrzehnte zu einer mehrtausendbändigen Bibliothek aufgebaut hatte. In dieses literarische Refugium war er sowohl zur Arbeit, aber auch zur Muse und Zerstreuung entflohen, um durch Gelesenes und Geschriebenes weiter in diese andere Welt vorzudringen. Die Tatsache, dass Stefan Zweig während seiner Zeit im Exil in seinen Briefen – auch den Abschiedsbriefen – das Fehlen seiner Bücher beklagte, kann nicht als Grund dafür gesehen werden, dass er sich das Leben nahm. Vielmehr war ihm bereits mit der Vertreibung aus seinem Heimatland das Leben genommen worden, das er so geliebt hatte. Seine Bücher waren ein wichtiger Teil davon. Die Trauer über den Verlust war also das Symptom, aber nicht der Auslöser der Verzweiflung, aus welcher Zweig keinen Ausweg mehr fand. „Ob nun Sehnsucht nach Verlorenem einen besonderen Garten

315 Ebd., 617.

316 Zweig, Dank an die Bücher, 449f.

317 Ebd.

meint, eine Landschaft, ein Klima, die eigene Bibliothek oder die gewohnte Sprache ist im Grunde einerlei", so resümierte Friderike Zweig.[318]

Heute sind die Bücher aus dem Vorbesitz Stefan Zweigs über die ganze Welt verstreut. Sie lassen sich in Österreich, Deutschland, der Schweiz, Frankreich Großbritannien, den USA, Israel und Brasilien nachweisen.

Die Bände in der Bibliothek von Petrópolis, der Biblioteca Central Municipal Gabriela Mistral, wie sie heute heißt, sind geschlossen aufgestellt und tragen ein Exlibris, welches sie als die Bücher Stefan Zweigs kenntlich macht.[319]

Ein großer Teil der Bücher, die Stefan und Lotte in Bath zurückgelassen haben, befindet sich heute in Privatbesitz. Der Nachlass der Zweigs ging an Manfred Altmann, Lottes Bruder. Dieser bot der brasilianischen Regierung an, den Nachlass aus Bath „dem Brasilianischen Volk" zu vermachen, darunter auch rund 500 Exemplare aus der Bibliothek.[320] Die Bücher sollten im Haus in Petrópolis in Form eines kleinen Museums als Ort des Gedenkens an Stefan Zweig verwahrt und der Öffentlichkeit zugänglich gemacht werden. Nachdem Manfred und Hannah Altmann am 3. September 1954 in der Schweiz gemeinsam mit ihrem Freund Franz Neumann bei einem Autounfall ums Leben kamen und das Erbe an Eva Altmann überging, wurde die Idee der Übergabe der Bücher aus England nach Petrópolis jedoch nicht weiterverfolgt. Der Idee zur Einrichtung eines Gedenkortes für Stefan Zweig in Petrópolis wurde schließlich 2012 entsprochen. Die Villa, in der Lotte und Stefan Zweig wenige Monate 1942 lebten, ist heute für die Öffentlichkeit zugänglich.

---

318 F. Zweig, *Stefan Zweig*, 196.

319 Vgl. Auflistung der Bücher aus der Biblioteca Central Municipal Gabriela Mistral, https://www.stefanzweig.digital/archive/objects/query:szd.standort_search/methods/sdef:Query/get?params=%241%7C%3Chttps%3A%2F%2Fgams.uni-graz.at%2Fo%3Aszd.standorte%23SZDSTA.20%3E%3B%242%7Cde&locale=de (Zugriff: 04.05.2022).

320 Vgl. Dines, *Stefan Zweig und sein Freundeskreis*, 94.

5. Erinnertes zwischen München, Auckland und Marbach am Neckar – Die Bibliothek von Karl Wolfskehl

5.1 München, März 1946

> Einen Juden ohne Bücher kann man sich gar nicht vorstellen. Lesen gehört zum Juden so gut wie die leibliche Nahrung, wie alle sonstige Lebensnotdurft. Und auch der Ärmste oder der ganz nach aussen Gerichtete strebt nach Buchbesitz. Nirgends ist die Freude an eignen Büchereien verbreiteter als unter den Juden. Und viele in alte Zeiten zurückreichende Anekdoten berichten davon, wie schwer sich Juden selbst auf ihren Wander- und Leidensfahrten von geliebten Leseschätzen trennen.
>
> Karl Wolfskehl, *Die Juden und das Buch* (1936)[1]

Karl Wolfskehl (1869–1948)
© Stadtarchiv Darmstadt

1 K. Wolfskehl, Die Juden und das Buch, *GWII*, 336.

Im März 1946 erreichte die nur provisorisch wieder eingerichtete Israelitische Kultusgemeinde München eine Nachricht vom Zentralkomitee der Befreiten Juden der amerikanischen Besatzungszone. Darin angefragt waren Hinweise zu einem „Herrn Dr. Karl Wolfskehl. Etwa 70 Jahre alt".[2] Es war eine der unzähligen Suchmeldungen dieser Tage, die bei den Hilfsorganisationen eingingen. In der Suchmeldung von Susanne Schliederer aus dem Displaced-Person Krankenhaus in Gauting unweit von München hieß es:

> Der Obengenannte [Wolfskehl] war eifriger Zionist und verkehrte in den Kultur- und Kunstkreisen Münchens. Er war ein Freund Stefan Georges. Soviel uns bekannt ist, ging Herr Dr. Wolfskehl etwa 1933 über die Schweiz nach Italien und von dort nach Australien. Angeblich soll er aber nach Deutschland zurückgekommen sein.[3]

Auf die Suchanfrage im März 1946 folgte wenige Tage später die Antwort. Ein Vertreter der Jüdischen Gemeinde teilte knapp mit: „Herr Dr. Karl Wolfskehl ist uns leider unbekannt."[4]

Dass man innerhalb der Jüdischen Gemeinde München im Jahr 1946 keinen „Karl Wolfskehl" kannte, lag nicht zuletzt daran, dass von der Gemeinde der Vorkriegsjahre im Frühjahr 1946 wenig übrig war.[5] Die Suchmeldung bestätigte eine Befürchtung, die Karl Wolfskehl über die Jahre im Exil umtrieb: „Für München, für mein München bin ich tot, wahrscheinlich nie dagewesen."[6] Diese Einschätzung bezog sich freilich nicht auf die Freunde, die das Schicksal des Dichters teilten, sondern auf jene, mit denen er einst in der lebendigen Münchner Kulturszene verkehrte und die sich nach 1933 gefühlskalt von ihm abwandten.[7] Susanne Schliederer, eine Freundin Wolfskehls dieser vergangenen Tage, blieb eine Ausnahme.

Als die Suchmeldung beim Roten Kreuz einging, befand sich Karl Wolfskehl bereits seit acht Jahren in Neuseeland im Exil. Nach dem Reichstagsbrand im Februar 1933 war er zunächst nach Italien geflohen, aber auch dort wurde die Situation für ihn als Jude zunehmend gefährlicher. Die Flucht an das andere Ende der Welt war nur dadurch möglich geworden, dass Wolfskehl seine 9.000-bändige Bibliothek 1937 an den berühmten Geschäftsmann und Sammler Salman Schocken

2 Arolsen Archives, Sig. 6331010989.

3 Ebd.

4 Ebd.

5 Zur jüdischen Geschichte Münchens siehe Bauer/Brenner (Hg.), *Jüdisches München*; Brenner, *Geschichte der Juden in Deutschland von 1945 bis zur Gegenwart*.

6 K.W. an Gertrud Gräfin Helmstatt, 1. November 1946, *BNzI*, 896.

7 F. Voit, *Karl Wolfskehl*.

verkaufen konnte, der die Bücher schließlich aus Deutschland nach Jerusalem rettete.[8]

Entgegen der Annahme der Suchmeldung war Wolfskehl nicht nach Deutschland zurückgekehrt. Die späteren, vergeblichen Versuche seines zwischen Israel, der Schweiz und den USA versprengten Freundeskreises, den im Sterben liegenden Wolfskehl gemäß seinem Wunsch nach Europa zurückzuholen, scheiterten an den Umständen der Zeit, der Entfernung und, wie manch einer dachte, auch an fehlender Vehemenz. Wolfskehl verstarb 1948 vereinsamt und verarmt in Neuseeland. Was schließlich – wenn auch nur in Teilen – nach Deutschland zurückkehrte, waren die Bücher aus der einstigen Privatbibliothek Karl Wolfskehls. Nachdem der einst um den George-Kreis und das bibliophile München berühmt gewordene Dichter in den Nachkriegsjahren allmählich in Vergessenheit geriet, war es nicht zuletzt seine Büchersammlung, die ihn wieder in Erinnerung bringen sollte.[9] In den 1950er Jahren gab es aus dem ehemaligen Freundeskreis Wolfskehls – allen voran durch den Wirtschaftswissenschaftler Edgar Salin und die Buchwissenschaftlerin Annie Fraenkel – Versuche, die Bibliothek des Dichters Karl Wolfskehl von Salman Schocken abzukaufen und die Bücher aus Jerusalem in den deutschsprachigen Raum „zurückzuführen". Schocken, der sich grundsätzlich nicht gegen einen Transfer verwehrte, war jedoch gegen einen Verkauf nach Deutschland: „Hat man überhaupt das Recht die Sammlung eines aus Deutschland vertriebenen Juden ohne seinen ausdrücklich geäusserten Willensentschluss, nach Deutschland zurückzuführen?"[10] Für Schocken kam lediglich ein Tausch von Wolfskehls Büchern gegen wichtige Hebraica oder Judaica infrage, aber kein Verkauf in jenes Land, das für die Schoa und die Zerstörung jüdischen Lebens und Kulturgutes in Europa verantwortlich war. Hingegen hätte die Überführung seltener Schriften des Judentums nach Israel im Austausch gegen die deutschsprachigen Dichternachlässe für ihn eine Art symbolische Geste bedeutet und so wäre er bereit gewesen die Sammlung Wolfskehl gegen wichtige Manuskripte aus Deutschland dorthin zu geben. Zu einem solchen Tausch sollte es am Ende jedoch nicht kommen. Erst über die Teilabstoßung aus der Schocken Bibliothek Jerusalem, über die auch Bücher aus dem Vorbesitz Wolfskehls in den 1970er Jahren auf dem Buchmarkt verstreut wurden, gelangten Teile der Sammlung Wolfskehl zurück nach Deutschland. Schließlich kehrten auch über Margot Ruben, Wolfskehls Exil-Gefährtin, Wolfskehls Bücher aus Neuseeland nach Europa zurück. Heute wird ein Teil des Büchererbes von Karl Wolfskehl im Deut-

8 Zur Geschichte des Verkaufs der Bibliothek siehe Jessen, *Der Sammler*, 188ff sowie Mahrer, Schocken Library; zur Biographie Schockens siehe: dies., *Topographien eines Lebens*.

9 Zur Erinnerung an K.W. nach 1945 siehe auch C. Blasberg, Kiechlinsbergen, 3.

10 Jessen, *Der Sammler*, 286.

schen Literaturarchiv Marbach verwahrt, wo zudem eine virtuelle Rekonstruktion Aufschluss über die ursprüngliche Zusammensetzung der Sammlung gibt.[11]

In der verworrenen Geschichte der Bibliothek Karl Wolfskehls spiegeln sich nicht nur das Werk und die Biographie des Dichters wider, sondern auch die wechselnden Wertzuschreibungen und unterschiedlichen Aushandlungen über den angemessenen Ort der Verwahrung.[12] Während die Sammlung, die Karl Wolfskehl im Zuge seiner Flucht aus Deutschland an Salman Schocken verkaufen musste, bereits Gegenstand von mehreren wichtigen Untersuchungen geworden ist[13] und die Auseinandersetzung mit Karl Wolfskehl als Sammler dank der Arbeit von Caroline Jessen aufgezeigt hat, welch umfassendes kulturhistorisches Bild sich anhand der Erschließung von Sammlungsinhalten zeichnen lässt, sind Aspekte der Überlieferungsgeschichte noch unbeleuchtet geblieben. Genaugenommen muss mit Blick auf das Büchererbe Wolfskehl auch von „Sammlungen" die Rede sein, denn dem Dichter gelang es nach dem Verkauf der großen Bibliothek an Salman Schocken, eine kleinere Sammlung nach Neuseeland zu retten, die einen großen Wert für den aus Deutschland vertriebenen Dichter hatte, deren Geschichte jedoch bisher fragmentarisch geblieben ist. Auch die Verhandlungen um eine „Rückkehr" der Bibliothek Wolfskehl nach München und die Gründe des Scheiterns, wurden bisher nur oberflächlich beleuchtet. Sie werden im Folgenden durch bisher unveröffentlichte Archivquellen ergänzt und dadurch die Resonanz, die die Sammlung Wolfskehl viele Jahre nach Wolfskehls Tod nochmal in Deutschland erfuhr, herausgestellt.

5.2 Zwischen Darmstadt und München: Die Ursprünge der Sammlung

Die Ursprünge der Bibliothek sind lange vor Karl Wolfskehls Geburt am 17. September 1869 zu suchen. Die Eltern Paula Simon (1848–1876) und Otto Wolfskehl (1841–1907) entstammten beide berühmten deutsch-jüdischen Bankiersfamilien. Karl Wolfskehl sprach später selbst von einem „assimilatorischen Elternhaus",

11 Siehe hierzu die Projektseite „Virtuelle Rekonstruktion der Bibliothek Wolfskehl in Kiechlinsbergen, 1937", https://www.dla-marbach.de/bibliothek/projekte/die-bibliotheken-von-karl-wolfskehl/virtuelle-rekonstruktion-der-bibliothek-wolfskehl-in-kiechlinsbergen-1937/ (Zugriff: 03.06.2022); im Sinne Daniel Ferrers Definition einer „Bibliothèque virtuelle", führt die Datenbank auch heute verschollene Ausgaben des Dichters auf; vgl. Daniel Ferrer, Introduction. „Un Imperceptible trait de gomme de tragacanthe…", *Bibliothèques d'ecrivains*, 21.

12 Zum Umgang mit Kulturgütern aus jüdischem Besitz siehe maßgeblich E. Gallas, u. a., *Contested heritage*.

13 Ebd.; Mahrer, Schocken Library; Blasberg, *Karl Wolfskehl im Verlag Salman Schocken*.

Lilli Wolfskehl, ca. 1920
© Universitäts- und Landesbibliothek Darmstadt, Sig. his-Port-W-0106-01, http://tudigit.ulb.tu-darmstadt.de/show/his-Port-W-0106-01/0001

in dem man Weihnachten unter dem Weihnachtsbaum feierte.[14] Aber auch bei den Wolfskehls zeigten sich die vielen Schattierungen, die dem deutschsprachigen Judentum des ausgehenden 19. Jahrhunderts zu eigen waren, jedoch allzu häufig unter der Bezeichnung „großbürgerliches, assimiliertes Milieu" vereinfacht zusammengefasst werden. Otto Wolfskehl studierte in Heidelberg und Paris Jura und war von seinem Vater in das Bankgeschäft eingeführt worden. Später hatte er sich hauptberuflich der Politik zugewandt. Als nationalliberaler Landtagsabgeordneter und Vizepräsident des Hessischen Landtages avancierte er zu einer bekannten Persönlichkeit Darmstadts, die sich auch über die Grenzen Hessens hinaus einen Namen machte. Nicht zuletzt war er für sein starkes gesellschaftliches und kulturelles Engagement bekannt.[15] Neben der Unterstützung zahlreicher Kulturvereine zählte er zu den Gründungsmitgliedern der Starkenburg-Loge, die der jüdischen Organisation Bnai Brith angegliedert war.[16] Über Paula Simon haben

14 *BNzI*, 364; vgl. Voit, *Wolfskehl*, 20.

15 Otto Wolfskehl war gesellschaftlich und sozial stark engagiert, neben seinen geschäftlichen und politisch anspruchsvollen Tätigkeiten setzte er sich für den Bau von Arbeiterwohnungen ein und gründete mehrere Stiftungen. Das Amt des Finanzministers lehnte er ab, wie auch den ihm angebotenen Adelsstand, siehe: „Wolfskehl, Otto Wilhelm Nathan Benjamin", *HB*, https://www.lagis-hessen.de/pnd/1111660026 (Zugriff: 9.11.2021); siehe auch: AZJ, Nr. 48 (1884), 829.

16 „Wolfskehl, Otto Wilhelm Nathan Benjamin", *HB*, https://www.lagis-hessen.de/pnd/1111660026 (Zugriff: 09.11.2021).

sich kaum Informationen erhalten.[17] Karl Wolfskehl wurde als erstes Kind des Ehepaares geboren. Zwei Jahre später folgte die Schwester Margarete (1871–1904) und 1874 das jüngste Kind Eduard (1874–1943).[18] Nach dem frühen Tod Paulas 1878, der die drei Kinder als Halbwaisen zurückließ, heiratete Otto die aus einer protestantischen Musikerfamilie stammende Eleonore Schulz (1841–1920).[19] Lilli, wie sie sich nannte, war erfolgreiche Pianistin und erhielt später den offiziellen Titel „großherzogliche Kammervirtuosin von Hessen".[20] Otto Wolfskehl teilte ihre Liebe zur Musik,[21] was jedoch nicht die einzige Gemeinsamkeit des Paares bleiben sollte: Otto und Lilli waren beide literarisch interessiert. Otto befasste sich mit Geschichte, Religionswissenschaft und Philosophie, aber auch mit der Schönen Literatur und Lyrik.[22] Nicht zuletzt durch das Studium in Frankreich war er Liebhaber französischsprachiger Literatur, was sich auch in der Bibliothek der Wolfskehls widerspiegelt. Darin fanden sich auch zahlreiche Bücher mit Bezug zum Judentum. Hier waren es Werke zur jüdischen Geschichte, wie etwa *Die Geschichte der Juden von den Anfängen bis zur Gegenwart*[23] von Heinrich Graetz, aber auch ein umfassender Anteil an Literatur zum Dreyfus-Prozess.[24] Zu den Lesegewohnheiten Lillis gibt es keine Überlieferung, außer das mit ihrem Mann Otto gemeinsam verwendete Exlibris, welches sie sich von dem bayrischen Künstler Bernhard Wenig anfertigen ließen, der auch das Bücherzeichen für den berühmten Schriftsteller

---

17 Voit, *Wolfskehl*, 18f.

18 Ebd.

19 Ebd.

20 „Wolfskehl, Lilli", *HB*, https://www.lagis-hessen.de/pnd/117247006 (Zugriff: 9.11.2021).

21 Es war auch die Musik, worüber sich Otto Wolfskehl und Lilli kennenlernten. Beide waren im Musikverein Darmstadts aktiv und teilten neben dem musikalischen- auch literarische Interessen; siehe dazu: P. Schweitzer, *Darmstädter Musikleben*, 150ff; M. Wegner, *Merkbuch der Frauenbewegung*, 27.

22 Von einem Teil der Sammlung Otto Wolfskehls hat sich ein Zettelkassen erhalten, siehe: DLA Marbach, Nachlass K. W.; vgl. auch G. Alicke, Karl Wolfskehl, *Philobiblon* 1 (2001), 50; dass Otto Wolfskehl sich auch für öffentliche Sammlungen engagierte, zeigt auch ein Nachweis über eine Spende an die Universitätsbibliothek Gießen „für die Anschaffungen aus dem Gebiet der neueren Sprachen und Literaturen", siehe: o. V., „Die Giessener Universitätsbibliothek, *AZ* 155 (1907), 255, https://www.digitale-sammlungen.de/de/view/bsb00085831_00257_u001?page=6,7&q=Wolfskehl (Zugriff: 02.02.2022); 1909 übersetzte Otto Wolfskehl Claude Tilliers Schelmenroman *Mon Oncle Benjamin* für den Hyperion-Verlag ins Deutsche. Französische Literatur und Dichtung wurden auch zur Leidenschaft seines ältesten Sohns; Die Ausgabe war mit Schattenrissen und Portraits von Emil Preetorius, den Wolfskehl aus dem Bibliophilen-Kreis Münchens kannte, ausgestattet. Vgl Anzeige *Börsenblatt* 266 (1919), 13303.

23 H. Graetz, *Die Geschichte der Juden*; DLA, Zettelkasten Otto Wolfskehl.

24 DLA, Zettelkasten Otto Wolfskehl.

Jakob Wassermann entwarf.[25] Karl Wolfskehl stand somit bereits seit früher Jugend ein großes Literaturangebot zu Verfügung. Mit der Stiefmutter Lilli verband Karl Wolfskehl nicht nur ein harmonisches Auskommen, sondern auch das Interesse am Sammeln von Autographen, wie spätere Briefe zwischen beiden zeigen.[26] Eine der Haushaltshilfen aus den Kindertagen Karl Wolfskehls schrieb diesem später über dessen Jugendjahre, über die sonst wenig überliefert ist: „Damals hatten Sie freilich nur Interesse für Essen und Bücher!“[27]

Einige Inhalte aus der elterlichen Bibliothek sowie aus dem erweiterten Familienumfeld, sollten später den Weg in Karl Wolfskehls eigene Sammlung finden. Das offenbart das eingeklebte Exlibris, anderes lässt sich anhand von handschriftlichen Vermerken in den Büchern rekonstruieren.[28] So haben aus der großelterlichen Bibliothek – sowohl mütterlicher- als auch väterlicherseits – mehrere jüdische Gebetbücher den Weg in die Sammlung Karl Wolfskehls gefunden, darunter die *Festpredigen nebst archäologischen Bemerkungen* (Marburg 1834)[29]. Die Widmung des Verfassers Benjamin Hirsch Auerbach darin lautet: „Zur Vermählungs-Feier / des Herrn Carl Wolfskehl in Darmstadt“. Auf dem hinteren Vorsatz des Buches findet sich die handschriftliche Ergänzung Karl Wolfskehls, der die Widmung erläutert: „H. Auerbach war Rabbiner in Darmstadt und traute meine Großeltern Carl und Hanna Wolfskehl, den 3.X.1839, Karl Wolfskehl.“[30] Bei Carl Wolfskehl (1814–1863) handelte es sich um Karl Wolfskehls Großvater väterlicherseits, der das bereits vom Vater gegründete Bankhaus weiterführte und Johanna Kaulla (1820–1894), Tochter des Stuttgarter Hofbankiers geheiratet hatte.

Lediglich in einer Notiz in der Schocken-Bibliothek Jerusalem erhalten hat sich die Beschreibung einer Ausgabe der Publikation Otto Müllers *Die Kunst Dichter zu werden* (ca. 1870), die mit einer Eintragung auf der Innenseite des Rückdeckels beschrieben wird: „Von Jul[ius] Frese, dem Goethe Philologen – Zur silbernen

25 Bernhard Wenig (1871–1940) war Maler und Illustrator, ausgebildet an der Akademie München, später Lehrer an der Zeichenakademie Hanau und der Holzschnitzerei Berchtesgaden; er fertigte das Exlibris für Otto Wolfskehl um 1903 an. Es ist wahrscheinlich, dass die Vermittlung über den Sohn Karl Wolfskehl zustande kam, vgl. *Exlibris vom 18. Jahrhundert bis zur Gegenwart*, 64; zum Exlibris von Jakob Wassermann, welches ebenfalls von Wenig angefertigt wurde siehe Kapitel 6.

26 M. Schlösser, *Karl Wolfskehl*, 242f.

27 DLA, D: Wolfskehl, Brief von K.W. an Siegfried Guggenheim vom 8. August 1947.

28 Vgl. Jessen, *Der Sammler*, 52; dass Karl Wolfskehl lediglich Teile der väterlichen Sammlung übernommen hatte, zeigte sich nach einem Abgleich mit dem Zettelkasten der Sammlung Otto Wolfskehls, vgl. DLA, Nachlass Wolfskehl.

29 H.B. Auerbach, *Festpredigten nebst archäologischen Bemerkungen*; das Exemplar ist heute noch Teil der Schocken-Bibliothek Jerusalem, vgl. https://www.dla-marbach.de/find/opac/id/AK01583738/?tx_find_find[au]=00781812#tabaccess (Zugriff: 04.03.2022), siehe auch: https://vfr.mww-forschung.de/web/wolfskehl/auerbach (Zugriff: 04.03.2022).

30 Jessen, *Der Sammler*, 49.

Hochzeit meiner Gross-Eltern gesch[enkt].“[31] Hierbei handelte es sich um eine Gabe an Wolfskehls Großeltern mütterlicherseits, Israel und Henriette Simon. Wie die Notiz in Jerusalem weiter verrät, beinhaltete auch dieses Exemplar eine Widmung, die nahelegt, dass Karl Wolfskehl nicht der Erste der Familie war, der die Laufbahn des Dichters einschlug. So hieß es im Deckel des Buches: „[…] fuer den angehenden Dichter I[srael] Simon von seinem treusten Verehrer J. Frese.“[32] Die Beispiele zeigen, wie sowohl die Bücher selbst als auch die Aufzeichnungen um die Sammlung über die Besitzer und ihre Bücherwege Aufschluss geben. Das Verknüpfen von Büchern mit Erinnerungen und der eigenen Geschichte ist ein wiederkehrendes Motiv im Leben Karl Wolfskehls und gibt heute an vieler Stelle wertvolle Hinweise auf Zusammenhänge, die ohne die Einschreibungen in den nur noch in Fragmenten erhaltenen Exemplaren aus der Bibliothek, als verloren gelten müssten. In seinem Essay „Erhaltungsfetischismus“ (1936) schilderte Wolfskehl, welche Bedeutung dem sprichwörtlichen Einschreiben einer Erinnerung in einzelne Exemplare ihm und seiner Sammlung zukommt:

> Eine Lutherbibel, welcher Ausgabe auch immer, muss, am besten Generationen durch, Haus- und Familienbuch gewesen sein. Die weissen Blätter zu Anfang und Schluss, womöglich noch eigens beigeheftete, müssen bedeckt sein mit Einzeichnungen des jeweiligen Familienoberhaupts, die Geburten, die Hochzeiten, die Ableben mit biederer Hand aufführend.[33]

Es finden sich zahlreiche Beispiele in Wolfskehls Bibliothek, die in unterschiedlichen Lebensabschnitten dieser Praxis folgten. Teils stammen diese Einzeichnungen der Erinnerung auf die Vakatseiten von Wolfskehl selbst, teils aus fremder Hand. Beides war für ihn wertvoll, offenbarten diese Zeugnisse doch die Überlieferungsketten, von denen der Zauber eines jeden Einzelexemplars für ihn ausging und wie er es auch anhand von Ausgaben des Dichters Christoph Heinrich Ludwig Hölty erläutert:

> Wieviel lieber als eine meiner Hölty-Originalausgaben samt den gleich- oder vorzeitigen „unechten“ Drucken ist mir ein beschädigtes, sehr minderer alter Leihbibliothek entstammendes Schmiedersches Nachdruckbändchen, auf dessen zerissenem Vorsatz Mörike, der das Exemplar dann mit einem Reimpaar weiter dezidiert hat, seine Lieblingsgedichte aus

31 SchA, Schocken Library, Mappe „Wolfskehl Material“.

32 SchA 872/32, „Liste von Büchern aus der KW-Bibliothek übernommen“; Frese gab u.a. Werke Goethes heraus, die K.W. auch besaß und später an Schocken verkaufte. Das Exemplar mit der Notiz ist nicht mehr in Jerusalem erhalten, vgl. https://www.dla-marbach.de/find/opac/id/AK01631829/?tx_find_find[au]=00826392#tabaccess (Zugriff: 04.03.2022).

33 K. Wolfskehl, Erhaltungsfetischismus, *GWII*, 513f.

> dem Bande notiert und das er mit Strichen, Merkzeichen, auch mal mit launigem oder donnerndem Ausfall gegen einen am Rande nörgelnden „alten Kanzleihengst" versah.[34]

Wolfskehls besonderes Interesse galt Büchern, die jenseits ihres Inhalts eine Geschichte hatten. Der Aufbau einer eigenen Bibliothek dürfte bereits in der Schulzeit begonnen haben, in welcher er zunächst von zu Hause aus unterrichtet wurde, bevor er auf das humanistische Ludwig-Georg-Gymnasium in Darmstadt wechselte und dort 1887 das Abitur erwarb.[35] Die liberale Einstellung des Elternhauses sowie die finanzielle Absicherung erlaubten Karl Wolfskehl, sich mit Blick auf eine berufliche Ausbildung frei zu entscheiden. Die Wahl fiel auf das Studium der Germanistik sowie Geschichte, Archäologie und Religionsgeschichte, wofür sich Wolfskehl noch im Jahr des Schulabschlusses an der Universität Gießen einschrieb.[36] Nach Studienaufhalten in Leipzig und Berlin kehrte er nach Hessen zurück, wo er an seiner Alma Mater schließlich über *Germanische Werbungssagen* (1893)[37] bei Otto Behaghel promoviert wurde.[38] Thematisch basierte die Bibliothek stark auf deutscher Literatur: ältere deutsche Dichtung, Barock, Romantik, Klassik bis hin zur Gegenwartsliteratur. So wie das enorme Wissen Wolfskehls in diesen Bereichen, wuchs auch die Bibliothek weit über ihre Schwerpunkte hinaus. Der Polyhistor Wolfskehl offenbart sich in dem breiten Spektrum an Werken aus den Geschichts- und Kulturwissenschaften. Neben zahlreichen französischen, italienischen oder griechischen Ausgaben waren es aber auch die Seltenheiten aus dem Bereich des Okkultismus, der Rezeptsammlungen sowie deutsche Lieder und Schriften mit Bezug zum Judentum, die die Sammlung Wolfskehls zu einem Überlieferungsraum von Seltenheiten machten.[39] Gleichzeitig interessierte er sich für Handschriften, sammelte Spazierstöcke und Elefantenfiguren.[40] Dieser der Bibliothek anhaftende Synkretismus vereinte Elemente neuzeitlicher Wunderkammern, des persönlichen Archivs und der Bibliothek.[41] In zahlreichen Büchern verwahrte Wolfskehl Bilder oder getrocknete Blumen und verband so einzelne Ausgaben mit Biographien oder

---

34 Zit. n. C. Blasberg, Karl Wolfskehl im Verlag Salman Schocken, 128.

35 Voit, *Wolfskehl*, 20.

36 Ebd., 21; M. Schlösser, *Karl Wolfskehl*, 11.

37 K. Wolfskehl, *Germanische Werbungssagen*. Darmstadt 1893.

38 Voit, *Wolfskehl*, 21.

39 Jessen, *Der Sammler*, 11.

40 Schlösser, *Leben und Werk*, 253.

41 Zu den Konzepten „Kunstkammer" und Bibliothek siehe: H. Roth, Die Bibliothek als Spiegel der Kunstkammer.

besonderen Momenten.[42] Ein Exlibris, welches die Bücher mit seinem eigenen Namen verknüpft hätte, besaß Wolfskehl hingegen nicht.[43]

Seit der Jahrhundertwende wuchs und formte sich die Sammlung mit der Biographie ihres Besitzers. Nachvollziehen lassen sich diese Entwicklungen nur in Nuancen. In seinen Aufzeichnungen streifte Wolfskehl immer wieder besondere Inhalte, deutete Wissen an, das nur er besaß. Einen vollständigen Katalog hatte der Sammler selbst nie angefertigt. Erst mit dem Verkauf an Salman Schocken 1937, der die Bibliothek im Zuge des Transports nach Jerusalem in ihrem ganzen Umfang bibliographisch verzeichnen ließ, wurde ein „Status quo" der Sammlung festgeschrieben. Dieser „catalogue raisonée" ist heute ein wichtiges Zeugnis, da er die Sammlung in ihrer damaligen Konstellation festhielt.[44] „Weiss man eigentlich, dass jeder geborene Sammler in seiner Art ein Lebensbezwinger ist, Meister der Umstände, magischer Herr des Zufalls, des Einzelfalls nämlich?" schrieb Wolfskehl in seinem 1927 erschienen Aufsatz „Finderglück".[45] Es ist einer der vielen Texte, die der Dichter während der Weimarer Jahre verfasste, in einer Zeitspanne, in der Wolfskehl das Thema Sammeln und Bibliophilie besonders stark reflektierte.[46]

Die wohl prägendste Phase für die Entstehung dieser vielschichtigen Sammlung war die Zeit in München. Nachdem Wolfskehl 1898 die aus Darmstadt stammende Hanna Luise Minna de Haan geheiratete hatte, zog das Paar noch im selben Jahr in die Stadt an der Isar.[47] Das München der Jahrhundertwende war ein Knotenpunkt unterschiedlichster Strömungen. War es unter der Herrschaft Ludwig II. noch der König selbst, der durch seine schillernde Persönlichkeit die Aufmerksamkeit auf das sonst eher provinziell anmutende Bayern lenkte, lockte die liberale Prinzregentenzeit Charaktere unterschiedlichster Fasson in die Stadt. Auch Wolfskehl

---

42 Alicke, Karl Wolfskehl, 51.

43 K. Wolfkehls jüngerer Bruder Eduard Wolfskehl ließ sich durch den Künstler Moses Lilien ein Exlibris anfertigen. Siehe dazu: Von Lehsten, Die Familie Wolfskehl und Darmstadt, *Mitteilungen des Instituts für Personengeschichte*, 2 (2014), 10; sieh auch: V. Huth/J. H. Schoeps, Die Familie Wolfskehl und Darmstadt.

44 Zur Katalogisierung siehe Jessen, *Der Sammler*, 202ff.

45 K. Wolfskehl, Finderglück, *GWII*, 504.

46 Jessen, *Der Sammler*, 239f.

47 Voit, *Wolfskehl*, 32; wie ein Eintrag im Adressbuch München zeigt, lebte Wolfskehl 1900 in der Hermann-Schmid-Str. 7 im ersten Stock, 1901 wohnte K.W. in der Leopoldstraße 51 im ersten Stock des Gartenhauses; im selben Haus lebte der Kunstmaler Daniel Israel (1859–1901); mit der Kunst, die hauptsächlich „Szenen aus dem Leben im Orient" abbildete, konnte sich der jüdische Künstler in München etablieren, verstarb jedoch mit gerade 41 Jahren an einem Nervenleiden, vgl. *Israelitische Wochenschrift* 22 (1901), 349; 1906 lebte K.W. in die Leopoldstr. 87 im dritten Stock, u. a. als Nachbar von Ernst Lommatzsch, Redakteur des *Thesaurus linguae latinae* und dem Bildhauer Paul Peterich; ab 1910 wohnte K.W. in der Römerstr. 16/1.

Karl Wolfskehl, undatiert
© Universitäts- und Landesbibliothek Darmstadt, Sig. his-Port-W-0104-01, http://tudigit.ulb.tu-darmstadt.de/show/his-Port-W-0104

nahm Anteil an dem so zahlreich beschriebenen bunten Treiben in den Cafés in Schwabing, in denen sich nach Erich Mühsams Erinnerung „Maler, Bildhauer, Dichter, Modelle, Nichtstuer, Philosophen, Religionsstifter, Umstürzler, Erneuerer, Sexualethiker, Psychoanalytiker, Musiker, Architekten, Kunstgewerblerinnen, entlaufene höhere Töchter, ewige Studenten, Fleißige und Faule, Lebensgierige und Lebensmüde, Wildgelockte und adrett Gescheitelte […]“[48] sowie die Bibliophilen und so mancherlei Mischform daraus begegneten.[49] Wolfskehl ragte nicht nur aufgrund seiner auffallenden Größe, Statur und seines zeitweise bis weit unter das Kinn reichenden Bartes, welcher ihm Vergleiche mit einem „Assyrerkönig“[50] oder den Namen „Zeus von Schwabing"[51] einbrachte, sondern aufgrund seiner ganzen Persönlichkeit heraus. Es war vor allem seine Aufgeschlossenheit und Unvoreingenommenheit gegenüber anderen und Andersartigen, die ihm letztlich den hohen Grad an Ansehen verschafften. Bei Menschen war es wie mit Büchern: Das Außergewöhnliche interessierte ihn. Bald spielte Wolfskehl als Dichter im Kreis um Stefan George und dessen *Blätter für die Kunst* eine zentrale Rolle.[52] 1899 bildete sich um

---

48 E. Mühsam, *Unpolitische Erinnerungen*, 89.

49 Zum München der Jahrhundertwende siehe: R. Bauer/T. Jacobi u. a. (Hg.), *München – Schwabing im Wandel der Zeit*; P. Gay, *Bürger und Boheme*.

50 O. von Taube, *Stationen auf dem Wege*, 310.

51 P. P. Althaus, *Der Zeus von Schwabing*.

52 K.W. lernte den aus Bingen stammenden George 1893 persönlich kennen. Zuvor hatte er ihn mit einem Brief bereits 1892 erstmals kontaktiert. Zwar hatten beide das Ludwig-Georgs-Gymnasium

Aufnahme von Karl Bauer von 1902: Karl Wolfskehl, Alfred Schuler, Ludwig Klages, Stefan George, Albert Verwey (v.l.n.r)

Wolfskehl die Intellektuellengruppierung der „Kosmiker" heraus, zu deren Kern der selbsternannte Mystagoge Alfred Schuler sowie der Psychologe Ludwig Klages zählten.[53] In der anti-modernen und anti-bürgerlichen Gruppierung teilte man das Interesse für die Schriften Nietzsches und des Altertumsforschers Johann Jakob Bachofen. Die kulturpessimistischen, esoterischen und okkultistischen Strömungen waren ein verbreitetes Interessengebiet in den künstlerischen und intellektuellen Milieus der Jahrhundertwende und trafen insbesondere im liberalen München auf fruchtbaren Boden.[54] Der Soziologe Max Weber, den Wolfskehl kannte und schätzte, beobachtete, wie „manche moderne Intellektuelle das Bedürfnis haben,

in Darmstadt besucht, aber ein persönliches Treffen verwirklichte sich erst in München. Bereits vor ihnen waren sich dagegen der Vater Karl Wolfskehls und der Taufpate Georges begegnet: Otto Wolfskehl gewann 1875 in Darmstadt mit fünf Stimmen Vorsprung die Wahl zum Handelskammer-Präsidenten gegen S. George, den namengebenden Paten des späteren „Meisters". Inwieweit das Wolfskehl und George bekannt war, ist nicht überliefert; siehe dazu Anzeige in: *Der Israelit*, 36 (1875), 807. Zu Wolfskehl und George siehe auch: B. Wägenbaur, U. Oelmann (Hg.), *Von Menschen und Mächten*.

53 C. Groppe, Das Wunder der Verwandlung, 14; Voit, *Wolfskehl*, 37.

54 C. Groppte, *Die Macht der Bildung*, 49,60.

sich in ihrer Seele sozusagen mit garantiert echten, alten Sachen auszumöblieren."[55] Für Wolfskehl traf dies vor allem mit Blick auf seine Bibliothek zu. Thomas Mann, der selbst stark von Bachofen beeinflusst war, beschrieb in seiner Novelle *Beim Propheten* (1904) in beißender Ironie die Sceance-ähnlichen Zusammenkünfte der Kosmiker.[56] Während bei Klages und Schuler diese zivilisationskritischen, spiritistischen Theorien mit wahnhaftem Antisemitismus verschmolzen und sich hierbei auch gezielt gegen Wolfskehl als Jude richteten,[57] transformierte Wolfskehl Bachofens Einflüsse in sein Werk und in die Bibliothek. Der Dichter besaß zahlreiche Werke Bachofens, darunter Widmungsexemplare und Bände aus dessen Vorbesitz. Welch hohen Stellenwert Wolfskehl gerade diesem Gebiet seiner Sammlung einräumte, zeigte sich auch in der Tatsache, dass er später Bachofens Werke, neben jenen des Sprachwissenschaftlers Lazarus Geiger und jenen mit Bezug zum George-Kreis vom Verkauf an Salman Schocken ausschloss und ihn diese Bücher nach Neuseeland begleiteten.[58]

Glaubt man einer vielzitierten, wenn auch nur anekdotisch überlieferten Schilderung, soll aber gerade Stefan George wenig Verständnis für Wolfskehls „Hauptlaster"[59], das Büchersammeln, gezeigt haben. Nach der Erinnerung Edgar Salins, den Wolfskehl aus dem George-Umfeld kannte und der sich später um einen Abkauf der Sammlung Wolfskehls von Salman Schocken aus Jerusalem bemühte, soll sich der „Meister" abfällig über den Sammelwahn geäußert haben: „50 Bücher reichen für einen anständigen Menschen aus. Alles andere ist ‚Bildung'. […] Sie werden noch erleben, wie diese ‚Schinken' […] blossen Heizwert besitzen.", soll George sich empört haben.[60] Wolfskehl war jedoch nicht der Einzige des Kreises, der diese „magische Grenze der 50 Bücher" bereits deutlich überschritten hatte. Auch der Literaturwissenschaftler und „Lieblingsjünger" Friedrich Gundolf war Eigner einer umfangreichen Germanisten-Bibliothek.[61] Aber entgegen der kolportierten Darstellung Georges als Bibliophilenverächter, verfügte auch dieser über eine nicht weniger umfassende Bibliothek und erkannte durchaus den in Wolfskehls

---

55 Edgar Salin, der Wirtschaftswissenschaftler aus dem Umfeld Georges, erinnerte sich später wie sich Weber, George und Wolfskehl in ihrer Imposanz ähnlich waren: „In meiner Lebenszeit bin ich außer Stefan George keinem Menschen begegnet, der größer gewesen ist als er, und außer Karl Wolfskehl keinem, der ihm an Wucht gleichkam."; Edgar Salin, „Max Weber und seine Freunde", *Die Zeit* 17 (1964), https://www.zeit.de/1964/17/max-weber-und-seine-freunde/komplettansicht (Zugriff: 10.05.2022).

56 T. Mann, *Sämtliche Erzählungen*; siehe auch: Thomas Mann Handbuch, 117f; vgl. Voit, *Wolfskehl*, 45.

57 K. Kaufmann, *Stefan George*, 81f; H. Laffont, Zur Rezeption Bachofens, 143ff.

58 Jessen, *Der Sammler*, 24f; zur Deutung und Bedeutungszuschreibung Bachofens durch Wolfskehl vgl. auch P. Theisson, Karl Wolfskehl und der Kampf um Bachofen, 37ff.

59 *BNzI*, 384.

60 Schlösser, *Leben und Werk*, 243.

61 M. Thimann, *Caesars Schatten*.

Sammlung angelegten Überlieferungsraum.[62] Gemeinhin lagen die bibliophilen Berührungspunkte Wolfskehls – abgesehen von dessen Austausch mit Gundolf über bibliophile Errungenschaften – außerhalb des Georgschen Wirkungskreises.[63] Es waren vorrangig die Antiquariate, die sich seit Mitte des 19. Jahrhunderts in zunehmender Zahl um die Residenz und später um den Karolinienplatz ansiedelten und zu einem beliebten Treffpunkt der Münchner Sammlerszene um Wolfskehl wurden und für unterschiedliche Vorlieben eine Anlaufstelle boten.[64] Bei Gottlob Hess in der Arco-Straße fand man „Seltenheiten und Kuriosa",[65] gleich gegenüber, bei Jakob Halle in der Otto-Straße, alte und wertvolle Manuskripte, Inkunabeln, französische sowie englische Kupferstiche und Erstausgaben. Bei den Brüdern Rosenthal, allen voran Jacques und Ludwig, die mehrere Antiquariatsfilialen in München unterhielten und zu den renommiertesten Häusern in Europa zählten, gab es ein reiches Angebot an mittelalterlichen Handschriften, Inkunabeln sowie Seltenheiten aus dem Bereich der Theologie.[66] Wolfskehl suchte die „Prachträume"[67] der Rosenthals häufig auf und hielt seine Eindrücke in seinem Nachruf für Ludwig Rosenthal fest:

> Was konnte man alles in L[udwig] R[osenthals] Verzeichnissen finden, oder gar, wenn er Einen daranliess, in den glänzend geführten Zettelkästen erschnappen! Unerschöpflich schienen seine Bestände: Handschriften, früheste Inkunabeln, zumal die von ihm recht eigentlich ans Licht gebrachten spanischen Frühdrucke, alte deutsche und französische

62 Die Sammlung George, die später u. a. von Friedrich Gundolf und Claus Graf Stauffenberg verzeichnet wurde, umfasste nach den Aufzeichnungen knapp 1.000 Bücher, vgl. G. Eidemüller, *Die nachgelassene Bibliothek*, 79; Geroge widmete Karl Wolfskehl und dessen Ehefrau Hanna einen Privatdruck seines Gedichtzyklus *Der Teppich des Lebens* (1901); zur Wahrung der Exklusivität wurden die Druckplatten zerstört und dem Ehepaar Wolfskehl die beiden einzigen Exemplare überreicht. Überliefert wurde am Ende nur eines, das Leseexemplar gilt heute als verschollen; siehe hierzu Jessen, *Der Sammler*, 79.

63 Alicke, Karl Wolfskehl, 52f.

64 Löffelmeier, Ludwig Rosenthal, 70ff; vgl. auch H. Stobbe, Die Gesellschaft der Münchner Bibliophilen, *Imprimatur* 6 (1969), 49.

65 Das Antiquariat von Gottlob Hess wurde 1813 in Ellwangen gegründet. Bereits dessen Vater war Antiquar und auf Raritäten spezialisiert. Nach dem Tod Gottlob von Hess übernahm zunächst dessen Frau Meta Hess das Geschäft, ehe der Sohn Julius Hess nach der Ausbildung (u. a. bei Baer in Frankfurt am Main und Gillhofer & Rauscher in Wien) das Unternehmen mit der Mutter weiterführte. Das Geschäft entwickelte sich zu einem international angesehenen Antiquariat mit wissenschaftlicher und theologischer Spezialisierung, das bis 1936 von der Familie weitergeführt wurde, bis diese in die Schweiz emigrierte. 1941 kam der Nachlass Julius Hess und darin große Teile des Antiquariats bei August Klipstein in Bern zur Versteigerung; Vgl. Kat. A. Klipstein (Hg.), *Nachlass Julius Hess* (1941), https://doi.org/10.11588/diglit.11941#0003 (Zugriff: 12.03.2022).

66 Löffelmeier, Ludwig Rosenthal, 73.

67 W. Benjamin, Ich packe meine Bibliothek aus, *GS IV,1*, 396.

> Literaturwerke, das Edelste an Holzschnittbüchern: wieviele stolze Privatsammlungen sind recht eigentlich durch ihn ermöglicht und ausgestaltet worden, wieviele Köstlichkeiten öffentlicher Bibliotheken entstammen seinen Beständen![68]

Schließlich war es aber die Karlstraße 6, die Wolfskehl besonders häufig frequentierte. Es war die Adresse des Antiquars Emil Hirsch. Dieser war 1884 aus dem fränkischen Mergentheim nach München gekommen, um bei Ludwig Rosenthal in die Lehre zu gehen. Ludwig Rosenthal wiederum war bei Isaak Hess – dem Großvater von Gottlob Hess – in Ellwangen ausgebildet worden. Allein im Mikrokosmos des Münchner Antiquariatsviertels lässt sich ein weitverzweigtes Netzwerk jüdischer Familien ausmachen, welches sich im Antiquariatswesen – das weit mehr einer Wissenschaft als reiner Handelstätigkeit gleichkam – etabliert hatte.[69] Im Jahr 1897 eröffnete Emil Hirsch das eigene Antiquariat und Auktionshaus in der Karlstraße, welches sich vorrangig auf französische illustrierte Bücher des 19. Jahrhunderts konzentrierte.[70] Zu den Kunden zählten auch zahlreiche Künstler wie der Münchner Illustrator Emil Preetorius, Alfred Kubin oder Franz Marc, aber auch bekannte Schriftsteller, wie etwa Stefan Zweig.[71] Dieser erinnerte sich später in einem Geburtstagsgruß:

> Es war eine so schöne Selbstverständlichkeit, wenn man nach München kam, zu Emil Hirsch zu gehen, in die Karlstraße zuerst und dann an den üppigeren Karolinenplatz, und selbst wenn man sich nicht ein Stück heimholte, so war man nie vergebens bei Ihnen gewesen.[72]

Der bibliophile Treffpunkt im Antiquariat Hirsch entwickelte sich zum „Nabel Münchens".[73] Wann Wolfskehl und Hirsch sich genau kennenlernten, ist nicht überliefert, jedoch verband sie über Jahrzehnte eine enge Freundschaft, die auch bis in die Jahre des Exils beider anhielt. Um dieses Milieu gründete sich am 26. März 1907 unter Leitung des österreichischen Schriftstellers Franz Blei die Münchner Bibliophilen-Gesellschaft, in der Wolfskehl von Anfang an mitwirkte.[74] Unter den

---

68 K. Wolfskehl, Der alte Antiquar, *GWII*, 539.

69 I. Schwab, Der Münchner Antiquariatsbuchhandel, 39.

70 Homeyer, *Deutsche Juden als Bibliophilen und Antiquare*, 34f, 140. Zur Geschichte des Münchner Antiquariatsbuchhandels vgl. G. Jäger (Hg.), *Geschichte des deutschen Buchhandels*, Bd. 1,3, 238ff.

71 Zu Stefan Zweig als Sammler und Bibliophiler siehe Kapitel 4.

72 Zit. n. Matuschek, *Ich kenne den Zauber der Schrift*, 141.

73 Monacensia, Artur Rümann: Nachruf Emil Hirsch, A III; vgl. R. Adolph, *Emil Preetorius*, 14.

74 Während meist zu lesen ist, dass Maassen erster Vorsitzender des Vereins war, nennen die Meldeunterlagen des Vereins im Staatsarchiv München Blei als ersten Vorsitzenden. Eine Mitgliederliste ist bei diesen Unterlagen nicht erhalten; vgl. auch Schlösser, *Leben und Werk*, 244; Jäger, *Geschichte*

31 Gründungsmitgliedern befanden sich neben Wolfskehl und Emil Hirsch auch der Literatur- und Buchwissenschaftler Ernst Schulte Strathaus, Hans von Weber sowie Alexander von Bernus, der Professor für Chemie Oskar Piloty, Carl Graf von Klinckowstroem sowie Curt von Faber du Faur, aber auch Erich Mühsam, der sich später in seinen *Unpolitische[n] Erinnerungen* (1931) an den Bibliophilen-Kreis erinnerte:

> Ich verkehrte viel mit Münchener Bibliophilen, unter denen mein Freund Carl Georg von Maaßen, Besitzer einer der schönsten und bedeutendsten Privatbüchereien Deutschlands, viel Aktivität entfaltete. Meine Armut hat mich niemals dazu kommen lassen, meine Beziehung zur Bibliophilie aus einer sehr heißen unglücklichen Liebe zu einer glücklichen werden zu lassen. Ich mußte mich schon an den Schätzen anderer mitfreuen, und schon früher in Berlin war ich oft Gast in der Buchhandlung von Breslauer[75] und Meyer[76] und bekam Einblick in die eben eingetroffenen Inkunabeln und Rarissima oder Erotika. Der Verkehr mit Friedrich von Schennis[77] führte mich auch sonst mit Bibliophilen zusammen, so mit Franz Blei, Felix Poppenberg[78] und andern. In München traf ich dann Blei wieder an, und die Leute, die sich in der Gesellschaft Maaßens bewegten, ohne an den Schwabinger Künstlertischen zu Hause zu sein, führte das gemeinsame Interesse an den Büchern dort zusammen, das wohl immer verbunden ist mit einer heftigen inneren Abwehr aller Muckerei und Geschmacksbevormundung. Hier berührten sich gesinnungsmäßig meine revolutionären Ansichten mit denen der teilweise sehr reichen Herren, die mit meinen positiven Zielen gewiß wenig zu tun hatten.[79]

Die Einschätzung Mühsams geben Aufschluss über die Münchner Vereinigung von Buchliebhabern, die, obschon ihrer vielen wohlhabenden Mitglieder, eine im

---

des deutschen Buchhandels, Bd. 1,3, 234; StAM, Pol. Dir. München 2645 „Gesellschaft Münchner Bibliophilen".

75 Bei Martin Breslauer handelte es sich um einen angesehenen Antiquar aus Berlin, vgl. dazu M. Breslauer, *Erinnerungen.*

76 Vermutlich Edmund Meyer (unbek.–1929), mit welchem Martin Breslauer für einige Zeit zusammenarbeitete und der 1911 zu den Mitbegründern der Maximilian-Gesellschaft zählte, vgl. Jäger, *Geschichte des deutschen Buchhandels*, Bd. 1, Teil 3, 192; vgl. auch: Walkund, Kurzbiographien zur Geschichte der Juden, 211ff, https://doi-org.emedien.ub.uni-muenchen.de/10.1515/9783111580876.211 (Zugriff: 05.05.2022).

77 Bei Friedrich von Schennis (1852–1918) handelte es sich um einen Landschaftsmaler und Sammler, der im Kreise der Berliner Bohème verkehrte; Else Lasker-Schüler hielt ihre Eindrücke über den imposanten Künstler in einem Essay fest, siehe: dies., F. von Schennis, *Der Sturm*, 74 (1911), 590.

78 F. Poppenberg (1869–1915) war ein Berliner Schriftsteller und Feuilletonist, dessen Biographie Arnold Zweig später in seinem Roman *Die Feuerpause* literarisch verarbeitete.

79 Mühsam, *Unpolitische Erinnerungen*, 157ff.

Vergleich mit anderen elitären Vereinigungen eher offene und tolerante Atmosphäre bot, in welcher sich sogar der Anarchist Erich Mühsam willkommen fühlte. Im Zentrum der Bibliophilen-Vereinigungen, wie sie um die Jahrhundertwende im Kaiserreich zahlreich gegründet wurden, stand ein Sammelethos, der sich im Schwerpunkt dem „schönen Buch" zuwandte, und „besonderes Augenmerk auf schöne und tadelfreie Stücke [richtete]" hingegen, „defekte und ramponierte Exemplare aus[.]schalte[te]", wie es Wolfskehls Freund Carl Georg von Maassen formulierte.[80] Wolfskehl war ein Kenner dieser Sammelpraxis, auch wenn er sich in seinem eigenen Verständnis davon abhob.[81] Sein Interesse galt weniger dem Tadellosen, sondern für Wolfskehl waren es gerade die Spuren der Vorbesitzer, die Ausgaben für ihn interessant machten. Für ihn waren Bücher nicht nur wegen ihrer Inhalte aussagekräftig, sondern auch wegen ihrer Geschichte. Auch Walter Benjamin, dessen bibliophiles Verständnis jenem Wolfskehls sehr ähnlich war, wusste, dass es die *Exemplare* sind, die ihre Schicksale haben.[82] Über den Wert der Tradition zwischen den Buchdeckeln heißt es bei Benjamin:

> Ein Buch, ja eine Buchseite, ein bloßes Bild im Altmodischen, vielleicht von Mutter und Großmutter her überkommenen Exemplar kann der Halt sein, um den die erste zarte Wurzel dieses Triebes sich rankt. Tut nichts, daß der Umschlag locker ist, Seiten fehlen und hin und wieder ungeschickte Hände die Holzschnitte betuscht haben.[83]

In seinem Essay „Erhaltungsfetischismus" teilt Wolfskehl diese Auffassung, wenn er schreibt: „Jedes einzelne Exemplar eines beliebigen Werks bekommt [...] somit einen Sondercharakter, Sonderbedeutung, Individualität – für den verstehenden, den fühlenden Sammler also einen eigenen spezifischen Wert."[84] Wolfskehl und Benjamin, die sich über Benjamins Vater, den Berliner Kunsthändler und Auktionator Emil Benjamin kennenlernten, schätzten sich nicht zuletzt wegen dieser ähnlichen Auffassung von Überlieferung, die sich in dem Bewusstsein um den individuellen Wert einzelner Exemplare zeigte.[85] Hier standen sie wiederum dem Kulturwissenschaftler Aby Warburg nahe, der sich durch sein Verständnis der „gu-

---

80 Vgl. Jäger, *Geschichte des Deutschen Buchhandels*, Bd. 1,3, 234.

81 K. Wolfskehl, *GWII*, 498ff.

82 W. Benjamin/K. Hobrecker, Alte vergessene Kinderbücher, *GS III,1*, 14; zur Benjamins Bibliothek siehe Kat. Antiquariat Herbert Blank, *In Walter Benjamins Bibliothek*, 208; D. Finkelde, Vergebliches Sammeln, *Arcadia* 42 (2006), 188.

83 Benjamin, Alte Vergessene Kinderbücher, *GS III,1*, 14.

84 K. Wolfskehl, Erhaltungsfetischismus, *GWII*, 511.

85 Jessen, *Der Sammler*, 126; dies., Annotationen von Karl Wolfskehl, 166ff.

ten Nachbarschaft" der Bücher die berühmte Kulturwissenschaftliche Sammlung erschuf.[86]

Während Benjamin, ebenfalls Besitzer einer bemerkenswerten Privatsammlung, aber aufgrund ständiger finanzieller Engpässe häufig genötigt war, Bücher zu Geld zu machen, standen Wolfskehl in den Vorkriegsjahren ausreichend Mittel für ein finanziell sorgenfreies Leben als Privatgelehrter, Dichter und Sammler zur Verfügung.[87] Neben seinen regelmäßigen Besuchen der Buchhändler und Antiquariate nahm er an literarischen Veranstaltungen der Bücherstube Stobbe oder Lesestube Bücherkiste teil oder besuchte die berühmte Münchner Auer Dult, wo er so manch einen bibliophilen Glücksgriff machte.[88] So ist gerade in München ein beträchtlicher Teil der Sammlung Wolfskehls seit der Jahrhundertwende gewachsen.

Es waren aber auch die Jahre in München, in denen sich Wolfskehl in seiner Dichtung vermehrt jüdischen Themen zuwandte.[89] Wolfskehl schilderte später in einem Brief an Siegfried Guggenheim, mit dem ihn nicht nur ein freundschaftlicher Briefwechsel, sondern auch bibliophiles Interesse verband, er habe Theodor Herzl noch vor der Jahrhundertwende in Wien getroffen und nach Erscheinen des Werkes *Der Judenstaat* die zionistische Ortsgruppe Münchens mitbegründet:

> Und bezüglich meines '33 neu erfundenen Zionismus: Jeder, der Karl Wolfskehl wirklich kannte, wusste davon, wusste dass ich mit Herzl bereits im Vorsäcul in Verbindung stand, Anfang dieses Jahrhunderst die Ortsgruppe mitbegründete.[90]

Auch wenn sich jenseits der Schriften, die Wolfskehl zum Thema Zionismus in seiner Bibliothek verwahrte, nichts Näheres zu einer Verbindung mit Theodor Herzl überliefert hat, gibt eine bisher unbeachtet gebliebene Randnotiz vom 17. April 1903 in der zionistischen Zeitschrift *Die Welt* Aufschluss über Wolfskehls Aktivitäten in diesem Bereich. Enthalten ist ein Bericht über die Münchner zionistische Ortsgruppe, die Wolfskehl als Beisitzer der Vereinigung erwähnt.[91] Darüber hinaus war er Berichterstatter für die *Münchner Allgemeine Zeitung* auf dem Zionistenkongress 1903 in Basel.[92] Es war dasselbe Jahr, in dem auch Wolfskehls Gedichtzyklus

---

86 D. Wuttke/B. Biester, *Aby M. Warburg-Bibliographie.*

87 Zur Bibliothek Walter Benjamin siehe: D. Schöttker, *Walter Benjamin.*

88 W. von Schramm, Die Bücherkiste, 30; K. Wolfskehl, Münchner Sammler-Erinnerungen, *GWII*, 478.

89 K. Wolfskehl, Hebräische Dichtungen, *GWII*, 158ff.

90 K. Wolfskehl, *BNzI*, 656; siehe auch: Schlösser, *Leben und Werk*, 228.

91 *Die Welt*, 16 (1903), 13; vgl. auch Aufführung von Wolfskehl unter „Landesorganisationsbeiträge", *Jüdische Rundschau*, 9 (1913), 81.

92 Voit, *Wolfskehl*, 37.

An den alten Wassern erschien.[93] Eugen Mayer, den Wolfskehl seit der Jahrhundertwende aus München kannte und der ein langjähriger Freund und Rechtsbeistand für ihn wurde, berichtete später darüber, wie sie „die zionistische Bewegung […] zusammenführte."[94]

Trotz des Interesses am Zionismus kann Wolfskehl kaum als ein Verfechter zionistischer politischer Ziele bezeichnet werden, der für die Gründung eines jüdischen Staates in Palästina oder anderswo kämpfte.[95] Für den Dichter stand bei seinem Engagement der kulturelle Aspekt der Bewegung im Vordergrund, wie etwa bei Martin Buber, den er vom Zionistenkongress in Basel kannte und dem er nach Erklärung der Balfour-Deklaration schrieb: „Ich bin kein Zionist denn ich glaube nicht an historische Weisheiten, aber mein Blut schreit und bäumt sich in diesen Tagen denn nun ist die große Menschheitskrise auch unter unseren Stern und Schild getreten."[96] In Wolfskehls Bibliothek fanden sich Inhalte zum Thema, wie etwa zahlreiche Widmungsexemplare Martin Bubers. Buber war es auch, der ihm später den für das Schicksal der Bibliothek entscheidenden Kontakt zu Salman Schocken herstellen sollte.[97] Der bibliophile Freund Friedrich Gundolf, wie Wolfskehl Spross einer jüdischen Darmstädter Familie, äußerte sich zynisch gegenüber Wolfskehls Interesse an der zionistischen Bewegung und warnte davor, was seiner Meinung nach einem Büchersammler wie Wolfskehl in Palästina bevorstünde:

> Das ganze Archiv Ihrer auf bütten und Japan gedruckten Ulaise mit Lechters Titelbild, Ihre Gesammelten Dichtungen mit Bierbaums feinsinnigen Worten darüber, Ihren Goethebrief nebst Locke, Ihre Bibliothek mit Einschluß der Trösteinsamkeit Hölderlin[,] Sophokles und vielen Widmungsexemplaren Europäischer Autoren von George bis Bachofen […] Schuler, Klages […] Kosmik all dies allzueuropische müssen sie dann daheim lassen […] König von Damaskus werden Sie doch nicht.[98]

Da Wolfskehl zu jener Zeit keinen Gedanken daran hegte, nach Palästina auszuwandern, mag er die Äußerung als Gehässigkeit abgetan haben. Dass die Sammlung

93 K. Wolfskehl, An den alten Wassern, *GWI*, 51; siehe auch: N. Franke, *Jüdisch, römisch, deutsch zugleich*.

94 NLI, Eugen Mayer Collection, Eugen Mayer an Margot Ruben am 17. Juli 1958, ARC. Ms. Var. 407.

95 Die Zeitung *The Palestine Post* nannte Wolfskehl in einer kurzen Meldung zu dessen Tod „one of the early Zionists", *The Palestine Post*, 12. Juli 1948, 2; vgl. auch Paul Mendes-Flohr, *Divided Passions*, 84.

96 Zit. n. C. Blasberg/P. Hoffmann Karl Wolfskehl, 40; vgl. auch Wolfskehl Reaktion auf antisemitische Zeitungsbeitrag: K. Wolfskehl, „Spiegelbild von Spiegelbildern", *Darmstädter Tagblatt*, 13. Juli 1928, 3; https://doi.org/10.25534/tudigit-14884#0214 (Zugriff: 11.05.2022).

97 Voit, *Wolfskehl*, 104.

98 Friedrich Gundolf an Karl und Hanna Wolfskehl am 10. September 1903, *Briefwechsel mit Friedrich Gundolf*, Bd. 1, 189.

später ohne Wolfskehl nach Palästina gelangen sollte, war in jenen Jahren noch unvorhersehbar, zumal Wolfskehl ursprünglich verfügt hatte, seine Bibliothek – abgesehen von den Inhalten, die seine Frau und Kinder sich heraussuchen sollten – der Hofbibliothek Darmstadt, also seiner Heimatstadt zu vermachen.[99]

Zur Münchner Jüdischen Gemeinde gab es vonseiten Wolfskehls eine eher lose Verbindung. So hielt er gelegentlich Vorträge und verfolgte die Aktivitäten des Gemeindelebens.[100] Das Judentum spielte jedoch weniger im Alltag, sondern mit Bezug zu Fragen der eigenen Herkunft und Geschichte eine Rolle. So führte er seine eigene Abstammung auf die jüdische Gelehrtenfamilie Kalonymos aus Lucca zurück, die im Gefolge Karl des Großen an den Rhein gekommen war.[101] Die Bedeutung dieser Verbindungslinie spiegelt sich in zahlreichen Briefen Wolfskehls wider. So nannte der Freund Siegfried Guggenheim den Dichter scherzhaft „Karlonymos".[102]

Das Leben und Wirken Wolfskehls spannte sich über ein weites Netzwerk, welches alle Bereiche wie Wissenschaft, Literatur, Poesie, Esoterik, Bibliophilie, Künstlertum und Okkultismus abdeckte.[103] All diese Berührungspunkte spiegeln sich auch in der Bibliothek wider. Als „große[r] Bücherkundige[-] und Bücherliebende[-]"[104], wie Walter Benjamin ihn einst bezeichnete, war der Dichter und Germanist Karl Wolfskehl weit über seine enge Verbindung zum Dichterkreis um Stefan George ein geachteter Kenner der literarischen Welt und leidenschaftlicher Sammler. Erich Mühsam, der Wolfskehl regelmäßig in den einschlägigen Lokalen, wie dem Café Stefanie begegnet war, sprach gar von einem „Wolfskehl-Kreis", wie er es in seinem Tagebuch notierte.[105]

Erich von Kahler, den Wolfskehl aus dem Umfeld Georges kannte, schilderte später Wolfskehls zentrale Stellung im Münchner Geistes- und Kulturleben, und stellt dabei auch heraus, welche Wirkmächtigkeit die Bibliothek in diesem Gefüge hatte:

---

99 Jessen, *Der Sammler*, 143.

100 Seine Ehefrau Hanna war Protestantin, die beiden Töchter wurden ebenfalls in dieser Konfession erzogen., Voit, *Wolfskehl*, 36; Wolfskehl las wohl regelmäßig der Gemeindezeitung, zumindest berichtete er Ludwig Feuchtwanger im Februar 1930 in einem Brief dessen Artikel im Gemeindeblatt gelesen zu haben. Vgl. DLA: D: Wolfskehl, Wolfskehl an Ludwig Feuchtwanger, 20. Februar 1930.

101 P. Berglar, Karl Wolfskehl Symbolgestalt; vgl. K. Wolfskehl, *GWII*, 595; zu den „Kalonymiden" siehe auch M. Brocke, 18 mittelalterliche Mainzer Mazzewot mehr, *Kalonymos* 1–2 (2021), 3ff.

102 DLA, D: Wolfskehl, Guggenheim an K.W. am 12. Februar 1948.

103 Vgl. Voit, *Wolfskehl*, S. 47ff.

104 W. Benjamin, Karl Wolfskehl zum sechzigsten Geburtstag, *GS IV,1*, 368.

105 Tagebuch Erich Mühsam, Eintrag vom 13. August 1911, vgl. https://www.mühsam-tagebuch.de/tb/index.php (Zugriff 04.05.2022).

> So gab es keinen Alltag in Karl Wolfskehls Münchner Haus, das kein Haushalt war, eher ein Hofhalt, denn es war ein Zentrum aller geistigen Bewegungen dieser Stadt, die selber ein geistiges Zentrum Deutschlands und Europas gewesen ist. Vom Morgen bis spät in die Nacht gingen die Menschen dort ein und aus, die seinen Rat, seine Ansicht, seinen Beistand suchten oder sich einfach beleben, anregen, ansprühen lassen wollten von seiner rastlosen Inspiration, sich mitnehmen lassen wollten von seinem genialen Spürsinn in ein Reich der luftigsten Denkbarkeiten oder der vergrabensten Gänge des Lebendigen, ein Reich, zu dem das Gegenwärtige, Wirkliche nur der Eingang war. In diesem Haus, inmitten einer einzigartigen, umfassenden Bibliothek, die Schocken nach Palästina gerettet hat, in den Räumen, überfüllt, überstopft mit Gegenständen, mit Kunstwerken, Dokumenten aus allen Zeiten und Gegenden, aber auch zahllosem antiquarischen Kram, scheinbar nichtig und wertlos, aber wenn er anfing davon zu reden, plötzlich illuminiert von persönlicher Beziehung, Bedeutung, Geschichte – in diesen Räumen, wie in einem Spiegelsaal seiner Innenwelt, bewegte sich unablässig der hochgewachsene mächtige Mann, wanderte er weit ausschreitend auf und nieder, den Kopf mit der großen Raubvogelnase im erregtem Trotz zurückwerfend, und seine halbblinden, nur von innen erleuchteten, weit aufgerissenen Seheraugen schauten über Mensch und Gegenstände, weg, während er sprach, in irgendeine Weite, von der er verzückt war.[106]

Die Funktion der Bibliothek als „Spiegelsaal seiner Innenwelt" machte die Bedeutung der Sammlung Wolfskehl aus. Gegen den Einwand, dass jede Privatbibliothek die „Innenwelt" ihres Besitzers reflektierte, lässt sich anführen, dass Wolfskehl beinahe jedes einzelne Exemplar inhaltlich kannte und darüber hinaus bibliographische Angaben zu einem Großteil der Werke in seinem Gedächtnis hatte. Wolfskehl kannte die Bibliothek von über 9.000 Bänden sprichwörtlich in- und auswendig. Das war auch der Grund, weshalb er selbst nie einen Katalog der Sammlung anfertigte. Diese unvergleichliche Kennerschaft von Details macht die Beziehung Wolfskehls zu seiner Bibliothek einzigartig.

Die Zäsur des Ersten Weltkrieges bedeutete für Wolfskehls Leben in mehrerlei Hinsicht einen Einschnitt. Nachdem sich die Familie bereits vor dem Krieg auf ihr Landgut Kiechlinsbergen am Kaiserstuhl zurückgezogen hatte,[107] kehrte Wolfskehl zunächst voller Begeisterung nach München zurück und wollte sich freiwillig melden, wurde jedoch aufgrund seiner schlechten gesundheitlichen Verfassung ausgemustert.[108] Die Euphorie verflog nicht zuletzt, als die kriegsbedingte Hyperinflation sein „gar nicht unbeträchtliches Vermögen"[109] allmählich aufzehrte. Als

106 E. Kahler, *Die Verantwortung des Geistes*, 164ff.

107 Blasberg, *Karl Wolfskehl und Kiechlinsbergen*.

108 Zu Wolfskehls anfänglicher Kriegsbegeisterung und Rechtfertigung siehe Voit, *Wolfskehl*, 57.

109 K. Wolfskehl, *Briefe und Aufsätze*, 9; vgl. Voit, *Wolfskehl*, 59.

mit der Ermordung Kurt Eisners 1919 dann auch der letzte Hoffnungsschimmer auf eine Stabilisierung der politischen Verhältnisse in München verflog, zog sich Wolfskehl mit seiner Frau Hanna und den beiden Töchtern 1919 dauerhaft aus der Stadt an der Isar auf das Landgut zurück.[110] An den Kaiserstuhl folgte schließlich auch Wolfskehls Bibliothek.[111] Die ländliche Abgeschiedenheit blieb für den geselligen Dichter jedoch keine längerfristige Option. Dieser erklärte, dass für ihn „eine dauernde Landesexistenz unter keinen Umständen in Betracht kam."[112] Vielmehr zog es ihn in die Ferne. Nachdem er bereits mit dem Bibliophilen-Freund Victor Manheimer Pläne geschmiedet hatte, nach Griechenland oder Mexiko überzusiedeln,[113] diese jedoch im Sande verliefen, feilte der Dichter 1921 mit Nachdruck an dem Vorhaben nach Sumatra auszuwandern.[114] Es ist anzunehmen, dass er sich zu diesem Zweck die thematisch passende Auswahl an Büchern besorgte, wie etwa Karl Giesenhagens *Auf Java und Sumatra. Streifzüge und Forschungsreisen im Lande der Malaien* (1902), oder *Unter der Tropensonne. Streifzüge auf Java, Sumatra und Ceylon* (1890) von Heinrich Morin, um sich über die entlegene niederländische Kolonie zu informieren.[115] Möglich ist auch, dass er sich bei dem Vorhaben von den ihm bekannten Schriftstellern Max Dauthendey und Willy Seidel inspirieren ließ, die beide die Javasee bereist und öffentlichkeitswirksam darüber publiziert hatten.[116]

Die nun für Wolfskehl anbrechende Unrast der Nachkriegsjahre war jedoch eine andere als die der früheren jugendlichen Umtriebigkeit, die Wolfskehl auf unzählige Reisen, etwa gemeinsam mit Alfred Kubin auf den Balkan, oder mit Melchior Lechter bis nach Indien verschlagen hatte.[117] Anstelle von Neugier und Reiselust war die Unsicherheit vor der Zukunft getreten, die ihn nirgends richtig zur Ruhe kommen ließ. Für einen radikalen Bruch einer Auswanderung in die weite Ferne war noch zu vieles ungeklärt, etwa die Versorgung seiner Familie oder das eigene finanzielle Auskommen. Für eine Zeit unterrichtete Wolfskehl als Hauslehrer in Florenz, kehrte jedoch auch wieder an die Isar zurück, wo er seit 1920

110 Voit, *Wolfskehl*, 58ff.

111 DLA, D: Wolfskehl, K. W. an Siegried Guggenheim 19. August 1947.

112 Wie Voit darlegt, konnte sich Wolfskehl eine eigene politische Betätigung im Zusammenhang mit der Regierung Eisner vorstellen, vgl. Voit, *Wolfskehl*, 59.

113 Schlösser, *Leben und Werk*, 357; auch Stefan George scheint in früheren Jahren Pläne verfolgt zu haben, nach Mexiko auszuwandern, vgl. C. Blasberg, Was heißt Zeitgenossenschaft?, 15; dies., *Karl Wolfskehl und Kiechlinsbergen*, 11.

114 Voit, *Wolfskehl*, 60.

115 Ebd.

116 M. Dauthedey, *Erlebnisse auf Java*; W. Seidel, *Schattenpuppen*; in seinem letzten Roman *Joseph Kerkhovens dritte Existenz* (1934) lässt Jakob Wassermann seinen Hauptcharakter ebenfalls nach Java reisen.

117 Schlösser, *Bibliographie*, 12.

als Berater und später als literarischer Leiter der Rupprecht Presse arbeitete, oder als Gutachter und allgemeiner Beitrat beim Münchner Knorr und Hirth Verlag tätig wurde.[118] In diesen Tätigkeiten erfuhr Wolfskehl zwar Anerkennung, aber vom „fröhliche[n] und beschwingte[n] München“ der Jahrhundertwende war nicht mehr viel übrig.[119] Auch Stefan George, der sich nun vorwiegend in Berlin aufhielt, distanzierte sich zunehmend, und auch in Bezug auf seine Sammelleidenschaft war Wolfskehl aufgrund der finanziellen Situation stark eingeschränkt. Dabei erlebte gerade der Antiquariatshandel nach Kriegsende, nachdem vieles aus dem Besitz der entthronten Fürstenhäuser unter den Hammer kam, und den mit dem Krieg einhergehenden Angstverkäufen einen regelrechten Aufschwung. „Wer jetzt Mittel hätte!“[120], schmerzte es Wolfskehl, wenn wieder einmal legendäre Auktionen bei Hugo Helbing, Karl Faber oder Emil Hirsch angekündigt wurden. Die Gesellschaft der Münchner Bibliophilen hatte sich bereits 1913 aufgelöst und erst zehn Jahre später, im Herbst 1923 unter Vorsitz Fritz Helmut Ehmkes, mit dem Wolfskehl für die Rupprecht Presse arbeitete, erneut gegründet. Aus den Bibliophilen war nun die „Gesellschaft der Münchener Bücherfreunde“ geworden.[121] Auch hier wirkte Wolfskehl wieder aktiv mit und war weiterhin aufgrund seiner literarischen und bibliophilen Expertise gefragt; in den Jahren nach dem Krieg verfasste er mehrere Vorworte und Kommentare für Auktionskataloge.[122] So auch 1918 für die berühmte Versteigerung der Piloty-Sammlung durch Emil Hirsch. Der Chemiker Oscar Piloty, der zu den Freunden Wolfskehls zählte, war 1915 in Frankreich im Krieg gefallen. Wolfskehl, der den Besitzer sowie die Sammlung gut kannte und schätzte, verfasste das Vorwort und Anmerkungen zu einzelnen Inhalten. Selbst hatte Wolfskehl auch ein paar Einzelheiten aus der Versteigerung erworben, aber die großen Schätze aus dem Bereich der Barock-Literatur gingen an den Freund Victor Manheimer. Nach nur wenigen Jahren sollte dieser seine Sammlung wieder auflösen, und es war wieder Wolfskehl, der schließlich für den Auktionskatalog *Sammlung Victor Manheimer: deutsche Barockliteratur von Opitz bis Brockes* das Vorwort verfasste.[123]

Während der nächsten Jahre verschlechterte sich nicht nur die wirtschaftliche Situation Wolfskehls, sondern auch gesundheitlich war dieser immer angeschlagener. Zu dem schwindenden Augenlicht kam ein Magenleiden, was ihn mitunter

118 C. Michel, „Wolfskehl, Karl“, Deutsches Literatur-Lexikon Online, https://www.degruyter.com/database/DLLO/entry/dllo.dll.341/html. (Zugriff 04.05.2022).

119 K. Wolfskehl, *Briefe und Aufsätze*, 8.

120 K.W. an Otto Deneke am 10. Januar 1931, zit. n. J. Saltzwedel, *Compassionierte*, 93.

121 *Börsenblatt*, 27.11.1923, 14; H. Stobbe, Die Münchner Bücherfreunde, *Imprimatur* VII (1972), 47.

122 Karl und Faber, *Victor Manheimer* (1927).

123 Ebd.

zu einer ungewöhnlichen Anfrage verleitet, mit der er sich im Mai 1930 an seinen Bekannten aus der Bibliophilen-Vereinigung Ernst Schulte Strathaus wandte:

> Sie haben mir doch einmal das Horoskop gestellt. Könnten Sie bei gelegener Zeit einmal darin forschen, ob die nächsten Wochen unter günstiger Konstellation in leiblichen Angelegenheiten stehen. Genauer gesagt: ob eine medizinische Vornahme, zu der man mir rät, für Leib, Leben und Gesundheit dem Sternenstande nach gut ausfällt.[124]

Ein Horoskop des Bibliophilen-Freundes blieb aus, da diesem „auf diesem Gebiet der Astrologie [...] die Erfahrung" fehle – Schulte-Strathaus empfahl hingegen einen Arzt.[125] So kurios es heute erscheinen mag, war die Erstellung von persönlichen Horoskopen in den Weimarer Jahren gerade im bereits skizzierten esoterisch, theosophischen, okkultistischen Umfeld verbreitet. So fertigte auch Oscar Adolf Hermann Schmitz, der Schwager Alfred Kubins, Horoskope für Franz Hessel, Gustav Meyrink oder Thomas Mann an.[126] Lion Feuchtwanger verarbeitete in seinem Roman *Die Brüder Lautensack* die Geschichte um den als „Hellseher" bekanntgewordenen Hochstapler Erik Jan Hanussen.[127] Es findet sich eine „sehr reiche Abteilung"[128] zu diesem Themenbereich in Wolfskehls Bibliothek, die nach dem Verkauf an Salman Schocken später unter der Kategorie „Geheimwissenschaften, Theosophie, Parapsychologie u. ä."[129] zusammengefasst wurde; darunter befanden sich etwa zahlreiche Werke aus der Feder von Carl Graf von Klinckowstroem[130], dem Arzt und selbsternannten Parapsychologen Albert von Schrenck-Notzing[131] sowie des französischen Mediums Rufina Noeggerath. Zudem war Wolfskehl beson-

124 DLA, A: Karl Wolfskehl, Karl Wolfskehl an Ernst Schulte Strathaus am 5. Mai 1930.

125 DLA, D: Wolfskehl, Schulte Strathaus an Wolfskehl, am 8. Mai 1930.

126 O. A. H. Schmitz, *Durch das Land der Dämonen*, 143.

127 L. Feuchtwanger, *Die Brüder Lautensack* (erstmals auf Deutsch 1964 beim Aufbau-Velag).

128 SchA 871/4, Schocken Library an Salman Schocken, New York am 22. März 1959.

129 Ebd.

130 Der Technikhistoriker Carl Graf von Klinckowstroem (1884–1969) publizierte neben seinen historischen- und kulturwissenschaftlichen Arbeiten in den Weimarer Jahren hauptsächlich im Bereich des Okkultismus. Als frühes Mitglied der NSDAP verkaufte er während der Kriegsjahre seine Privatsammlung an die Arbeitsfront der Partei. Heute befindet sich die Sammlung, wie der Nachlass Klinckowstroem im Deutschen Museum München.

131 Schrenck-Notzing war Begründer der Psychologischen Gesellschaft Münchens, der sich in den 1920er Jahren als Parapsychologe in München einen Namen machte; vgl. dazu T. Mann, *Okkulte Erlebnisse*.

ders fasziniert von Oskar Goldbergs *Die Wirklichkeit der Hebräer*[132] sowie einem wertvollen sogenannten Losbüchlein, eine Art „Wahrsagebuch".[133]

Dass die Lage um die „leiblichen Angelegenheiten" Wolfskehls ernst war, offenbarte sich wenige Monate später in einem schweren Zusammenbruch und längeren Krankenhausaufenthalt, von dem sich Wolfskehl nie mehr richtig erholen sollte.[134]

Diese Umstände der ausgehenden Weimarer Jahre waren es, die Wolfskehl nur noch Bücherkäufe in kleinerem Umfang tätigen ließen. Dennoch verfolgte er aufmerksam das Marktgeschehen und beauftragte immer wieder Antiquare, bei Auktionen kleinere Anschaffungen für ihn zu erledigen. So gab er im November 1930 einen Auftrag an Leo Liepmannsohn in Berlin, der für ihn das Manuskript *Kurzer Bericht über die feierliche Sitzung der königlichen Akademie der Wissenschaft in München* (1850)[135] des Orientalisten Fallmerayer ersteigern sollte.[136] In seinem Brief an den Antiquar betonte er: „Es ist mir, als einem (wohl dem einzigen heutigen) Fallmerayer-Forscher wichtig sie zu besitzen, dabei bin ich gezwungen meine Ausgaben sehr zu beschränken."[137] Auch bei der Auktion der Bibliothek Leopold Hirschberg[138] über das Antiquariat Müller & Gräf in Stuttgart im Mai 1931, bei der Wertvolles aus dem Bereich Deutsche Dichtung angeboten wurden, war Wolfskehl interessiert und beauftragte den Antiquar Willy Heimann, der für ihn die Num-

---

132 Bei Goldberg (1885–1952) handelte es sich um einen jüdischen Autor aus Berlin, der 1925 das umstrittene Werk *Die Wirklichkeit der Hebräer* veröffentlichte; siehe dazu G. Scholem, „Oskar Goldberg", EJ, Bd. 7; K.W. soll Thomas Mann auf das Werk aufmerksam gemacht haben, vgl. M. Voigts, *Oskar Goldberg*, 368.

133 Zum „Losbüchlein" siehe Marie Luise Knott, Verlustanzeige, *Münchner Beiträge* 2 (2019).

134 K. Wolfskehl, *Briefe und Aufsätze*, 11; Schulte Strathaus wandte sich 1933 von Wolfskehl ab und verfasste zukünftig Horoskope für die Nazigrößen, wie etwa Rudolf Hess, in dessen Stab er als Sachbearbeiter tätig wurde und dem er in einem Horoskop „erfolgsversprechenden Tag für eine Reise im Interesse des Friedens" prophezeite. Das hatte zur Folge, dass er der Mitwisserschaft um den Heß-Flug nach Schottland verdächtigt und im Konzentrationslager Sachsenhausen inhaftiert wurde; siehe dazu: S. Meinl/ B. Hechlhammer, *Geheimobjekt Pullach*, 55.

135 Bei dem Manuskript handelt es sich um einen Bericht, welchen Jakob-Philipp Fallmerayer (1790–1861) in den Blättern für literarische Unterhaltung veröffentlicht hatte und den daraus entstandenen Disput mit Johann-Nepomuk v. Ringseis (1785–1880), den Leibarzt König Ludwig I., auf dessen Geheiß er zum ordentlichen Mitglied der Akademie der Wissenschaften ernannt worden war. Ob K.W. das Original-Manuskript ersteigerte, ist nicht klar. Wolfskehl verfügte über eine Auswahl an Werken zu Fallmerayer. Ein Teil befindet sich heute in Jerusalem, vgl. https://www.dla-marbach.de/find/opac/id/AK01184253/?tx_find_find[au]=00770889#tabaccess (Zugriff: 05.05.2022).

136 DLA, D: Karl Wolfskehl, Schreiben von Karl Wolfskehl an Leo Liepmannssohn.

137 Ebd., Schreiben vom 15. November 1930.

138 Leopold Hirschberg war ein deutsch-jüdischer Mediziner und Büchersammler. Eine etwa 20.000-bändige Bibliothek verkaufte er bereits 1913 an die Universitätsbibliothek Berlin; L. Hirschberg, *Erinnerungen eines Bibliophilen*.

mern 1063–1065, drei Werke des deutsch-baltischen Publizisten Garlieb Helwig Merkel, ersteigerte.[139]

Die Antiquare kannten Wolfskehls Vorlieben und traten auch häufig mit Angeboten ihrerseits an ihn heran: So bot Julius Halle Wolfskehl im Oktober 1930 ein Buch „über Gesundheit und Krankheit der Elefanten" aus dem Jahr 1606 an.[140] Als begeisterter Sammler von Elefantenfiguren sowie von Büchern und Schriften über sie verwundert es nicht, dass sich das angebotene Werk im späteren Verzeichnis von Wolfskehls Büchern nachweisen lässt. Bei den Antiquaren machte sich dennoch bemerkbar, dass Wolfskehl nicht mehr der zahlungskräftige Kunde war, als der er in München lange bekannt gewesen war. Auf eine Reklamation vonseiten Wolfkehls an den Münchner Buchhändler und Antiquar Heinrich Jaffe[141], der sein Geschäft in der Briennerstraße 53 in München unterhielt, antwortete dieser:

> Ihre Bemerkung, dass Sie sehr geehrter Doktor, seit zahlreichen Jahren, bei mir Kunde sind ist durchaus richtig und freue ich mich dieses feststellen zu können. Allerdings mischt sich hierin das schmerzliche Gefühl, dass Sie vielleicht alle Jahr oder alle zwei Jahre einen kleinen Auftrag für mich hatten, während unsere Geschäftsverbindung früher bedeutend reger war. Dieses hat natürlich keinen Einfluss auf die Verwendung, die ich dem Schaffen der Münchner Autoren angedeihen lasse. Dass jene Schriftsteller, die ständig und häufig bei mir verkehren, fester im Gedächtnis haften, dürfte nicht verwunderlich sein.[142]

Briefe wie diese dürften Wolfskehl gekränkt haben. Eine Antwort ist nicht überliefert. Bald darauf verfasst Wolfskehl mit seinem Essay „Beruf und Berufung der Bibliophilie in unserer Zeit" eine seiner letzten Veröffentlichungen über die Thematik des Sammelns.[143] Es war auch ein klares Verdikt über den bereits angebrochenen Untergang der deutschen Bücherwelt:

> Wer jetzt noch vom Eros des Büchersammelns, Bücherliebens, Bücherumschwärmens zu künden wagt, verwirkt nicht nur die Achtung der drohenden brutalen Zeitherren, was er

---

139 Die Werke waren in einem Katalog, der im Zuge des Verkaufs angefertigt wurde, weiter aufgeführt: Müller und Gräff Stuttgart, Bibliothek Leopold Hirschberg (1931), https://digi.ub.uni-heidelberg.de/diglit/mueller_graeff1931_05_05 (Zugriff: 07.05.2022).

140 DLA, D: Wolfskehl, Julius Halle an K. W. am 22. Oktober 1930; vgl. https://www.dla-marbach.de/find/opac/id/AK01622052/ (Zugriff: 04.05.2022).

141 Zur Buchhandlung Jaffe siehe auch: C. Haug, Bücher- und Lesestuben als Vermittlungsinstanz der literarischen Moderne, *Geschichte des deutschen Buchhandels*, Bd. 1,3, 149ff; siehe auch T. Mann, Ein Brief an den Buchhändler Heinrich Jaffe.

142 DLA, D: Wolfskehl, Karl Wolfskehl an Buchhandlung Heinrich Jaffe München vom 27. November 1930.

143 K. Wolfskehl, Beruf und Berufung, *GWII,* 549ff; vgl. Jessen, *Der Sammler*, 17ff.

> verschmerzen könnte, sondern sein eignes Gewissen warnt ihn wie vor einem verbotenen, wenn auch, ach, so unentrinnbaren, ach so süssen Fehl.[144]

Am Tag nach dem Reichstagsbrand 1933 verließ Wolfskehl Deutschland und kehrte nicht mehr dorthin zurück. Als er daraufhin zwischen Italien und der Schweiz umherirrte, schrieb er Albert Verwey im Juni 1933, wenige Wochen nach den Bücherverbrennungen „wie symbolisch diese Wendung ‚gegen Juden und Bücher'" sei „und wie sonderbar sie in [s]einer Person sich vereint!"[145]

5.3 Zwischen Recco und Auckland

Als Wolfskehl im Frühherbst 1934 in Zürich den berühmten Verleger und Bibliophilen Salman Schocken erstmals persönlich kennenlernte, war der Anlass des Treffens Wolfskehls Gedichtband *Die Stimme spricht*, der noch im selben Jahr im Schocken-Verlag erscheinen sollte.[146]

Diese Verbindung war aber nicht nur mit Blick auf Wolfskehls Dichtung relevant, sondern während der mehrmaligen persönlichen Begegnungen zwischen Wolfskehl und Schocken dürfte deren beider Leidenschaft für das Büchersammeln bald Gesprächsgegenstand geworden sein. Schocken war wie Wolfskehl seit seiner Jugend leidenschaftlicher Sammler von Büchern. Seit die finanziellen Mittel es erlaubten, interessierte er sich besonders für seltene Ausgaben und Manuskripte aus dem Bereich Hebraica und Judaica. Darüber hinaus verfügte Schocken über eine beeindruckende Sammlung deutschsprachiger Literatur.[147] Wolfskehl und Schocken waren bei zahlreichen Versteigerungen als Konkurrenten angetreten.[148] Der Begegnung in der Schweiz folgte im September 1936 ein Treffen in Italien, wo Wolfskehl seit Herbst 1935 an der ligurischen Küste in Recco lebte.[149] Dem Verleger blieb die prekäre Situation des Dichters nicht verborgen. In einer Notiz über die Begegnung hielt er fest: W[olfskehl] lebt in Recco (Italien) in einem absichtlich abgelegenen, verfallenen Haus. Er verkriecht sich, weil er sich nicht viel zeigen

---

144 K. Wolfskehl, *GWII*, 551; siehe auch: Blasberg, *Karl Wolfskehl im Verlag Salman Schocken*, 129.

145 K.W. an Albert Verwey am 12. Juni 1933, *BWIt*, 15.

146 K. Wolfskehl, *Die Stimme spricht*, 98.

147 Hauswedell & Ernst Nolte, *Die Bibliotheken Salman Schocken und Karl Wolfskehl (1975–1976).*

148 Karl-und-Faber-Kunst, *Sammlung Victor Manheimer(1927);* bei der Versteigerung Victor Manheimer verfasste Karl Wolfskehl das Vorwort, siehe darin 1ff; https://doi.org/10.11588/diglit.24343 (Zugriff: 04.05.2022); Auch Schocken erwarb 26 Nummern bei der Auktion Manheimer, vgl. SchA 870.

149 Voit, *Wolfskehl*, 164.

kann in der Art, wie er dort lebt. Ungewoehnlich karg."[150] Zwar war Wolfskehl offiziell noch nicht als „Exilant" in Italien und die deutsche Staatsbürgerschaft war ihm zunächst nicht aberkannt worden; aufgrund eines ärztlichen Attests hatte er aber die offizielle Erlaubnis, in Italien zu leben. Dadurch war es ihm zunächst möglich, als sogenannter „Deviseninländer" weiterhin jährlich eine Summe von 1.500 Reichsmark aus Deutschland zu beziehen.[151] Das Vermögen war jedoch über die Jahre allmählich aufgebraucht und für ein längerfristiges Leben im Exil waren die Mittel nicht ausreichend.[152] Als Wolfskehl schließlich Schocken seine Bibliothek zum Verkauf anbot, mag der Verleger nicht überrascht gewesen sein.[153] Schocken, der regelmäßig von verzweifelten Emigrantinnen und Emigranten einzelne Bücher oder ganze Sammlungen angeboten bekam,[154] traf solche Entscheidungen vorrangig als Geschäftsmann. Gleichwohl war ihm die prekäre Situation der Menschen, die hinter den Büchern standen, nicht gleichgültig.[155] In seiner Notiz hielt er weitere Beobachtungen fest:

> W[olfskehl] ist seit einiger Zeit entschlossen auszuwandern. Die zu zahlende Reichsfluchtsteuer hat er nicht. Er muesste, um sie zu zahlen, den oben erwaehnten Eigentumsanteil freibekommen und veraeussern, was er nicht moechte, weil er augenscheinlich entschlossen ist, seinen deutschen Besitz seiner Frau und seinen Kindern zu hinterlassen. Er hat seinen Gutsbesitzt [sic], wie ich verstehe, auf seinen Schwiegersohn und seine Tochter bereits ueberschrieben und moechte den Anteil an dem Grundbesitz und was er sonst noch in Deutschland hat, ungekuerzt seinen deutschen Angehoerigen uebergeben.[156]

Wie aus den Zeilen hervorgeht, war es Wolfskehl im Zusammenhang mit einem Verkauf wichtig, seine Familie in Deutschland versorgt zu wissen.[157]

Mit den politischen Entwicklungen in Italien seit 1935, die sich nun auch durch den zunehmend militanten Antisemitismus auszeichnete, sah Wolfskehl auch dort längerfristig keine Zukunft und wollte nun endgültig eine größtmögliche Distanz

---

150 SchA 332/148, Aufzeichnung von Schocken vom 10. November 1936.

151 SchA 332/148, Brief Moritz Spitzer an Salman Schocken am 2. Januar 1937.

152 Vgl. Blasberg, *Karl Wolfskehl und Kiechlinsbergen*, 7.

153 Jessen, *Der Sammler*, 188; Brief Schocken an Wolfskehl vom 19. Oktober 1936, *BWIt*, 227; Voit, *Wolfskehl*, 169.

154 SchA 872/39, Angebote Abkauf von Bibliotheken 1935–1953.

155 Voit, *Wolfskehl*, 169.

156 SchA 332/148, Gesprächsnotiz Salman Schocken vom 10. November 1936.

157 Die Situation Wolfskehls und seiner Familie mit Blick auf die Auswanderungsregelung ist undurchsichtig, siehe Voit, *Wolfskehl*, 168; die sogenannte „Wiedergutmachungsakte" Karl Wolfskehls legt nahe, dass die sogenannte „Reichsfluchtsteuer" und „Judenvermögensabgabe" von den Töchtern Wolfskehls bezahlt worden war, vgl. LVWF, F 196_1 Nr.4330 2015_12_16.

zwischen sich und Europa bringen.[158] Zunächst mussten jedoch die finanziellen Verhältnisse geklärt werden. Auch wenn die Verhandlungen um den Verkauf der Bibliothek nicht reibungslos vonstattengingen, stimmte Wolfskehl nicht zuletzt aufgrund des Drängens der Zeit schließlich dem Verkaufsangebot Schockens zu.[159]

Im Juli 1937 fuhren die Transporter auf der von Weinbergen gesäumten Straße auf das Gut der Familie Wolfskehl in Kiechlinsbergen, um die bereits in Kisten verpackten circa 9.000 Bücher und Handschriften nach Berlin zu bringen, wo auch Schockens eigene Bibliothek für den Transport nach Jerusalem vorbereitet wurde.[160] In Berlin Zehlendorf verzeichnete ein Antiquar die Sammlung und bereitete sie für den Versand nach Jerusalem vor.[161] Wolfskehl erhielt die bereits fertiggestellten Katalogseiten nach Italien überstellt, auf deren Grundlage er Korrekturen, Ergänzungen und bibliographische Anmerkungen zu besonderen Inhalten machte.[162] So vermerkte er zum Titel Hugo von Trencks, *Das neue Vaterunser. Eine Offenbarung Gottes* (ca. 1890):

> [Ä]usserst seltene sofort unterdrückte fast unauffindbare Frühveröffentlichung Wedekinds, bes[onders] gepfeffertes Denkmal seines „Satanismus". Passt schlecht in die Rubrik! Die Approximativ-Datierung etwas zu früh, gedruckt ca. 1895.[163]

Wolfskehl nahm zahlreiche Korrekturen dieser Art vor, verwies auf Seltenheiten und monierte die neu vorgenommene Kategorisierung durch die Mitarbeiter Schockens. Der Dichter selbst erachtete Unterteilungen wie „Codices", Bücher mit Dedikationen und Randbemerkungen", oder „bibliographisch Unbeschriebenes" als aussagekräftiger, als Verallgemeinerungen wie „Deutsche Literatur" oder „Kulturgeschichte", unter welchen er die Titel nun zugeordnet fand.[164]

Aber Wolfskehl machte keineswegs nur inhaltliche oder bibliographische Bemerkungen und Korrekturen. Auch die Autoren nahm er in den Blick und es ist auffällig, dass er besonders häufig die jüdische Herkunft von Verfassern hervorhob, als würde er die jüdischen Wurzeln der eigenen Bibliothek ergründen, die nun

---

158 Voit, *Wolfskehl,* 211.

159 Wolfskehl monierte in seinem Brief vom 25. Oktober 1936 die von Schocken festgesetzte Leibrente auf 15 Palästinensische Pfund, nachdem er sich genau an einen mündlich vereinbarten Betrag von 25 Pfund erinnerte. Der Kompromiss lag bei 20 Pfund, da Schocken die Konditionen als für bereits sehr großzügig erachtete; inwieweit Fehlendes bei der Preisdiskussion eine Rolle spielte, ist nicht nachvollziehbar. Blasberg, „Karl Wolfskehl im Verlag Salman Schocken", 129; sieh auch Voit, *Wolfskehl,* 170ff.

160 Schocken an K.W. vom 19. Oktober 1936, *BWIt*, 227; Jessen, *Der Sammler*, 28.

161 Jessen, *Der Sammler*, 202f.

162 Ebd., 28.

163 SchA, Karl Wolfskehl Collection, Notizen zu wichtigen Büchern seiner Bibliothek, ca. 1938.

164 Jessen, *Der Sammler,* 29.

auf ihre Reise nach Jerusalem vorbereitet werden mussten. So notierte er über Christian Gottlieb Schwarz *Disputatio pries de Ornamentis Librorum apud veteres usitatis* (1708): „Sehr frühe Arbeit über Buchausstattung. Verfasser wohl ein Meschumed [Hebr. für „Getaufter"]". Zu Verhaerens *Les petits vieux* (1901) mit Holzschnitten und Frontispiz von Lucien Pissaro heißt es „Lucien Pissaro ist der Sohn des berühmten Impressionisten, eines Sephard[en]."[165]

Bei seiner kritischen Durchsicht der Liste dachte Wolfskehl auch an besondere Erwerbungswege, über die Einzelheiten in seine Sammlung gefunden hatten. Über Martin Luthers *Von den Juden und ihren Lügen* (1543)[166] notiert er:

> Wie sehr sticht diese Schmähschrift aus Luthers zelotischer Spätzeit gegen seine erste Judenschrift ab! Trotz der ungeheuren Wirkung, die sie hatte, ist diese Erstausg[abe] ungemein selten. Leider neuerer Einband. [S]einerzeit von einem russisch-jüdisch fliegenden Kleinantiquar erworben, der das Buch „so billig" abgab, weil er es seines Inhalts wegen rasch wieder los sein wollte.[167]

Dank Wolfskehls besonderem Gedächtnis mit Blick auf die Details einzelner Ausgaben, konnte das Wissen festgeschrieben werden, welches andernfalls für immer als verloren hätte gelten müssen – dennoch geriet dieses Wissen lange in Vergessenheit, da die Kommentare in die neue Katalogisierung nicht einflossen. Dass Wolfskehl stellenweise zudem ein ungutes Gefühl beschlich, als er die Auflistung „seines" Kataloges durchging, unterdrückte er zu diesem Zeitpunkt.

Die Bedeutung des Entschlusses durch Salman Schocken die Sammlung nach Jerusalem zu retten und die damit verbundene Komplexität der Abwicklung eines Verkaufs, der von Caroline Jessen im Detail beschrieben wurde, ist nur vor dem Hintergrund der politischen Lage in Deutschland zu verstehen: Für Schocken waren der Kauf sowie der Transfer mit erheblichem Aufwand und Gefahren verbunden. Wolfskehl wusste darum und war Schocken für die Rettung seiner Sammlung sowie den dadurch gewährleisteten Erhalt seiner geliebten Bibliothek dankbar. Insgeheim hoffte er, später einmal selbst nach Jerusalem reisen zu können, um die Notizen zu dem Katalog, die ihn ins ferne Exil begleiten sollten, dort durch seine Bücher vervollständigen zu können und damit das Wissen zu bewahren.[168]

---

165 SchA, Karl Wolfskehl Collection, Notizen zu wichtigen Büchern.

166 Die Ausgabe, die handschriftliche Vermerke „aus alter Hand" aufwies, gilt heute als verschollen. Vgl. https://www.dla-marbach.de/find/opac/id/AK01627866/ (Zugriff 06.03.2022).

167 SchA, Karl Wolfskehl Collection, Notizen zu wichtigen Büchern.

168 K.W. an Salman Schocken am 7. April 1938, *BWIt*, 269.

Die Kisten von Wolfskehls Bibliothek, die an Salman Schocken übergegangen waren, wurden Anfang Januar 1938 in Richtung Jerusalem verschifft, wo sie ohne größere Verzögerungen wenige Wochen später eintrafen. In ihrem neuen Verwahrungsort angekommen, blieben die Bücher jedoch noch für einige Zeit in ihren Kisten verwahrt.[169]

Nach dem erzwungenen Verkauf der Bibliothek aus Kiechlinsbergen war Wolfskehl nicht vollkommen „bücherlos" geworden. Ihm blieben die Werke, die aus dem Verkauf ausgeschlossen worden waren, sowie die Bücher, die er während der Jahre in Italien erstand. Die finanzielle Situation hatte für Wolfskehl nur wenige Neuerwerbungen erlaubt, die er in großen Teilen bei ihm altbekannten italienischen Antiquariaten wie etwa in Florenz oder Rom machte und somit nach und nach eine kleinere neue Sammlung zusammenkam.[170] Manche der bescheidenen bibliophilen Ankäufe fanden Niederschlag in Wolfskehls Briefen. So schrieb er seiner Freundin, der Buchwissenschaftlerin Annie Fraenkel:

> Denk Dir, ich fand neulich auf einem Genueser Altbuch-banchetto unter vielerlei Schund versteckt, die erste Gedichtsammlung des nicht sehr bedeutenden aber doch in die Reihe gehörigen Genueser Frühbarockdichters Cebà, ein Padovaner Büchlein von 1597 und auf dem Vorsatz eine gleichzeitige Handnotiz über dessen Beziehung zur „bellissima Ebrea Sara Coppia Sullam"[171]. Von einer solchen Beziehung war mir nichts bekannt, auch steht im Cebà-Artikel der Encyclopedia nichts darüber, könntest Du einmal in der engl. Encyclopedia unter Sullam nachsehen oder gelegentlich sonstwo in der Sullam-Literatur? Als gleichzeitige Notiz fand ich die Mitteilung immerhin wichtig genug, das Bändchen mit Lit.[italienische Lira] 15,- zu erwerben.[172]

169 Jessen, *Der Sammler*, 247.

170 Ebd., 168.

171 Sara Copia Sullam (1592–1641) war eine jüdische Dichterin aus einer angesehenen venezianischen Familie. Das „Padovaner Büchlein", wie es Wolfskehl nannte, muss heute als verschollen gelten. Es befand sich mit in der Kiste, die Wolfskehl in Sicherheit glaubte, als er sie bei seinem Freund Curt von Faber du Faur in dessen Villa in Acreti bei Florenz deponierte. Eine Gedichtsammlung von 1597 lässt sich nicht identifizieren. Es ist möglich, dass Wolfskehl sich um ein Jahr geirrt hatte und es sich um die Ausgabe Rime d'Ansaldo Cebà von 1596 handelte, die von dem Verleger Francesco Bolzetta herausgegeben worden war und bei welchem es sich um eine seltene frühe Ausgabe handelt, Vgl. C. J. N., *Essai sur l'imprimerie des Nutius*. Brüssel 1858, 75, https://hdl.handle.net/2027/hvd.32044080282577 (Zugriff: 07.06.2022).

172 K.W. an Annie Fraenkel am 13. Juli 1936; K. Wolfskehl, *BWIt*, 213ff.

Wolfskehl wusste in Annie Fraenkel um eine geeignete Adressatin für seine bibliophilen Belange. Er kannte die Buchwissenschaftlerin aus dem Antiquariat Olschki,[173] wo Fraenkel tätig war und welches Wolfskehl regelmäßig aufsuchte.[174] Fraenkel kannte wohl auch Wolfskehls Bibliothek von Besuchen in Kiechlinsbergen.[175] Später sollte sie mit Blick auf das Schicksal Wolfskehls Bibliothek noch einmal eine Rolle spielen, als sie zwischen Edgar Salin und Schocken in den 1950er-Jahren den Kontakt herstellte und eine Art Vermittlerrolle bei einem geplanten „Rückkauf" der Sammlung Wolfskehl einnahm.[176]

Die Bibliothek, die in Wolfskehls italienischen Exil-Jahren entstand, ist bisher eher unbeachtet geblieben.[177] Sie hatte jedoch für den Dichter im Exil eine wichtige Funktion, da es die wenigen Bücher waren, die ihm in seinen letzten Lebensjahren zur Verfügung standen. Darüber hinaus waren sie das einzige Stück Heimat, das ihm in materieller Form geblieben war. Da auch für diese Bücher von Wolfskehl nie ein Verzeichnis angefertigt wurde, muss der genaue Umfang unbekannt bleiben. Über die Briefe aus den Jahren in Italien lassen sich zumindest Bruchstücke rekonstruieren. Bei der Gedichtsammlung, die Wolfskehl gegenüber Annie Fraenkel erwähnte, handelt es sich um jene des Dichters Ansaldo Cebà (1565–1623). Es ist unklar, ob Fraenkel für Wolfskehl die gewünschte Recherche in einem Nachschlagewerk vornehmen konnte. Von der *Enzyklopedia Judaica* hatten bis zur Machtergreifung der Nationalsozialisten lediglich die Bände „A" bis „L" erscheinen können[178], im Konkurrenzwerk *Jüdisches Lexikon* hingegen wäre sie fündig geworden. Darin be-

173 Vgl. dazu Annie Fraenkel an K. W., *BWIt*, 445, vgl. auch 240; hier schreibt K.W., Annie Fraenkel habe bei Olschki in Florenz und Rom gearbeitet; vgl. *BWIt*, 214.

174 Obwohl Annie Fraenkel (1898–1976) eine renommierte Buchwissenschaftlerin war, finden sich wenige Hinweise zu ihrer Person; ein Nachruf, der für die spätere Bibliothekarin der Züricher jüdischen Kultusgemeinde 1976 erschien war, liefert wenige Anhaltspunkte: Demnach wurde Annnie Fraenkel 1898 in Frankfurt am Main geboren und war nach dem Besuch der höheren Töchterschule an der Städtischen Bibliothek tätig, wo sie unter Aron Freimann an der Herausgabe des Judaica und Hebraica-Kataloges mitarbeitete. Nach zahlreichen Reisen innerhalb Europas und nach Palästina immigrierte sie 1938 permanent dorthin. Sie war in Kontakt mit Gershom Scholem sowie mit Margarete Susman. In ihren Einreiseunterlagen fand sich auch eine seltene Photographie. Im Handbuch zur Geschichte des Deutschen Buchhandels fehlt die Biographie von Anni Fraenkel bisher; siehe auch: *Israelitisches Wochenblatt*, 10.12.1976, 50; Katalog Freimann, IV, https://sammlungen.ub.uni-frankfurt.de/freimann/content/rpage/8305609?query=Annie%20Fränkel; ISA, Government of Palestine, 6740/17.

175 K.W. an Salman Schocken am 15. Januar 1937, *BWIt*, 240.

176 SchA 872/32.

177 Marcel Lepper hat die Bücherbestände Wolfskehls aus Neuseeland entdeckt und die Erforschung des Bestands ermöglicht, vgl. Jessen, *Der Sammler*, 241f.

178 Brenner, *Jüdische Kultur*, 126ff.

findet sich ein Artikel, der auch auf die Verbindung zwischen dem Genueser Cebà und Sara Copia Sullam eingeht, für die sich Wolfskehl 1936 so interessierte.[179]

Eine weitere Errungenschaft, die Wolfskehl gegenüber Fraenkel zur Sprache brachte, war „[e]in hebräisches Buch, einen sehr späten Machsor aus Livorno, kaum vor 1800 gedruckt".[180] Ansonsten fand sich für Wolfskehl in jenen Jahren des Exils nicht viel, wie er der Freundin berichtete.[181] Sein Interesse an bibliophilen Besonderheiten blieb jedoch ungebrochen. Dem Freund Melchior Lechter, der ihm „drei tibetanische[-] Bücher"[182] ans Herz gelegt hatte, antwortet Wolfskehl:

> Ich weiß niemand, der sie besäße, und wage es natürlich nicht, Sie um deren leihweise Überlassung zu bitten, was [ich] ja auch wirklich nicht ohne gerechtfertigte Bedenken könnte. Bücher zu kaufen aber bin ich ökonomisch absolut nicht mehr in der Lage, auch nach dieser Richtung gefährdet meine Existenz sich immer mehr.[183]

Der Brief zeigt, dass Wolfskehl sich stark einschränken musste und Bücherkäufe nunmehr die Ausnahme blieben. Hingegen suchte er nun häufiger öffentliche Bibliotheken auf, etwa die Biblioteca Nationale Centrale di Firenze, deren neues Gebäude 1935 am Piazza dei Cavalleggeri am Arno eröffnet worden war. Während Wolfskehl in den Jahren in Italien nun seinen Mitteln entsprechend seiner bibliophilen Leidenschaft nachging, wurde auch in Italien die Situation für Jüdinnen und Juden zunehmend unsicherer.

Mit der Abwicklung des Verkaufs an Schocken war es Wolfskehl finanziell möglich, aus Europa zu fliehen. Die Wahl fiel auf Neuseeland, um „so weit weg zu gehen als dies überhaupt auf diesem Kleinplanet möglich ist", wie Wolfskehl in einem Brief festhielt.[184] Am 8. Mai 1938 bestiegen Wolfskehl und seine Sekretärin und Gefährtin Margot Ruben, mit lediglich ein paar Büchern im Gepäck im Hafen von Marseille das Schiff *Strathnaver* in Richtung Südpazifik.[185]

Die wenigen, wenn doch nicht unwichtigen Exemplare, die Wolfskehl in den Jahren zwischen 1933 und 1938 erwarb oder geschenkt bekam und die nicht Teil des Verkaufs an Schocken gewesen waren, konnten Wolfskehl und Margot Ruben auf der Schiffsreise nicht mitführen. Daher brachte Wolfskehl sie in Florenz bei

179 „Sullam, Sara Copia", *Jüdisches Lexikon*, Bd. 4.2. (1930), 775f; zu Cebà und Sullam siehe: A. Cebà, *Lettere d'Ansaldo Cebà scritte a Sarra Copia*.

180 *BWIt*, 214; bei einem Machsor handelt es sich um ein jüdisches Gebetbuch, welches Gebete für die jüdischen Feiertage enthält. Siehe dazu: I. J. Tamari, *Das Volk der Bücher*, 79ff.

181 Vgl. *BWIt*, 214.

182 K. W. an Melchior Lechter am 17. April 1936, *BWIt*, 176.

183 Ebd.

184 K. Wolfskehl, *BNzII*, 936.

185 Schlösser, *Bibliographie*, 15; siehe auch: Voit, *Wolfskehl*, 224.

dem Freund und Bibliophilen Curt von Faber du Faur unter, wo er sie gut verwahrt hoffte.

Am 3. Juli 1938 erreichte Wolfskehl gemeinsam mit Margot Ruben Auckland, Neuseeland.[186] Nach anfänglicher Euphorie fiel es dem deutschen Dichter jedoch schwer, sich in die fremde Umgebung einzugewöhnen. Bereits nach kurzer Zeit in Auckland spielte er mit dem Gedanken, nach Australien überzusiedeln, wo ihm das intellektuelle Leben aktiver schien.[187] Die Aufenthaltsgenehmigung wurde Wolfskehl jedoch nur für Neuseeland ausgestellt, weshalb ein erneuter Ortswechsel nicht möglich wurde. Bald flüchtete sich Wolfskehl in seine Dichtung und ein wiederkehrendes Motiv wurde der biblische Hiob, mit dessen Figur er sich fortan immer stärker identifizierte.[188] Einen Anker hoffte er in der Jüdischen Gemeinde von Auckland zu finden, zu der er Kontakt aufnahm und auch häufiger die Gottesdienste besuchte; jedoch sollte sich keine engere Beziehung zu den Mitgliedern entwickelt. Im Lauf der Jahre konnte sich dennoch ein allmählich größer werdender Freundes- und Bekanntenkreis über die Grenzen Aucklands hinaus bilden, zudem auch andere jüdische Intellektuelle zählten, die wie Wolfskehl als Flüchtende nach Neuseeland kamen.[189] Einer von jenen war Paul Hoffmann, ein Germanistikstudent aus Niederösterreich, der 1938 nach Neuseeland floh. Für Wolfskehl wurde der Zweiundzwanzigjährige zu einem Schüler und Freund, mit dem er sich über Literatur und die eigene Forschung austauschte.[190] Hoffmann selbst hatte bei seiner eigenen Flucht nach Neuseeland seine komplette Bibliothek verloren, nachdem diese auf dem Transportschiff im Ozean versunken war.[191]

Die Beschäftigung mit den Themen, die Wolfskehl als Germanisten, Bibliophilen und Dichter interessierten, gestaltete sich schwierig, da diesem nur ein begrenzter Bücherfundus zur Verfügung stand, nämlich lediglich die Bücher, die Margot Ruben aus Europa im Handgepäck mitgebracht hatte. Darüber hinaus war Wolfskehl aufgrund seiner fortschreitenden Blindheit kaum mehr in der Lage, ohne Hilfe die Bücher herauszusuchen, geschweige denn zu lesen.[192] Gerade hier kam seinen Freunden eine wichtige Rolle zu, da sie mit ihm lasen und vorlasen. In der Abgeschiedenheit seines Exils blieben Wolfskehl nur Erinnerungen. „In Zeiten, in denen Bücher rar sind, muss man das Wertvolle auswendig kennen."[193] So hatte

---

186 Voit, *Wolfskehl*, 231; zu Sarra Copia Sullam siehe auch L. Westwater, Sarra Copia Sulam.

187 Voit, *Wolfskehl*, 233.

188 Ebd., 227.

189 Ebd., 264.

190 Ebd., 343.

191 Ebd.

192 Ebd., 262.

193 Salin an K. W. am 7. Januar 1944, *BNz I*, 164.

es einmal Stefan George formuliert. An der Wand des kleinen Zimmers in Mount Eden, einem Vorort von Auckland, wo Wolfskehl mit einem Goldfisch und zwei Wellensittichen wohnte, reihten sich auf einem schmalen Regalbrett die kleine Auswahl von Büchern.[194] Die Bücherarmut in Auckland brachte bald die Exemplare in Erinnerung, die Wolfskehl in der Villa des Freundes Curt Faber du Faurs in Arcetri, Florenz zur Verwahrung belassen hatte. Wolfskehl wandte sich in einem Brief vom 23. Juli 1939 an Faber du Faur:

> [W]as raten Sie mir bezgl. meiner noch in Arcetri ruhenden Bücher? Es sind recht viele, nach meiner Schätzung im [G]anzen etwa vier Kisten größeren Umfangs. Ich hätte sie natürlich gern hier, obwohl ich kaum wüßte, wie sie aufstellen. Dagegen sprächen die wahrscheinlich hohen Frachtspesen, kurz ein Dilemma, denn so kostbar sind ja meine in Italien aufgesammelten Bestände nicht, und meine wirtschaftliche Lage verlangt viel Vorsicht. Das [B]este wäre, man erführe von einem der von italienischen Häfen ab nach Australien reist. Der könnte die Kisten ohne jede eigene Mühe mitnehmen und die Kosten persönlichen Transitgutes sind ja sehr gering.[195]

Eine Antwort blieb zunächst aus und Wolfskehl entschied sich im November desselben Jahres dazu, in der Sache nochmal nachzuhaken. Die Tatsache, dass zwischenzeitlich der Krieg in Europa ausgebrochen war und Faber du Faur seine Übersiedelung in die USA plante, dürfte Wolfskehl bei einer schnellstmöglichen Lösung der Angelegenheit bestärkt haben, wie der Brief vom 16. November zeigt:

> I just learnt from Viëtor, to whom I will soon write personally, that there is a possibility for you and your library to come to Boston. How glad I would be! But thinking of your library: my own books that have been granted hospitality at your home, come into my mind. I think the best would be to send them directly from Florence to my place, don't you believe so? Thanks very much in anticipation for all you will do for me in that respect.[196]

Die Bemerkung zu Faber du Faurs Rettung der eigenen Bibliothek war an dieser Stelle sicherlich nicht zufällig gewählt und sollte auf die weniger glückliche Situation Wolfskehls hinweisen. Das Innuendo scheint gewirkt zu haben: Drei Monate später erreichten die vier sehnlichst erwarteten Bücherkisten Auckland, wie der Empfänger freudig in seinem Brief an Emma Faber du Faur vom 8. Februar 1940 bestätigt:

---

194 Koch, *Margot Ruben*, 87.

195 K.W. an von Faber du Faur am 23. Juli 1939, *BWNzI*, 73.

196 DLA, D: Wolfskehl, K.W. an Faber du Faur am 16. November 1939.

> Vor wenigen Tagen, fast gleichzeitig mit Ihrem reichen und auf so vieles eingehenden Brief kamen, ebenfalls freudig empfangen, die vier schon angekündigten Bücherkisten wohlbehalten hierher. Da ich mit dem Platze natürlich sehr beschränkt bin, habe ich erst eine davon ausgepackt, sie enthielt zufällig manches besonders Geliebte und also schmerzlich Vermißte: Hofmannsthal, Verwey, einiges Französisches. Wie ichs mit den anderen Kisten halte überlege ich noch, die Wohnung, ein möbliertes Drei-Zimmer-Flat, ist sehr klein, eine größere zu nehmen hätte schon der vermehrten Hausarbeit wegen wieder andere Schwierigkeiten, neben dem rein ökonomischen Gesichtspunkt. Aber das wichtigstes ist: die Bücher sind da! [...] Nun schnell zum Schluß noch bestätige ich mit innigstem Dank den Empfang des Geburtstagsschecks, der mit mancherlei erfreuliche Zubuße, so einen charmanten Bücherkauf, ermöglichte.[197]

Wie die Zeilen deutlich machten, erfreute sich Wolfskehl an dem langersehnten Bücherzuwachs, jedoch waren die Wohnverhältnisse, wie angedeutet, keineswegs für eine größere Sammlung an Büchern geeignet.[198] Auch über die kommenden Jahre boten die mehrmals wechselnden Unterkünfte meist keinen Platz für das Aufstellen von Wolfskehls Büchern.[199] Die meiste Zeit befanden sich diese in Kisten verpackt – den „Wartesärgen" wie Wolfskehl sie nannte – und dienten zweitweise sogar als Verlängerung für Wolfskehls viel zu kurzes Bett.[200]

Zunächst überwog die Freude über die Büchersendung aus Europa. Während Wolfskehl jedoch auf seine Bücher aus Italien hatte warten und bangen müssen, rückte ihm auch seine Sammlung wieder ins Gedächtnis, die zwischenzeitlich ihren Weg nach Jerusalem gefunden hatte. Bereits im Zuge des Verkaufs an Salman Schocken und der Katalogisierung der Bücher hatte Wolfskehl das Gefühl beschlichen, dass wichtige Inhalte in der Auflistung fehlten – eine Ahnung, die er lange verdrängte.[201] Ob er es tat, um Schocken nicht zu beunruhigen und die Abwicklung des für ihn lebenswichtigen Verkauf nicht zu gefährden, oder die ganze Fluchtsituation ihn derart schwer belastete, dass er sich nicht den fehlenden Büchern widmen konnte, bleibt ungewiss. Im Dezember 1939 wandte sich Wolfskehl schließlich in einem fünfseitigen, maschinenschriftlichen Schreiben an Schocken unter Beilage einer „Fehlliste":

> Ich versichere also und verbürge mich, dass die in der „Fehlliste" aufgeführten Stücke mit allem übrigen Bestande nach Berlin abgegangen waren. Ihr Fehlen habe ich bereits

197 DLA, D: Wolfskehl, K.W. an Emma von Faber du Faur am 8. Februar 1940.
198 Voit, *Wolfskehl*, 262.
199 Ebd., 451.
200 Vgl. Brief an Erich Kahler, 12. Juni 1946, *BNzI*, 668; Jessen, *Der Sammler*, 241f.
201 Jessen, *Der Sammler*, 222.

> im November 37 mit unbeschreiblicher Entrüstung feststellen müssen, als man mir das Verzeichnis vorlas. Meine damals in Recco weilende Frau geriet auf meinem entsetzten Vorhalt in einem ihren körperlichen Zustand gefährdenden Zorens- und Schmerzensausbruch, auf den ich gerade nur hinweise, weil er andeutet, was auch ihr durch diesen Akt angetan worden ist.[202]

Dieses „Verzeichnis nicht aufgeführter Stücke", welches der Dichter aus dem Gedächtnis angefertigt hatte, führte zahlreiche wertvolle Ausgaben auf, die Wolfskehl wichtig gewesen waren und deren Verlust ihn ungeheuer schmerzte. Unter anderem waren gelistet:

> Jean Paul, Die G[r]önländischen Prozesse. Berlin bei Voss 1783, des Dichters höchst selten vorkommendes Erstlingswerk in 2 entzückenden H[a]lbl[e]d[e]r[b]ändchen d. Zt. Mit bes[onders] breiten Lederecken. Ganz frisches Ex[emplar]. Im Innendeckel des 1. Bändchens ein Efeublatt v. Grabmal des Dichters, von mir gepflückt und eingeklebt.[203]

oder

> Campe, Dürer-Reliquien, Von dieser hübschen zur Nürnberger Dürer-Säkularfeier 1818 in 120 gedruckten Festgabe m. vielen Dürer-Briefen und sonstigen Erstdrucken besitze ich 2 Ex[emplare], von denen nur das einfache, nur durch seinen Vorbesitzer, den s[einer]z[eit] sehr beliebten Münchner Landschafter und Lithographen A. Lebschee [...] im Verz[eichnis] geführt wird. Dagegen vermisse ich das um ein Vielfaches dickere Ex[emplar] auf Perg[amen]t in dunkler reichst ornamentierten Maroquin-Schuber, seidengefüttert. Als Vorsatz hat dies Ex[emplar] ein braunes steifes Glanzpapier m. Holzmaserungsornament. Ein offenbar einzigartiges Stück.[204]

Neben den zahlreichen Seltenheiten, darunter auch „Illustrata" wie kostbare Totentanz-Kupfern und -Radierungen sowie eins „der ganz wenigen von Daumier illustrierten Bücher"[205], war es eine Ausgabe, deren Verlust Wolfskehl besonders schmerzte:

> Eine Erstausgabe von Goethes *Westöstlicher Divan* (1819) auf ungewöhnl[ich] starkem blütenweissen Velinpapier m. sonst nirgends vermerkter farbiger Austuschung d. Titelkupfers in mehreren Farben, die Schrift in Gelb oben aufgesetzt, m. echtem Goldschnitt [...].

---

202 SchA 332/148, K.W. an Salman Schocken am 14. Dezember 1939.

203 Ebd., Liste „Im Verzeichnis nicht aufgeführte Stücke".

204 Ebd.

205 Ebd.

> Als einziger Vorbesitzer schreibt sich (etwa Mitte d. 19. Jahrh.) ein von mir nicht weiter nachzuweisender „Hering" ein [...][206]

Wolfskehl hatte das „Unicum" bereits früher Schocken gegenüber als das „Hauptwerkt" seiner Bibliothek angepriesen.[207] Auch Schocken, der eine einzigartige Goethe-Sammlung besaß, war die Leerstelle bereits aufgefallen und er war der Angelegenheit bei seinen Mitarbeitern nachgegangen – jedoch ohne Erfolg.[208] Der seltene *Divan* bleibt bis heute verschollen. Auch wenn sich bisher der Verbleib der auf der Fehlliste aufgeführten wertvollen Stücke nicht hat ausmachen lassen, könnte das eine oder andere Exemplar durch diese wertvollen Beschreibungen identifiziert werden – sofern erhalten.

Eine Antwort auf das ehrliche Schreiben von Wolfskehl an Schocken ist nicht überliefert. Im Oktober 1942 machte Salman Schocken jedoch auf seiner Reise nach Amerika einen Zwischenstopp in Neuseeland. Eine nicht zu unterschätzende Geste, wenn man die Strapazen einer solchen Reise nicht nur mit Blick auf die Entfernung und die allgemeine Weltkriegslage bedenkt. Wolfskehl hat dieser Besuch viel bedeutet. Besondere Freude machte ihm dabei, das Schocken ein Soncino-Gebetbuch mit im Gepäck hatte, welches er seinem Freund zeigte.[209] Wolfskehl wiederum übergab Schocken ein „Wachstuchheft" voller Studien und Vorstudien für den Gedichtband *Die Stimme spricht*. Wie Schocken notierte, verwahrte er es nach seiner Rückkehr in seinem Privatsafe.[210] Schocken sollte der einzige Freund bleiben, der Wolfskehl am anderen Ende der Welt besuchte.

Eine weitere Enttäuschung sollten jedoch auch die Bücherkisten aus Italien mit sich bringen. Es war offensichtlich, wie Wolfskehl seinem guten Freund Edgar Salin schrieb, dass „eine nicht ganz unkundige Hand so ziemlich das Beste daraus weggegrapscht hatte".[211] So fehlte Wolfskehl etwa das von Enid Lowry Duthie verfasste Werk *L'influence du symbolisme dans le renouveau poetique de l'Allemagne* (1933) über die Wirkung des Symbolismus auf Stefan George, das Wolfskehl nicht zuletzt wegen des Bezugs auf „den Meister" besonders wichtig war.[212]

Gegenüber Salin äußerte er auch einen Verdacht: „Ich will hier nicht namentlich aufführen, wen ich dieser Meintat beschuldige, aber ich bin fest überzeugt, es war dieselbe verdächtige Halbfigur[,] die auch in Lechters Leben ihr[e] antipatische

206 Ebd.

207 SchA 872/32, Notizen aus dem Gespräch mit Dr. Wolfskehl und Dr. Spitzer in Basel am 18. Januar 1938.

208 Ebd.

209 Blasberg, *Karl Wolfskehl im Verlag Salman Schocken*, 129.

210 SchA, Notiz Schocken vom 22. Oktober 1958.

211 DLA, D: Wolfskehl, Brief an Edgar Salin vom 14. August 1942, vgl. Voit, *Wolfskehl*, 284.

212 DLA, D: Wolfskehl, Brief an Edgar Salin von 14. August 1942.

Rolle gespielt hat […].“[213] Es ist möglich, dass Wolfskehl Emil Preetorius im Sinn hatte. Seit dessen Anbiederung an das NS-Regime war Wolfskehl nicht gut auf den einstigen Münchner Gefährten zu sprechen.[214] In seiner Abgeschiedenheit versuchte Wolfskehl dennoch, das Beste aus seiner Situation zu machen. In seinen Briefen an die über die Welt verstreuten Freunde berichtet er über seine Streifzüge, kleinere Reisen, unter anderem auf die Südinsel, nach Christchurch und in das Städtchen Dunedin:

> In Christchurch [erlebte ich] sogar etwas wie ein „Künstlervölkchen“ fast Pariser Anmut und Unbefangenheit, außerdem den ersten inländischen und einen durchaus echten sehr kenntnisreichen Bibliophilen, dessen von Finderglück strotzende Sammlung wirklich Prachtstücke aus allerlei Gebieten enthält, so etwa die Erstausgabe von Hobbes „Leviathan“. Diesem kenntnisreichen und lieben Verwalter seiner Schätze verdanke ich auch das in der Bibliothek des British Museum gebrauchte Rezept zur Auffrischung und Erhaltung alter Lederbände. Meine bisherige ausschließliche Verwendung gebleichter Vaseline war ja auch wirklich primitiv.[215]

Auch an Annie Fraenkel berichtete Wolfskehl über seine wenigen, aber wertvollen Bekanntschaften:

> Mein Verkehr beschränkt sich auf ein paar persönliche Bekannte, einheimische Gelehrte, Künstler, Schriftsteller, sehr anregende und begabte Leute darunter, von denen ich recht viel Anregung habe, und ein paar von den Zugereisten, einen früheren Nürnberger Bibliothekar, der mit einer ganz vortrefflichen religions-, kultur- und naturgeschichtlichen Bibliothek hier als Bäcker sein Auskommen findet, einen jungen Wiener Musiker, eine glühende Zionistin- und WIZO-Führerin und ein paar persönlich liebenswerte Menschen. Aber ich bin natürlich viel allein.[216]

Bei dem erwähnten Nürnberger Bibliothekar handelte es sich um Ernst Reizenstein, der in Auckland ein Backhaus eröffnete, welches sich bald als Intellektuellen-Treffpunkt herausbildete, und in welchem auch der von Wolfskehl erwähnte „junge Wiener Musiker“, Georg Tinten verkehrte.[217] Bei der „glühenden Zionistin“ wiederum handelte es sich um Vera Ziman, die Wolfskehl in Neuseeland eine gute

213 Ebd.
214 Vgl. K.W. an Abraham Yahuda am 16. April 1934, *BrIt*, 241.
215 K.W. an Curt und Emma Faber du Faur am 17. April 1941, *BNzI*, 87.
216 K.W. an Annie Fraenkel am 28. August 1942, *BNzI*, 381; vgl. auch *BNzII*, 1111.
217 L. Bell, *Strangers Arrive*, 13.

Freundin wurde.[218] Trotz des umfangreichen Briefwechsels war Wolfskehls Kontakt in seine langjährige Heimatstadt München, die ihm einst sehr viel bedeutet hatte, nach 1933 beinahe vollständig abgebrochen. Mit Freunden, die das Emigranten-Schicksal teilten, wie etwa der Antiquar Emil Hirsch, pflegte Wolfskehl weiter Kontakt[219] – von den vermeintlichen Freunden, die jedoch in der Heimat hatten bleiben können und sich in das Regime einordneten, wollte sich kaum jemand an Wolfskehl erinnern. Eine Ausnahme stellte das befreundete Ehepaar Maria und Kurt Ferner dar. Letzterem erläuterte Wolfskehl in einem langen Schreiben die von ihm empfundene Kränkung:

> Ich klage nicht an, aber daß nur die Nächsten noch um mich wissen, daß ich für die Stadt, deren ‚Liebling' ich in Wort und Schrift genannt wurde, deren Ruhm und Art ich verkündet habe und gemehrt, wie nur einer, daß ich für diese Stadt München verschollen bin, das sei Dir, Kurt, Antwort von der anderen Seite.[220]

Eine weitere Stimme aus München, die Wolfskehl in Neuseeland aus München erreichte, war die des einstigen Freundes Hans Ludwig Held. Mit dem Bibliothekar und Schriftsteller muss Wolfskehl in den Münchner Tagen eine enge Freundschaft verbunden haben, zumindest führt eine im DLA Marbach erhaltene Liste mit dem Titel „Liste von Münchner Freunden" Held an erster Stelle.[221] Dieser berichtet nach Neuseeland von seinen eigenen traumatischen Erfahrungen, die er in München gemacht hatte und die auch seine Bibliothek betrafen:

> Am 6. September 1945 – also nach Abschluß des Krieges – wurden meine Frau und ich nachts um 4 Uhr von 3 Mordgesellen in unserer Wohnung in Unterhaching überfallen, wobei meine Frau neben mir durch einen Bauchschuss schwer verwundet wurde und sich 7 Operationen auf Leben und Tod unterziehen mußte. Am 23. September 1945 folgte dann eine Brandstiftung, die einen Teil meiner wertvollen Inkunabeln und frühere Drucke vernichtete. Ich hatte den gesamten Sektor meiner hebräischen Bibliothek neben mehreren anderen politisch anrüchigen Abteilungen in der Nähe unseres Hauses in einer großen Garage vor dem Zugriff der Gestapo, die meiner Bibliothek wiederholt räuberische Besuche machte, gesichert. Im Ablauf von drei Stunden war die grosse, wertvolle Bibliothek ein Haufen von Asche geworden. Im ersten und im zweiten Falle

218 Voit, *Wolfskehl*, 353/451.

219 Mit Emil Hirsch verband Wolfskehl ein freundschaftlicher Briefwechsel, in welchem auch immer wieder Bücher und Bibliophilie zum Thema werden; vgl. *BNzII*, 858ff.

220 K.W. an Kurt Ferner, 13. September 1946, *BNzII*, 910.

221 DLA, D: Wolfskehl Liste von Münchner Freunden, undatiert.

wurden die Täter trotz eifrigster Recherchen der deutschen und der amerikanischen Polizei nicht eruiert.[222]

Schließlich meldete sich auch Emil Preetorius, mittlerweile an den Simsee bei Rosenheim zurückgezogen, der nach seinem drastischen Bruch seit 1933 Wolfskehl gegenüber geschwiegen hatte. Im Dezember 1946 wandte er sich erstmals wieder an den Dichter. Wolfskehl, zunächst harsch, zeigte sich – vermutlich nicht zuletzt aus Einsamkeit – am Ende versöhnlich.[223]

Über die schlechte gesundheitliche und finanzielle Lage bleibt Wolfskehl seinen Briefpartnern meist vage. Margot Ruben wird in ihren Briefen deutlicher, wie etwa im Mai 1948 gegenüber Preetorius:

> Karl bittet mich Ihnen gleich zu schreiben. Da ich aber im Moment aeusserst beschaeftigt bin, muss ich Sie bitten mit ein paar Worten vorlieb zu nehmen. – [...] Ja, ich hab mir gedacht[,] dass keiner seiner Freunde in Uebersee sich einen rechten Begriff von seinen Leiden im Exil [machen] konnte. Geistige und seelische Leiden waren es vor allem in diesen Jahren, zu denen nun auch noch die sehr quaelenden koerperlichen kommen. Wie fuerchterlich sich das Hiob-Schicksal an ihm erfuellt, der sich nun seit zehn Jahren unter dem Bild Hiob gesehen und gefuehlt hat! Es geht Karl gar nicht gut.[224]

Mit zunehmender Vereinsamung, schlechter werdendem Gesundheitszustand und ständiger finanzieller Not, mehrte sich bei Wolfskehl der Wunsch, wieder nach Europa zurückzukehren. Wie Faber du Faur an Salman Schocken schreibt, erhält der Freundeskreis „aufgeregte Briefe“ von Wolfskehls Nichten, da Wolfskehl „nach der Schweiz übersiedeln“ möchte „um dort zu sterben“.[225] Im Archiv von Yad Vashem in Jerusalem hat sich der letzte handschriftliche Brief Wolfskehls erhalten, den dieser wenige Tage vor seinem Tod abfasste. Er ist an die Nichte Charlotte Kühner gerichtet und schließt mit den Worten: „Holt mich. Ich bin Dein Karl Wolfskehl.“[226]

---

222 DLA, Hans Ludwig Held an K.W. am 6. April 1948; die Ereignisse um die Bibliothek von Held sind bis heute unbekannt.

223 Vgl. hier *BNzI*, 179 sowie *BNzII*, 945ff.

224 BSB, Nachlass Emil Preetorius, NL Ana 674, darin: Margot Ruben an Emil Preetorius am 26. Mai 1948.

225 SchA332/148, Curt von Faber du Faur an Salaman Schocken am 21. Dezember 1948.

226 Yad Vashem Archive, Record Group O.75, Letters and Postcard Collection, Aktennr. 56, Brief von K.W. an Charlotte Kühner, Nr. 22, undatiert.

5.4 Zwischen München und Marbach am Neckar – Die Bücher von Karl Wolfskehl heute

Als der Bibliothekar Abraham Meir Habermann um das Jahr 1955 in Jerusalem die Bücherkisten öffnete, die gerade aus Südafrika eingetroffen waren, sprach er vor Freude das *Schehechejanu.*[227] Das Gebet wird im Judentum zu besonderen Anlässen rezitiert, unter anderem beim Wiedersehen eines Freundes, den man sehr lange nicht gesehen hat. Wie ein Wiedersehen alter guter Freunde fühlte sich nun dieser Moment für Habermann an, wie er Salman Schocken, für dessen Bibliothek er arbeitete, in einem Brief mitteilte. „Beim Auspacken dieser Bücher erinnerte ich mich natürlich an unseren Schmerz beim Versand der Bücher vor etwa sechs Jahren, wobei wir kaum dachten, die Bücher noch einmal zu sehen"[228], teilte er Schocken, dem Besitzer, erleichtert mit. Die höchst seltenen Ausgaben, unter anderem ein Schmuel-Buch und das Sefer Jossipon aus dem 16. Jahrhundert, oder die älteste Handschrift des sogenannten Bove-Buchs hatten nicht nur die Jahrhunderte überdauert, sondern waren nun einmal mehr vor zwei verheerenden Kriegen in Sicherheit gebracht worden. Mit seiner Flucht hatte der Verleger Salman Schocken eine Vielzahl seiner etwa 60.000-bändigen kostbaren Privatbibliothek aus Deutschland nach Jerusalem retten können. Als 1948 nach der Staatsgründung Israels die arabischen Staaten den Krieg erklärten, ließ Salman Schocken die wertvollsten Exemplare nach Südafrika fliegen.[229] Wolfskehls Bücher verblieben in Jerusalem und überstanden dort einen weiteren Krieg. Schockens Kostbarkeiten aus Afrika sollten erst 1955 nach Jerusalem zurückkehren.

Es war etwa zur selben Zeit, als der Verleger und Geschäftsmann Salman Schocken nach Deutschland reiste.[230] Für Schocken war es nicht die erste Reise, die ihn nach Ende des Zweiten Weltkrieges in jenes Land brachte, das einmal seine Heimat gewesen war und aus der man ihn 1933 als Jude vertrieben hatte. Der seit 1940 in New York lebende Geschäftsmann versuchte, „die wiederholten kurzen geschäftlichen Besuche", die er seit 1950 wieder nach Deutschland unternahm, „nach einem alten jüdischen Brauche [...] mit einer jüdischen Mission zu verbinden."[231] Für München lautete die Mission, mit der Bayerischen Staatsbibliothek nach längeren

227 SchA 871/73, A. M. Habermann an Salman Schocken.

228 Ebd.

229 Ebd.

230 Erhard Goepel, Erinnerungen an Salman Schocken, *SZ*, 7. Dezember 1964, 12. Goepel erwähnt in dem Bericht den Besuch Schockens in München „um 1957", dieser muss jedoch etwa 1955 stattgefunden haben, wie Briefe zwischen Schocken und Gustav Hoffmann andeuten, siehe: BayHStA GDion. Bayer. Staatl. Bib., 1500.

231 Universität Basel Archiv, Nachlass Edgar Salin, Fa. 8534, Brief von Salman Schocken an Edgar Salin am 27. September 1955.

Verhandlungen in einem besonderen Tauschangebot übereinzukommen. Konkret ging es um wichtige Dichternachlässe, „[d]ie Hauptwerke von Stifter, den größten Teil des Novalis Archives" sowie die Bibliothek des Dichters Karl Wolfskehl,[232] wie er Edgar Salin in einem Brief bereits früher mitgeteilt hatte.[233] Salin, der enge Freund des Dichters Karl Wolfskehl aus den früheren Münchner Tagen, setzte sich ebenfalls seit geraumer Zeit dafür ein, dessen berühmte Germanistik-Bibliothek aus Israel wieder in den deutschen Sprachraum zu überführen. Annie Fraenkel, die Salin aus der Schweiz kannte und im Frühjahr 1954 für Recherchen zu Wolfskehl in der Schocken-Bibliothek arbeitete, sprach auch mit Schocken über mögliche Verkaufsverhandlungen mit Salin.[234]

Letzterer war überzeugt, dass diese Bibliothek Wolfskehl „in ihrer ganzen Zusammensetzung nach [...] ja nur im deutschen Sprachgebiet von wirklichem Wert" sei.[235] Nachdem Schocken zunächst von einem Verkauf an Salin in die Schweiz ausgegangen war, Salin aber auch auf eine „Rückführung" in eine deutsche Bibliothek spekulierte, machte Schocken seinen Standpunkt klar: Für ihn kam lediglich ein Tausch von Wolfskehls Büchern nach Deutschland, aber kein Verkauf infrage. Wie bereits erwähnt, hatte Schocken bereits in den 1930er Jahren einen Tausch mit Frankfurt durchgeführt.[236] Nun dachte er an Nürnberg oder München, wo weiterhin wertvolle Judaica und Hebraica verwahrt wurden. So hatte bereits der Religionshistoriker und Kabbalaforscher Gershom Scholem zehn Jahre früher vergeblich versucht, die einzigartige Talmud-Handschrift „als Widergutmachung des Unrechtes, das an dem Judentum von den Nationalsozialisten verübt"[237] wurde, aus München nach Israel zu holen. Dabei wäre Scholem von einer reinen „Leihgabe" ausgegangen, wie ein Schreiben aus dem Jahr 1946 nahelegt. Damals war die Bayerische Staatsbibliothek der Meinung, wie das Schreiben ferner darlegt, dass „[e]ine

232 Ebd., Bei der Talmud-Handschrift aus Pfersee bei Augsburg handelte es sich um die letzte vollständig erhaltene Talmudausgabe weltweit; bei dem Gebetbuch Ichenhausen um ein in jiddischer Sprache und für Frauen gedrucktes Gebetbuch, bei welchem es sich um einen seltenen Druck aus dem frühneuzeitlichen Ichenhausen handelt, https://www.digitale-sammlungen.de/de/view/bsb00016358?page=,1; Tamari, *Das Volk der Bücher*, 107; vgl. detaillierte Beschreibung durch Max Grünbaum https://sammlungen.ub.uni-frankfurt.de/freimann/content/pageview/4678861 (Zugriff: 21.03.2022); J. Prys, Hebräische Buchdruckereien, Sonderdruck aus der Bayerischen Israelitischen Gemeindezeitung, 6 (1925), 1ff; https://sammlungen.ub.uni-frankfurt.de/freimann/content/titleinfo/881514 (Zugriff: 21.03.2022).

233 UB Basel Archiv, Brief von Salman Schocken an Edgar Salin am 27. September 1955.

234 SchA 872/32, diverse Briefe und Notizen zu Annie Fraenkel.

235 Ebd., Brief Edgar Salin an Salman Schocken am 25. August 1954; Jessen, *Der Sammler*, 285ff.

236 Zum Tausch der sogenannten Dirmstein-Handschrift, an welcher auch die jüdischen Antiquare Erich Eisemann und Paul Graupe beteiligt waren, siehe: R. Heuberger, *Aron Freimann*, 98.

237 BayHStA, GDion. Bayer. Staatl. Bib., 1500, Schreiben an das Bayerische Staatsministerium f. Unterricht und Kultus, 3. August 1946.

Leihgabe nach Jerusalem [...] praktisch soviel wie der Verlust der Handschrift" bedeutete.[238] „Bei allem Verständnis für den Standpunkt der jüdischen Kreise, die diese Sache betreiben" beharrte man darauf, „daß die Bayerische Staatsbibliothek den Besitz ihrer kostbaren Handschriften bewahren will".[239]

Ein Jahrzehnt später wollte Schocken die Verhandlungen mit München nun noch einmal aufnehmen, diesmal mit einem Tauschgeschäft.[240] In der Wolfskehl-Bibliothek sah er neben anderen wertvollen deutschen Dichternachlässen geeignetes Tauschgut. Es kam zu einem Treffen zwischen Schocken und dem damaligen Direktor der Staatsbibliothek Gustav Hofmann. Der genaue Termin ließ sich nicht errorieren, allerdings ist es wahrscheinlich, dass das Treffen im Jahr 1955 stattfand.[241] Aber auch diesmal blieb die Reaktion verhalten. Hofmann lehnte ein Tauschangebot der Schriften von Novalis, Stifter sowie der Sammlung Wolfskehl gegen ein mittelalterliches jiddisches Gebetbuch und eine kostbare Talmud-Handschrift ab. Der Direktor war der Meinung, „Prachtdenkmäler" des Mittelalters gehörten nicht in die Hände eines „amerikanischen Milliardär[s] oder Handelsjuden", sondern „in die Gesellschaft ihrer Standesgenossen und bescheideneren Brüder und Schwestern", wie er später in seinen persönlichen Erinnerungen festhielt.[242]

Gegenüber Schocken äußert sich der Generaldirektor hingegen weniger offen. In einem ausführlichen Brief vom 4. Juli 1955, schildert er seine Position wie folgt:

> Durch Herrn Grafen Podewils von der Akademie der schönen Künste erfahre ich von Ihrem Schriftwechsel mit ihm betreffs der Stifter-Manuskripte. Ich möchte Ihnen in diesem Zusammenhang nur zum Ausdruck bringen, daß nach meiner Kenntnis in mehreren Bibliotheken der Deutschen Bundesrepublik aufrichtiges Interesse an der Erwerbung dieser und anderer Dichternachlässe aus Ihrem Besitz besteht und auch die Bayerische Staatsbibliothek grundsätzlich gerne bereit ist, mit Ihnen – eventuell auch im Hinblick auf einen Tausch – in Verhandlungen einzutreten. Wir glauben jedoch annehmen zu müssen, daß Ihre Gegenwünsche in erster Linie ganz besondere, aus dem alten Besitz unserer Bibliothek stammende Werke betreffen. Abgesehen davon aber, daß der Tausch mit inventarisierten Büchern, besonders wenn diese keine Dubletten darstellen, verwaltungsmäßig erhebliche Schwierigkeiten macht, auch auf Seiten der Direktion auf grundsätzliche

238 Ebd.

239 Ebd., vgl auch N. Zadoff, *Von Berlin nach Jerusalem und zurück*, 209f.; N. Sznaider, Hannah Arendt in München (1949/50), 61ff.

240 Gershom Scholem an die Hebräische Universität Jerusalem, am 29. Juli 1946, Gershom Scholem, *Briefe*, Bd. 1, 320ff.

241 Vgl. Erhard Goepel, Erinnerungen an Salman Schocken, *SZ*, 7. Dezember 1964, 12; BayHStA GDion. Bayer. Staatl. Bib., 1500.

242 BSB, Gustav Hofmann, Mein Amt. Autobiographische Aufzeichnungen Gustav Hofmanns von 1948 bis 1966 Generaldirektion, Cgm. 9451.

> Bedenken stößt und letzten Ende nur vom Ministerium zu genehmigen wäre, könnte deren Abgabe aber von uns nicht verantwortet werden. Die Bayerische Staatsbibliothek ist ja in besonderem Maße dazu verpflichtet, in ihren Beständen die alte und aufgeschlossene Pflege verschiedenster europäischer und außereuropäischer Kulturen durch das deutsche Fürstenhaus, die bayerischen Klöster und die anderer Sammler, die direkt und indirekt zu ihrer Mehrung beigetragen haben, zu manifestieren und auf dieser Tradition weiterzubauen.[243]

Entgegen den Äußerungen des Generaldirektors in „intimeren" Kreisen, lautete der offizielle Grund der Ablehnung eines Tausches, dass die Statuten der Bibliothek einen derartigen Tausch schlichtweg nicht erlaubten.[244] Auch in Jerusalem erfuhr man von den Verhandlungen. So erkundigte sich Martin Buber am 7. Juli 1955 bei Clemens von Podewils, der als Generalsekretär der Akademie der Bildenden Künste München ebenfalls an den Verhandlungen um die Dichternachlässe beteiligt war, ob er von Schocken „bereits eine zustimmende Antwort erhalten" habe.[245] Die Verhandlungen zogen sich über Jahre in die Länge.

Im Antwortbrief Schockens – dem durchaus bewusst war, dass es auch Handlungsspielräume von seiten der Bayerischen Staatsbibliothek gegeben hätte – erinnert er Hofmann an seine früheren erfolgreichen Verhandlungen von 1937 mit Frankfurt:

> Hat Oehler falsch gehandelt, mir Hebraica abzugeben, und zwei Frankfurter heimzuholen? Den „Frankfurter Herrenritter" und Dirmstein. Die Handschriften des Autors von „Christenheit oder Europa" die Handschriften des grössten süddeutschen Prosadichters gegen Hebraica, die sicherlich nicht nach Plan und Willen an ihrem Orte liegen. Sollten die höchsten Stellen nicht mitwirken?[246]

Zwischenzeitlich hielt Hofmann aus München andere potenzielle Verhandlungspartner Schockens, wie etwa Ernst Beutler, den ehemaligen Direktor des Freien Deutschen Hochstifts in Frankfurt am Main, auf dem Laufenden. An ihn schreibt er im Mai 1957:

> Das Projekt eines Tausches mit der Bayerischen Staatsbibliothek, bei dem der Novalis-Nachlaß oder eventuell verwandte deutscher Dichterhandschriften gegen den sogenann-

243 BayHStA, GDion. Bayer. Staatl. Bib, 1500, Schreiben von Gustav Hofmann an Salman Schocken am 4. Juli 1955.

244 S. von Moisy, Die Adalbert-Stifter-Manuskripte der Schocken Bibliothek.

245 BSB, Nachlass Podewil, Ana 794, Brief von Martin Buber.

246 BayHStA, GDion. Bayer. Staatl. Bib.,1500, Salman Schocken an Gustav Hofmann am 18. Juli 1955.

ten Pferseer-Talmud abgegeben werden sollte, läuft bereits seit vielen Jahren, ist aber ein absolut einseitiges. Es besteht auf Seiten der Direktion der Bayerischen Staatsbibliothek nicht die geringste Absicht den Talmud, der zu unseren allerwertvollsten Handschriften zählt und alter bayerischer Besitz ist, zu veräußern und auch für die Zukunft halte ich dies für völlig ausgeschlossen. Herr Schocken ist durch verschiedene Mittelsmänner, die sich im Laufe der Jahre an mich gewandt haben, auch davon verständigt worden, aber es besteht hier auf seiner Seite eben ein Wunsch, der geradezu religiösen Impuls besitzt. Die Bayerische Staatsbibliothek muß sich aber mit Energie aus gegen das höchst unzeitgemäße Argument wenden, daß hebräische Literatur nach Jerusalem, deutsche Literatur nach Deutschland gehöre, da ja gerade die auf viele Jahrhunderte zurückgehende Universalität des Interesses der bayerischen Fürsten, Klöster usw. die tiefere kulturelle Bedeutung unserer Bibliothek ausmacht.[247]

Edgar Salin, der von der Absage aus München erfuhr, die Bemühungen um den Tausch und damit den Transfer der Sammlung Wolfskehl nach Deutschland aber noch nicht aufgeben wollte, hatte auch versucht wiederum Wilhelm Hoffmann, Direktor der Württembergischen Landesbibliothek in Stuttgart und Präsident der Deutschen Schillergesellschaft mit Schocken in Verhandlungen zu bringen. Dem Münchner Verleger Küpper, der auch in die Pläne um den Ankauf der Nachlässe involviert war, berichtete er hierzu:

Hoffmann-Stuttgart, befürchtet, dass sein Münchner Kollege auch jetzt hart bleibt, selbst wenn zusätzlich die ganze Wolfskehl-Bibliothek geboten wird. Aber dies sollte nun schleunigst festgestellt werden, da Schocken sein Angebot nur kurzfristig aufrechterhält.[248]

Drüber hinaus heißt es in dem Schreiben an Küpper:

Hoffmann-Stuttgart, war der Meinung: wenn Kronprinz Ruprecht noch am Leben wäre, hätte man diesen interessieren müssen. Sein Wort hätte gewiss alle bibliothekarischen Bedenken zum Schweigen gebracht. Die Handschrift Pferse[e] scheint wirklich ein Unikum zu sein. Aber was bedeutet ein noch so kostbares, totes Stück allein schon verglichen mit dem Nachlass von Novalis, der eine lebendige Auswertung finden könnte.[249]

Diese „toten Stücke“, die von Schocken als einzigartige deutsch-jüdische Kulturdenkmäler erachtete wurden, während sie in Deutschland kaum Aufmerksamkeit

247 BayHStA, GDion. Bayer. Staatl. Bib, 1461.
248 DLA, B: Edgar Salin, Edgar Salin an Helmut Küpper, 31. Oktober 1955.
249 Ebd.

erfuhren, verblieben wo sie waren. Dagegen warf man Schocken, „religiöse Impulse“ vor und erachtete sein Tauschangebot als unverschämt. Von den Verbrechen, dem Raub und der Zerstörung durch die Nationalsozialisten war keine Rede.

Das eiserne Festhalten an jüdischem Kulturgut im Nachkriegsdeutschland wurde immer wieder zum Thema und hatte unterschiedlichste Beweggründe. In seltenen Fällen waren es nach Deutschland zurückgekehrte Jüdinnen und Juden, die die wertvollen Überreste in Form von Archivalien oder Schriften im Besitz der wiederentstehenden deutsch-jüdischen Gemeinden wissen wollten.[250] In den meisten Fällen, so auch bei dem Beispiel des Generaldirektors Hofmann, wurden die Jüdischen Gemeinden nicht als rechtmäßige Inhaber dieser Kulturgüter anerkannt. Schließlich scheiterten auch die Versuche Edgar Salins, einen Platz im deutschsprachigen Raum für die Wolfskehl-Bibliothek als Andenken an den Dichter zu finden. Die Bücher Wolfskehls verblieben in Jerusalem.[251]

Wolfskehl selbst sollte die Verhandlungen um seine Bibliothek nicht mehr erleben. Die Monate, die Wolfskehls Tod im Juni 1948 vorausgingen, waren geprägt von Einsamkeit, schwerer Krankheit und dem tiefen Wunsch noch einmal nach Europa zurückkehren zu können.[252] Zwar regten sich innerhalb des Freundeskreises Bemühung, sich nach einer Bleibe für den Dichter umzusehen, jedoch kam jede Hilfe am Ende zu spät. Noch im März 1948 erschien in der *Süddeutschen Zeitung* eine Zeitungsmeldung unter dem Titel „Für Karl Wofslkehl“, in welchem die Redaktion anmerkte: „Wir erhalten nachfolgende Zuschrift, die wir im Interesse einer neuen Verbundenheit zwischen München und Karl Wolfskehl gern an die Oeffentlichkeit weitergeben“:

> Viele Münchner und namentlich die Schwabinger werden sich noch an die einprägsame Gestalt Karl Wolfskehls erinnern, des Dichters, Literarhistorikers und Lebenskünstlers. Dem Kreis Stefan Georges angehörig, hat er doch immer in einer natürlichen Herzlichkeit und Jovialität seines Geistes, einer körperlichen Erscheinung und nicht zuletzt seiner Darmstädter Mundart eine denkbar unorthodoxe und originelle Figur gemacht. […] Wolfskehl hat ein Emigrantenschicksal bis nach Neuseeland verschlagen, wo er, 78 Jahre alt, noch heute lebt. Erst jetzt erfährt man durch Nachrichten aus der Schweiz, daß es ein *materiell bedrängtes*, überdies von Heimweh verzehrtes Leben ist. Die Schweizer Freunde versuchen Wolfskehl die Heimkehr nach Europa zu ermöglichen. Zu diesem Plan können Wolfskehls Freunde in München zur Zeit nichts unmittelbar Materielles beitragen. Sie

250 Vgl. hierzu das Kapitel „Making the Past into History“ über die Verhandlungen zu jüdischen Archiven, J. Lustigs Studie, *A Time to Gather*, 116ff.

251 SchA, Brief von Annie Fraenkel an Salman Schocken, 27. Juli 1954.

252 SchA, Curt Faber du Faur an Salman Schocken, 21. Februar 1948.

> können aber Freunde im Ausland darauf aufmerksam machen, daß Dr. G. Dekker, Ascona (Schweiz), Casa Leone, Spenden für den gedachten Zweck entgegennimmt und Auskunft über Wolfskehl erteilt. In München ist Elfriede Witzel, Oettingenstraße 28, zu weiterer Vermittlung bereit. Es wäre zu wünschen, daß dem außerhalb Europas u. außerhalb Deutschlands kaum zu denkenden Mann ein Wiedersehen mit seiner Heimat beschieden bleibt.[253]

Wie groß die Resonanz auf diesen Aufruf zur „neuen Verbundenheit" Münchens mit dem Dichter war, hat sich nicht überliefert. Zumindest scheint es, als würde in den 1950er Jahren das Gedächtnis an den Dichter noch einmal kurz aufleben: 1952 wird in Bogenhausen eine Straße nach Wolfskehl benannt;[254] um Emil Preetorius gründete sich Mitte der 1950er Jahre eine „Karl-Wolfskehl-Gesellschaft"[255] und „Kleine Kulturnachrichten" berichten über eine Gedächtnisfeier für Wolfskehl an seinem Grab in Neuseeland, die im Auftrag der deutschen Akademie für Dichtung und Sprache abgehalten wurde.[256]

Die Bibliothek, die eng mit der bayerischen Wahlheimat verbunden gewesen war, kehrte schließlich nicht mehr nach München zurück. Es waren lediglich wenige Handschriften, die von der Bayerischen Staatsbibliothek in den 1970er-Jahren über die Hauswedell-Auktionen ihren Weg in die Stadt an die Isar fanden, wo der Dichter einst so berühmt gewesen war.[257]

Die Frage nach dem angemessenen Verwahrungsort im Zusammenhang mit der Sammlung Karl Wolfskehl wurde im Verlauf ihrer Geschichte unzählige Male gestellt. Karl Wolfskehl selbst hatte sie als sein „autobiographisches Zeugnis" begriffen und plante sie in Teilen seiner Familie zu vermachen, – so wie er einst selbst Teile aus seiner großelterlichen und elterlichen Bibliothek übernahm – die übrigen Bücher hätte er seiner Heimatstadt Darmstadt überlassen, da er auch innerhalb der Sammlung viele Bezüge zu der hessischen Heimat verankert hatte. Am Ende kam es anders: Als deutscher Jude musste er 1933 fliehen, die Bibliothek rettete ihm schließlich das Leben. Als Salman Schocken die Sammlung 1937 nach Jerusalem transferierte, wartete jedoch auch dort eine ungewisse Zukunft: Die Bibliothek Wolfskehl hatte nicht nur den Terror in Europa überstanden, sondern am Ende auch die Jahre des Krieges in Jerusalem. Als sie nach ihrer Ankunft im Sommer 1938 teilweise aus ihren Kisten geholt wurden, war es zunächst die Idee, die Sammlung

---

253 „Für Karl Wolfskehl", *SZ*, 31. März 1948, 3 [Hervorhebung im Original]; bei den genannten Personen handelt es sich um Gerbrand Dekker, einen Freund Wolfskehls aus Meilen, bei Elfriede Witzel um eine Bekannte Wolfskehls aus München, vgl. *BrIt*, 1223/1087.

254 Münchner Umschau, *SZ*, 29. Januar 1952, 4.

255 BSB, Nachlass Preetorius NL Ana 674.

256 „Kleine Kulturnachrichten", *SZ*, 21. Juli 1954, 3.

257 Jessen, *Der Sammler*, 316ff.

geschlossen aufzustellen, um so als „geschlossene Arbeitsstaette eines deutschen Dichters erhalten zu bleiben".[258]

Nach den gescheiterten Tauschversuchen ließ sich Schocken, der seinen Lebensmittelpunkt bereits 1940 in die USA verlegt hatte, bei seinen Besuchen in Jerusalem regelmäßig Exemplare aus der Bibliothek Wolfskehl bereitlegen, um darin zu lesen. Er war einer der wenigen, der noch um die Besonderheiten aus Bibliothek wusste. Die Erben Schockens entschieden sich nach dessen Tod 1959 schließlich dazu, sich von großen Abteilungen deutschsprachiger Literatur zu trennen. So wurden in den 1970er Jahren große Teile aus Wolfskehls Vorbesitz in drei Auktionen bei dem Hamburger Auktionshaus Hauswedell & Nolte auf dem Buchmarkt zerstreut.[259]

Das DLA, das etwa 50 Titel aus der Hamburger Versteigerung erwarb, hatte Anfang der 1970er Jahre über Margot Ruben bereits von den Plänen eines anstehenden Verkaufs erfahren und erwogen, die Sammlung Wolfskehl geschlossen nach Marbach zu bringen. In einer Aktennotiz vom 16. August 1971 des Präsidenten der Deutschen Schillergesellschaft Wilhelm Hoffmann, der bereits in den 1950er Jahren in die Verhandlungen mit Schocken involviert war, hält dieser Überlegungen dazu fest.[260] Darin ist auch vermerkt, dass, als Hoffmann Ernst Simon, dem Religionsphilosophen aus dem früheren Umfeld Franz Rosenzweigs, bei einem Archivbesuch auf der Schillerhöhe von den Plänen berichtete, dieser jedoch heftig protestierte: Es wäre bedauernswert „wenn diese wichtige Quellen-Bibliothek nicht mehr in Jerusalem wäre", sei sie dort „außerordentlich nötig".[261] Simon bringt hier zum Ausdruck, dass Wolfskehls Bibliothek einen wichtigen Fundus an Literatur für Wissenschaft und Forschung für den neugegründeten Staat ausmachte und es einen Verlust darstellte, diesen abzustoßen.

Am Ende scheiterte das Vorhaben jedoch nicht an den Einwänden Simons, sondern am hohen Preis, den die Erben Schockens für die Wolfskehl-Sammlung angesetzt hatten.[262]

Es war letztlich Margot Ruben, die einen Teil der Bücher Wolfskehls – jene aus der Exilbibliothek in Neuseeland – nach Marbach brachte. Wolfskehl hatte seine „collection of books in Auckland" an Ruben und den Freund Paul Hoffmann vermacht.[263] 1972 erwarb das DLA über Ruben einen Teil des Wolfskehl-Nachlasses, darunter auch Bücher – vor allem Titel, die thematisch dem George-Kreis zuzuordnen sind sowie Widmungsexemplare. Ein weiterer Teil von Rubens Büchern

258 SchA 872/32, Notiz fuer Herrn Schocken, 17. Juli 1938.

259 Jessen, *Der Sammler*, 291f.

260 DLA, Notiz zu den Akten Wolfskehl von Wilhelm Hoffmann vom 16. August 1971, Hausakten Dt. Schillergesellschaft.

261 Ebd.

262 Jessen, *Der Sammler*, 295.

263 Ebd.

gelangte über den Handel in den Besitz der Münchner Autorin und Astrologin Sonja Schön, von der das DLA im Jahr 2018 die Bücher aus der Provenienz Wolfskehl erwarb. Auch jene Bücher, die der Dichter seinem Exil-Gefährten Paul Hoffmann vermacht hatte, allen voran Sonderdrucke, Widmungsbände, Drucke aus Italien und der Schweiz sowie Zeitschriften wurden 1999 vom DLA erworben.[264]

Heute gibt eine virtuelle Rekonstruktion der Bibliothek Wolfskehl Aufschluss darüber, wie sich die Sammlung zum Zeitpunkt des Verkaufs 1937 zusammensetzte. Die Datenbank gibt nicht nur wichtige Hinweise auf die Verwahrungsorte der erhaltenen physischen Exemplare (Jerusalem oder Marbach), sondern auch auf die Wegmarken, welche die einzelnen Bücher hinter sich gebracht haben. Hier wird nachvollziehbar, welchen Wert die Sammlungen für ihre Besitzerinnen und Besitzer als Individuen hatten, aber auch welcher quellenhistorische Wert ihnen anhaftet, der Forscherinnen und Forschern auf der ganzen Welt zugänglich ist.[265]

---

264 Jessen, *Der Sammler*, 241f.

265 Zugang „Recherche nach Buchbesitz von Karl Wolfskehl" über das DLA: https://www.dla-marbach.de/bibliothek/projekte/die-bibliotheken-von-karl-wolfskehl/recherche-nach-buchbesitz-von-karl-wolfskehl/?tx_find_find%5Baction%5D=index&tx_find_find%5Bcontroller%5D=Search&tx_find_find%5BqParam%5D=1&cHash=e1618d9151f31c08b7038fe5452001b7 (Zugriff: 02.05.2022).

6. Überlagertes zwischen Fürth, Altaussee und Nürnberg – Die Bibliothek von Jakob Wassermann

6.1 Altaussee, Mai 1945

> Ich hatte diese Bücher lieb, sie waren mir wie Freunde, sie haben mich über den größten Teil meines Lebensweges treulich begleitet, und ich misse sie mit schwerem Herzen.
> Jakob Wassermann, *Engelhart oder Die zwei Welten* (1973)[1]

Porträt von Jakob Wassermann der Malerin Susanne Carvallo-Schülein, undatiert
© LBI NY, Jakob Wassermann Collection, AR 2189

Als im Mai 1945 die Fahrzeuge der amerikanischen US-Armee in idyllischer Bergkulisse auf den engen Straßen des Luftkurortes Altaussee in Richtung Salzbergwerk fuhren, geschah dies unter Eile und im Bewusstsein, dass hinter den Felsenwänden ein unermesslicher Wert an Kunst- und Kulturgegenständen lagerte, den es auf dem schnellsten Weg sicherzustellen galt. Noch war die Gefahr nicht gebannt, dass

1 J. Wassermann, *Engehart oder Die zwei Welten*, 249.

die Schätze der Zerstörung der Nationalsozialisten zum Opfer fallen oder sie in die Hände der immer näher rückenden Sowjettruppen gelangten. In den Stollen der sogenannten „Alpenfestung" hatten die Nationalsozialisten über Jahre hinweg Kunstschätze aus ganz Europa gehortet, um sie vor den Bomben der Alliierten in Sicherheit zu bringen und als „Spolien" des „Tausendjährigen Reichs" aufzubewahren.[2] Ein Großteil davon war zuvor in den verheerenden Raubzügen aus Bibliotheken und Museen gestohlen worden. Neben den über „6577 Gemälde[n], 2300 Zeichnungen und Aquarelle[n], 954 graphische[n] Blätter[n], 137 Skulpturen, 129 Waffen und Rüstungsteile[n]"[3], fanden sich auch wertvolle Buchschätze, die zu einem nicht unerheblichen Teil aus jüdischem Besitz gestohlen worden waren und in der sogenannten „Führerbibliothek" in Linz einen neuen Platz hätten finden sollen.[4] Noch wenige Jahre zuvor, war die Gegend des Salzkammerguts ein Erholungsparadies, wohin zahlreiche Berühmtheiten wie etwa Theodor Herzl, Arthur Schnitzler oder Hugo von Hofmannsthal pilgerten, um dort die Sommerfrische zu verbringen.[5] Nach dem Ersten Weltkrieg zog es auch den Schriftsteller Jakob Wassermann dauerhaft in den Luftkurort, wo er sich zurückgezogen, umgeben von Büchern, intensiv seinem schriftstellerischen Werk widmete. Zu seinem Refugium wurde die Villa Andrian. Hier verfasste er sein eindringlichstes Lebenszeugnis *Mein Weg als Deutscher und Jude* (1921).

Mit dem sich abzeichnenden Kriegsende suchten nun auch zahlreiche NS-Verbrecher in Altaussee und Umgebung ein Versteck vor den näher rückenden Alliierten. In den letzten Kriegsmonaten war unter anderem das „Hotel am See" in Altaussee eine Adresse, die zur Anlaufstelle vieler NS-Funktionäre wurde. Hier sollen auch die Eichmanns für einige Zeit untergetaucht sein, wo Simon Wiesenthal sich aufzuspüren versuchte.[6]

Es war auch das „Hotel am See", wohnin schließlich Wassermanns Bibliothek gelangte, nachdem dieser am Neujahrstag 1934 nach einem Herzanfall plötzlich verstorben war. Von dem Chaos der kommenden Jahre unberührt – überstanden die ca. 3.000 Bände des einst bekanntesten jüdischen Schriftstellers der Weimarer Republik Jakob Wassermann den Krieg und gerieten lange in Vergessenheit.

Die Geschichte der Bibliothek Jakob Wassermanns reiht sich in die vorherstehenden Sammlungen in vielerlei Hinsicht als Sonderfall ein. Der aus Fürth stammende Schriftsteller unterscheidet sich nicht nur durch seine einfache familiäre Herkunft stark von den vorher betrachteten Bibliothekseignern. Gleichwohl sticht das Schicksal der Sammlung hervor, handelt es sich hierbei doch um die einzige in

---

2 R. M. Edsel/B. Witter, *The Monuments Men*, 306.

3 M. Payer, „Ein Ort, an dem die Welt abhandengekommen ist", *FAZ*, 07.11.1996, 3.

4 M. G. Hall/C. Köstner, *Eine österreichische Institution in der NS-Zeit*, 125ff.

5 A. Schwab, *Zeit der Aussteiger*, 127.

6 S. Wiesenthal, *Ich jagte Eichmann*, 37.

dieser Untersuchung behandelte Bibliothek, die sich heute nahezu „geschlossen" in Deutschland, dem Heimatland Wassermanns, befindet. Von Geschlossenheit kann deshalb nur bedingt gesprochen werden, da die Sammlung trotz der Bewahrung eines großen Teils des Bestandes eine Formveränderung erfahren hat, die ihr bis heute anhaftet. Das hängt mit der bewegenden Geschichte zusammen, die das Erbe des deutsch-jüdischen Schriftstellers erfuhr: Nach Wassermanns Tod hatte dessen Altausseer Nachbar Michael Frischmuth (1873–1954), einen Anteil des hinterlassenen Besitzes Wassermans ersteigert, darunter auch dessen Bibliothek. Gemäß den Interessen ihres neuen Besitzers, mischte dieser zahlreiche Werke von NS-Literatur, unter anderem aus der Feder Alfred Rosenbergs oder Joseph Göbbels, unter die Bücher des berühmten deutsch-jüdischen Romanciers. Im Jahr 1966 gelangte die Bibliothek Wassermann schließlich zurück in dessen fränkische Heimat, als die Stadtbibliothek Nürnberg auf die Bibliothek aufmerksam wurde und diese für ihre Sammlung ankaufte. Im Folgenden wird die Geschichte der Bibliothek im Leben des deutsch-jüdischen Schriftstellers rekonstruiert und aufgezeigt, wie die Sammlung als eine der wenigen erhaltenen deutsch-jüdischen Privatbibliotheken heute in ihrem Ursprungskontext wahrgenommen und erinnert wird.

6.2 Zwischen Fürth und München

Karl Jakob Wassermann wurde am 10. März 1873 in der Alexanderstraße 8 (heute 13) im fränkischen Fürth geboren. Die Eltern Adolf Wassermann (1844–1901) und Henriette geb. Traub (1850–1882) zogen häufig um, immer in kleine Wohnungen, die typisch waren für das Arbeitermilieu der von der Industrialisierung geprägten Stadt Fürth.[7] Die Jugend Wassermanns ist gezeichnet von Entbehrung und Verlust; von den vier jüngeren Geschwistern verstarben die Brüder Albert und Alfred bereits nach ihrer Geburt.[8] Mit den Geschwistern Jenny und Hugo teilte Jakob den Schmerz über den Verlust der Mutter, die mit gerade 31 Jahren einer schweren Krankheit erlag. Die traumatische Erfahrung sollte in Wassermanns Novelle *Schläfst Du Mutter?* (1897) einfließen.[9] Durch die erneute Heirat des Vaters 1883 mit Flora Wannbacher (1873–1934), die aus dem fränkischen Hagenbach stammte, kamen drei Halbbrüder hinzu.[10] Das Verhältnis zum Vater, wie zur Stiefmutter, blieb für den ältesten Sohn Jakob über die Jahre angespannt. Mit dem Tod der Mutter und

7 R. Koester, *Jakob Wassermann*, 5.

8 Vgl. G. Och, *Jakob Wassermanns Fürther Kindheit.*

9 J. Wassermann, *Schläfst du Mutter? Ruth. Novellen.*

10 Ebd., 6f; die Geschwister aus der zweiten Ehe waren Theodor (geb. 1885), Armin (geb. 1887) und Henri (geb. 1891); siehe auch: Stadtarchiv Nürnberg, Personenstandsregister Heiratsregister; Bestand: C 27/III; Signatur: C 27/III Nr. 81; T. Kraft, *Jakob Wassermann*, 16.

der erneuten Heirat des Vaters scheint nach den Erinnerungen Wassermanns auch die jüdische Religion im Alltag der Familie an Bedeutung verloren zu haben. In seinen autobiographischen Aufzeichnungen *Mein Weg als Deutscher und Jude*[11] beschrieb Wassermann die Situation wie folgt:

> Gewisse äußerliche Vorschriften wurden eingehalten, mehr aus Rücksicht auf Ruf und Verwandte, aus Furcht und Gewöhnung, als aus Trieb und Zugehörigkeit. Fest- und Feiertage galten als heilig. Der Sabbat hatte noch einen Rest eines urtümlichen Gehalts, die Gesetze für die Küche wurden noch geachtet.[12]

Der Vater, Spielwarenfabrikant mit wenig kaufmännischem Geschick, konnte die Familie nur unter größter Anstrengung ernähren. Für Jakob war ebenfalls eine kaufmännische Ausbildung vorgesehen, sodass dadurch endlich der vom Vater schwer ersehnte wirtschaftliche Aufstieg für die Familie herbeigeführt werden sollte. Alle Hoffnung lag in der Zukunft des Sohnes: „was ihm fehlgeschlagen war, sollte mir gelingen: reich zu werden“[13], erinnerte Jakob Wassermann später.

Schon seit früher Jugend fühlte sich der Erstgeborene jedoch vielmehr der Literatur zugetan als der Schule oder einer kaufmännischen Lehre. Früh hatte er das Interesse an Büchern entdeckt. Häufig entfloh der junge Wassermann der Stadt, mit welcher ihn zeitlebens ambivalente Gefühle verbanden. Fürth, auch das „fränkische Jerusalem“ genannt, konnte auf eine jüdische Tradition seit dem Mittelalter zurückblikcken; in der Frühen Neuzeit entwickelte es sich zu einem Zentrum des hebräischen Buchdrucks und beheimatete in den Kinderjahren Wassermanns eine der größten jüdischen Gemeinden Bayerns.[14] Mit der Reichsgründung 1871 kamen auch die langersehnten und erkämpften Rechte, welche die jüdische Bevölkerung – zumindest *de jure* – als gleichberechtigte Bürgerinnen und Bürger anerkannte.[15] In den Werken Wassermanns sollte die fränkische Heimat und auch das Judentum immer wieder thematisch eine Rolle spielen, allen voran in seinem historischen Roman *Die Juden von Zirndorf*.[16] In Zirndorf, einer wenige Kilometer südwestlich von Fürth liegenden kleinen Industriestadt, wurde Jakobs Vater 1844 als Sohn

11 J. Wassermann, *Mein Weg*.

12 Ebd., 15.

13 Ebd., 26.

14 R. Kießling, *Jüdische Geschichte in Bayern*, darin Vorwort von Michael Brenner, VI, 312ff; vgl. auch L. Löwenstein, *Zur Geschichte der Juden in Fürth*, darin: Die hebräischen Druckerein in Fürth, 1ff.

15 Kießling, *Jüdische Geschichte in Bayern*, 380.

16 J. Wassermann, *Die Juden von Zirndorf*.

des Seilermeisters Max Wassermann und seiner Frau Rosette (geb. Krailsheimer) geboren.[17]

Adolf Wassermann kann als Gegenbeispiel zu den Erfolgsgeschichten eines Moriz Zweig, Johann Schnitzler oder dem (nicht in Verwandtschaft stehenden) Oscar Wassermann gelten.[18] Während die drei Letztgenannten ähnlich ärmlichen jüdischen Familien entstammten und es später aber zu Erfolg und Wohlstand brachten, hatte das Leben Adolf Wassermann wenige Errungenschaften oder Anerkennung beschert.[19] Die Mutter, Henriette Traub, Tochter eines Webers aus Sommerhausen bei Würzburg, war im gutbürgerlichen Umfeld aufgewachsen, allerdings fiel der wirtschaftliche Wohlstand des Vaters der Industrialisierung zum Opfer.[20] Die Wassermanns und Traubs zählten zu den Verlierern der Gründerzeit und blieben hinter der aufstrebenden Gesellschaft zurück. Im Hause Wassermann fehlte es neben dem ökonomischen auch am „kulturellen Kapital".[21] Während Intellektuelle wie Franz Kafka, Stefan Zweig, Karl Kraus, Karl Wolfskehl oder Franz Werfel als Söhne erfolgreicher Geschäftsmänner in finanzieller Unabhängigkeit sich ganz ihrer literarischen Arbeit widmen konnten, war das Jakob Wassermann zunächst nicht möglich. Aufseiten des Vaters, der sich von einer kaufmännischen Karriere des Sohnes einen wirtschaftlichen und gesellschaftlichen Aufstieg erhoffte, stießen die literarischen Ambitionen des Erstgeborenen auf kein Verständnis. Lediglich das Taschengeld, welches Wassermann von einem Onkel erhielt, ermöglichte ihm, sich heimlich Bücher anzuschaffen – so sollte sich Wassermann zumindest später erinnern.[22]

Während umfassende Bibliotheken in den Familien des Bürgertums zum standesgemäßen Interieur gehörten, an welchen sich die wissbegierigen Söhne aus gutem Hause bedienen und „bilden" konnten, soll es in der beengten Wohnung der Wassermanns weder Raum noch Verständnis für die Leidenschaft Jakobs gegeben haben. Folgt man dem erst posthum erschienenen Roman *Engelhart Ratgeber*, der stark von Wassermanns Familien- und Lebensgeschichte geprägt ist, war es gerade Cervantes *Don Quichotte*, in dessen Abenteuergeschichte sich der junge Literaturliebhaber flüchtete, was die Stiefmutter jedoch nur selten duldete.[23] Später war es der

17 Wassermann ließ die eigene Familiengeschichte auch in seinem Roman *Engelhart Ratgeber* einfließen; dieser erschien in einer ersten Fassung 1907 in der Reihe Deutsche Roman-Bibliothek und 1973 posthum unter dem Titel *Engelhart oder Die zwei Welten* bei Langen Müller, vgl. darin (1973) Nachwort von W. Rasch, 270.

18 Alle wurden etwa zur selben Zeit in ähnlich ärmliche jüdische Familien hineingeboren und brachten es im Laufe ihres Lebens zu Erfolg; vgl. P. Gay, *Das Zeitalter des Doktor Arthur Schnitzler*, 32.

19 T. Elm, Jakob Wassermann, *Fränkische Lebensbilder*, 251ff.

20 Kraft, *Wassermann*, 13.

21 P. Bourdieu, Ökonomisches Kapital, kulturelles Kapital.

22 J. Wassermann, *Mein Weg*, 24.

23 J. Wassermann, *Engelhart*, 59; ders., *Mein Weg*, 61.

„Don Quichote des Ozeans", die einzige von Wassermann verfasste Biographie, die sich dem Leben von Christoph Kolumbus widmete und zu einem internationalen literarischen Erfolg wurde.[24] Den jungen Wassermann interessierten besonders die großen Romanciers des Realismus: Dostojewski, Turgenjew, Dickens, Thackeray, Richardson, Balzac, Keller und Gotthelf sowie die Romantiker Arnim und Kleist.[25] Für den Literaturbegeisterten boten diese Bücher, die er sich zusammensparen oder vermutlich auch bei Freunden leihen musste, eine Flucht aus der Realität. Er „[...] suchte in und bei ihnen die Welt, die Zeit, die Menschheit, die Gestalt, das feurige, flüssige Unaussprechliche, das wie ein Geistiger Golfstrom die Gestade der Seele umschlingt"[26], wie Wassermann in seinen autobiographischen Aufzeichnungen festhielt. Wie sich Jakob Wassermann später erinnert, kam er besonders außerhalb der Familie mit Literatur in Berührung:

> Ich war oft in einem alten Hause Gast bei einem alten Ehepaare; der Mann war Gelehrter; im Zimmer stand ein Bücherschrank, hinter dessen Glastüre die Werke Spinozas in zahlreichen Ausgaben eigentümlicher Verlockung auf mich ausübten. Als ich eines Tages die Frau bat, mir einen Band zu geben, sagte sie mit sibyllenhafter Düsterkeit, wer diese Bücher lese, werde wahnsinnig. Lange noch behielt der Name Spinoza in meinem Gedächtnis den Klang und Sinn dieser Worte.[27]

Auch an die Freundschaft zu einem „Sohn einer reichen Witwe" mit „einer ansehnlichen Bibliothek" entsann sich Wassermann später.[28] Aber trotz der entbehrungsreichen Umstände zuhause und des durch die Rauchschwaden der vielen Schornsteine verdunkelten Alltags in Fürth, gab es auch Lichtblicke: Die alljährlichen Sommeraufenthalte bei der Tante Bertha Gutmann, einer Schwester der Mutter aus Gunzenhausen im Altmühltal, empfand er als Flucht ins Paradies. In dieser Kleinstadt mit Synagoge aus „rotem Backstein, gekrönt von zwei dickbäuchigen Kuppeln"[29] ließ Wassermann später die Geschichte vom Lehrer Philipp Unruh spielen, ein Sammler von Folianten, der in seinen Büchern „ein aufgewühltes Meer von Leben" fand.[30] Die von ihm darin beschriebene Flucht vom Alltag in die Welt der Bücher mögen auch Elemente der eigenen Erfahrung eingeschlossen haben.

---

24 J. Wassermann, *Christoph Columbus*; siehe auch: „Imaginative Biography from Germany: German Letter", *The New York Times*, 12. Januar 1930, 68.

25 J. Wassermann, *Mein Weg*, 59.

26 Ebd.

27 Ebd., 17.

28 Ebd., 28.

29 Kraft, *Wassermann*, 14; J. Wassermann, *Der niegeküsste Mund*, 3.

30 J. Wassermann, *Der niegeküsste Mund*, 4.

Nach Jakob Wassermanns Schulabschluss 1889 an der Königlich Bayerischen Realschule Fürth schickte ihn der Vater nach Wien, wo er bei dem Onkel Alfred Traub eine kaufmännische Lehre absolvieren sollte; das Vorhaben scheiterte an der Ambition und Disziplin des Auszubildenden.[31] Es folgten Monate des Umherwanderns zwischen München, Nürnberg, der Schweiz sowie zeitweiliger Obdachlosigkeit im Schwarzwald. Zum Überleben veräußerte Wassermann nach seinen eigenen Erinnerungen sein letztes Hab und Gut: eine Uhr, einen Mantel sowie seine wenigen Bücher.[32] In seinem stark autobiographisch geprägten Roman *Engelhart Ratgeber* verkauft dieser neben seinen eigenen Büchern auch heimlich jene des Vaters: „[...] ein französisches Wörterbuch, dann das Werk ‚Kraft und Stoff‘ und Freytags ‚Verlorene Handschrift‘."[33] Zumindest ein deutsch-französisches Wörterbuch lässt sich unter Wassermanns erhaltenen Büchern ausmachen.[34]

Nach einem erneuten Versuch in Wien im Unternehmen des Onkels, der abermals scheiterte und anschließendem Militärdienst in Würzburg, war es erst ein weiterer Aufenthalt in München, der schließlich den Wendepunkt im Leben des jungen Literaten brachte. Als Wassermann 1895 wieder in die Stadt an der Isar kam, war ihm der frühere Misserfolg des vorherigen Aufenthalts noch gut in Erinnerung. In seiner späteren Aufzeichnung hält er fest, wie er „zu einem der berühmtesten Dichter Münchens wallfahrtete" um eine Einschätzung seiner eigenen literarischen Arbeit einzuholen.[35] Das Ergebnis fiel ernüchternd aus: „Der große Mann, der sich mir kühl und majestätisch gab, riet mir ernst mich wieder dem Kaufmannsberuf zuzuwenden."[36] Bei dem großgewachsenen Dichter soll es sich um den späteren Literaturnobelpreisträger Paul Heyse gehandelt haben.[37] Bei seinem zweiten Anlauf in München hatte der ambitionierte Schriftsteller Wassermann mehr Erfolg. Im Jahr 1895 wurde er Privatsekretär des wohlsituierten Schriftstellers Ernst von Wolzogen, für den er Manuskripte bearbeitete und nach und nach durch sein eigenes schriftstellerisches Geschick Anerkennung erhielt. Dies war dem jungen Dichter bis dahin vollkommen fremd gewesen: „Er war der erste Mensch, der mich ermunterte, der erste überhaupt, der mich als Dichter uneingeschränkt ernst nahm, und das bedeutete für mich soviel wie Rettung und Erlösung", hielt Wassermann später fest.[38] Wolzogen verhalf Wassermann schließlich auch zu Bekanntheit in der Literaturszene Münchens und vermittelte die Veröffentlichung des Erstlingswerks

---

31 J. Wassermann, *Mein Weg*, 33.

32 Koester, *Wassermann*, 11.

33 J. Wassermann, Engelhart Ratgeber, 249.

34 StBN, Sammlung Wassermann, Sig. Was. 1477.

35 J. Wassermann, *Mein Weg*, 33.

36 Ebd.

37 B. Müller-Kampel, Jakob Wassermann, *Internationales Archiv für Sozialgeschichte* 1 (2005), 217.

38 J. Wassermann, *Mein Weg*, 65.

Melusine im renommierten Verlag von Albert Langen.[39] Dort erhält Wassermann schließlich eine Anstellung als Lektor des Satireblatts *Simplicissimus*, verkehrte von nun an in Schriftstellerkreisen, unter anderem mit Thomas und Heinrich Mann, Rainer Maria Rilke, Lou Andreas-Salomé und Hugo von Hofmannsthal.[40] In diesem Umfeld der Münchner Moderne führte er seine schriftstellerische Arbeit fort, es entstand der historische Roman *Die Juden von Zirndorf* (1897), der Wassermann zunehmende Bekanntheit und Erfolg bescherte und den Stefan Zweig als „eines der merkwürdigsten und bei aller Verwirrung genialsten Werke unserer Literatur" bezeichnen sollte.[41] Aber auch mit wichtigen Figuren der Frauenbewegung kam Wassermann in München in Kontakt, die er in seinen eigenen Werken verarbeitete.[42] Zu einer Bibliothek Wassermann aus diesen Jahren haben sich keine Aufzeichnungen überliefert. Es spricht jedoch vieles dafür, dass dieser in München mit zunehmendem Erfolg allmählich eine Bibliothek aufgebaut hatte. Da in den Jahren zuvor das Geld sowie ein fester Wohnsitz fehlten, dürften Wassermann in dieser Zeit nur wenige Bücher begleitet haben. In einer Anekdote erinnert sich Wassermann, wie er Bekanntschaft mit einem französischen Schriftsteller machte, der ihm ein Widmungsexemplar schenkte. Aufgrund einer finanziellen Notlage habe Wassermann es jedoch veräußern müssen. Der Widmungsgeber soll das Exemplar später in einem Antiquariat entdeckt und es Wassermann erneut zugeschickt haben.[43] Unter den über hundert erhaltenen Widmungsexemplaren lässt sich kein Exemplar ausmachen, das zu der Geschichte zu passen scheint. Die heute erhaltenen Ausgaben mit Dedikationen entstammen jedoch vorwiegend aus den 1920er und 1930er Jahren; darunter auch von einigen Schriftstellern, die Wassermann in München kennengelernt hatte. So erhielt Wassermann von Thomas Mann eine Ausgabe seiner *Bekenntnisse des Hochstaplers Felix Krull* (1923) mit der Widmung: „An Jakob Wassermann / mit der Bitte, den parodistischen Scherz freundlich aufzunehmen. / München 5. XI. 23 / Thomas Mann".[44] Auf welchen „parodistischen Scherz" Mann sich bezieht, geht nicht hervor. Seit Wassermann und Mann sich über die Redaktionsarbeit des *Simplicissimus* kennengelernt hatten, verband beide Schriftsteller über die Jahre eine freundschaftliche, wenn auch zeitweise ambivalente Beziehung.[45] Unter den Widmungsexemplaren dieser Jahre findet sich

39 N. Plöger, Wassermann und die Münchner Moderne, 19; J. Wassermann, *Melusine. Ein Liebesroman*. München, Leipzig u. a. 1896.

40 Lou Andreas-Salomé wurde Rilke über Wassermann vorgestellt, vgl. Müller-Kampel, *Jakob Wassermann*, 218.

41 S. Zweig, Jakob Wassermann, *Die Neue Rundschau* 2 (2012), 1136.

42 Plöger, Wassermann und die Münchenr Moderne, 25.

43 J. Wassermann, *Mein Weg*, 69.

44 T. Mann, *Bekenntnisse des Hochstaplers Felix Krull*; StBN, Sammlung Wassermann, Sig. Was 182.

45 Kraft, *Wassermann*, 106f.

auch eines des einstigen Mentors Wolzogen. Darin heißt es: „Jakob Wassermann, / dem guten Juden verehrt von / dem guten Europäer u. ehrlichen / Deutschen / Ernst von Wolzogen". Dass es sich bei der Widmung um keine freundschaftliche Geste handelte, sondern um eine zutiefst zynische Boshaftigkeit, offenbart auch das Buch, in welches Wolzogen die Widmung schrieb: Es handelte sich um Wolzogens antisemitischen Roman *Sem, der Mitbürger*, der 1924 erschienen war.[46]

Dabei war es nicht die erste antisemitische Auffälligkeit von Wolzogen. Bereits in seinen 1922 erschienen Memoiren äußerte er sich offen abfällig und antisemitisch über Wassermann. Über die Tätigkeit des einstigen Sekretärs schreibt Wolzogen:

> Doch bereits nach der ersten Arbeitssitzung erklärte meine Frau – ich war eben wieder frisch verheiratet –, die Fenster weit aufreißend, der Geruch meines kleinen Orientalen sei ihr nicht gerade sympathisch. Ich müsste mir entschieden einen anderen Schreiber suchen. [...] Es war wieder einmal eine ganz neue Welt, die sich mir da auftat, die des armen, geistigen hochstrebenden Juden. Unheimlich war mir diese Welt und überaus unsympathisch.[47]

Es verwundert, dass Wassermann das Widmungsexemplar bis an sein Lebensende verwahrte. Schließlich war es gerade dieser Antisemitismus und diese offene Anfeindung, die Wassermann 1921 zur Abfassung seines Bekenntnisbuches *Mein Weg als Deutscher und Jude* bewogen hatte. Wassermann wollte als deutscher Schriftsteller Anerkennung finden, ohne dass dabei seine jüdische Herkunft eine Rolle spielte oder er dieses verleugnen musste.[48] Das bewusst provokant verfasste Buch sollte ein Augenmerk darauf lenken, wie nicht nur er, sondern deutsch-jüdische Autorinnen und Autoren im Allgemeinen ständigem Antisemitismus ausgesetzt waren.[49] Dass es sich bei dieser Angst und Anklage Wassermanns nicht um „dichterische Hypochondrie" handelte, wie Thomas Mann es einordnete, zeigt das Widmungsexemplar von Wolzogen mehr als deutlich.[50]

Dass Wassermann bereits in München eine kleinere Büchersammlung besessen haben dürfte, zeigt auch die Tatsache, dass er sich von dem aus Berchtesgaden stammenden Künstler Bernhard Wenig 1899 ein Exlibris anfertigen ließ. Der Künstler griff in dem darauf abgebildeten Motiv eines „Weisheitsbrunnens" sowohl Namen

46 StBN, Sammlung Wassermann, Sig. Was 185; von Wolzogen, *Sem, der Mitbürger*; zu Wolzogen siehe auch: J. G. Pankau/S. Neufert, „Wolzogen, Ernst von", *Killy Literaturlexikon*, https://www.degruyter.com/database/KILLY/entry/killy.7479/html. (Zugriff: 04.06.2022).

47 E. von Wolzogen, *Wie ich mich ums Leben brachte*, 166f.

48 Vgl. hierzu Brenner, *Jüdische Kultur*, 149f.

49 Kraft, *Wassermann*, 166ff.

50 Thomas Mann an J. W., *Thomas Mann, Essays II*, 354ff; vgl. auch Brenner, *Jüdische Kultur*, 149f.

Exlibris Jakob Wassermann in Ausgabe *Aus dem Zuchthause* von Hans Leuss, 1903
© Stadtbibliothek im Bildungscampus Nürnberg, Sig. Was. 1459, Umschlaginnenseite

als auch Beruf des Bücherzeicheneigners auf.[51] Dass ein Großteil der Bibliothek aus jenen Jahren jedoch nicht mit Wassermann nach Altaussee wanderte, zeigt sich daran, dass lediglich acht Exemplare der erhaltenen Sammlung das Exlibris Wassermanns aufweisen, darunter eine Ausgabe des Baedeker-Reiseführers für die Schweiz von 1899, der Roman *Clio* (1900) von Anatole France sowie eine Ausgabe *Authentische Mittheilungen über Caspar Hauser* von Julius Meyer von 1872.[52]

51 K. Nowak, Besprechungen, *AZ*, 13.10.1902, 87; ein Exlibris gleichen Motivs wurde für Julie Speyer, die erste Frau Wassermanns, angefertigt, vgl. auch Exlibris-Werkliste Bernhard Wenig, zusammengestellt von Gernot Blum, Stand: Juni 2021 (bearb. 2019 von Heinz Decker, ergänzt 2021 von Anne Büsing), https://www.exlibris-deg.de/2019/10/24/wenig-bernhard-d/ (Zugriff: 03.04.2021).

52 Alle Ausgaben mit dem Exlibris stammen aus der Zeit um die Jahrhundertwende, StBN, Sammlung Wassermann, Sig. Was 1459, 874, 750, 1139, 1297, 461, 376 sowie 365.

Auch wenn Wassermann nicht als bibliophiler Sammler bezeichnet werden kann, waren die Bücher ein essenzieller Teil seines Lebens. In seinem Essay *Was ist Besitz* (1919) kommt auch die Frage des Büchersammelns zur Sprache. Darin heißt es:

> Das Ding hat stets eine Art von Heiligkeit, mindestens die Würde seines Seins. Am Ding kann ich mich messen, ich kann mich ihm stellen, ich kann es mir inkarnieren, es kann mich nähren, kleiden, schützen, tragen, fördern; es ist, je nachdem, Schmuck oder Lehre, Lohn oder Geschenk, Waffe oder Trophäe, Beute oder Erwerb. Die ursprüngliche, unverbildete Haltung jedes Menschen dem Ding gegenüber ist die Ehrfurcht vor seiner Bestimmung. Und davon ging ich aus. [...] Wie vom Schicksal zwischen Mensch und Mensch kann mal auch vom Schicksal zischen Mensch und Ding sprechen. [...] Man nehme jedoch an, ich sei Sammler von Büchern, es sei meine Passion und mein Entzücken, seltene Ausgaben, kostbare Exemplare oder eine möglichst vollständige Reihe der über eine Wissenschaft erschienenen Werke zu besitzen, so tritt bereits eine Zweckhaftigkeit hervor, auch dann, wenn ich mich niemals mit einem von ihnen beschäftige, ihren Inhalt nicht kenne, nicht verstehe, nicht schätze. Oder man nehme an ich hätte eine umfangreiche Bibliothek ererbt und obwohl ich lieber faulenze oder Forellen fische oder Blumen züchte, sei ich durch Pflicht und Pietät, stille Abmachung von Geschlechtern her verbunden, sie unangetastet, unverwehrte in meinem Hause zu verwahren, selbst auf die Gefahr hin, daß sie mir zur Last falle. Und schließlich nehme man an, die Bücher seien mir unentbehrlich, weil ich mir eine bestimmte Einsicht, eine Erkenntnis verschaffen will, weil sie Hilfsmittel zu meiner Arbeit sind, weil ich zu jedem einzelnen in einer besonderen Beziehung stehe, die beständig wechselt, beständig fluktuiert und infolgedessen sich beständig erneuert, meine Persönlichkeitsgrenzen erweitert und die Fähigkeit zur Leistung erhöht, so liegt der Zweck offensichtlich am Tage.[53]

Dass Wassermann in seiner Rede über „Heiligkeit" des Dinglichen und der „Ehrfurcht vor seiner Bestimmung" auf das Beispiel der Büchersammlung eingeht, dürfte kein Zufall gewesen sein. Für Wassermann war der Besitz von Büchern auch ein Ausdruck des Erfolgs als Autor. Die Auseinandersetzung mit dem Thema „Besitz" begleitete Wassermann bereits seit seiner Jugend und dem väterlichen Streben, endlich wirtschaftlichen Erfolg zu erreichen. Insbesondere in den Jahren nach dem Ersten Weltkrieg setzte sich Wassermann, der trotz seines herausragenden Erfolgs als Autor weiterhin mit finanziellen Problemen zu kämpfen hatte, mit Fragen der Ökonomie auseinander. Hierfür studierte er die Schriften des Na-

53 J. Wassermann, *Was ist Besitz*, 11f, 15f.

tionalökonomen Moritz Bonns sowie des Volkswirtschaftlers Albert Schäffle, von welchen sich mehrere Ausgaben in seiner Sammlung erhalten haben.[54]

Bibliotheken und Sammlungen werden auch immer wieder Thema in den Werken Wassermanns: *Alexander der Große* besucht die berühmte Bibliothek von Alexandria, in dem Roman *Das Gänsemännchen* durchsucht „Herr Covarius" seine gesamte Bibliothek auf Druckfehler und in Wassermanns letztem Roman *Joseph Kerkhovens Dritte Existenz* wird die Bibliothek dann zu eben jenem Symbol des Aufstiegs und Erfolgs. So lässt er seinen Protagonisten, den Schriftsteller Alexander Herzog, im Kapitel „Geld" sagen:

> Da die Einnahmen anfangs mit dem Bedarf Schritt zu halten schienen, geriet ich in die Stimmung eines Glücksspielers, der, seiner Chance vertrauend, immer höhere Einsätze wagt, oder eines Menschen, der so tief verschuldet ist, so viele Wechsel auf die Zukunft ausgestellt hat, daß er in seiner Wirtschaftsgebarung jede Vorsicht vergißt, stumpf wird gegen den wachsenden Verbrauch und jeder inneren Mahnung zur Sparsamkeit mit Trotz begegnet. So verbreiterte ich mein Leben, führte ein Haus, vergrößerte meine Bibliothek, kaufte ein Auto und unternahm [...] weite Reisen.[55]

In dem Roman, den Wassermann im Jahr 1933 in den letzten Monaten seines Lebens verfasste, spiegeln sich die eigenen Erfahrungen deutlich. Auch im autobiographischen Roman *Engelhart Ratgeber* sind Bücher und Zugang zur Literatur auch immer mit Wohlstand verbunden.[56] Mit zunehmendem Erfolg stiegen auch die Erwartungen und Ansprüche sowie der Lebensstandard. In Wien sollte der geborene Fürther nicht nur gesellschaftlich aufsteigen, sondern auch erstmals eine für einen Erfolgsautor angemessene Bibliothek aufbauen.

6.3 Zwischen Wien und Altaussee

Es war das Jahr 1898, als Wassermann schließlich wieder nach Wien zurückkehrte. Nachdem er während seiner ersten Aufenthalte als Auszubildender seines Onkels unglücklich gescheitert war, gestalteten sich die Umstände des allmählich an Bekanntheit gewinnenden Schriftstellers nun zum Besseren. Diesmal war es seine Funktion als Korrespondent der *Frankfurter Zeitung*, für die er in die Donaumetropole entsandt wurde. Wassermann erschloss sich das Umfeld um den

54 M. Bonn, *Geld und Geist*; ders, *Das Schicksal des deutschen Kapitalismus*; A. E. Schäffle, *Kapitalismus und Socialismus*; StBN, Sammlung Wassermann, u. a. Sig. Was. 838, 832, 845, 683.

55 J. Wassermann, *Joseph Kerkhovens dritte Existenz*, 420.

56 J. Wassermann, *Engelhart oder Die zwei Welten*, 138.

Schriftstellerkreis Jung-Wien, von welchem er einige Vertreter bereits aus München kannte, wie etwa Hugo von Hofmannsthal, den Wassermann verehrte.[57] Aus München brachte Wassermann nicht nur ein Netzwerk an Dichter-Bekanntschaften mit, sondern auch das Interesse an theosophischen und mystischen Themen, die im Umkreis der Münchner Moderne verbreitet waren.[58]

So hat sich unter Wassermanns Büchern etwa eine Ausgabe *The Idyll of the White Lotus* (1884) erhalten. Dieses okkultistische Werk wurde von der Schriftstellerin Minna Cook verfasst, die unter dem Pseudonym Mabel Collins publizierte und mit Helena Blavatsky an deren *Geheimlehre*[59] arbeitete. Die theosophische und mystische Schrift aus dem Besitz Wassermanns weist zahlreiche Anstreichungen und den handschriftlichen Hinweis „1897 Wien" auf dem Schmutztitel auf.[60]

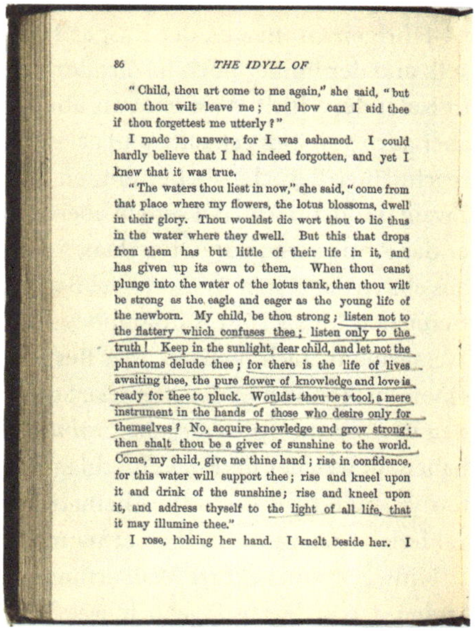

86 THE IDYLL OF

" Child, thou art come to me again," she said, " but soon thou wilt leave me; and how can I aid thee if thou forgettest me utterly?"

I made no answer, for I was ashamed. I could hardly believe that I had indeed forgotten, and yet I knew that it was true.

" The waters thou liest in now," she said, " come from that place where my flowers, the lotus blossoms, dwell in their glory. Thou wouldst die wert thou to lie thus in the water where they dwell. But this that drops from them has but little of their life in it, and has given up its own to them. When thou canst plunge into the water of the lotus tank, then thou wilt be strong as the eagle and eager as the young life of the newborn. My child, be thou strong; listen not to the flattery which confuses thee; listen only to the truth! Keep in the sunlight, dear child, and let not the phantoms delude thee; for there is the life of lives awaiting thee, the pure flower of knowledge and love is ready for thee to pluck. Wouldst thou be a tool, a mere instrument in the hands of those who desire only for themselves? No, acquire knowledge and grow strong; then shalt thou be a giver of sunshine to the world. Come, my child, give me thine hand; rise in confidence, for this water will support thee; rise and kneel upon it and drink of the sunshine; rise and kneel upon it, and address thyself to the light of all life, that it may illumine thee."

I rose, holding her hand. I knelt beside her. I

Ausgabe *The Idyll o the White Lotus*, 1884 mit Anstreichungen
© Stadtbibliothek im Bildungscampus Nürnberg, Was. 1086, 86

Eine besondere Verbindung die in Wien und in „[h]eiter-ironisch-freundschaftliche[r]" Art geschlossen werden sollte, war jene zu Arthur Schnitzler.[61] In dessen

57 M. Karlweis, *Jakob Wassermann*, 409.

58 Siehe dazu P. Pytlik, *Okkultismus und Moderne*, 42; vgl. P. Mendes-Flohr, *Divided Passions*, 77ff.

59 H. P. Blavatsky, *Geheimlehre*, u. a. Leipzig 1899, erstmals auf Englisch *The Secret Doctrine*. London 1888.

60 StBN, Sammlung Wassermann, Sig. Was. 1086.

61 A. Schnitzler: *Tagebuch*, 1. Januar 1909, https://schnitzler-tagebuch.acdh.oeaw.ac.at/entry__1894-03-18.html (Zugriff: 02.04.2022).

Umfeld traf Wassermann 1899 auf Julie Speyer (1876–1963), die Tochter eines erfolgreichen Wiener Textilfabrikanten, die auch als Schriftstellerin aktiv war und die er 1901 heiratete.[62] Für seine Arbeiten, wie den historischen Roman *Caspar Hauser oder die Trägheit des Herzens*, zog es ihn immer wieder zurück in die alte Heimat. Von Berlin aus schreibt er seiner Frau Julie:

> Ich habe beschlossen im Fruehjahr eine oder zwei Wochen nach Franken zu gehen. Erstens gefiel mir das Laendle wieder einmal wunderbar, zweitens bekomme ich wichtige Dokumente zum Caspar Hauser, suche nur auf der Stadtbibliothek, ein Bruder des Berliner Buergermeister Reicke ist dort Bibliothekar und wird mir sehr behilflich sein.[63]

1904 besuchte Wassermann bei einer dieser Reisen in die Heimat auch seinen 94-jährigen Großvater, der Kaspar Hauser in Nürnberg noch selbst erlebt haben soll, und der immer noch in Zirndorf lebte.[64] In einem kleinen Notizheftchen und in Kalendern hielt Wassermann über die Wiener Jahre Einkaufslisten, Termine aber auch von ihm gekaufte und gelesene Bücher fest.[65] So notiert er beispielsweise regelmäßige Besuche des berühmten Wiener Antiquariats Gilhofer, das auch Stefan Zweig frequentierte. Bei seinen ebenso häufigen Besuchen in Berlin frequentierte er das Antiquariat von Otto Haas.[66] Das Geschäft in der Bernburger Straße ging aus einem der ersten Antiquariate Berlins hervor und war für sein Angebot aus den Bereichen Musik und Autographen berühmt. Darüber hinaus machte sich Jakob Wassermann auch Notizen über Besuche bei dem Antiquar Kurt Rosenbaum, der einen Buchhandel in der Meineke Straße 10 unterhielt.[67] In einem dieser Fundgruben wird er auch die Ausgabe *Enthüllungen von Kaspar Hauser* (1859) erworben haben, in welcher im Rückumschlag der handschriftliche Hinweis „vergriffen, selten" vermerkt wurde.[68] Zur Thematik um den „rätselhaften Findling" finden sich zahlreiche Ausgaben in Wassermanns Bibliothek. [69]

Hinweise zur Lektüre Wassermanns, wenn auch nur fragmentarischer Natur, finden sich in dessen Tagebuch, welches er seit 1903 führte. Darin hält er etwa seine Faszination für die Tagebücher Freidrich Hebbels fest:

---

62 Kraft, *Wassermann*, 86.
63 LBIJER 317, J. W. an Julie Speyer, 1903, 14A.
64 LBIJER 317, J. W. an Julie Speyer, 10. Oktober 1904, 15.
65 DLA, D: Wassermann, Notizbuch und Kalender Wassermann.
66 Ebd.
67 Ebd.
68 StBN, Sammlung Wassermann, Sig. Was. 912.
69 Ebd., Sig. Was. 401, Was. 784, Was. 914, Was. 1152, Was. 1153.

> Seit der Veröffentlichung des Hebbelschen Tagebuchs dürfte eigentlich kein Mensch mehr zu einer Tagebuchnotiz anrühren, denn dort hat diese Form, – wenn dieser Ausdruck für etwas seinem innersten Wesen nach Formlosen möglich ist – ihre äußerste Vollkommenheit erreicht. Unter der Gewalt dieses Eindrucks ist es mir ganz unmöglich oft, meine Gedanken für dieses Heft zu fixieren.[70]

Die Tagebücher haben sich nicht erhalten, jedoch findet sich eine Ausgabe der Lebenszeugnisse und dichterischen Anfänge Hebbels in der Bibliothek.[71] Ferner erwähnt Wassermann Stendhals *Le Rouge et le Noire*[72], Otto Weiningers *Geschlecht und Charakter,*[73] Lord Byrons *Briefe*[74] sowie Alfred Brehms zoologisches Nachschlagewerk *Tierleben* in seinem Diarium.[75] Keines der Werke hat sich jedoch in der Bibliothek erhalten.

Trotz zahlreicher Reisen wurde Wien zum neuen Lebensmittelpunkt Wassermanns. Durch die Mitgift seiner drei Jahre jüngeren Ehefrau Julie und den zunehmenden Erfolg als Schriftsteller wurde Wassermann der langersehnte gesellschaftliche Aufstieg möglich. Aus der Ehe gingen vier Kinder hervor, die jedoch zu den wenigen Gemeinsamkeiten des Paares gehörten.[76] Die häufigen Reisen Wassermanns sowie eine Affäre mit Julies Schwester, der Künstlerin Agnes Speyer, führten bald zu einer schweren Krise.[77] Um die Eheprobleme zu beschwichtigen, die sich später zu einem geradezu toxischen Konflikt entwickelten, entschied Wassermann im Jahr 1913 eine repräsentative Villa im Wiener Stadtteil Grinzing bauen zu lassen.[78] Als Architekt wurde Oskar Strnad beauftragt, der als Vertreter der sogenannten „Zweiten Wiener Moderne" die „Villa Wassermann" entwarf.[79] „[D]as

70 J. Wassermann, Tagebucheintrag vom 29. September 1903, zit. n. Karlweis, *Jakob Wassermann*, 126f.

71 StBN, Sammlung Wassermann, Sig. Was. 1478.

72 Karlweis, *Wassermann*, 143.

73 Ebd., 143.

74 Ebd., 149.

75 Ebd., 151.

76 Die Kinder aus erster Ehe mit Julie Speyer-Wassermann waren Adolf Albert Wassermann (1901–unbek.), Georg Maximilian Wassermann (1903–1968), Judith Wassermann (1906–unbek.) sowie Eva Wassermann (1915–1979).

77 Karlweis, Wassermann, 151; zu Agnes Speyer, später Ullmann siehe auch G. Stern, Hugo von Hofmannsthal and the Speyers, *PMLA* 1(1957), 110.

78 I. Meder, Wassermann, 428; der Baubewilligungsantrag erfolgte im Namen Julie Wassermanns, siehe: „Angesuchte Baubewilligung", *Der Bautechniker*, 35 (1912), 872.

79 Strnad entwarf zahlreiche Villen und Interieurs, u. a. Hugo von Hofmannsthals Stadtwohung in Wien, war aber auch als Bühnenzeichner für die Salzburger Festspiele engagiert. Meder, *Wassermann*, 429.

Photographie des Arbeits- und Bibliotheksraums der Villa Wassermann, undatiert

Häuschen wird entzückend" schrieb Wassermann an seine Frau Julie, nachdem er mit dem Architekten die ersten Pläne durchgesehen hatte.[80]

Leisten konnten sich die Wassermanns das Haus keineswegs. Der Kauf des Grundstücks sowie der Bau war allein durch die Finanzierung des befreundeten Sammlers und Diplomaten Edgar Spiegl von Thurnsee möglich, der das Geld für den Kauf zu Verfügung stellte.[81] Am 5. Februar 1915 zog das Ehepaar in das neue Anwesen in der Paul-Ehrlich-Gasse 4. Die Villa bot den angemessenen Rahmen, um Gäste zu empfangen. Am 28. Februar besuchten Arthur und Olga Schnitzler gemeinsam mit Stefanie Bacharach (mit welcher Wassermann ebenfalls eine Affäre verband) das „neue Wassermannhaus". Schnitzler bezeichnet es in seinem Tagebuch als „äußerlich vorläufig noch recht unauffällig, innen praktisch und bizarr und theilweise sehr schön [...]".[82]

80 J. Wassermann, *Briefe an seine Braut*, 155f.

81 Kraft, *Wassermann*, 130f.

82 Schnitzler, Tagebuch, 28. Februar 1915, https://schnitzler-tagebuch.acdh.oeaw.ac.at/entry__1894-03-18.html (Stand 2022-06-15), PID: http://hdl.handle.net/21.11115/0000-000C-0526-4. (Zugriff 20.02.2022).

Zu den Nachbarn zählten unter anderem die Kunsthistorikerin Emmy Wellesz, geborene Stross, mit ihrem Mann, der Musikwissenschaftler Egon Wellesz sowie die Frauenrechtlerin und Gartenbauerin Yella Hertzka. Die direkt an das Wassermann-Haus angrenzende Villen-Kolonie war kurz vor deren Bauvorhaben durch den Architekten Josef Hoffmann auf Anregung durch Hertzka geplant worden und galt als ein Anziehungspunkt für Intellektuelle und Künstler.[83]

Die Entwürfe des Architekten und Photographien von den Räumlichkeiten zeigen, wie zahlreiche Bücherregale in das Haus integriert wurden, und ausreichend Platz für eine umfassende Bibliothek boten.

Julie Wassermann-Speyer beschrieb in ihrem (stark autobiographisch gefärbten) Roman *Das lebendige Herz* durch die Figur der „Cäcilie" die Villa und auch die Bibliothek des Ehemannes „Gabriel":

> Im zweiten Stock, durch eine edel gewundene Holztreppe, Polstertüren und gelbe schwere Stoffportieren vom Stockwerk der Kinder isoliert, lag Gabriels Wohnung. Neben seinem Schlafzimmer war das Studio, in dem zweitausend Bände auf eingebauten rötlichen Fichtenholzetageren untergebracht waren. Hinter einer pflaumenblauen Poetiere lag die Arbeitszelle, das Allerheiligste.[84]

Es waren die Jahre des Ersten Weltkrieges, die die Wassermanns gemeinsam in Grinzing verbrachten. Der Schriftsteller teilte zunächst, wie so viele, die allgemeinen Kriegseuphorie, die jedoch bald schwand, nicht zuletzt mit dem Tod seines Halbbruders Armin, der nur eine Woche nach seiner Einberufung in Frankreich fiel.[85] Trotz der Kriegswirren sind es für Wassermann einigermaßen erfolgreiche Jahre. Dennoch treiben ihn Sorgen um: „Wird Papier da sein? Wird gedruckt werden können[?]"[86] Seinen nächsten Roman *Christian Wahnschaffe* stellte Wassermann 1918 fertig; aufgrund chronischer Geldknappheit waren die Wassermanns einmal mehr dringend auf den Erlös angewiesen, dieser konnte jedoch erst im Februar 1919 ausbezahlt werden.[87] Durch den üppigen Lebensstil, der trotz des guten Einkommens über den Verhältnissen lag, häuften sich die Schulden an. Das neue repräsentative Heim trug weiter dazu bei und half überdies nicht, die innerehelichen Probleme des Paares zu lösen. Julie Wassermann begründete bereits 1910

---

83 E. Kamer, *Zwischen Gartenbau und Gartenkunst*, 314ff.

84 J. Wassermann-Speyer, *Das lebendige Herz*, 12.

85 Müller-Kampel, *Collage*, 145; Armin Wassermann (1887–1916), zu dem Jakob Wassermann eine enge Bindung hatte, war über die Vermittlung seines Bruder Jakobs zum Schauspieler ausgebildet worden und machte sich darüber hinaus als Rezitator einen Namen. Sein Grab befindet sich auf dem Friedhof Rancourt; Kraft, *Wassermann*, 34.

86 Zit. n. Marta Karlweis, *Wassermann*, 294.

87 Kraft, *Wassermann*, 142.

eine Freiluftschule, während ihr Ehemann häufig auf Reisen oder auf Empfängen geladen war.[88] Auf einer der vielen gesellschaftlichen Veranstaltungen, die Jakob Wassermann ohne seine Frau zu besuchen pflegte, lernte er 1915 bei den Nachbarn Wellesz die Schriftstellerin Marta Stross, geborene Karlweis (1889–1965) kennen.[89] Aus der Bekanntschaft entwickelte sich bald eine engere Beziehung.[90] Julie, der die weitere Affäre des Mannes auch jetzt nicht verborgen blieb, versuchte dennoch weiterhin ihre Ehe zu retten. Noch im Jahr 1916 erschien in einer Illustrierten eine Home-Story, die eine intakte Familie in dem repräsentativen Heim abbilden sollte.[91]

Mit der endgültigen Trennung und Scheidung, die Julie Wassermann-Speyer in die Länge zog, wurde die Villa Wassermann zunächst der verlassenen Ehefrau mit den vier Kindern zugesprochen, einige Zeit vermietet, aufgrund von Hypothekenschulden jedoch 1935 zwangsversteigert.[92] Das Haus behielt den Namen des Voreigentümers, ging aber in den Besitz Franz Holitzers und dessen Frau, der berühmten Burgtheater Virtuosin Tini Senders über.[93] Eine Zeitungsmeldung vom Oktober 1938 zeugt davon, wie „im städtischen Depot, 19, Grinzigerstraße Nr. 151, die Wohnungseinrichtung Villa Wassermann" versteigert wurde.[94] Die Villa ist bis heute erhalten geblieben, wäre jedoch 2015 beinahe dem Komplettabriss durch einen Immobilieninvestor zum Opfer gefallen. Zwar konnte dieser durch die rechtzeitige Eintragung des Denkmalschutzes noch verhindert werden, jedoch wurde der historische Bau durch einen modernen Anbau ergänzt und dadurch in seiner Wirkung stark verändert.[95]

---

88 Das Schulmodell von J. Wassermann-Speyer folgte der sogenannten Wald- bzw. Freiluftschulbewegung, die um die Jahrhundertwende in Berlin gegründet wurde; vgl. H. Ludwig, *Geschichte der modernen Ganztagsschule*, 520f.; Müller-Kampel, *Collage*, 107.

89 Marta Karlweis war, wie Wassermanns erste Frau Julie, als Schriftstellerin tätig. Sie veröffentlichte mehrere Romane, darunter *Die Insel der Diana*, Berlin 1919; *Gastmahl auf Dubrowitza*, Berlin 1921; *Der österreichische Don Juan*, Leizig 1929; *Amor und Psyche auf Reisen*, Berlin 1928 sowie *Eine Frau reist durch Amerika*, Berlin 1928.

90 Müller-Kampel, *Collage*, 11f, 141.

91 Es ist unklar, wo die Bilderserie der Familie Wassermann, die heute über Ullstein-Bild verfügbar ist, im Original abgedruckt war; vgl. I. Meder, Wassermann, 432.

92 Der Scheidungskrieg wurde über viele Jahre ausgetragen und auch in zahlreichen Zeitungsmeldungen kommentiert, vgl. „Die zwei Ehen Jakob Wassermanns", *Die Stunde*, 17. Dezember 1931, 2; siehe auch: Meder, Wassermann, 433.

93 „Jakob Wassermann und die Erben", *Die Stunde*, 25. Juni 1935, 3.

94 *Neues Wiener Tagblatt*, 18. Oktober 1938, 20.

95 Vgl. Haus Wassermann (Wien), „Denkmalschutz kam Abriss zuvor", Initiative Denkmalschutz, 9. November 2021, https://www.initiative-denkmalschutz.at/berichte/haus-wassermann-wien-denkmalschutz-kam-abriss-zuvor/ sowie https://www.vph-wien.at/de/portfolio/73-1190-wien-paul-ehrlich-gasse-4 (Zugriff: 04.01.2022).

Nach einer Reise im Sommer 1919 in die Schweiz kehrte Wassermann nicht mehr nach Wien zurück. Etwa zeitgleich, als Stefan Zweig nach Salzburg und Karl Wolfskehl nach Kiechlinsbergen übersiedelten, wählt Jakob Wassermann 1919 die Abgeschiedenheit des steirischen Salzkammerguts als sein dauerhaftes Domizil.[96]

In Altaussee, wo Wassermann Julie Speyer im Jahr 1900 einen Heiratsantrag gemacht hatte – erzwungenermaßen, wie er es später erinnerte –[97] lässt sich der Schriftsteller zwei Jahrzehnte später dauerhaft mit seiner neuen Gefährtin Marta Karlweis nieder.[98] Wassermann genoss die Abgeschiedenheit des Ausseerlandes: „als wären wir in Grönland" notiert er in sein Tagebuch.[99]

Nachdem das Paar zunächst zur Miete in der Villa Filtsch gewohnt hatte, die sie jedoch jeden Sommer für die Eigentümer freimachen und in das nebenan gelegene Haus umziehen mussten, wurde das Hin- und Her auf Dauer unbequem.[100] So zogen sie „vier Jahre im Herbst mit Sack und Pack, mit Büchern, Kindern [denen von Marta] und Gesinde" von dem einen in das andere Haus.[101] Es wuchs der Wunsch nach einem dauerhaften Eigenheim. Auch wenn der Unterhalt für die erste Frau Julie und die vier Kinder, die schwache Wirtschaft der Nachkriegsjahre sowie der dennoch weiter beibehaltene großbürgerliche Lebensstil abermals das Vermögen des Dichters aufzehrten, war es Wassermann ein Bedürfnis, seinen langerkämpften Status weiter halten zu können und eine entsprechend repräsentative Unterkunft zu bewohnen. Bereits seit Längerem hatte er ein Auge auf die Villa Andrian geworfen. Dieses direkt am Altausseer See gelegene Domizil war 1871 von dem Begründer der Anthropologischen Gesellschaft von Wien, Ferdinand von Andrian-Werburg und dessen Frau Cäcilia Baronin Andrian-Werburg, Tochter des berühmten Komponisten Giacomo Meyerbeer erbaut worden. Seit 1913 war die Villa ihrem gemeinsamen Sohn Leopold von Andrian überschrieben, der seit 1919 mit seiner Mutter dort lebte.[102] Andrian arbeitete gemeinsam mit Hugo von Hofmansthal an der Konzeption der Salzburger Festspiele, die ab dem darauffolgenden Jahr in Salzburg erstmals stattfinden sollten und auch zahlreiche Altausseer aus ihrer Sommerfrische in die Stadt an der Salzach lockten. Wenige Wochen vor der Uraufführung des *Jedermann* in Salzburg im Juni 1920 verkaufte Andrian die Villa an Salomon van Deventer, wovon Wassermann über seinen Freund Hofmannsthal erfuhr. Deventer war ein niederländischer Kunstexperte und Berater der Sammlerin Helen Kröller-Müller,

96 Müller-Kampel, *Jakob Wassermann*, 224.

97 StBN, Sammlung Wassermann, darin „Zu den Papieren Wassermann".

98 Karlweis, *Wassermann*, 32.

99 Ebd., 315.

100 M. Amborn, *Die Villen vom Ausseerland*, 159ff.

101 DLA, D: Jakob Wassermann, Brief von Jakob Wassermann an Salomon Deventer am 26. März 1923; Karlweis, *Wassermann*, 314.

102 Vgl. *Wiener Salonblatt* 37(1919), 2.

Die Villa Wassermann in Altaussee, undatiert
© Literaturmuseum Altaussee

die eine der größten van Gogh-Sammlungen ihr Eigen nannte.[103] Wassermann wandte sich mehrmals an Deventer, dem er mitteilte, dass er am Kauf des Hauses interessiert sei, sollte sich Deventer einmal von dem Anwesen in Altaussee trennen wollen. Obwohl er auch diesmal über keinerlei finanzielle Mittel für den Kauf einer Immobilie verfügte, blieb Wassermann in der Sache hartnäckig. Im März 1923 schreibt er Deventer:

> [M]ein Freund Hugo von Hofmannsthal teilt mir heute mit, dass Sie die Absicht haben, Ihren [A]ltausseer Besitz zu verkaufen. Wie Sie sich vielleicht erinnern werden, habe ich mich schon vor etwa anderthalb Jahren dieser Angelegenheit wegen an Sie gewandt, Sie schreiben mir aber damals, dass Sie sich des Hauses vorläufig nicht entäussern wollten, dass Sie jedoch, wenn es einmal der Fall sein würde, an mich denken würden.[104]

Diesmal sollten Wassermanns Versuch erfolgreich sein. Marta Wassermann erinnerte sich an die Umstände um den Kauf des besonderen Hauses:

> Am 1. Juli [1923] wurde er, obwohl er keinen Groschen Kapital besaß, durch eine Verkettung phantastischer Umstände Eigentümer des schönsten Besitztums weit und breit, Haus, Hausrat, Garten, Seeufer und Wald. Die Tochter Meyerbeers, Baronin Andrian, hatte das Haus gebaut und den Park angelegt, beides entzückend durch die Schönheit der Maße und der Raumverteilung; wie die Landschaft, See, Berge, Gletscher in Haus und Garten hineingehen, wie sie sich jedem Raum und jedem Gartenwinkel einverleiben, ist ein Geheimnis für sich.[105]

---

103 Bei Salomon van Deventer handelte es sich um einen niederländischen Kunstexperten, der während der Besetzung der Niederlande enge Kontakte zu den NS-Funktionären pflegte; warum er das Anwesen in Altaussee erwarb, ist unklar; vgl. C. Löhr, *Das braune Haus der Kunst*, 114; V. Suchy, Ausseerland, 389.

104 DLA, D: Jakob Wassermann, Jakob Wassermann an Salomon Deventer, 26. März 1923.

105 Karlweis, *Wassermann*, 357f.

Bei dem spendablen Mäzen, der Wassermann den Hauskauf ermöglichte, handelte es sich um den Wiener Bankier Paul Goldstein, der die Villa dem niederländischen Kunstberater Deventer abkaufte. Es blieb jedoch nicht nur bei dem großzügigen Kauf, sondern die Villa wurde nach den Wünschen des Paares Wassermann-Karlweis umgebaut. Als Architekt wurde der Hamburger Paul Schultze-Naumburg engagiert, der sich auf die Gestaltung von Landhäusern spezialisiert hatte. Während er noch 1906 das Berliner Landhaus der jüdischen Bankiersfamilie Mendelssohn entwarf, waren es über die Jahre seiner politischen Radikalisierung hauptsächlich Aufträge der NS-Führungsriege.[106]

Die Villa Andrian wurde zwar architektonisch nach den Vorstellungen des Paares Wassermann angepasst, jedoch nicht derart radikal, wie es der Architekt ursprünglich visioniert hatte.[107] Im Februar 1924 wurde mit Carl Ulrich (1924–1978) das erste und einzige gemeinsame Kind des Paares Wassermann-Karlweis geboren.[108]

Auch Julie Wassermann-Speyer war die Schönheit des neuen Heims nicht entgangen. In ihrem Roman *Das lebendige Herz* findet sich eine ausführliche Beschreibung der „Villa Glauber in Wildsee", deren Bezug auf die Wassermansche Villa von Altaussee offensichtlich ist:

> Die Neuvermählten bezogen den herrschaftlichen Besitz in Wildsee, den Gabriel vor einigen Jahren erstanden und von einem bedeutenden deutschen Baumeister mit fürstlicher Bequemlichkeit hatte ausstatten lassen. Jeder Raum des Herrenhauses war mit überlegenem Geschmack eingerichtet. Bequemlichkeit und Kostbarkeit hatten einen Stil geschaffen, der der herrlichen Landschaft, die den Besitz umgab, entsprach. Das Musikzimmer, das von einem befreundeten Maler mit reizenden Putten ausgemalt war, die Bibliothek, in der sechstausend Bände in vornehmen Schränken standen, eine weißer Speisesaal, die Salons der Hausfrau, so verschieden im einzelnen hatten etwas Glänzendes gemeinsam [...].[109]

Ob es sich bei den von Julie Wassermann-Speyer erwähnten „sechstausend Bänden" um eine realistische Beschreibung von Wassermanns damaliger Bibliothek von Aussee handelt, bleibt ungewiss. Sicher ist, dass Julie die Villa Wassermann mit ihren Kindern mehrmals besuchte. Dass Wassermann sich in dem neuen Heim eine stattliche Bibliothek einrichtete, ist in einigen Photographien überliefert, die

106 Müller-Kampel, *Collage*, 191.

107 Vgl. Meder, Wassermann, 436.

108 Carl Ulrich, „Uli" gerufen, der sich jedoch später „Charles" nannte, lebte später als Reporter und Rundfunkjournalist in Kanada, kehrte 1954 jedoch nach Altaussee zurück, wo er 1978 verstarb. Zur Biographie siehe K. Hilbrand, *Charles Wassermann* (1924–1978).

109 Wassermann-Speyer, *Das lebendige Herz*, 139.

DIE BÜHNE

Der Dichter an seinem Schreibtisch

Der Roman als Ausdruck der Zeit

Von Jakob Wassermann

Man bittet mich, etwas über den Etzelroman zu schreiben, eine Art brauchbarer Einführung etwa. Kein geringer Schrecken für mich. Zunächst empfinde ich nur meine Inkompetenz. Es ist, als beauftrage man einen Sträfling, die Fassade seines Gefängnisses zu skizzieren. Zweieinhalb Jahre sitze ich nun in dem Kerker dieses Werks: wie sollte ich da imstande sein, einen gebrauchsfähigen Überblick zu geben! Daß es sich um die Gestalt und Entwicklung des Knaben Etzel Andergast handelt, ist ja einigermaßen bekannt, erlauben Sie mir jedoch, einer Legende schon jetzt entgegenzutreten, die sich im Lauf der letzten Jahre ohne mein Zutun gebildet hat, nämlich als hätte ich eine Fortsetzung des „Fall Maurizius" geschrieben oder schreiben wollen. Eine gottverlassene Idee. Sie hätte mich von vornherein innerlich zum Tod verurteilt. Es konnte natürlich nur darum gehen, die Etzelfigur, da sie als Symbol und Repräsentant gedacht war und auch so wirkte, weiterzuführen und gleichsam die Folgerungen aufzuzeigen, die sich aus Charakter und Anlage mit Notwendigkeit ergeben mußten. Und da der Epiker kein anderes Mittel besitzt, um seine Personen zu verlebendigen und ihre Beschaffenheit zu demonstrieren als ihre Welt und Zeit, die zugleich seine Welt und Zeit ist, so erhellt mit derselben Notwendigkeit, daß ein derartiges Buch ein Aufriß, ein deutliches, ja in gewissem Sinn einmaliges, weil unter ganz bestimmten Blickpunkten gesehenes Bild dieser Zeit und Welt sein muß, oder es ist nichts. Ich habe mich bei seiner Abfassung mehr als Historiker betrachtet denn als Romancier, als Chronist meiner Epoche, und wenn von gewissen Problemen die Rede sein wird: nur ja, das versteht sich am Rande; es sind nur die Bäume, vor denen man aber den Wald nicht wird übersehen dürfen.

Unter anderem habe ich es gewagt, in das Gebiet der ärztlichen Medizin einzudringen. Man meine, an diese Tatsache konnte ich anknüpfen, im Hinblick auf das Interesse, das heute breite Schichten des Volkes diesem umstrittenen Gegenstand widmen. Es ist wahr: ich begehe keine Falschmeldung damit; obwohl ich mich gehütet habe, diesen heiklen Dingen anders denn als Schauender zu nahen, war ich doch zu jahrelangen, eingehenden Studien gezwungen, die mich bereichert und vieles in mir geklärt haben.

Aber alles dies geschah nur um der Gestalt willen. Durch das nahe Verhältnis Etzels zu der Persönlichkeit des großen Arztes Joseph Kerkhoven erwuchs mir die Aufgabe, diese Figur bis in die Anfänge ihrer menschlichen und wissenschaftlichen Entwicklung zurückzuverfolgen, und das war wieder nur dadurch möglich, daß ich einen ganzen Vorspiel-Roman konzipierte, der vierzehn Jahre vor dem eigentlichen Roman spielt, und ohne den er nur ein geistiges Fragment geblieben wäre. Das zu er-

(Schluß auf Seite [illegible])

8

Jakob Wassermann an in seinem Arbeitszimmer 1931

Wohnraum der Villa Wassermann mit weiteren Bücherregalen, 1931

den Dichter in seinem Arbeitszimmer in Altaussee zeigen.[110] Darauf zu sehen sind der mit Büchern gefüllte Raum, in dem der am Schreibtisch sitzende Wassermann regelrecht untergeht.

Wie und ob Wassermann seine Bibliothek aus Wien nach Altaussee überführt hat, ist nicht überliefert, aber anzunehmen, auch wenn er sich vermutlich auf jenen Teil beschränkt haben dürfte, der für seine aktuellen Arbeiten von Relevanz war oder an welchen er sich emotional gebunden fühlte. So findet sich, wie bereits erwähnt, eine Vielzahl an Widmungsexemplaren unter Wassermanns überlieferten Büchern. Auch in Altaussee erreichten den verehrten Schriftsteller noch zahlreiche Widmungsgaben, so etwa von Theodor Lessing, Ernst Toller, Schalom Asch oder Salomon Poljakoff.[111] Letzterer, ein bisher wenig beachteter Schriftsteller, der vermutlich aus Russland stammte, sandte Wassermann aus Chicago eine Ausgabe seines Romans *Sabbatai Zewi*, die er mit der Widmung versah: „To Jacob Wasser-

110 Ich danke insbesondere Hermann Schröttenhamner und dem Literaturmuseum Altaussee für die Hilfe bei der Recherche und die Abbildungen.

111 StBN, Sammlung Wassermann, Sig. Was. 186, 409, 471, 919.

mann the great writer who first introduced Sabbatai Zevi into European Literature with deep respect and admitation".[112]

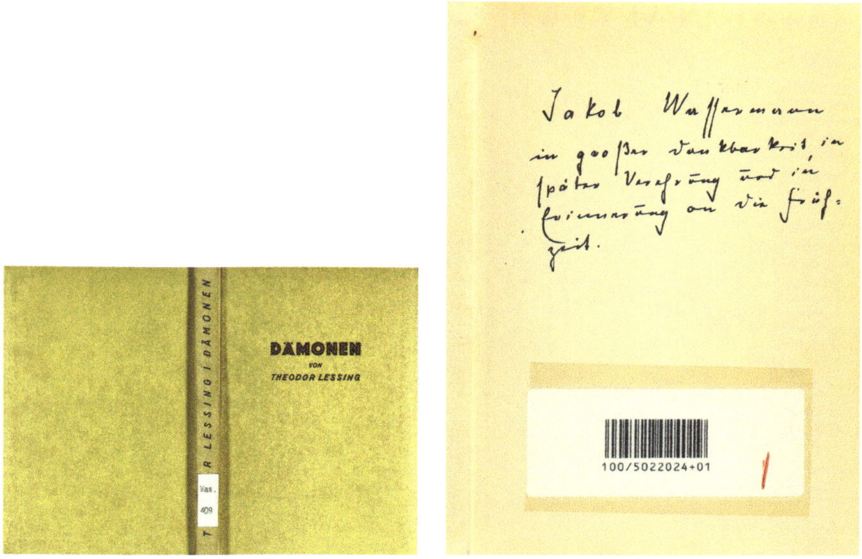

Widmungsausgaben von Theodor Lessing
© Stadtbibliothek im Bildungscampus Nürnberg, Was. 186, 409, 919 jeweils Umschlag und Vakatseite

112 Ebd., Was. 919.

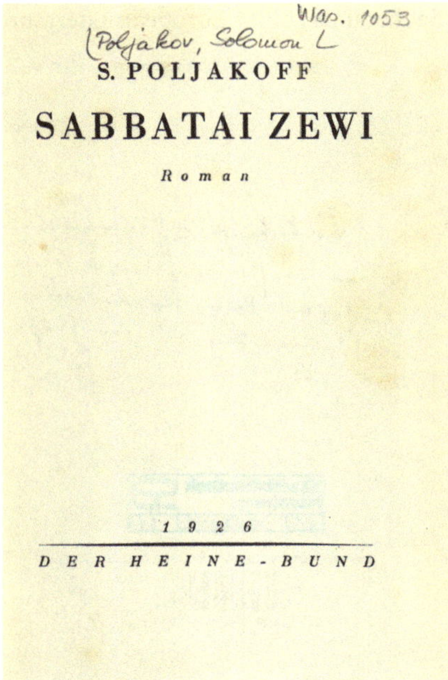

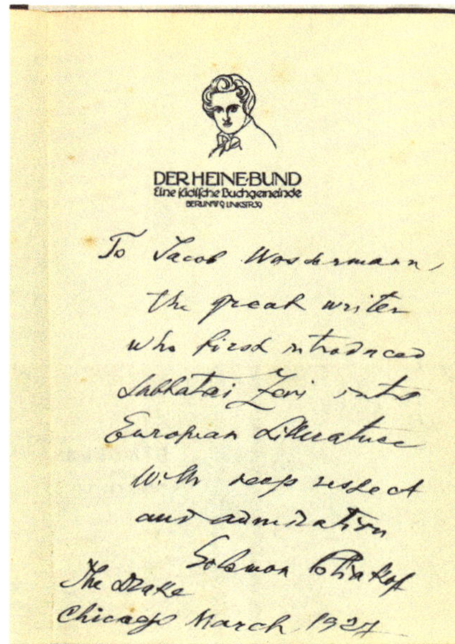

Widmungsausgaben von Salomon Poljakoff
© Stadtbibliothek im Bildungscampus Nürnberg, Was. 186, 409, 919 jeweils Umschlag und Vakatseite

Ein Hinweis, dass zahlreiche Bände in Wien zurückblieben, ergibt sich auch aus der Tatsache, dass sich die Werke, die Wassermann in seinen Tagebucheinträgen der Wiener Jahre erwähnte, nicht im Katalog nachweisen lassen. Aus den von Marta Karlweis veröffentlichten Tagebuchauszügen Wassermanns hat sich eine Liste mit Büchern erhalten, die Wassermann während „des ersten [gemeinsamen] Ausseer Winters las“:

> Reisetagebuch von Keyserling [,] Memoiren der Therese Devrient[,] Biographie der Clara Schumann von Litzmann[,] Deutsche Lehre von Pannwitz[,] Briefwechsel Goethe-Zelter[,] Dumas‘ Mohikaner[,] Shakespeare [,] Macbeth, Heinrich IV.[,] Balzac [,] Beatrix[,] Tolstoi-Biographie[,] L'Enfer von Barbusse[,] Vieles in 1001 Nacht[,] Charitas Bischoff von Dietrich[,] Dr. Pascal, Bête humaine von Zola[,] Heimanns Prosaschriften[,] Stücke von Shaw[,] Romane von Bang[,] Briefe von Delacroix[,] Czernins Memoiren[,] Mereschkowski, Nihilisten.[113]

113 Karlweis, *Wassermann*, 325.

Davon erhalten haben sich heute lediglich die Ausgaben von Pannwitz, Balzac, Zola, Stücke von Shaw sowie von Debogorij-Mokrievič.[114] Wie seine Gefährtin Marta weiter beobachtete, sind es vor allem „Memoiren, Biographisches und Briefwechsel [...] also Lebensstoff", die Wassermann als Leser begeistern.[115] Hier war es unter anderem Friedrich Nietzsche, dem sich Wassermann über dessen Briefwechsel und Biographie annäherte und worin er „ein tragisches, wichtiges, tiefes Kapitel [des] deutschen Geisteslebens"[116] sah. Von dem „Propheten" und „Seher", wie Wassermann Nietzsche nannte, haben sich keine Bücher erhalten.[117]

Mehrheitlich setzten sich die über 3.000 Bände aus deutschsprachiger, aber auch englischer und französischsprachiger Literatur zusammen. Neben zahlreichen Ausgaben von Alfred Döblin, Arthur Schnitzler oder Joseph Conrad finden sich die Werke von Maxim Gorki, Charles Dickens und Robert Louis Stevenson. Zudem finden sich einige Weke, die jüdischen Themen gewidmet sind: Jacob Kaplan *Gedanken über Vergangenheit, Gegenwart und Zukunft der Juden* (1930), Josef Kastein *Eine Geschichte der Juden* (1931), Sigmund Mayer, *Die Wiener Juden* (1917), Ada Sterling *The Jew and Civilazation* (1924), um nur eine Auswahl zu nennen.[118] Bei dem erhaltenen Exemplar von *Salome, the Wandering Jewess* (1930) von George S. Viereck handelt es sich um eine Widmungsausgabe für Jakob Wassermann.[119]

Hebräische oder Jiddische Ausgaben hingegen fehlen. Wie Wassermann in einem Brief aus dem Jahr 1918 nach Jerusalem bemerkte, konnte er weder „das Idiom [Hebräisch oder Jiddisch] noch die Schriftzeichen"[120] lesen.

Der Kauf des Hauses in Altaussee und die Geburt des Kindes schien das Zerwürfnis zwischen Wassermann und seiner ersten Frau Julie nur noch verstärkt zu haben. In einer öffentlichen Schlammschlacht versuchte Julie die Scheidung in die Länge zu ziehen und wandte sich in der Angelegenheit mehrmals an Arthur Schnitzler sowie Leopold von Andrian.[121] Wassermann wiederum stellte sich als Opfer der Ehe dar, die ihm Julie angeblich abgepresst haben soll.[122]

---

114 StBN, Sammlung Wassermann, Sig. Was. 1076, 388, 225, 660, 585.

115 Karlweis, *Wassermann*, 327.

116 Ebd.

117 Ebd., 327f; vgl. auch N. Plöger, Wassermann und die Münchner Moderne, 25f.

118 StBN, Sammlung Wassermann, Sig. Was. 743, Was. 501, Was. 491, Was. 493,

119 Ebd., Was. 404; bei Viereck handelte es sich um eine ambivalente Figur. Der aus dem Hause Hohenzollern abstammende deutsch-amerikanische Schriftsteller war Verehrer Sigmund Freuds, aber auch Adolf Hitlers. Es haben sich mehrere Werke Vierecks in Wassermanns Sammlung erhalten. Vgl. auch D. Angeloch, Ein ambivalenter Fanatiker, *Psyche. Zeitschrift für Psychoanalyse und ihre Anwendungen* 68 (2014), 633–665.

120 NLI, Schwad. 0106227, Brief von J.W. an unbekannt, 20. Oktober 1918.

121 DLA, A: Leopold von Andrian an Julie Speyer-Wassermann, 5. August 1926.

122 StBN, Sammlung Wassermann, Brief von Jakob Wassermann an Dora Michaelis vom 19. Juni 1919.

Jakob Wassermann in seinem Bibliothekszimmer in Altaussee, undatiert
© Literaturmuseum Altaussee

In den Altausseer Jahren verfasste Wassermann zahlreiche Erzählungen und Romane, die das Thema Gerechtigkeit und Recht ins Zentrum stellen. Ein Topos, der in seinen letzten Veröffentlichungen, der Romantrilogie um *Der Fall Maurizius* (1928) gipfelte, der von einem Justizirrtum handelt. Zur Recherche zog Wassermann auch den Bericht *Aus dem Zuchthause* des Politikers Hans Leuss heran, der aufgrund von Meineid inhaftiert worden war und in der Schrift Kritik am kaiserliche Strafrechtssystem übte. Allerdings war Leuss auch ein bekennender Antisemit, der einige antagonistische Schriften verfasst hatte.[123] Ferner setzte sich Wassermann mit dem Justizskandal Riedel-Guala auseinander, zu welchem er Literatur und juristische Abhandlungen besaß; diese stehen mit Wassermanns allgemeinem Interesse an Justizirrtümern im Zusammenhang.[124] Der Fall, bei welchem ein Suizid zunächst für einen Mord gehalten wurde, schlug hohe Wellen und Ernst Toller verarbeitete das Thema in seinem Drama *Die blinde Göttin (1932).*[125]

Ob die in der Bibliothek erhaltene rechtwissenschaftliche Abhandlung *Der Wahrheitsbeweis bei Beleidigungen nach dem geltenden und im kommenden Strafrecht* auch für die Recherche des Werks Wassermann herangezogen wurde, oder ob diese im Zusammenhang mit den langwierigen rechtlichen Auseinandersetzungen mit Julie Speyer-Wassermann dienlich sein sollten, lässt sich nicht sagen. Der jahrelange Streit, die finanziellen Sorgen sowie die politische Entwicklung mit dem fatalen Einschnitt 1933 haben Jakob Wassermann tief getroffen und zermürbt. Noch im Frühjahr des Jahres 1933 schreibt Wassermann an Hugo Bergman nach Jerusalem: „Gerne würde ich einmal nach Jerusalem kommen. Leider fehlen mir zu einer solchen Reise die Mittel."[126]

„Das ganze Leben stülpt sich um. Schwarze Drohung, – dass ich Altaussee verliere. Tag und Nacht hängt dies wie eine Wolke über mir, dennoch ist es wohl unvermeidlich. Ahasver!"[127] Als Jakob Wassermann diesen unheilvollen Satz im Dezember 1933 in sein Tagebuch notiert, wusste der aus einfachsten Verhältnissen zu einem der angesehensten deutschsprachigen Autoren aufgestiegene Schriftsteller, dass sich sein Schicksal einmal mehr für ihn wenden würde. Es war nicht das erste Mal, dass Wassermann die Metapher des „Ahasver", dem ewig wandernden Juden,[128] auf sein eigenes Schicksal bezog. Der Tagebucheintrag sollte einer der letzten Zeilen Wassermanns werden. Zwei Wochen später verstarb er in der Silvesternacht in seiner Villa in Altaussee an einem Herzinfarkt.[129]

---

123 StBN, Sammlung Wassermann, Was. 1459; vgl. auch J. Vaje, „Leuß, Hans", *Deutsches Literatur-Lexikon Online*, https://www.degruyter.com/database/DLLO/entry/dllo.zw.36.31976/html. (Zugriff: 0302.2023).

124 StBN, Sammlung Wassermann, Was. 1396.

125 E. Toller, *Die blinde Göttin*, Berlin 1932.

126 NLI, Schwad. 01 06 227, J. Wassermann an Hugo Bergmann, 10. April 1933; J. W. übersandte auch ein Manuskript „Aus dem noch unveröffentlichten Etzelroman" an die Universitätsbibliothek nach Jerusalem; es ist nicht unwahrscheinlich, dass er wie Stefan Zweig, Abraham Schwadron aus Wien kannte.

127 Zit. n. Niefanger/Och/ Eisenstein, *Jakob Wassermann*, 123.

128 Vgl. G. Och, Ahasver oder das andere Ich, 109ff; zum Ahasver-Motiv siehe G. Hasan-Rokem, Ahasver, *EJGK*, doi:http://dx.doi.org/10.1163/2468-2845_ejgk_COM_0005 (Zugriff: 10.05.2022).

129 In der Literatur findet sich stellenweise, Wassermann habe Selbstmord begangen, was jedoch lediglich auf manch einer seiner Romanfiguren zutrifft. Vgl. R. Salamander, *Heine und der deutsche*

6.4 Zwischen Altaussee und Nürnberg – Die Sammlung Wassermann heute

> Welt mit deiner Enge, deiner Qual / Schattenhaft versinkst du in die Ferne / Und ich lebe, wie auf anderm Sterne, / Selig hin in diesem Zaubertal. / Dort der See, die frohe Kinderschar / Dieser abertausend Silberwellen,/ Rings die Berge, wackere Gesellen,/ Gute Riesen mit ergrautem Haar. / Wald und Wiese locken aus der Zeit / Und die blauen Himmelflusen winken, / Lassen immer tiefer mich versinken - / Und ich stürze in die Ewigkeit. Für Jakob Wassermann in Verehrung. Alt-Aussee, im Juli 1933. Karl Kreisler.
> Widmung im Gedichtband *Trunkenheit und Stille* von Karl Kreisler aus Jakob Wassermanns Bibliothek

Jakob Wassermann wurde am 3. Januar 1934 um 10 Uhr auf dem Friedhof in Altaussee beigesetzt.[130] David Herzog, Oberrabbiner und Universitätsprofessor aus Graz, hielt eine Grabrede, in welcher er „den sittlichen Ernst der Werke des Dichters“ würdigte, wie eine Zeitungsmeldung am darauf folgenden Tag berichtete.[131] Zudem sprach der Journalist und Schriftsteller Raoul Auernheimer, der von Wassermanns früherem Nachbarn Wellesz begleitet wurde und „herzliche Worte des Abschiedes“ bekundigte.[132] Die Beisetzung fand im kleinen Kreis der Familie und mit Freunden aus Wien statt. Die katholische Gemeinde hatte sich zunächst dagegen gewehrt, einen Juden auf dem katholischen Friedhof beizusetzen und Stimmen waren laut geworden, dass Wassermann außerhalb der Friedhofsmauern bestattet werden sollte.[133]

Selbst für einen Grabstein gab es aufgrund der desolaten Finanzsituation der Wassermanns nicht mehr ausreichend Mittel. Daraufhin veröffentlichten die Freunde im März 1936 einen Spendenaufruf unter dem Titel „Für eine Grabstätte Jakob Wassermanns“, der in mehreren Zeitungen erschien, „um auf dem Ostfriedhof in Alt-Aussee eine würdige Grabstätte zu schaffen“.[134] In der Anzeige wird angeprangert, dass nach bereits zwei Jahren noch immer kein Grabstein an Wassermanns letzter Ruhestätte angebracht werden konnte:

Donner, Rede zur Verleihung des Heinrich-Heine-Preises 2020; hier heißt es: „In der Silvesternacht 1933/34 nahm Wassermann sich das Leben.“

130 *Neues Wiener Tagblatt* 3 (1934), 3.

131 Ebd.

132 Ebd.

133 LBINY, Jakob Wassermann Collection, Bericht „Jakob und Julie Wassermann geb. Speyer“ 1988 verfasst von G. H. Kirsch, einer Nichte Jakob Wassermanns, AR 2189.

134 *Der Wiener Tag*, 8. März 1936, 10f.

> Zwei Jahre ist es her, seitdem auf dem tief verschneiten Ostfriedhof in Alt-Aussee ein paar rasch herbeigeeilte Freunde das offene Grab Jakob Wassermanns umstanden. „Provisorium Wassermann" ist auf einem Holztäfelchen über dem aufgeschütteten Hügel zu lesen. Zwei Jahre und noch immer Provisorium![135]

In dem von Thomas Mann, Leopold von Andrian, Paul Thun, Bruno Walter, Alexander Graf Zedwitz, Oskar Karlweis und Raoul Auernheimer unterzeichneten Aufruf, wandte sich der „Kreis der Freunde und Bewunderer des Wassermannschen Lebenswerks hinaus an alle jene, die aus den Büchern des grossen Erzählers Anregung, Freunde und künstlerische Erbauung geschöpft haben, mit der Bitte, einen wenn auch noch so kleinen Baustein beizutragen [...]".[136] Nach jüdischer Tradition wird im Zuge einer gesonderten Zeremonie, der „Gilui Mazewa", ein Grabstein angebracht. Dies geschieht meist nach dem Trauerjahr und symbolisiert die Verpflichtung, den Verstorbenen zu gedenken. Wann der Grabstein, der heute noch auf die letzte Ruhestätte Wassermanns verweist, schließlich angebracht wurde, ist nicht überliefert. 1978 wurde in der selben Grabstätte auch Wassermanns Sohn Charles Ulrich beigesetzt. Während sich weitere jüdische Gräber auf dem Friedhof befinden, wie etwa jenes von Daniel Gross aus Tarnow, der wenige Tage nach seiner Befreiung 1945 in Altaussee verstarb, sollten in den Nachkriegsjahren auch zahlreiche NS-Verbrecher in Altaussee und der Umgebung beigesetzt werden. Unter anderem war der ehemalige „SS-Gruppenführer" Werner Ostendrof in Bad Aussee bestattet worden, an dessen Grab bis vor wenigen Jahren noch ein Schild angebracht, auf dem zu lesen war: „Seine Ehre hieß Treue".[137]

Mit dem plötzlichen Tod ihres Mannes verloren Marta Karlweis-Wassermann und ihr Sohn Ulrich nicht nur ihren geliebten Ehemann und Vater, sondern auch ihr Zuhause. Der Sohn Ulrich erinnert sich später an die Auflösung des Haushaltes und wie viele Bücher in Kisten verpackt wurden:

> In den Tagen des Monats Januar 1934, da die Villa des kürzlich verstorbenen Autors in Altaussee im steirischen Salzkammergut verkauft werden sollte, verpackten Angehörige und Angestellte Schriftstücke aus der Bibliothek Wassermanns in Kisten und sandten diese einem Wiener Anwalt zur Aufbewahrung. (Meine Mutter, zutiefst erschüttert über den plötzlichen Tod des Gatten, war damals überstützt in die Schweiz gereist, um nicht Zeuge der Auflösung des Haushalts sein zu müssen.)[138]

---

135 *Neues Wiener Tagblatt*, 10. März 1936, 9.

136 DLA, A: Andrian, Manuskript „Eine Grabstätte für Jakob Wassermann".

137 T. Trenkler, Schnitzeljagd im Toten Gebirge, *Der Kurier*, 15. Juli 2015, 22.

138 C. Wassermann, Der Sohn des Dichters, *Engelhart oder die zwei Welten*, 278.

Im August 1934 erscheint noch eine Anzeige in der *Jüdisch-liberalen Zeitung*, in welcher Marta Wassermann-Karlweis um Zusendung der Briefe ihres Gatten zur Abschrift bittet.[139] Es waren die letzten Vorbereitungen, ehe sie in die Schweiz übersiedelte.[140] Ulrich hingegen kam in die Obhut seines Onkels in Wien, bevor er 1935 auf ein Internat nach England geschickt wurde. 1940 wurde er im Zuge der schweren Bombardierungen während des Krieges nach Kanada evakuiert.[141]

Die Kisten in den Händen des Anwalts gerieten zunächst lange in Vergessenheit. Die Villa am Altauseer See wurde im Juli 1935 öffentlich versteigert. In einer Anzeige der Zeitung *Steirische Alpenpost* hieß es dazu:

> Heute, 11. Juli, wird beim hiesigen Bezirksgericht die Villa Nr. 48 (Wassermann-Andrian) in Fischerndorf-Altaussee samt Zubehör im Versteigerungswege verkauft. Schätzwert 185.638 S[chilling]. Geringstes Gebot 92.819 S[chilling].[142]

Den Zuschlag erhielt einmal mehr Leopold von Andrian, der bereits früher der Eigner des Hauses gewesen war. Aber auch ein Nachbar des Anwesens ersteigerte bei der Auktion einen Teil des Besitzes Wasserman, wie eine weitere Anzeige unter dem Titel „Das Erbe nach Schriftsteller Wassermann" eine gute Woche später offenbarte:

> Am 11. d. M. fand beim Bezirksgericht Bad Aussee die Zwangsversteigerung der Villa Wassermann in Altaussee-Fischerndorf Nr. 48, 105, 106 und 107 statt. Der Besitz wurde von Dr. Leopold Freiherrn Andrian-Werburg und dem Eigentümer des Seehotels Herrn Michael Frischmuth und dessen Gattin zu ungeteilter Hand um 100.200 Schilling erstanden.[143]

Andrian wurde im Zuge der Ersteigerung alleiniger Eigentümer der Villa, während der restliche Besitz, unter anderem die Bibliothek Wassermann, in das Eigentum

139 *Jüdisch-liberale Zeitung*, 66 (1924), 5.

140 Martas Töchter aus erster Ehe lebten vor 1938 weiter in Wien, vgl. R. Juffinger/ G. Plasser, *Salzburger Landessammlungen*, 252.

141 Hilbrand, *Charles Wassermann*, 15.

142 *Steirische Alpenpost*, 28 (1935), 3. Es ist ungewöhnlich, dass die Anzeige einen Tag nach der Versteigerung am 11. Juli erschien; der Schätzpreis betrüge heute etwa 820.000 Euro, vgl. https://www.eurologisch.at/docroot/waehrungsrechner/#/ (Zugriff: 20.04.2023).

143 „Das Erbe nach Schriftsteller Wassermann", *Steirische Alpenpost*, 30 (1935), 2; mehrere Besitzeinträge aus den Büchern der Sammlung Wassermann geben Aufschluss darüber, dass sich die Bibliothek im Besitz der Familie Frischmuth befand; vgl. StBN, Sammlung Wassermann, u. a. Was. 225 und Was. 1411.

der Familie Frischmuth überging.[144] Der Kaufpreis war gemessen am beinahe doppelten Schätzwert günstig.[145] Dass sich unter dem von den Nachbarn ersteigerten Wassermann-Besitz auch ein Großteil der Bibliothek befand, sollte erst Jahre später der Öffentlichkeit bekannt werden. Bei den Frischmuths handelte es sich um eine Gastronomen-Familie aus Altaussee, die das angesehene „Hotel am See" betrieb, welches sich in unmittelbarer Nachbarschaft der Villa Wassermann befand. Das traditionsreiche Haus diente einer Vielzahl an bekannten Persönlichkeiten als Unterkunft, die ihre Sommerfrische in Altaussee verbrachten.[146] Warum sich die Gastronomen-Familie für die Bibliothek interessierte, und welche Besitztümer aus der Provenienz Wassermann sonst noch in deren Eigentum übergingen, ist unbekannt.[147] Auf welchem Weg etwa ein Gemälde des Künstlers Max Slevogt, der Wassermann noch 1931 in Öl vereweigte, aus dem Besitz der Wassermanns abhanden gekommen ist, ist unklar; auf im Detail ungeklärte Weise gelangte es über den Besitz des NS-Kunsthändlers Friedrich Welz in die Residenzgalerie Salzburg und wurde schließlich erst 1965 an Marta Karlweis-Wassermann restitutiert.[148]

Julie Wassermann-Speyer war über die Versteigerung des Besitzes ihres geschiedenen Ehemannes und des Vaters ihrer Kinder empört. Von Marta Wassermann forderte sie Schadensersatz für die Versteigerung der Villa sowie die „Versteigerung der Fahrnisse und der Bibliothek" zugunsten ihrer Söhne.[149] Zudem versuchte sie Leopold von Andrian davon zu überzeugen, ihr die Villa zurückzuverkaufen:

> Was es für meine Kinder bedeuten würde, in dem Haus wohnen zu dürfen, in dem ihr Vater in seinen letzten Lebensjahren lebte und schuf, brauche ich Exzellenz nicht vor Augen zu führen. Wir beabsichtigen insbesondere im Hinblick auf Jakobs letzten testamentarischen Wunsch, sein Arbeitszimmer wiederherzustellen, seine kostbaren handgeschriebenen

---

144 Müller-Kampel, *Collage*, 275.

145 Der Betrag von 100.200 Schilling entspräche heute einer Kaufkraft von circa 450.000 Euro. Vgl. Historischer Währungsrechner der Österreichischen Nationalbank, https://www.eurologisch.at/docroot/waehrungsrechner/#/ (Zugriff. 05.06.2022).

146 Schwab, *Zeit der Aussteiger*, 126; *Fremdenliste Altaussee*, 13 (1913), 1.

147 Ich danke Barbara Frischmuth sowie Franz Frischmuth, dem heutigen Leiter des Seehotels, für ihre schriftliche Auskunft. Der Familie ist demnach über den An- und Verkauf der Sammlung Wassermann nichts Näheres bekannt.

148 Seit 1980 befindet sich das Slevogt-Gemälde im DLA unter der Signatur Inv.nr. B 80.181; ich danke Mirko Nottscheid vom DLA für die freundliche Auskunft; vgl. F. Koller, *Landesgalerie Salzburg*, 41f, 166; G. Kerschbaumer, *Meister des Verwirrens*, 39f, 89; eine ausführliche Rekonstruktion der Provenienz findet sich bei: Juffinger/Plasser, *Salzburger Landessammlungen*, 114f, 251f; Arnbom, *Die Villen vom Ausseerland*, 158; weiterhin unbekannt ist der Verbleib eines weiteren Gemäldes von Wassermann, das von dem jüdischen Künstler Ernst Oppler angefertig wurde; eine Abbildung findet sich in der Zeitschrift *Zeitbilder* vom 24. März 1929, 5.

149 DLA, A: Andrian, Julie Wassermann-Speyer an Leopold von Andrian, 11. April 1936.

> Manuskripte dort aufzubewahren. Dieses Zimmer soll auch die Arbeitsstätte seines jüngeren Sohnes werden und für seinen älteren Sohn jederzeit eine Zufluchtsmöglichkeit bieten.[150]

Was genau das Testament Wassermanns in diesem Zusammenhang beinhaltete ist unbekannt. Jegliche Versuche zur Bewahrung des Arbeitszimmers scheiterten. Wie das Testament des Schriftstellers wohl ferner vorgesehen hatte, sollte der literarische Nachlass zu jeweils einem Drittel an Julie, an Marta sowie an die Kinder aus erster Ehe gehen. Da sich aber „die Erben des literarischen Nachlasses über eine gemeinsame Vertretung ihrer Interessen nicht einigen konnten, entstanden bedeutende Vertretungskosten“[151], die am Ende dazu führten, dass sowohl die Villa in Wien, als auch die Villa Wassermann in Aussee zwangsversteigert wurden. Aber auch Leopold von Andrian musste 1938 die Villa erneut aufgeben; er veräußerte sie an den Kunsthändler Johannes Hinrichsen und floh sebst nach Brasilien.[152] Ob die Kinder Wassermanns aus erster Ehe Teile aus der Bibliothek aus Wassermanns Zeit in Wien erhalten haben, ist unbekannt; auch hier ist anzunehmen, dass die in Wien verbliebenen Bücher mit der Villa unter den Hammer kamen.

Während die Anzeige zur Versteigerung in Altaussee offenbart, dass Michael Frischmuth (1873–1954) und dessen Gattin Amalia die neuen Eigentümer eines Teils des Besitzes aus dem Hause Wassermann wurden, deuten Besitzstempel in den heute in Nürnberg erhaltenen Büchern darauf hin, dass auch Michaels Bruder Franz Frischmuth (1884–1962) die Bibliothek übernommen und erweitert hatte.[153]

Über die Familiengeschichte der Frischmuths gibt schließlich Edith Hauer-Frischmuth genauer Auskunft. In ihren Erinnerungen kam auch die Rolle der Gastronomen-Familie während der NS-Zeit zur Sprache. Ihren Schwiegervater Michael Frischmuth, der den Besitz Wassermann ersteigerte, bezeichnete Hauer-Frischmuth als „Monarchist“ und Gegner der Nationalsozialisten.[154] Lediglich bei der Ehefrau Amalia sowie Michaels Bruder Franz Frischmuth (1884–1962) soll der

150 Ebd.

151 „Der Kampf um ein Erbe“, *Salzburger Volksblatt*, 24. Juni 1935, 6.

152 Zur Frage, ob die „Villa Wassermann“ 1938 aus dem Besitz von Andrian durch den Kunsthändler Hinrichsen „arisiert“ wurde, finden sich unterschiedliche Angaben: vgl. Arnbom, Die Villen vom Ausseerland, 158; Juffinger/Plasser, *Salzburger Landessammlungen*,114f, 251f.

153 Da sich der Name „Michael Frischmuth“ sowie „Franz Frischmuth“ über sehr viele Generationen und Familienzweige tradiert hat, ist eine klare Identifizierung nicht einfach. Bei jenem Michael Frischmuth, der in der Zeitungsmeldung genannt wird, muss es sich um Kommerzienrat Michael Frischmuth (1873–1954) handeln; sowohl sein Bruder (1884–1962), als auch der Sohn (1917–1980) trägt jeweils den Namen Franz Frischmuth. Vgl. Meldungen in: *Salzkammergut Zeitung* 9 (1948), 4; *Steirische Alpenpost* 20 (1935), 1; auch nach schriftlicher Auskunft der Familie.

154 H. Klass, E. Hauer Frischmuth, Eine ruhelose Heldin, 101.

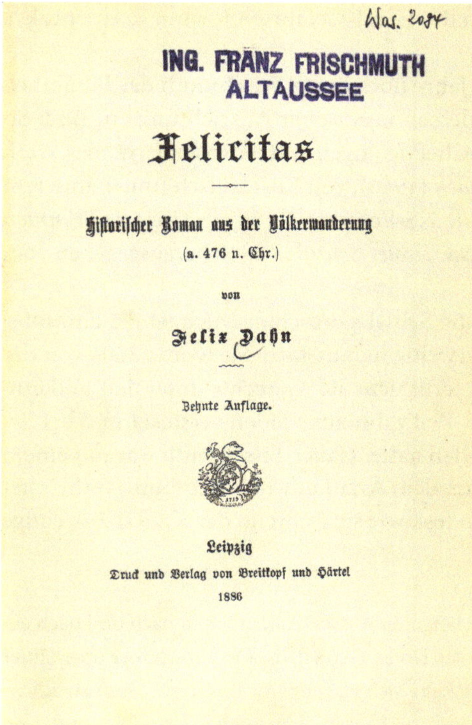

Was. 2084

ING. FRANZ FRISCHMUTH
ALTAUSSEE

Felicitas

Historischer Roman aus der Völkerwanderung
(a. 476 n. Chr.)

von

Felix Dahn

Zehnte Auflage.

Leipzig
Druck und Verlag von Breitkopf und Härtel
1886

Ausgabe aus dem Vorbesitz Franz Frischmuth in Sammlung Wassermann
© Stadtbibliothek im Bildungscampus Nürnberg, Was. 1411, Schmutztitel

Nationalsozialismus „tiefe Wurzeln" geschlagen haben.[155] Zumindest bekräftigt sich diese Annahme für letzteren in der Meldung aus dem *Völkischen Beobachter*, in welcher es heißt, dass „Ing. Franz Frischmuth" als sogenannter „Verwaltungstreuhänder" für das Anwesen „Puchen 73" in Altaussee eingesetzt wurde.[156] Die Villa gehörte Erich Lenk, Walter Orenstein und Yvonne Löwenberg, deren „jüdisches Vermögen" seit 1941 von Franz Frischmuth verwaltet wurde.[157] Zahlreiche Villen aus jüdischem Besitz wurden nach dem sogenannten „Anschluss" 1938 im Ausseerland enteignet, darunter auch die Villa in unmittelbarer Nachbarschaft zum Wassermann-Anwesen, Adresse Fischerndorf 52, die einst ebenfalls Leopold von

155 Ebd.
156 *Völkischer Beobachter* 11 (1941), 236.
157 Ebd.

Andrian und anschließend dem Sohn des Herzl-Gefährten Johann Kremenezkys gehörte.[158]

Auch die Inhalte, die im Laufe der Jahre über Franz Frischmuth der Bibliothek eingeordnet wurden, zeichnen von dessen politischer Ausrichtung ein Bild: So finden sich zahlreiche Werke des NS-Chefideologen Alfred Rosenbergs, das Werk *Galiziendeutsche Heimkehr: ein Tagebuch* (1940), von Kurt Kölsch (unter anderem Autor des *Völkischen Beobachters* sowie NS-Politiker[159]) sowie Titel wie *Stimmen der Heimat: gesammelte heimatkundliche Tiroler Schriften* 1940 herausgegeben vom NS-Gauverlag Innsbruck.[160]

Es war Edith Hauer-Frischmuth, die Schwiegertochter Michael Frischmuths, die in dieser Familiengeschichte anderweitig herausstach. Sie wurde 2004 von der Holocaust-Gedenkstätte Yad Vashem Jerusalem als „Gerechte unter den Völkern" ausgezeichnet, da sie während der NS-Zeit zahlreiche Juden versteckt und bei Beschaffung von falschen Papieren geholfen hatte. Hauer-Frischmuth war mit einem weiteren Sohn von Michael Frischmuth, dem Arzt Ludwig Frischmuth, verheiratet und hielt später in ihren Erinnerungen fest, wie sie während der Kriegsjahre einige Zeit im Seehotel in Altaussee lebte:

> So erhielt ich bei meinen kürzeren oder längeren Aussee-Aufenthalten nach und nach ein Bild davon, wie meine Verwandtschaft, das Hotelpersonal, die Ortseinwohner über Hitler und seine Ideen dachten, und es entwickelte sich ein engerer Zusammenhalt zwischen denen, die Nationalsozialismus und Krieg kritisch gegenüberstanden. Ich selbst wurde von meiner Schwiegermutter mehr und mehr in die Rolle des Außenseiters gedrängt. Als ich 1944 endgültig nach Aussee kam, mit einem Säugling und zwei kleinen Kindern, nahmen sie mich notgedrungen im Seehotel auf. Der Mittagstisch im Salon wurde mir verboten. [...] Spätestens im Sommer 1943 musste ich damit rechnen, bespitzelt zu werden. Damals wollte mich der Bruder meines Schwiegervaters anzeigen, weil er dachte, dass ich Leute bei mir versteckt hielte. Mein Schweigervater redete es ihm aus. Ich hatte natürlich jemanden im Haus versteckt. [161]

Ferner beschreibt Edith Hauer-Frischmuth, wie das Seehotel in den letzten Monaten des Krieges „zu einem wichtigen nationalsozialistischen Zentrum"[162] wurde. So wa-

---

158 Um die Jahrhundertwende war auch die Villa Fischerndorf 52 im Eigentum der Familie Andrian-Werburg, wodruch Leopold Andrian und J.W. für einige Zeit zu Nachbarn wurden; Arnbom, *Die Villen vom Ausseerland*, 152.

159 Vgl. E. Klee, „Kölsch, Kurt", *Das Kulturlexikon zum Dritten Reich*, 322.

160 StBN, Sammlung Wassermann, Signaturen Was. 345, 676, 665, 497, 753, 496, 450, 885, 779, 886, 669.

161 H. Klass, Eine ruhelose Heldin, 101f.

162 Ebd., 112.

ren im Seehotel seit Ende 1944 etwa die Exilregierung von Rumänien und Bulgarien, darunter Ministerpräsident Aleksandar Zankow, sowie zahlreiche SS- und Gestapo-Männer, die sich dort verschanzt hatten. Als am 8. Mai 1945 die amerikanischen Truppen nach Altaussee kamen, war sie es, so erinnert sich Hauer-Frischmuth, die „das Ausseerland schussfrei an die Amerikaner" übergab.[163] Welche Rolle sie in den letzten Monaten tatsächlich mit Ankunft der Amerikaner spielte, lässt sich anhand von Quellen schwer rekonstruieren. Unstrittig ist, dass sich Edith Hauer-Frischmuth unter Lebensgefahr für zahlreiche Menschen einsetzte und wofür sie als eine der sehr wenigen österreichischen Frauen von Yad Vashem als „Gerechte unter den Völkern" geehrt wurde.[164]

Während der Kriegsjahre und die dramatischen Ereignisse um das Seehotel verblieb die Bibliothek Jakob Wassermanns im Besitz der Frischmuths, wurde durch NS-Literatur erweitert und geriet zunächst in Vergessenheit. In den Erinnerungen an Altaussee und das Seehotel finden sich keine Hinweise auf die Sammlung des einst so gefeierten Schriftstellers Wassermann. Erst in den 1960er Jahren sollte das Büchererbe wieder an die Öffentlichkeit gelangen. In Nürnberg war man seit 1964 im Begriff, in Angliederung an die Stadtbibliothek ein Institut für Fränkische Literatur aufzubauen. Ziel war „die gesamte fränkische Literatur schöngeistiger Prägung einschließlich Mundartdichtung in ihren verschiedenen Variationen aus Vergangenheit und Gegenwart zentral [zu]sammel[n] und [zu]ordne[n]".[165] Hierzu rief der Fränkische Autorenkreis, der Initiator der Gründung des Instituts, die Bevölkerung auf, „ihre Bücherschränke auf unbekannte fränkische Autoren hin zu untersuchen und diese Werke dem Institut zu überlassen".[166] Ob der Aufruf bis ins Ausseerland reichte und man sich von dort aus an das Institut wandte, ist unklar. Zunächst scheint die Bibliothek jedoch dem Stadtarchiv in Fürth angeboten worden zu sein. Da das Archiv jedoch nicht über die Mittel für einen Ankauf verfügte, kehrte die Sammlung schließlich nicht in die Geburtsstadt Wassermanns zurück.[167] Ob die Stadtbibliothek aus Fürth von der zum Kauf angebotenen Bibliothek erfuhrt, ist unklar. Feststeht, dass im Jahr 1966 die circa 2.800 Bände aus dem Vorbesitz Wassermanns nach Nürnberg und damit zurück in die fränkische Heimat des früheren Erfolgsautors kamen.[168] Die *Süddeutsche Zeitung* berichtet über den Ankauf in einer kurzen Zeitungsmeldung. Darin heißt es:

---

163 Ebd.

164 Yad Vashem Jerusalem, M.31.2/8042.

165 K.-H. Schmidt, Inventur der fränkischen Literatur, *SZ*, 4.-6. Januar 1964, 15.

166 Ebd.

167 Ich danke Christine Sauer, Leiterin der Historisch-Wissenchaftlichen Stadtbibliothek Nürnberg, für die mündliche Auskunft. Das Stadtarchiv Fürth konnte bisher keine Auskunft zu einem derartigen Angebot geben.

168 StBN, Katalog Wassermann.

> Die Bibliothek Jakob Wassermann wurde von der Stadtbibliothek Nürnberg erworben. Sie enthält das vollständige Werk des in Fürth geborenen Wassermann in deutscher Sprache, sowie alle veröffentlichten Übersetzungen in Fremdsprachen.[169]

Über den genauen Inhalt oder den Umfang der Sammlung, die Umstände der Überlieferung, oder das Schicksal des jüdischen Autors ist in der Meldung nichts zu lesen. Etwas ausführlicher behandelt das *Jahrbuch für Internationale Germanistik*[170] aus dem Jahr 1972 den Erwerb. Neben den zahlreichen Werkmanuskripten, Autographen, Briefen und Bilddokumenten wird darin ein detaillierter Einblick in die Zusammensetzung der Sammlung gegeben:

> In einer Anzahl von weiteren Büchern befinden sich Exlibris und handschriftliche Anmerkungen Wassermanns, andere Bände enthalten Widmungen an ihn, z. B. von Hugo von Hofmannsthal, Thomas Mann, Franz Werfel, Arthur Schnitzler, Stefan Zweig und Walther Rathenau.[171]

Die Auflistung der Widmungsgeber ließe sich um Namen wie Leopold von Andrian, Edmond Fleg, Chajim Bloch, Joseph Chapiro, Mordechai Ehrenpreis oder Schalom Asch ergänzen. Die Verkaufsunterlagen, die sich mit den Briefen, Autographen, Bildmaterial und weiteren Dokumenten zu Wassermann in der Stadtbibliothek Nürnberg überliefert haben, beinhalten auch einen kompletten Katalog mit Anstreichungen und Markierungen, die mit einer Prüfung des Inhalts bei der Übernahme von Altaussee im Zusammenhang stehen.[172]

Während eine Ausstellung zum 100. Geburtstag Wassermanns eine Auswahl seiner Bibliothek zeigte, geriet die Sammlung in den kommenden Jahren, wie ihr Vorbesitzer selbst, in der breiteren Öffentlichkeit sowie der Forschung in Vergessenheit. In einer 1981 von der „Arbeitsgemeinschaft jüdischer Sammlungen in der Bundesrepublik Deutschland und in West-Berlin“ herausgegebenen Broschüre, die „Jüdische Sammlungen in Deutschen Bibliotheken“ gebündelt sichtbar machen sollte, fehlt die Sammlung Wassermann.[173] In der Stadtbibliothek Nürnberg hat man sich 1992 einer ausführlichen Bestandsaufnahme und Verzeichnung der Sammlung angenommen. Dabei wurden auch sämtliche handschriftlichen Einträge und Widmungen in den Katalog aufgenommen, was heute einen großen Vorteil für die Wassermann-Forschung darstellt. Dass es sich bei der Sammlung,

---

169 *SZ*, 14. Juli 1966, 8.

170 Jakob-Wassermann-Sammlung, in: L. Forster/W. P. Gerritsen u. a., *Jahrbuch für Internationale Germanistik* 1 (1972), 219.

171 Ebd.

172 StBN, Wassermann-Papiere.

173 J. Bohnke-Kollwitz u. a., Jüdische Sammlungen.

die sich bis heute in Nürnberg erhalten hat, nicht um den kompletten Buchbesitz Wassermanns gehandelt haben kann, und mit Sicherheit Bücher aus dem Erbe des Autors andere Wege genommen haben, hat sich bereits über die vorangehende fragmentarische Rekonstruktion angedeutet. Die Wassermann-Papiere, die mit der Bibliothek nach Nürnberg kamen, geben keine Hinweise darüber, was mit anderen Teilen der Sammlung passiert sein könnte. Aus den Unterlagen ergibt sich hingegen, dass auch Marta Wassermann über eine Sammlung verfügte, die über 600 Bände umfasste und für einige Zeit „in 5 Kisten in Ischl" aufbewahrt wurde, wie eine Notiz auf dem Katalog der Sammlung andeutet.[174] Über den Verbleib dieser Bibliothek ist nichts bekannt. Es ist anzunehmen, dass Marta Wassermann die Sammlung mit in die Schweiz und später mit nach Kanada transferierte, wohin sie ihrem Sohn Ulrich 1939 folgte. Wie sich Charles Wassermann – so nannte sich Ulrich später – erinnerte, erreichte ihn und seine Mutter in Kanada nach 1945 eine Nachricht aus der alten Heimat:

> Dann meldete sich das Wiener Anwaltsbüro, dem 1934 die Kisten aus der Villa anvertraut worden waren. Nach jahrelangen Nachforschungen war man sehr stolz darauf, Frau Wassermann in Ottawa, wo sie nun als Psychiater tätig war, gefunden zu haben. Eine der Kisten hatte die Wirren des letzten Vierteljahrhunderts überstanden [...].[175]

Die aufgefundene Kiste – über eventuelle weitere Kisten ist nichts bekannt – wurde daraufhin von Wien nach Nordamerika geschickt. Wie Charles Wassermanns darstellte, ist sie jedoch dort nie geöffnet worden und soll im Zuge eines weiteren Umzugs von Marta Wassermann einmal mehr in Vergessenheit geraten sein. Selbst Charles, der das Vermächtnis seines Vaters nach dem Tod der Mutter im Jahr 1965 übereignet bekam, öffnete die Kiste zunächst nicht, sondern schickte sie zurück nach Altaussee. Dorthin war Charles Wassermann als Korrespondent des Kanadischen Rundfunks zurückgekehrt. Erst dort öffnete er schließlich die Kiste. Zu Tage kam zunächst „wenig Interessantes: Durchschläge von maschinengeschriebenen Geschäftsbriefen, Rechnungen Altausseer Lieferanten, ein paar Notizbücher."[176] Zuletzt enthielt die Kiste das unveröffentlichte *Engelhart*-Manuskript, dem jedoch zehn Seiten fehlten. Über das handschriftliche Manuskript, das Wassermann seinem Freund Baron Philipp Schey geschenkt hatte, und welches aus Böhmen zunächst in die Schweiz und schließlich nach Frankreich gelangt war, ließ sich der Roman, der viel über Wassermanns Leben erzählt, schließlich 1973 im Ganzen

---

174 Ebd., Umschlag IV, „Frau Marta W. K. Bibliothek".

175 J. Wassermann, *Engelhart oder Die zwei Welten*, darin: „Der Sohn des Dichters", 278.

176 Ebd., 279.

veröffentlichen.[177] Aus Ottawa folgte auch ein Teil des Briefnachlasses von Jakob Wassermann, den Charles Wassermann 1974 an das Deutsche Literaturarchiv in Marbach übergab.[178]

Heute steht die Bibliothek Jakob Wassermanns mit ihren Annotationen, Anstreichungen und Widmungen der Öffentlichkeit und Forschung zur Verfügung und ist damit als eine der wenigen im Ursprungskontext erhaltenen Bibliotheken eines deutsch-jüdischen Schriftstellers. In den Bänden spiegeln sich die Entwicklungslinien des Lebens Jakob Wassermanns, sein weit verzweigtes Netzwerk sowie Inspirationen und Referenzen auf sein eigenes Werk wider.

Obwohl häufig auf das Verblassen der Erinnerung an Wassermann und die wenigen überlieferten materiellen Zeugnisse aus dessen Besitz verwiesen wurde, sind die Sammlung und ihre Geschichte von der Forschung und in der breiteren öffentlichen Wahrnehmung bisher vollkommen unbeachtet geblieben.[179] Durch die Auseinandersetzung mit der wertvollen und bisher vergessenen Bibliothek lässt sich auch der zu Unrecht in Vergessenheit geratenen Schriftsteller Wassermann aus unterschiedlichen Perspektiven wiederentdecken.

---

177 Ebd.

178 „Wassermann-Nachlaß in Marbach", *FAZ*, 12. Juli 1974, 23.

179 D. Niefanger/G. Och/D. F. Eisenstein: *Jakob Wassermann*, 9.

7. Schicksale deutsch-jüdischer Privatbibliotheken – Schlussbetrachtung

„Habent sua fata libelli", Bücher haben ihre Schicksale, lautet das Sprichwort des antiken Dichters Terentianus Maurus, welches heute auch über bibliophile Kreise hinaus als geflügeltes Wort nachhallt.[1] Dass der von Franz Rosenzweig eingangs zitierte Verweis auf ein „besonderes jüdisches Bücherschicksal" Gültigkeit behielt, haben die vorangegangenen Ausführungen gezeigt. Anhand der Nachzeichnung der vielfältigen Schicksale von privatem Buchbesitz, dessen Überlieferungswege und Formen, ließ sich auch ein Teil der bisher unbekannten Lebenswirklichkeit ihrer Besitzerinnen und Besitzer rekonstruieren. Büchersammlungen fungierten nicht nur als private-, familiengeschichtliche- und zeithistorische Archive, die über ihre Inhalte auch Aufschluss über Leben und Wirken der Bibliothekseigner gaben, sondern nahmen in allen betrachteten Biographien zahlreiche unterschiedliche Funktionen ein. Sie boten Raum für die Ausformung des individuellen Selbstverständnisses als Intellektuelle, wurden zu Orten des Rückzugs, der Freundschaft, der Erinnerung und des Trosts – aber allzu häufig auch zum Ballast.

Wie die vorangegangene Rekonstruktion gezeigt hat, konkretisiert sich jedoch über die Nachzeichnung von Bücherspuren und -wegen nicht nur die individuelle Bedeutung, die Bibliothekseigner ihrem Buchbesitz zuschrieben, sondern es eröffnet sich auch der darum liegende Kontext, der auch über die komplexe Überlieferungsgeschichte deutsch-jüdischer materieller Kultur Aufschluss gibt. Die einzelnen Kapitel zeigten hierfür unterschiedliche Perspektiven und Akzentuierungen auf.

Franz Rosenzweig fixierte seinen Wunsch nach der Erhaltung seiner Bibliothek in seinem letzten Willen und begründete dies damit, dass sie viel über ihn als Mensch preisgebe, was anders nicht zu erfahren sei. Die überaus komplizierte Rekonstruktion des Schicksals der Bibliothek von Franz Rosenzweig hat aber zugleich aufgezeigt, wie schwierig sich eine Rettung privaten jüdischen Buchbesitzes aus Deutschland im Jahr 1939 gestaltete und mit welchen Schikanen und Widrigkeiten der Transport von „Auswanderungsgut", insbesondere von umfangreichen Bibliotheken, verbunden war. Hinzu kamen die Gefahren, die der allgemeinen Kriegssituation geschuldet waren. In den immensen Anstrengungen, die Edith Rosenzweig auf sich nahm, um das Erbe ihres verstorbenen Mannes zu retten wird die Wertzuschreibung deutlich, die den Büchern als „individuelles" aber auch „epochales" Zeugnis (Fischer) beigemessen wurde. Dass nach 1945 ein Transfer

1 M. Terentianus, *De litteris, syllabis et metris*, 44; siehe auch W. Milde, *Habent sua fata libelli.*

von Tunis, wo die Sammlung unrechtmäßig konfisziert wurde, nach Jerusalem scheiterte, war für die Familie schmerzvoll und frustrierend. An dem Versuch einer „Rettung aus fremden Händen" waren zahlreiche Unterstützer, wie etwa Salman Schocken und der Anwalt Paul Ghez beteiligt – eine Tatsache, die bisher unbekannt geblieben war. Das Beispiel zeigte, wie komplex sich die Rekonstruktion der Wege der Sammlung gestaltete, dass es aber lohnenswert sein kann, auch noch so kleinen Anhaltspunkten (Lieferscheine, Zeitungsberichte, Frachtunterlagen) nachzuspüren, um die Überlieferungsgeschichte vollumfänglich zu rekonstruieren.

Heute kann nur darüber spekuliert werden, welches Schicksal die Sammlung Rosenzweig ereilt hätte, wäre ein Transfer nach Jerusalem gelungen. Paradoxerweise lassen andere Fälle annehmen, etwa die Privatbibliotheken Hermann Cohens[2] oder Karl Wolfskehls, dass die Bibliothek vermutlich nicht mehr in der Geschlossenheit erhalten sein würde, wie sie es heute in der Nationalbibliothek von Tunesien ist. Gleichwohl ist auch deren Zukunft ungewiss: Obwohl die Bibliothek des deutsch-jüdischen Philosophen in Tunis heute zumindest in großen Teilen geschlossen verwahrt wird, fehlt bisher eine vollständige Bestandsaufnahme. Dies ist insbesondere im Hinblick auf Bucheinlagen, Annotationen und Widmungen ein Desiderat geblieben. Zudem lassen sich besonders wertvolle Ausgaben aus dem 16. Jahrhundert bereits heute nicht mehr in Tunis nachweisen. Eine Digitalisierung der Sammlung wäre ein probater Weg, diesen einzigartigen und wichtigen Überlieferungsraum international zugänglich zu machen und zumindest virtuell zu konservieren; die Bücher mit ihren Annotationen und Anstreichungen sind nicht nur wichtiger Ausgangspunkt für die internationale Rosenzweig-Forschung, sondern auch für Forschung zum Deutschen Idealismus, der Philosophiegeschichte und deutsch-jüdischen Geschichte im Ganzen. Ein solches Digitalisierungsprojekt gestaltet sich nicht zuletzt aufgrund der politischen Lage Tunesiens und den damit in Verbindung stehehenden finanziellen Kürzungen im kulturellen Bereich als zunehmend schwierig. Es bleibt zu hoffen, dass die Sammlung des deutsch-jüdischen Philosophen auch zukünftig für die Forschung zugänglich bleiben wird und die Möglichkeit besteht, die wertvollen Einlagen, Annotationen und Ephimera aus der Bibliothek zu konservieren.

Die Betrachtung der Bibliotheken im Leben von Lion Feuchtwanger hat nicht nur die bisher vergessene Bibliothek des Vaters Sigmund Feuchtwanger zurück in Erinnerung gerufen, sondern darüber hinaus gezeigt, wie es dem berühmten Schriftsteller trotz der zahlreichen Verluste im Zuge von Verfolgung und Exil gelang, mehrmals eine neue Bibliothek aufzubauen. Insbesondere während der Jahre im französischen Exil, die zu der schaffensreichsten Zeit des Münchner Schriftstellers

---

2 Vgl. H. Wiedebach, *Die Hermann-Cohen-Bibliothek*; „Von Offenbach nach Jerusalem", FAZ, 08. Februar 1997, 37.

zählten, wurden Bücher ein unersetzlich wertvolles Gut. Über Freunde und Netzwerke gelang es Feuchtwanger, sich eine mehrtausendbändige Sammlung an der Côte d'Azur aufzubauen, ehe er erneut alles aufgeben und flüchten musste. Seine Freundin und Sekretärin Lola Sernau war es, die ihm half, einen Teil der Bücher aus Frankreich über Portugal nach Los Angeles zu retten, wo sie den Grundstock der einzigartigen Bibliothek in der Villa Aurora bildeten. In der Rekonstruktion werden nicht nur die Einflüsse aus dem bibliophilen Elternhaus sichtbar, sondern auch Kontakte zu einem umfassenden Netzwerk an Exil-Antiquaren und -Buchhändlern. Feuchtwangers Ehefrau Marta war es wiederum, die sich dem Büchererbe ihres Mannes nach dessen Tod annahm, es pflegte und es gemeinsam mit der Villa Aurora an die University of Southern California vermachte. Heute ist die dort begründete Lion Feuchtwanger Memorial Library mit ihren circa 30.000 Bänden ein einzigartiges Mahnmal für die deutsch-jüdische Exilgemeinde in den USA.

Von der Bibliothek Stefan Zweig sind heute nur Fragmente überliefert. Der gebürtige Wiener hatte sich im Zuge seiner Flucht aus der Heimat von seiner Bibliothek sowie seiner wertvollen Autographen-Sammlung getrennt. Auch am Beispiel Zweig wurde deutlich, welche tragende Rolle Bücher im Alltag für den Schriftsteller spielten. In zahlreichen Briefen, persönlichen Aufzeichnungen und Publikationen kommt ihre Bedeutung zur Sprache. Dass Stefan Zweig dabei immer versuchte, selbstbestimmt über das Schicksal seiner Bücher, Handschriften und Manuskripte zu entscheiden, zeigt sich in seinen Bemühungen, angemessene Orte für ihre Verwahrung zu finden, ehe er sich von ihnen trennen konnte. Insbesondere die Korrespondenz in Zusammenhang mit der Nationalbibliothek in Israel sind für die Auseinandersetzung mit Zweigs Sammlungen aufschlussreich. Heute finden sich Exemplare aus der Provenienz Zweig zwischen Wien, Jerusalem, London und Petrópolis. Die Nachzeichnung dieser Wege von Büchern offenbarte nicht nur die Liebe zum Buch, die Zweig sein Leben lang begleitete, sondern auch die Sorge und Verzweiflung über deren Verlust.

Die Bibliothek des in Darmstadt geborenen Dichters Karl Wolfskehl hatte diesem nicht nur seine lebensrettende Flucht nach Neuseeland ermöglicht, sie wurde neben seinem Werk auch zu einem Denkmal. Selbst wenn die ca. 9.000-bändige Sammlung nach ihrem Verkauf an Salman Schocken nach Jerusalem wanderte und von dort später in großen Teilen über den Buchmarkt aufgelöst wurde, ermöglicht heute eine umfassende virtuelle Rekonstruktion einen Zugang zur Bücherwelt Wolfskehls, selbst wenn zahlreiche materielle Exemplare heute verloren sind. Dass auch Wolfskehls Trennung von seiner geliebten Bibliothek nicht freiwillig erfolgt ist und ihn der Verlust schmerzte, zeigt seine intensive Auseinandersetzung mit Inhalten der verkauften Sammlung aus seinem Exil Neuseeland. Die kleine Sammlung, die Wolfskehl über Italien nach Auckland hatte retten können, blieb ein schwacher, aber wichtiger Trost. Es konnte gezeigt werden, welche tragende Rolle München für Wolfskehl und die Bibliothek spielte. Auch wenn die zahlreichen, aber von

Überforderung gekennzeichneten Versuche, die Bibliothek Wolfskehl aus Jerusalem geschlossen wieder in den Ursprungskontext zu überführen, scheiterten, hat die virtuelle Rekonstruktion am DLA die Sammlung wieder sichtbar gemacht. Den persönlichen Aufzeichnungen und Briefen gegenübergestellt, in welchen sich Wolfskehl mit besonderen bibliophilen Inhalten auseinandersetzte, bietet die Bibliothek auch in der Zukunft noch zahlreiche Anknüpfungspunkte für die Forschung.

Wie das abschließende Beispiel herausgestellt hat, ist die Sammlung von Jakob Wassermann, der während der Weimarer Jahre zu den bekanntesten und meistübersetzten Autoren zählte, heute jedoch weitestgehend unbekannt geblieben. Trotz ihrer nahezu vollständigen Überlieferung in Nürnberg, mit über einhundert Widmungsexemplaren, gab es bisher keine wissenschaftliche Auseinandersetzung, die sich einer ausführlichen inhaltlichen Erschließung oder des Schicksals der Bibliothek annahm. Wie auch gezeigt wurde, stach das Beispiel Wassermann gegenüber den anderen betrachteten Intellektuellen auch deshalb heraus, da Wassermann kaum Aufzeichnungen über seine Bücher und Bibliothek anfertigte. Geblieben sind vorrangig visuelle und haptische Zeugnisse in Form von Photographien oder den Büchern selbst. Für den in Fürth geborenen Romancier waren Bücher zwar seit seiner entbehrungsreichen Kindheit von unermesslichem Wert, er nutzte diese jedoch hauptsächlich als Arbeitsraum. Die Bedeutung, die der Schriftsteller der Literatur beimaß, spiegelt sich in sehr wenigen Briefen oder autobiographischen Aufzeichnungen wider. Am deutlichsten tritt der Wert, den Wassermann seinen Büchern zuschrieb, in seinem eignen Werk hervor. Als aufschlussreich hat sich auch die Betrachtung der unterschiedlichen Wohnumgebungen Wassermanns erwiesen, die zumindest Einblicke in die repräsentativen Bibliothekszimmer des Schriftstellers gewährten. Die verworrene Überlieferungsgeschichte, die bisher vollkommen unbekannt geblieben war, muss ebenfalls als besonders gelten, da die Sammlung Wassermann als einzige der dargestellten Beispiele heute zumindest nahezu geschlossen in Deutschland, der Heimat des Schriftstellers, verwahrt wird. Durch die Rekonstruktion der Überlieferungsgeschichte der Bibliothek nach Wassermanns Tod 1934 erklärte sich auch die in der Sammlung erhaltene NS-Literatur, die bis heute als Teil der Bibliothek des jüdischen Schriftstellers in Nürnberg verwahrt wird.

Es lässt sich zusammenfassen, dass sich über die Nachverfolgung der Sammlungswege ein detailliertes Bild darüber zeichnet, welch wertvollen Bestandteil Bücher – auch jenseits des materiellen Werts – innerhalb des deutsch-jüdischen Intellektuellen-Milieus zwischen Jahrhundertwende und der Weimarer Republik darstellten. Bei den Bibliotheken handelt es sich nicht um „jüdische Bibliotheken" im Sinne einer schwerpunkthaften Ausrichtung ihrer Inhalte mit Bezug zum Judentum. Alle hier beleuchteten Bibliothekseigner verstanden sich als deutsch-jüdische Intellektuelle mit unterschiedlichen Akzentuierungen sowohl mit Blick auf ihre Bibliophilie, als auch auf ihr jüdisches Selbstverständnis. In ihren Werken, aber auch in ihren Bibliotheken haben sich diese individuellen Ausprägungen festgeschrieben. Der Mehrwert der Gegenüberstellung dieser unterschiedlichen Büchersammlungen und ihrer Schicksale wird dadurch deutlich, dass die Einzigartigkeit, die jedem Sammlungs- und damit verbundenen Menschen-Schicksal zugrunde liegt, erst in einer Gegenüberstellung vollumfänglich greifbar wird. Über eine synoptische Betrachtung werden die Tiefen der historischen Entwicklungslinien deutlich, die nicht zuletzt für die Auseinandersetzung mit der deutsch-jüdischen Geschichte wichtig sind. Zudem hatte die Gegenüberstellung erst sichtbar gemacht, wie weitläufig verstreut deutsch-jüdisches Erbe heute noch erhalten ist. Die hier betrachteten Schicksale ließen sich durch zahlreiche weitere ergänzen, wobei auch gezeigt wurde, mit welch geradezu detektivischer Archivarbeit die Nachverfolgung einzelner Bücherschicksale des 20. Jahrhunderts verbunden ist und wie lohnenswert die Spurensuche sein kann.

Abkürzungen

AdA	Aus dem Antiquariat
AZ	Allgemeine Zeitung
AZJ	Allgemeine Zeitung des Judenthums
BeStA	Belgisches Staatsarchiv Brüssel, Belgien
BLAL	British Library Archives London
BLBI	Bulletin des Leo Baeck Instituts
BNT	Nationalbibliothek von Tunesien
CJLACS	Canadian Journal of Latin American and Caribbean Studies
CZA	Central Zionist Archive Jerusalem
DLA	Deutsches Literaturarchiv Marbach
EJBC	Encyclopedia of Jewish Book Cultures
EJGK	Enzyklopädie Jüdischer Geschichte und Kultur
FAZ	Frankfurter Allgemeine Zeitung
Ger. Q.	The German Quaterly
HB	Hessische Biografie
HHStAW	Hessisches Hauptstaatsarchiv Wiesbaden
I&M	Immigrants and Minorities. Historical Studies in Ethnicity, Migration and Diaspora
IASL	Internationales Archiv für Sozialgeschichte der deutschen Literatur
IBLA	Revue de l'Institut des belles lettres arabes
ISA	Israel State Archives
JbIfDG	Jahrbuch des Instituts für Deutsche Geschichte
Jew. Cult. Hist.	Jewish Culture and History
JNUL	Die National- und Universitätsbibliothek von Jerusalem
LAB	Landesarchiv Berlin
LBIJER	Leo Baeck Institute Jerusalem
LBINY	Leo Baeck Institut New York
LBIYB	The Leo Baeck Institute Year Book
LVWF	Landesamt für die Wiedergutmachung, Außenstelle Freiburg
NARA	National Archives Washington
NDB	Neue Deutsche Biographie
NLI	Archiv Nationalbibliothek Jerusalem
PMLA	Publications of the Modern Language Association of America
SchA	Schocken Archive Jerusalem, Israel
StAL	Staatsarchiv Ludwigsburg
SZ	Süddeutsche Zeitung

TNA	The National Archive London
UB/LMB Kassel	Universitätsbibliothek Kassel
ZfB	Monatshefte für Bibliophile und verwandte Interessen
ZfPäd	Zeitschrift für Pädagogik
ZfWg	Zeitschrift für Weltgeschichte

Literatur- und Quellenverzeichnis

Archivalische Quellen

Arolsen Archives
Internationales Zentrum über NS-Opfer, Sig. 6331010989

Archiv Kibbuz Ma'abarot, Israel
Aufnahmeformular Rafael Rosenzweig

Archiv Nationalbibliothek Israel (NLI)
Abraham Schwadron Collection
Abraham Shalom Yahuda Archive
Akibah Ernst Simon Archive
Eugen Mayer Collection
Stefan Zweig Collection

Bayerisches Hauptstaatsarchiv München (BayHStA)
General Direktion Bayerischer Staatlicher Bibliotheken

Bibliothèque National Tunis (BNT)
Rapport sur l'exercice de la bibliothèque 1943–1944

British Library Archives London (BLAL)
Briefwechsel Stefan Zweig – Heinrich Eisemann

Central Zionist Archive Jerusalem (CZA)
Passagierlisten der Galiläa, S104594 Nr. 246.

Deutsches Literaturarchiv Marbach (DLA)
A: Leopold von Andrian
D: Karl Wolfskehl
A: Karl Wolfskehl
A: Stefan Zweig
B: Edgar Salin
D: Jakob Wassermann
D: Wassermann
Hausakten Dt. Schillergesellschaft
Hausarchiv des DLA

Hessisches Hauptstaatsarchiv Wiesbaden

Fallakte Edith und Rafael Rosenzweig, 518, Nr. 83785

Akten der Devisenstelle Frankfurt und Kassel, Fallakte Edith Rosenzweig 519–3, Nr. 19879

Regierungspräsidium Wiesbaden, Entschädigungsakte Rafael Rosenzweig 518 Nr. 48799

Israel State Archive (ISA)

Mandatory Organizations-Secretary Commerce, Request by Mr. R. Rosenzweig for the refund of import duty pain on personal effects, Sig. 000mfvw.

Israel State Archives, Government of Palestine, Department of Immigration, 6740/17

Landesarchiv Baden-Württemberg

Landesamt für die Wiedergutmachung - Außenstelle Freiburg, Signatur: F 196_1 Nr.4330 2015_12_16

Landesarchiv Berlin

Personenstandsregister Heiratsregister; laufende Nummer: 123

Leo Baeck Institute Archives

Barthélemy Rotger: Qui se souvient encore des emigrants de Sanary sur mer? (Wer erinnert sich noch der Emigranten von Sanary? Die emigrierten deutschen Schriftsteller und Maler in Sanary-sur-mer von 1933–1942, LBINY, MS 273

Chaim Strauss, Der Zusammenbruch: Ein Bericht aus dem Jahre 1938, LBIJER 65.

Eduard Strauss Collection, LBINY, AR 7192

Erinnerungen Tilly Epstein, Einige Erinnerungen ans Philanthropin in Frankfurt am Main, LBIJMB MM 22

Franz Rosenzweig Collection, LBINY, AR 3001

Fritz Nathan Collection, LBINY, AR 1443

Glatzer Correspondence, LBINY, AR 25809

Jakob Wassermann Collection, Bericht „Jakob und Julie Wassermann geb. Speyer“ verfasst von G.H. Kirsch 4.7.88, einer Nichte Jakob Wassermanns, LBINY, AR 2189

Jakob Wassermann Collection, LBIJER 317

Kassel Jewish Community Collection, LBINY, AR 454

Ludwig Feuchtwanger Collection, LBINY, AR6001

M. Poppelauer Collection, 1895–1960, LBINY, AR 7231

Rosenzweig – Glatzer Correspondence, LBINY, AR 25809

Stefan Zweig autographs collection, LBINY, AR 834

Soncino-Gesellschaft Collection, LBINY, AR 2358

Literaturarchiv Monacensia München

Artur Rümann: Nachruf Emil Hirsch, A III

National Archives Washington (NARA)
Records Concerning the Central Collecting Points ("Ardelia Hall Collection")

Privatarchiv Eli Shavit
zur Verfügung gestellt durch Amy Hill Shevitz

Schocken Archiv Jerusalem (SchA)
Karl Wolfskehl Collection, Notizen zu wichtigen Büchern seiner Bibliothek, ca. 1938
Schocken Library, „Wolfskehl Material"
Sig. 332/148
Sig. 871/4
Sig. 871/73
Sig. 332/244

Staatsarchiv Ludwigsburg
Wiedergutmachungsakte Wolfskehl, EL 228 b II Nr. 3713–3714.

Staatsarchiv Belgien (StABe)
Bestuur van het Zeewezen, Administration de la Marine, Sig. 8516, 8517, 9509
Office Belge de Gestion et de liquidation 707.

Staatsarchiv München (StAM)
Feuchtwanger AG München, 1916/241

Stadtbibliothek Nürnberg (StBN)
Bibliothek Jakob Wassermann
Wassermann Papiere

Stadtarchiv Kassel
Firmengeschichte des Unternehmens L. J. Rosenzweig, S 1 Nr. 2087
Meldebogen zu Terrasse 1, A 3.32 HB 591

Stadtarchiv München
Stadtarchiv Villa Aurora, KULR 1272

Stadtarchiv Nürnberg
Personenstandsregister Heiratsregister; Bestand: C 27/III; Signatur: C 27/III Nr. 81

SWR-Archiv
Gespräch zwischen Edith Rosenzweig-Scheinmann und Bernhard Casper „Franz Rosenzweig. Ein prophetischer Jude. Erinnerungen" SWR, ausgestrahlt am 9. März 1979

The National Archive London
SS Egypte, BT 389/35/285

The National Archives
Kew, Surrey, England; Passagierliste, BT27-143730

Universität Basel Archiv
Nachlass Edgar Salin, Fa. 8534

Universitätsbibliothek Kassel
Franz Rosenzweig Teilnachlass, 2°Ms. Philos.

Yad Vashem Archive, Jerusalem
Record Group O.75, Letters and Postcard Collection, Aktennr. 56
Record Group: O.1 – K.J. Ball-Kaduri – Collection of Testimonies and Reports of German Jewry, Nr. 295

Monographien, Sammelbände und Aufsätze

ABADI, Jacob: Tunisia and Israel: relations under stress. In: *Middle Eastern Studies*, vol. 53, no. 4 (2017), pp. 507–532.

ADAM, Wolfgang: Privatbibliotheken im 17. und 18. Jahrhundert. Fortschrittsbericht (1975–1988). In: *Internationales Archiv für Sozialgeschichte der deutschen Literatur*, Bd. 15, Nr. 1 (1990), S. 123–173.

ADOLPH, Rudolph: *Emil Preetorius*. Aschaffenburg 1960.

ADUNKA, Evelyn: *Der Raub der Bücher. Plünderung in der NS-Zeit und Restitution nach 1945*. Wien 2002.

ALICKE, Gerhard: Bibliophilie in der Literatur, 17. Folge: Karl Wolfskehl. In: *Philobiblon. Eine Vierteljahresschrift für Buch- und Graphiksammler*, Heft 1, Jg. 45 (2001), S. 50–56.

ALT, Peter-Andre: *Sigmund Freud. Der Arzt der Moderne*. München 2016.

ALTHAUS, Peter Paul: *Der Zeus von Schwabing: Erinnerungen an Karl Wolfskehl*. München 1958.

ALY, Götz: *Das Prachtboot: wie Deutsche die Kunstschätze der Südsee raubten*. Frankfurt a. M. 2021.

AMBORN, Marie-Theres: *Die Villen vom Ausseerland: Wenn Häuser Geschichten erzählen*. Wien 2021.

ANGELOCH, Dominic: Ein ambivalenter Fanatiker. Sigmund Freuds Briefwechsel mit dem Poeten, Publizisten und Propagandisten George Sylvester Viereck (1919–1936). In: *Psyche. Zeitschrift für Psychoanalyse und ihre Anwendungen*, Bd. 68 (2014), S. 633–665.

ANTENHOFER, Christina: Die Akteur-Netzwerk-Theorie im Kontext der Geschichtswissenschaften. Anwendungen und Grenzen. In: Sebastian Barsch/Jörg van Norden (Hg.): *Historisches Lernen und Materielle Kultur. Von Dingen und Objekten in der Geschichtsdidaktik*. Bielefeld 2020, S. 67–88.

APPADURAI, Arjun: *The Social Life of Things. Commodities in Cultural Perspective*. Cambridge 1986.

ARCHIV BIBLIOGRAPHIA JUDAICA e. V. (Hg.): *Lexikon deutsch-jüdischer Autoren*, Bd. 19. Berlin/Boston 2011.

ASSMANN, Aleida/GOMILLE, Monika u. a. (Hg.): *Sammler – Bibliophile – Exzentriker*. Tübingen 1998.

ASSMANN, Aleida: *Der lange Schatten der Vergangenheit: Erinnerungskultur und Geschichtspolitik*. München 2006.

— Der väterliche Bücherschrank – Über Vergangenheit und Zukunft der Bildung. In: *Zeitschrift für Pädagogik*. Jg. 50, Heft 1 (2004), S. 5–20.

— Erinnerungsräume: *Formen und Wandlungen des kulturellen Gedächtnisses*. München 2018.

— Zur Metaphorik der Erinnerung. In: dies./Dietrich Harth (Hg.): *Mnemosyne. Formen und Funktionen der kulturellen Erinnerung*. Frankfurt a. M. 1991, S. 13–35.

BACKHAUS, Jürgen G.: *Werner Sombart (1863–1941): Social Scientist. His life and work*, Bd. 1. Marburg 1996.

BÁEZ, Fernando: *A Universal History of the Destruction of Books. From Ancient Sumer to Modern Iraq*. New York 2008.

BAHR, Erhard: *Weimar on the Pacific. German Exile Culture in Los Angeles and the Crisis on Modernism*. Los Angeles 2007.

BARGEBUHR, Frederik Perez: Karl Wolfskehl, deutscher Dichter und Jude. In: Hanns Lamm (Hg.): *Von Juden in München*. München 1959, S. 277–284.

BARTH, Thomas: *Wer Freud Ideen gab: Eine systematische Untersuchung*. Münster 2013.

BAUER, Reinhard/JACOBI, Thomas u. a. (Hg.): *München – Schwabing im Wandel der Zeit*. Olching 2019.

BAUER, Richard/BRENNER, Michael (Hg.): *Jüdisches München. Vom Mittelalter bis zur Gegenwart*. München 2006.

BAUER, Richard: *Lehel – Zeitreise ins alte München*, hg. vom Stadtarchiv München. München 2021.

BAUMANN, Ulrich/GUESNET, François: Kristallnacht – Pogrom – State Terror: A Terminological Reflection. In: Steven J. Ross/Lisa Ansell/Wolf Gruner (eds.), *New Perspectives on Kristallnacht: After 80 Years, the Nazi Pogrom in Global Comparison*. West Lafayette 2019, pp. 1–24.

BEERMANN-SCHÖN, Johannes Klaas: Taking Advantage: German Fright Forwarders and Property Theft. In: Christoph Kreutzmüller/Jonathan R. Zatlin (eds.): *Disposession*, pp. 127–147.

BELIN, Oliver/MAYAUX, Catherine/VERDURE-MARY, Anne: Bibliothèques d'écrivains. Lecture et création, histoire et transmission. Torino 2018.

BELL, Leonard: *Strangers Arrive: Emigrés and the Arts in New Zealand, 1930–1980.* Auckland 2017.

BELOW, Irene/HÄNTZSCHEL, Hiltrud u. a. (Hg.): *Fluchtorte – Erinnerungsorte. Sanary-sur-Mer, Les Milles, Marseille.* München 2017.

BEN ROMDANE, Sabri: *Fallstudien zur Bibliotheksarbeit in Tunesien.* Diplomarbeit, eingereicht an der Fachhochschule Stuttgart. Stuttgart 2003.

BENJAMIN, Walter: Das Passagenwerk. Aufzeichnungen und Materialien. In: *Gesammelte Schriften, Aufsätze, Essays, Vorträge*, Bd. *V,1*, hg. Rolf Tiedemann. Frankfurt a. M. 1991. *(GS V,1)*

— Ich packe meine Bibliothek aus. In: *Gesammelte Schriften*, Bd. *IV,1*, hg. von Tillmann Rexroth. Frankfurt a. M. 1991, S. 388–396. (*GS IV,1*)

— Karl Hobrecker. Alte vergessene Kinderbücher. In: *Gesammelte Schriften*, Bd. III,1: Kritiken und Rezensionen, hg. Rolf Tiedemann. Frankfurt a. M. 1980. S. 14–22. *(GS III,1)*

— Karl Wolfskehl zum sechzigsten Geburtstag. Eine Erinnerung. In: *Frankfurter Zeitung*, 17.9.1929. Erneut abgedruckt in: *Gesammelte Schriften*, hg. von Tillman Rexroth, Band IV,1. Frankfurt am Main 1981, S. 366–368. (*GS IV,1*)

BENTWICH, Norman: *The United Restitution Organization 1948–1968.* London 1968.

BERGLAR, Peter: Karl Wolfskehl Symbolgestalt der deutsch-jüdischen Tragödie. Vortr. gehalten am 26.06.1964 in Darmstadt vor der Goethegesellschaft u. d. Gesellschaft für christlich-jüd. Zusammenarbeit. Darmstadt [1964].

BERNHARD, Thomas: *Elisabeth II.* Frankfurt a. M. 1987.

BETTEN, Anne/GRAßL, Sigrid (Hg.): *Sprachbewahrung nach der Emigration: das Deutsch der 20er Jahre in Israel*, Teil I: Transkripte und Tondokumente, Berlin/New York 1995, S. 155–157.

BIENENSTOCK, Myriam: *Cohen und Rosenzweig. Ihre Auseinandersetzung mit dem deutschen Idealismus.* Freiburg i. Br. 2018.

BIRCHER, Martin (Hg.): *Stefan Zweigs Welt der Autographen. Ausstellungskatalog.* Zürich 1996.

BIRCKEN, Margrid: Anna Seghers' Bibliothek (2021). In: *Argonautenschiff: Jahrbuch der Anna-Seghers-Gesellschaft Berlin und Mainz e.V. Nr. 29 (2021)*, hg. Anna-Seghers-Gesellschaft Berlin und Mainz e.V., S. 149–169.

BIRK, Matjaž: Stefan Zweig und die Novelle der Wiener Moderne am Beispiel Arthur Schnitzlers. In: Mark H. Gelber (Hg): *Stefan Zweig Reconsidered. New Perspectives on his Literary and Biographical Writings.* Berlin/Boston 2012, S. 119–138.

BLANK, Herbert (Hg.): *In Walter Benjamins Bibliothek. Gelesene, zitierte, rezensierte Bücher und Zeitschriften in der Edition, in der Benjamin sie kannte und nutzte. Dokumentation einer verlorenen Bibliothek*, Teil I. Stuttgart 2006.

BLASBERG, Cornelia/HOFFMANN, Paul: *Karl Wolfskehl. Gedichte Essays, Briefe.* Frankfurt a. M. 1999.

BLASBERG, Cornelia: „Herr! Ich will zurück zu Deinem Wort!" Karl Wolfskehl im Verlag Salman Schocken. In: *Buchhandelsgeschichte*, hg. von d. Historischen Kommission des Börsenvereins. Frankfurt a. M. 1986, S. 121–131.

— *Karl Wolfskehl und Kiechlinsbergen: „Sprechen die Steine?"*. Marbach a. Neckar 1995.

— Was heißt Zeitgenossenschaft? Karl Wolfskehls Antworten auf eine schwierige Frage. In: Elke-Vera Kotowski/Gert Mattenklott (Hg.): *„O dürfte ich Stimme sein, das Volk zu rütteln!" Leben und Werk von Karl Wolfskehl (1869–1948)*. Hildesheim/Zürich u. a. 2007, S. 11–21.

BLEYL, Henning: Möbeltransporte im Kontext des Massenmordes. Die totale ‚Verwertung' jüdischen Eigentums als materielle Dimension des Holocaust und die Rolle der Spedition Kühne + Nagel. In: Irene Nierhaus/Kathrin Heinz (Hg.): *Unbehaust Wohnen. Konflikthafte Räume in Kunst – Architektur – Visueller Kultur*. Bielefeld 2020, S. 173–195.

BLOCK, Nick: Ex Libris and Exchange: Immigrant Interventions in the German-Jewish Renaissance. In: *The German Quaterly*, Bd. 86, Nr. 3 (2013), S. 334–353.

BLÖDORN, Andreas/MARX, Friedhelm (Hg.): *Thomas Mann Handbuch. Leben – Werk – Wirkung*. Stuttgart 2015.

BÖDEKER, Hans Erich/SAADA, Anna: Bibliotheksarchive als Quelle der Kultur- und Wissenschaftsgeschichte. In: dies. (Hg.), *Bibliothek als Archiv* (Veröffentlichungen des Max-Planck-Instituts für Geschichte, Bd. 221). Göttingen 2007, S. 11–22.

BOEHLING, Rebecca/LARKEY, Uta Larkey: *Life and Loss in the Shadow of the Holocaust: A Jewish Family's Untold Story*. Cambridge 2011.

BORRMANN, Anja/MÖLDERS, Doreen/WOLFRAM, Sabine (Hg.): *Konsum und Gestalt. Leben und Werk von Salman Schocken und Erich Mendelsohn vor 1933 und im Exil*. Berlin 2016.

BOSCHUNG, Dietrich/KREUZ, Patric-Alexander/KIENLIN, Tobias L. u. a. (Hg.): *Biography of Objects: Aspekte eines kulturhistorischen Konzepts*. Paderborn 2015.

BOURDIEU, Pierre: Ökonomisches Kapital, kulturelles Kapital, soziales Kapital. In: Reinhard Kreckel (Hg.): *Soziale Ungleichheiten*. Göttingen 1983, S. 183–198.

BRASSER, Martin (Hg.): *Rosenzweig als Leser: Konzeptuelle Kommentare zum „Stern der Erlösung* (Conditio Judaica, Bd. 44) Berlin/Boston 2004.

BRENNER, Michael (Hg.): *Geschichte der Juden in Deutschland von 1945 bis zur Gegenwart*. München 2012.

— A Tale of Two Families: Franz Rosenzweig, Gershom Scholem and the Generational Conflict around Judaism. In: *Judaism*, Nr. 42. (1993), S. 349–361.

— *Jüdische Kultur in der Weimarer Republik*. München 2000. [Erstmals 1996 in englischer Sprache bei Yale University Press].

— *Der lange Schatten der Revolution. Juden und Antisemiten in Hitlers München 1918–1923*. Berlin 2019.

BRESLAUER, Martin: *Erinnerungen, Aufsätze, Widmungen, Gesellschaft der Bibliophilen*. Frankfurt a. M. 1966.

BRIEL, Cornelia: *Beschlagnahmt, erpresst, erbeutet: NS-Raubgut, Reichstauschstelle und Preußische Staatsbibliothek zwischen 1933 und 1945*. Berlin 2013.

BRITISH MUSEUM (ed.): *Air Raid Precautions in Museums, Picture Galleries and Libraries*. London 1939.

BROCKE, Michael: 18 mittelalterliche Mainzer Mazzewot mehr. In: *Kalonymos. Beiträge zur deutsch-jüdischen Geschichte aus dem Salomon Ludwig Steinheim-Institut an der Universität Duisburg-Essen*, 24. Jg., Heft 1–2 (2021), S. 3–5.

BROCKHOFF, Evelyn/KIERMEIER, Franziska (Hg.): *Gesammelt, gehandelt, geraubt: Kunst in Frankfurt und der Region 1933 bis 1945* (Archiv für Frankfurts Geschichte und Kunst, Bd. 78). Frankfurt a. M. 2019.

BUCHINGER, Susanne: *Stefan Zweig – Schriftsteller und literarischer Agent. Die Beziehungen zu seinen deutschsprachigen Verlegern (1901–1942)*, (Archiv für Geschichte des Buchwesens Bd. 1). Frankfurt a. M. 1998.

BUERGER, Karin/SONDER, Ines/WALLMEIER, Ursula (Hg.): *Soncino – Gesellschaft der Freunde des jüdischen Buches: ein Beitrag zur Kulturgeschichte*. Berlin 2014.

COHEN, Richard I./RUDERMAN, David u. a. (Hg.): *Jewish Culture in Early Modern Europe. Essays in Honor of David B. Ruderman*. Exeter 2014.

CREMER, Annette Caroline/MUSLOW, Martin (Hg.): *Objekte als Quellen der historischen Kulturwissenschaften. Stand und Perspektiven der Forschung*. Weimar/Wien 2017, S. 35–46.

CRÜCKBERG, Johannes: *Künstlerresidenzen. Zwischen Cultural Diplomacy und Kulturpolitik*. Wiesbaden 2019.

DAHM, Volker: *Das jüdische Buch im Dritten Reich*. München 1993.

— *Das jüdische Buch im Dritten Reich*. Teil I: Die Ausschaltung der jüdischen Autoren, Verleger und Buchhändler. Teil II: Salman Schocken und sein Verlag. Frankfurt a. M. 1979/1982.

DASCHER, Ottfried: *„Es ist was Wahnsinniges mit der Kunst“: Alfred Flechtheim. Sammler, Kunsthändler, Verleger* (Quellenstudien zur Kunst, 6). Wädenswil 2013.

DAUTHENDEY, Max: *Erlebnisse auf Java*. München 1924.

DAVIES, Darién J./MARSHALL, Oliver (Hg.): *Stefan and Lotte Zweig's South American Letters. New York, Argentina and Brazil, 1940–42*. New York 2010.

DAVIES, J. Keith/FICHTNER, Gerhard (Hg.): *Freud's Library: A Comprehensive Catalogue / Freuds Bibliothek. Vollständiger Katalog*. London/Tübingen 2006.

DEHNEL, Regine (Hg.): *Jüdischer Buchbesitz als Raubgut*. Frankfurt a. M. 2006.

DICKSON, Donald C. (Hg.): *Dictionary of American antiquarian bookdealers*. Westport 1998.

DINER, Dan/WUNBERG, Gotthart (Hg.): *Restitution and Memory. Material Restoration in Europe*. New York/Oxford 2007.

DINES, Alberto: *Stefan Zweig und sein Freundeskreis: sein letztes Adressbuch 1940–1942*. Berlin 2016.

— *Tod im Paradies. Die Tragödie des Stefan Zweig*. Frankfurt a. M./Wien u. a. 2006.

D'IORIO, Paolo/FERRER, Daniel (Hg.): Bibliothèques d'écrivains : Genèses de textes littéraires et philosophiques. Paris 2001.

DOSTON, Bill/SCHUETZE-COBURN, Marje u. a. (ed.): *Against the Eternal Yesterday: Essays Commemorating the Legacy of Lion Feuchtwanger*. Los Angeles 2009.

DWECK, Yaacob: A Jew from the East meets Books from the West. In: Richard I. Cohen, Natalie B. Dohrmann et al. (Eds.): *Jewish Culture in Early Modern Europe*. Essays in Honor of David B. Ruderman. Pittsburgh/Cincinnati 2014, pp. 239–249.

EDSEL, Robert M./WITTER, Brett: *The Monuments Men: Allied Heroes, and the Greatest Treasure Hunt in History*. New York 2009.

EIDEMÜLLER, Gisela: *Die nachgelassene Bibliothek des Dichters Stefan George: Der in Bingen aufbewahrte Teil*, Bd. 2. Heidelberg 1987.

ELM, Theo: Jakob Wassermann. In: *Fränkische Lebensbilder. Neue Folge der Lebensbilder aus Franken*, Bd. 12, hrsg. von Alfred Wendehorst und Gerhard Pfeiffer (Veröffentlichungen der Gesellschaft für Fränkische Geschichte). Würzburg 1986, S. 251–269.

ESTERMANN, Monika/WITTMANN, Reinhard (Hg.): *Archiv für Geschichte des Buchwesens*, Bd. XXIV, Berlin/New York 1983.

FAVARO, Francesca (Hg.): Ansaldo Cebà, Lettere d'Ansaldo Cebà scritte a Sarra Copia e dedicate a Marc'Antonio Doria. Lecce 2020.

FECHNER, Dieter: Die Bibliotheken Lion Feuchtwangers. In: *Marginalien. Zeitschrift für Buchkunst und Bibliophilie*, Heft 95, Nr. 1 (1984), S. 23–28.

FEUCHTWANGER, Edgar J.: Recovering from Culture Shock. In: Peter Alter (Hg.): *Out of the Third Reich: refugee historians in post-war Britain*. London 1998, S. 42–54.

FEUCHTWANGER, Lion: „Offener Brief. An den Bewohner meines Hauses Mahlerstrasse 8 in Berlin". In: *Pariser Tageblatt: le quotidien de Paris en langue allemande*, 20. März 1935, S. 4.

— *Arnold Zweig: Briefwechsel 1933–1958*, 2 Bde. Frankfurt a. M. 1986.

— *Briefwechsel mit Freunden 1933–1958*, Bd. 2. Berlin/Weimar 1991.

— *Der jüdische Krieg*. Berlin 1991.

— *Der Teufel in Frankreich*. Berlin 2018.

— *Die Brüder Lautensack*. Berlin 1964.

— *Ein möglichst intensives Leben. Die Tagebücher*. Berlin 2018.

— *Erfolg. Drei Jahre Geschichte einer Provinz*. Berlin 2017.

— Meine Schulzeit. In: Dietz-Rüdiger Moser (Hg.): *„Federleichte Mädchen". Das nymphenburger Lesebuch*. München 1991, S. 200–202.

FEUCHTWANGER, Ludwig: *Der Gang der Juden durch die Weltgeschichte*. Berlin/Boston 2013.

FEUCHTWANGER, Marta: *An Émigré Life. Munich, Berlin, Sanary, Pacific Palisades*, 3 Bde., hg. vom Oral History Program der University of California (UCLA), Los Angeles 1976.

— *Leben mit Lion: Gespräch mit Reinhart Hoffmeister in der Reihe „Zeugen des Jahrhunderts"*. Göttingen 1991.

— *Nur eine Frau. Jahre, Tage, Stunden*. München 1983.

FEUCHTWANGER, Martin: *Zukunft ist ein blindes Spiel. Erinnerungen*. Frankfurt a. M. 1992.

FEUCHTWANGER-SARIG, Naomi: *Thy Father's Instruction: Reading the Nuremberg Miscellany as Jewish Cultural History* (Studia Judaica, Bd. 79). Boston 2021.

FINKELDE, Dominik: Vergebliches Sammeln. Walter Benjamins Analyse eines Unbehagens im fin de siècle und der europäischen Moderne. In: *Arcadia – Internationale Zeitschrift für Literaturwissenschaft*, Nr. 42 (2006), S. 187–202.

FISCHER, Ernst (Hg): *Geschichte des deutschen Buchhandels im 19. und 20. Jahrhundert*, Band 3: Drittes Reich und Exil. Teil 3: Exilbuchhandel, Bände 3/1, 3/2 sowie Supplement. Berlin 2021.

— „Eine glückliche Vermischung…" Zum Verhältnis von Bibliophilie und Antiquariat im ersten Drittel des 20. Jahrhunderts. In: *Aus dem Antiquariat*, Heft 1 (2002), S. A18–A26.

— Buchbesitz und Lesen im Exil. In: ders. (Hg.): *Geschichte des deutschen Buchhandels im 19. und 20. Jahrhundert*, Bd. 3: Drittes Reich und Exil. Teil 3: Exilbuchhandel 1933–1945, Teilband 2. Berlin 2021.

— Nachwort. Büchersammlungen als Lebenszeugnisse und Erinnerungsräume. In: Ines Sonder/Karin Bürger u. a. (Hg.): *„Wie würde ich ohne Bücher leben und arbeiten können?": Privatbibliotheken jüdischer Intellektueller im 20. Jahrhundert* (Neue Beiträge zur Geistesgeschichte, Bd. 8). Berlin 2008, S. 389–406.

FLÜGGE, Manfred: *Die vier Leben der Marta Feuchtwanger*. Berlin 2008.

— *Muse des Exils: das Leben der Malerin Eva Herrmann*. Berlin 2012.

FORSTER, Leonard/GERRITSEN, W. P./LÄMMERT, Eberhard u. a. (Hg.): Jakob-Wassermann-Sammlung. In: *Jahrbuch für Internationale Germanistik*, Jg. 4, Heft 1. Frankfurt a. M. 1972, S. 219.

FRANKE, Julia: *Paris – eine neue Heimat? Jüdische Emigranten aus Deutschland 1933–1939.*

FRANKE, Norman: *„Jüdisch, römisch, deutsch zugleich…"?: eine Untersuchung der literarischen Selbstkonstruktion Karl Wolfskehls unter besonderer Berücksichtigung seiner Exillyrik.* Heidelberg 2006.

FREUD, Sigmund: *Briefe, 1873–1939*. Frankfurt a. M. 1960.

— *Die Traumdeutung*. Frankfurt a. M. 1977. [Erstmals 1900 beim Deuticke-Verlag].

— *Gesammelte Werke*, hg. von Anna Freud u. a., 18 Bde., London 1940–1953, Bd. 1. London 1940.

FRIEDLÄNDER, Saul: *Das Dritte Reich und die Juden*. München 2013.

FUNKENSTEIN, Amos: Franz Rosenzweig and the End of German-Jewish Philosophy. In: ders. (ed.): *Perceptions of Jewish History*. Berkeley 1993, pp. 257–305.

— The Genesis of Rosenzweig's „Stern der Erlösung". „Urformel" and „Urzelle". In: *Jahrbuch des Instituts für Deutsche Geschichte*, Beiheft Nr. 4 (1982), S. 17–29.

GABER, Sarah/HÖPPNER, Stefan/HUNDEHEGE, Stefanie (Hg.): *Provenienz. Materialgeschichte(n) der Literatur*. Göttingen 2024 (in Vorbereitung).

GALLAS, Elisabeth/JESSEN, Caroline/WEISS, Yfaat et al. (eds.): *Contested Heritage: Jewish Cultural Property after 1945*. Göttingen 2000.

GALLAS, Elisabeth: *„Das Leichenhaus der Bücher". Kulturrestitution und jüdisches Geschichtsdenken nach 1945*. Göttingen 2013.

GAY, Peter: *Bürger und Boheme. Kunstkriege des 19. Jahrhunderts*. München 1999.

— *Das Zeitalter des Arthur Schnitzler: Innenansichten des 19. Jahrhunderts*. Frankfurt a. M. 2012.

GELBER, Mark H.: Stefan Zweig und die Judenfrage von heute. In: ders. (Hg.): *Stefan Zweig - heute*. Bern/New York 1987, S. 160–180.

— Stefan Zweig und E. M. Lilien: Aspekte der Begegnung von jüdischem Ost und West um die Jahrhundertwende. In: *Austriaca* 34 (1992), S. 17–31.

— *Stefan Zweig, Judentum und Zionismus*. Innsbruck, Wien u. a. 2014.

GHEZ, Paul: *Six mois sous la botte*. Paris 2009.

GINSBURG, Ruth: French Scholem, or: Scholem's Purloined Letter. In: Carola Hilfrich/Natasha Gordinsky/Susanne Zepp (eds.): *Passages of Belonging: Interpreting Jewish Literatures*. Berlin/Boston 2019, pp. 107–125.

GLATZER, Nahum: *Franz Rosenzweig. His Life and his Thought*. New York 1961.

GLEIXNER, Ulrike/BAUM, Constanze/MÜNKNER, Jörn u. a. (Hg.): *Biographien des Buches* (Kulturen des Sammelns. Akteure, Objekte, Medien, Bd. 1). Göttingen 2017.

GOLDNER, Martin: *AJR Information* (Newsletter of the Association of Jewish Refugees in Great Britain), vol. 35, 4 (1980).

GÖRTZ, Heinz-Jürgen: *In der Spur des „neuen Denkens": Theologie und Philosophie bei Franz Rosenzweig*. Freiburg/München 2008.

GROPPE, Carola: Das Wunder der Verwandlung. In: Friedrich Voit (Hg.): *Exul poeta: Leben und Werk Karl Wolfskehls im italienischen und neuseeländischen Exil 1933–1948*; Beiträge zum Symposium anläßlich des 50. Todestages, Auckland, 31. August - 2. September 1998. Dunedin 1999, S. 7–46.

— *Die Macht der Bildung. Das deutsche Bürgertum und der George-Kreis 1890–1933*. Köln/Weimar u. a. 1997.

GROSS, Raphael: *November 1938. Die Katastrophe vor der Katastrophe*. München 2013.

GROTE, Andreas (Hg.): *Macrocosmos in microcosmo: die Welt in der Stube: zur Geschichte des Sammelns 1450 bis 1800* (Berliner Schriften zur Museumskunde, Bd. 10). Wiesbaden 1994.

GROTE, Markus: *Bücher schreiben und verlegen im Exil 1933–1939: die Schriftsteller Lion Feuchtwanger, Arnold Zweig, Joseph Roth, Klaus Mann und ihr Verleger Fritz Landshoff vom Querido Verlag: die Dreißigerjahre*. Norderstedt 2021.

GRUNDMANN, Siegfried: *Einsteins von den Nazis konfisziertes Eigentum. Der lange Weg bis zur Rückgabe und Entschädigung*. Berlin 2017.

HAGÈGE, Claude: Communautés juive des Tunisie à la veille du Protectorat français. In: *Le Mouvement social*, Nr. 110 (1980), S. 35–50.

HAHN, Hans Peter/WEISS, Hadas (ed.): *Mobility, Meaning and Transformations of Things: Shifting Contexts of Material Culture through Time and Space*. Oxford 2013.

HAHN, Hans Peter: Dinge sind Fragmente und Assemblagen: Kritische Anmerkungen zur Metapher der „Objektbiographie". In: Dietrich Boschung u. a. (Hg.): *Biography of Objects*, S. 11–33.

HALL, Murray G./KÖSTNER, Christina: „... *allerlei für die Nationalbibliothek zu ergattern* ...“ *Eine österreichische Institution in der NS-Zeit*. Wien 2006.

HAUG, Christine: „Bücher- und Lesestuben als Vermittlungsinstanz der literarischen Moderne – das Beispiel München. In: Georg Jäger (Hg.): *Geschichte des deutschen Buchhandels im 19. und 20. Jahrhundert*, Bd. 1: Das Kaiserreich 1871–1918, Teil 3, S. 149–176.

HAUSWEDELL & NOLTE (Hg.): *Die Bibliotheken Salman Schocken und Karl Wolfskehl: Auktion Dr. Ernst Hauswedewell & Ernst Nolte, Antiquariat und Aktionshaus*, 2 Bde., Hamburg 1975–1976.

HEINE, Heinrich: Geständnisse. Geschrieben im Winter 1854. In: *Vermischte Schriften von Heinrich Heine*. Erster Band. Hamburg 1854, S. 1–122.

HENNING, Nina: *Lebensgeschichte in Objekten Biografien als museales Sammelkonzept* (Kieler Studien zur Volkskunde und Kulturgeschichte). Münster 2004.

HERLITZ, Georg, ELBOGEN, Ismar Elbogen (Hg.): *Jüdisches Lexikon: ein enzyklopädisches Handbuch des jüdischen Wissens in vier Bänden*. Bd. 4,2. Berlin 1930.

HERZFELD, Wolfgang D.: *Feldpostbriefe: die Korrespondenz mit den Eltern (1914 - 1917)*. Freiburg 2013.

HESCHEL, Susannah: Gender Issues: Survey. In: Nicholas de Lange/Miri Freud-Kandel (eds.): *Modern Judaism. An Oxford Guide*. Oxford 2005, pp. 365–412.

HEUBERGER, Rahel: *Aron Freimann und die Wissenschaft des Judentums* (Conditio Judaica, Bd. 51). Berlin/Boston 2014.

HEUSLER, Andreas: *Lion Feuchtwanger. Münchner – Emigrant – Weltbürger*. St. Pölten, Salzburg u. a. 2014.

HILBRAND, Katharina: *Charles Wassermann (1924–1978). Leben und Werk*, unveröffentlichte Diplomarbeit, Karl-Franzens-Universität Graz 2013.

HINRICHS, Tomke: Fluchthilfe: Der Ankauf der Bibliothek von Karl Wolfskehl durch Salman Schocken. In: *Medaon. Magazin für jüdisches Leben in Forschung und Bildung*, Nr. 7 (2013), S. 1–4.

HIRSCHBERG, Leopold: *Erinnerungen eines Bibliophilen*. Berlin 1919.

HOFE, Harald von: Lion Feuchtwanger: The Writer and the Library. In: *Coranto. Journal of the Friends of the Libraries* 1 (1964), pp. 3–11.

HOFFMANN, Paul (Hg.): *Karl Wolfskehl: Gedichte, Essays, Briefe*. Frankfurt a. M. 1999.

HOLTUM, Jan von: „Sein Leben lang ein zweibeiniger Leitartikel". Zur frühen Heine Rezeption Lion Feuchtwangers. In: Sabine Brenner-Wilczek (Hg.): *Heine-Jahrbuch*. Stuttgart 1954, S. 131–141.

HOMEYER, Fritz: *Deutsche Juden als Bibliophile und Antiquare*. Tübingen 1966.

HORWITZ, Rivka: Adele Rosenzweigs Jugenderinnerungen. In: *Bulletin des Leo Baeck Instituts*, Bd. 16/17 (1977/1978), S. 133–146.

— The Shaping of Rosenzweig's Identity According to the Gritli Letters. In: Martin Brasser (Hg.): *Rosenzweig als Leser: Konzeptuelle Kommentare zum „Stern der Erlösung"* (Conditio Judaica, Bd. 44) Berlin/Boston 2013, S. 11–42.

HÖPPNER, Stefan: Bücher sammeln und schreiben. Eine Einleitung. In: ders., Caroline Jessen, Jörn Münkner und Ulrike Trenkmann (Hg.): *Autorschaft und Bibliothek. Sammlungsstrategien und Schreibverfahren.* Göttingen 2018, S. 14–22.

HUBMANN, Gerhard/SCHWENTNER, Isabella: *Arthur Schnitzler, Liebelei: Historisch-kritische Ausgabe.* Berlin/Boston 2014.

HUTH, Volkart/SCHOEPS, Julius H.: *„fort von hain und haus". Die Familie Wolfskehl und Darmstadt* (Bensheimer Forschungen zur Personengeschichte, 3). Frankfurt a. M. 2019.

HUTTER, Johann Baptist: *Bericht über die Bibliothek des k[öniglichen] Wilhelms-Gymnasiums zu München.* o. O 1861.

IDEL, Moshe: Printing Kabbalah in Sixteenth-Century Italy. In: Richard I. Cohen/Natalie B. Dohrmann/Elchanan Reiner/Adam Shear (eds.): *Jewish Culture in Early Modern Europe: Essays in Honor of David B. Ruderman.* Cincinnati 2014, pp 85–96.

JAEGER, Michael: *Fausts Kolonie: Goethes kritische Phänomenologie der Moderne.* Würzburg 2005.

JAEGER, Roland: „He just wanted the books": Lion Feuchtwanger als Büchersammler. In: *Aus dem Antiquariat. Zeitschrift für Antiquare und Büchersammler*, Nr. 5 (1998), S. A330–A340.

JÄGER, Georg (Hg.): *Geschichte des deutschen Buchhandels im 19. und 20. Jahrhundert*, Bd. 1: Das Kaiserreich 1871 - 1918. Frankfurt a. M. 2010.

JASPERS, Anke/KILCHER, Andreas B. (Hg.): *Randkulturen. Lese- und Gebrauchsspuren in Autorenbibliotheken des 19. und 20. Jahrhunderts.* Göttingen 2020.

JENSEN, Bernhard: *Ein Kanon der jüdischen Renaissance: Soncino-Gesellschaft der Freunde des jüdischen Buches.* Göttingen 2017.

JESSEN, Caroline/SCHNEIDAWIND, Julia (Hg.): Bücherspuren: Karl Wolfskehls deutsch-jüdische Bibliothek, *Münchner Beiträge zur Jüdischen Geschichte und Kultur*, Jg. 13, Heft 2, (2019).

JESSEN, Caroline: *Kanon im Exil. Lektüre deutsch-jüdischer Emigranten in Palästina/Israel.* Göttingen 2019.

— „!?!!" Esoterisch / Exoterisch: Annotationen von Karl Wolfskehl. In: Anke Jaspers/Andreas B. Kilcher (Hg.): *Randkulturen. Lese- und Gebrauchsspuren in Autorenbibliotheken des 19. und 20. Jahrhunderts.* Göttingen 2020, S. 166–192.

— Affirming Ownership, Obscuring Provenance? Émigré Collections in Israel and Germany after 1945. In: Elisabeth Gallas et al. (eds.): *Contested Heritage: Jewish Cultural Property after 1945.* Göttingen 2000, pp. 27–41.

— *Der Sammler Karl Wolfskehl.* Berlin 2018.

JUFFINGER, Roswitha/PLASSER, Gerhard (Hg.): *Salzburger Landessammlungen 1935–1955.* Salzburg 2007.

KAHLER, Erich: *Die Verantwortung des Geistes, Gesammelte Aufsätze.* Frankfurt a. M. 1952.

KALTHOFF, Herbert/KRESS, Torsten u. a.: Einleitung: Materialität in Kultur und Gesellschaft. In: dies. (Hg.): *Materialität. Herausforderungen für die Sozial- und Kulturwissenschaft*. Paderborn 2016, S. 11–41.

KAMER, Erika: *Zwischen Gartenbau und Gartenkunst: Gärtner und Gartengestalter in Wien und Umgebung 1918–1945. Die Standesgeschichte im Wechsel der politischen Systeme*. Innsbruck 2020.

KAPLAN, Mario: *Jüdisches Bürgertum. Frau, Familie und Identität im Kaiserreich*. Hamburg 1997.

KARL UND FABER MÜNCHEN (Hg.): *Sammlung Victor Manheimer: deutsche Barockliteratur von Opitz bis Brockes*. München 1927.

KARLWEIS, Marta: *Jakob Wassermann, Bild, Kampf und Werk*. Amsterdam 1935.

KASHER, Arye: The Historical Background of the ‚Megillath Antiochus. In: *Proceedings of the American Academy for Jewish Research*, vol. 48 (1981), pp. 207–230.

KATER, Michael H.: *Das „Ahnenerbe" der SS 1935–1945* (Studien zur Zeitgeschichte, Bd. 6) München 2006.

KAUFMANN, Kai: *Stefan George. Eine Biographie*. Göttingen 2014.

KERSCHBAUMER, Gert: *Meister des Verwirrens: die Geschäfte des Kunsthändlers Friedrich Welz*. Wien 2000.

— *Stefan Zweig: der fliegende Salzburger*. Salzburg 2003.

KIEẞLING, Rolf: *Jüdische Geschichte in Bayern. Von den Anfängen bis zur Gegenwart*. Berlin/Boston 2019,

KILCHER, Andreas B.: Die Wissenschaft des Judentums und die Frage der deutsch-jüdischen Literatur. In: Hans Otto Horch (Hg.): *Handbuch der deutsch-jüdischen Literatur*. Berlin/München u. a. 2016, S. 70–82.

KING, Alec Hyatt: Paul Hirsch and his Music Library. In: *British Library Journal*, vol. 7, no. 1 (1981), pp. 1–11.

KIRCHHOFF, Markus: *Häuser des Buches. Bilder Jüdischer Bibliotheken*. Leipzig 2002.

KLASS, Helmuth: Edith Hauer Frischmuth. Eine ruhelose Heldin? In: Raimund Bahr (Hg.): *Für Führer und Vaterland. Das Salzkammergut 1918–1945*, S. 88–130.

KLEE, Ernst: *Das Kulturlexikon zum Dritten Reich. Wer war was vor und nach 1945*. Frankfurt a. M. 2007.

KLIPSTEIN, August, vormals Gutekunst und Klipstein (Hg.): *Nachlass Julius Hess: Hess-Antiquariat, Bern und aus anderem Besitz, Bd. 2: Kostbare Bücher: Inkunabeln, Handschriften, illustrierte Bücher des 15. – 19. Jahrhunderts, kostbare Einbände; Medizin, Naturwissenschaften … Hand- und Fachbibliothek, bibliophile und graphische Nachschlagewerke; Versteigerung in Bern 3. – 5. Dezember 1941*. Bern 1941, https://doi.org/10.11588/diglit.11941#0003.

KNOTT, Marie Luise: Verlustanzeige. In: Caroline Jessen/ Julia Schneidawind (Hg.): Bücherspuren: Karl Wolfskehls deutsch-jüdische Bibliothek, *Münchner Beiträge zur Jüdischen Geschichte und Kultur*, Jg. 13, Heft 2, (2019), S. 84–93.

KOESTER, Rudolf: *Jakob Wassermann* (Köpfe des 20. Jahrhunderts, Bd. 122). Berlin 1996.

KOLLER, Fritz: *Das Inventarbuch der Landesgalerie Salzburg 1942–1944.* Salzburg 2000.

KOLLWITZ-BOHNKE, Jutta/FREIMARK, Peter/SEILER, Martin (Hg.): *Jüdische Sammlungen in Deutschen Bibliotheken.* Köln 1981.

KOPYTOFF, Igor: The Cultural Biography of Things. In: Arjun Appadurai (ed.): *The Social Life of Things. Commodities in Cultural Perspective.* Cambridge 1986, pp. 64–91.

KÖSNER-PEMSEL, Christina: Österreichische Büchersammler und ihre Schicksale. In: Claus-Dieter Krohn/Lutz Winckler (Hg.): *Bibliotheken und Sammlungen im Exil* (Exilforschung. Ein Internationales Jahrbuch, Bd. 29). München 2011, S. 195–213.

KRAFT, Thomas: *Jakob Wassermann.* München 2008.

KREUTZMÜLLER, Christoph/ZATLIN, Jonathan R. (Hg.): *Dispossession. Plundering German Jewery, 1933–1953.* Ann Arbor 2020.

KROHN, Claus-Dieter/WINCKLER, Lutz (Hg.): *Bibliotheken und Sammlungen im Exil* (Exilforschung. Ein Internationales Jahrbuch, Bd. 29). München 2011.

KUHRAU, Sven: *Der Kunstsammler im Kaiserreich: Kunst und Repräsentation in der Berliner Privatsammlerkultur.* Kiel 2005.

LAFONT, Hélène: Zur Rezeption Bachofens in Nationalsozialismus. In: Marion Heinz/Goran Gretić (Hg.): *Philosophie und Zeitgeist im Nationalsozialismus.* Würzburg 2006, S. 143–162.

LAMM, Louis: *Beschreibungen von Tunis. Reise-Eindrücke in Nord-Afrika.* o. O. 1929.

— *Verzeichnis Jüdischer Kriegsschriften.* Berlin 1916.

LARCATIR, Arturo/RENOLDER, Klemens/WÖRGÖTTER, Martina (Hg.): *Stefan-Zweig-Handbuch.* Berlin/Boston 2018.

LASKER-SCHÜLER, Else: Auf der Galiläa nach Palästina. In: *Werke und Briefe. Kritische Ausgabe,* hg. von Norbert Oellers, Heinz Rölleke und Itta Shedletzky. Bd. 4,1. Frankfurt a. M. 2001, S. 445–466.

LATOUR, Bruno: *Eine neue Soziologie für eine neue Gesellschaft. Einführung in die Akteur-Netzwerk-Theorie.* Frankfurt a. M. 2007.

LAVSKY, Hagit Hadassa: *The Creation of the German-Jewish Diaspora. Interwar German-Jewish Immigration to Palestine, the USA, and England.* Berlin/Boston 2017.

LE RIDER, Jacques: 2. La race, le milieu, le moment: Hippolyte Taine. In: Arturo Larcati/Klemens Renoldner/Martina Wörgötter (Hg.): *Stefan-Zweig-Handbuch.* Berlin/Boston 2018, S. 715–722.

LEBENTHAL, Jean H.: A Public Memorial to a True European: Stefan Zweig's Autograph Collection and the Brititsh Library. In: *Modern Austrian Literatur,* vol. 33, 2 (2000), pp. 23–36.

LEHNHARDT, Andreas: *Die Jüdische Bibliothek an der Johannes Gutenberg-Universität Mainz 1938–2008.* Stuttgart 2012.

LEHSTEN, Lupold von: Die Familie Wolfskehl und Darmstadt. In: *Mitteilungen des Instituts für Personengeschichte,* Jg. 17, Nr. 2 (2014), S. 16–20.

LESSER, Jeffrey: Bad Land, Popular Rebellion and Ethnic Survival. Jewish Farmers in Southern Brazil, 1904–1925. In: *Immigrants and Minorities. Historical Studies in Ethnicity, Migration and Diaspora*, vol. 15 (1996), pp. 1–21.

— Images of Jews and Refugee Administration in Brasil. In: *Canadian Journal of Latin American and Caribbean Studies / Revue canadienne des études latino-américaines et caraïbes* vol. 20, 39/40 (1995), pp. 65–90.

— Vom Antisemitismus zum Philosemitismus. Das wechselnde Bild deutsch-jüdischer Einwanderer in Brasilien 1935–1945. In: Javier Guerrero/Karl Kohut/Patrick von zur Mühlen (Hg.): *Alternative Lateinamerika: Das deutsche Exil in der Zeit des Nationalsozialismus*. Frankfurt a. M./Madrid 1994, S. 89–104.

— Von deutschen Juden zu jüdischen Brasilianern. Flüchtlinge und das „Aushandeln" nationaler Identitäten in São Paulo in der Zeit von 1933–1945. In: *Martius-Staden- Jahrbuch* Nr. 54 (2007), S. 125–140.

— *Welcoming the Undesirables. Brazil and the Jewish Question*. Berkeley 1995.

LEVISSE-TOUZÉ, Christine: *L'Afrique du Nord dans la guerre: 1939–1945*. Paris 1998.

LÉVI-STRAUS, Claude: *Traurige Tropen*. Köln 1955.

LIEB, Peter: *Krieg in Nordafrika 1940–1943*. Ditzingen 2018.

LILLTEICHER, Jürgen: *Raub, Recht und Restitution: die Rückerstattung jüdischen Eigentums in der frühen Bundesrepublik* (Moderne Zeit, Bd. 15). Göttingen 2007.

LÖFFELMEIER, Anton: Ludwig Rosenthal als „Wegbereiter" (1840–1928). In: Stadtarchiv München (Hg.): *Die Rosenthals. Der Aufstieg einer jüdischen Antiquariatsfamilie zu Weltruhm*. Wien/Köln u. a. 2002, S. 61–89.

LOHR, Otto/PURIN, Bernhard (Hg.): *Jüdisches Kulturgut: Erkennen – Bewahren – Vermitteln* (MuseumsBausteine, Bd. 18), Berlin 2017.

LÖHR, Christian: *Das braune Haus der Kunst. Hitler und der 'Sonderauftrag Linz'. Kunstbeschaffung im Nationalsozialismus*. Berlin 2016.

LÖWENSTEIN, Leopold: Zur Geschichte der Juden in Fürth, In: *Jahrbuch der Jüdisch-Literarischen Gesellschaft*, 10 (1912).

LUDWIG, Harlad: Geschichte der modernen Ganztagsschule. In: Thomas Coelen/Hans-Uwe Otto (Hg.): *Grundbegriffe der Ganztagsbildung: das Handbuch*. Wiesbaden 2008, S. 517–526.

LUSTIG, Jason: *A Time to Gather. Archives and the Control of Jewish Culture*. Oxford 2021.

MAHRER, Stefanie: *Salman Schocken. Topographien eines Lebens*. Berlin 2021.

— "Much More than just another Private Collection": The Schocken Library and its Rescue from Nazi Germany in 1935. In: *Naharaim. Zeitschrift für deutsch-jüdische Literatur und Kulturgeschichte*, Bd. 9, Nr. 1–2 (2015), S. 4–24.

MALLMANN, Klaus-Michael/CÜPPERS, Martin: *Halbmond und Hakenkreuz. Das Dritte Reich, die Araber und Palästina*. Darmstadt 2006.

MANN, Thomas: *Ein Brief an den Buchhändler Heinrich Jaffe*. Frankfurt a. M. 2009.

— *Essays II 1914–1926*. Frankfurt a. M. 2009.

— *Okkulte Erlebnisse*. Berlin 1924.

— *Sämtliche Erzählungen*. Frankfurt a. M. 1963.

MAOZ, Eliyahu: The Werkleute. In: *The Leo Baeck Institute Year Book*, vol. 4,1, (1959), pp. 165–182.

MARCUSE, Ludwig: *Mein zwanzigstes Jahrhundert. Auf dem Weg zu einer Biographie*. Zürich 1975.

MATTHIAS, Stephan/MATUSCHEK, Oliver: *Stefan Zweigs Bibliotheken*. Salzburg 2018.

MATUSCHEK, Oliver: *Ich kenne den Zauber der Schrift. Katalog und Geschichte der Autographensammlung Stefan Zweig*. Mit kommentiertem Abdruck von Stefan Zweigs Aufsätzen über das Sammeln von Handschriften. Wien 2005.

— *Stefan Zweig. Drei Leben – Eine Biographie*. Frankfurt a. M. 2006.

— Der Verkauf der Sammlungen Stefan Zweig und Sigmund Freud. In: Regine Dehnel (Hg.): *Jüdischer Buchbesitz als Raubgut*. Frankfurt a. M. 2006, S. 52–66.

MECKLENBURG, Günter: *Vom Autographensammeln. Versuch einer Darstellung seines Wesens und seiner Geschichte im deutschen Sprachgebiet*. Marburg 1963.

MEDER, Iris: Jakob Wassermann, Oskar Strnard und Paul Schultze-Naumburg. In: Elana Shapira (Hg.): *Design Dialogue: Jews, Culture and Viennese Modernism – Design Dialog: Juden, Kultur und Wiener Moderne*. Wien/Köln 2018.

MEHRING, Reinhard: *Carl Schmitt – Aufstieg und Fall. Eine Biographie*. München 2009.

MEINEKE, Stefan: A Life of Contradiction. The Philosopher Franz Rosenzweig and his Relationship to History and Politics. In: *Leo Baeck Institute Year Book*, vol. 36 (1991), pp. 461–489.

MEINL, Susanne/HECHLHAMMER, Bodo: *Geheimobjekt Pullach. Von der NS-Mustersiedlung zur Zentrale des BND*. Berlin 2014.

MEINL, Susanne/ZWILLING, Jutta: *Legalisierter Raub. Die Ausplünderung der Juden im Nationalsozialismus durch die Reichsfinanzverwaltung in Hessen* (Wissenschaftliche Reihe des Fritz-Bauer-Instituts, Bd. 10.). Frankfurt a. M./New York 2004.

MENDES-FLOHR, Paul R./REINHARZ, Jehuda: From Relativism to Religious Faith. The Testimony of Franz Rosenzweig's Unpublished Diaries. In: *The Leo Baeck Intitute Year Book*, vol. 22,1 (1977), pp. 161–174.

MENDES-FLOHR, Paul R.: *Cultural Disjunctions. Post-Traditional Jewish Identities*. Chicago/London 2021.

— *Divided Passions. Jewish Intellectuals and the Experience of Modernity*. Detroit 1991.

— Franz Rosenzweig and the Crisis of Historicism. In: ders. (ed.): *The Philosophy of Franz Rosenzweig*. Hanover/London 1988, pp. 235–242.

— *Jüdische Identität: die zwei Seelen der deutschen Juden*. München 2004.

MEYER, Michael A.: Jüdisches Selbstverständnis. In: ders., Michael Brenner/Sefi Jersch-Wenzel u. a. (Hg.): *Deutsch-Jüdische Geschichte in der Neuzeit*, Bd. 2, Emanzipation und Akkulturation: 1780–1871. München 1996, S. 135–177.

MEYER, Michael/SCHENDERLEIN, Anne Clara: Lion Feuchtwanger (1884–1958): „…Ich glaube, meine Heimat ist die deutsche Sprache". In: Ines Sonder/Karin Bürger u. a. (Hg.): *„Wie würde ich ohne Bücher leben und arbeiten können?": Privatbibliotheken jüdischer*

Intellektueller im 20. Jahrhundert (Neue Beiträge zur Geistesgeschichte, Bd. 8). Berlin 2008, S. 158–172.

MEYER, Thomas: Ludwig Feuchtwanger – Ausgewählte Briefe an und von Martin Buber und Franz Rosenzweig, Bd. 13, Nr. 1 (2006), S. 125–150.

MILDE, Wolfgang: *Habent sua fata libelli. Zur Geschichte eines Zitats*. Berlin 1988.

MISRATI, Rachel: A Jewish National Collection for a Jewish National Library: The Abraham Schwadron Collection. In: *Judaica Librarianship*, vol. 20 (2017), pp. 52–79.

MOISY, Sigrid von: Die Adalbert-Stifter- Manuskripte der Schocken Bibliothek. In: Anja Borrmann/Doreen Mölders/Sabine Wolfram (Hg.): *Konsum und Gestalt. Leben und Werk von Salman Schocken und Erich Mendelsohn vor 1933 und im Exil*. Berlin 2016, S. 235–248.

MOREIRA, Pedro: Juden aus dem deutschsprachigen Kulturraum in Brasilien. In: Elke-Vera Kotowski (Hg.): *Das Kulturerbe deutschsprachiger Juden: Eine Spurensuche in den Ursprungs-, Transit- und Emigrationsländern*. Berlin/München u. a.2014, S. 410–435.

MÜHSAM, Erich: *Unpolitische Erinnerungen*. Berlin 2003. [Erstmals Leipzig 1932].

MÜLLER, Hartmut: *Stefan Zweig mit Selbstzeugnissen und Bilddokumenten*. Reinbek 1988.

MÜLLER-KAMPEL, Beatrix: Jakob Wassermann (1873–1934) im literarischen Feld seiner Zeit. In: *Internationales Archiv für Sozialgeschichte der deutschen Literatur*, Bd. 30, Nr. 1 (2005), S. 214–243.

— *Jakob Wassermann: eine biographische Collage*. Wien 2007.

MYERS, Robin/HARRIS, Michael et al. (eds.): *Books on the move: tracking copies through collections and the book trade*. London 2007.

NADAV, Mordekhai: Stefan Zweigs Übersendung seiner Privatkorrespondenz an die Jewish National und University Library. In: *Bulletin des Leo Baeck Instituts*, Nr. 63, 1982, S. 67–73.

NATAF, Claude: *Les Juifs de Tunisie sous le joug nazi: 9 novembre 1942 – 8 mai 1943*. Paris 2012.

— Les Juifs de Tunisie face à Vichy et aux persécutions allemandes. In: *La Revue Pardès*, Nr. 16 (1992), S. 203–231.

NIEFANGER, Dirk/OCH, Gunnar/EISENSTEIN, Daniela F. (Hg.): *Jakob Wassermann: Deutscher, Jude, Literat*. Göttingen 2007.

NIEHAUS, Michael: *Das Buch der wandernden Dinge*. München 2009.

NORRA, Pierre: *Zwischen Geschichte und Gedächtnis*. Frankfurt a. M. 1998.

OCH, Gunnar: *Unordnung und frühes Leid: Jakob Wassermanns Fürther Kindheit in Texten und Bildern*. Erlangen 2012.

OVENDEN, Richard: *Bedrohte Bücher. Eine Geschichte der Zerstörung und Bewahrung des Wissens*. Berlin 2021.

PELGAU, Andreas: Verbotene psychoanalytische Schriften im Nationalsozialismus. Das Beispiel Wilhelm Reich. In: Julius H. Schoeps/Werner Tress (Hg.): *Verfemt und verboten: Vorgeschichte und Folgen der Bücherverbrennungen 1933*. Hildesheim/Zürich u. a. 2010, S. 305–340.

PFÄLZISCHE LANDESBIBLIOTHEK (Hg,): *Die Exlibris-Sammlung der Pfälzischen Landesbibliothek. Katalog bearbeitet von Karl Georg Kroneberger* (Pfälzische Arbeiten zum Buch- und Bibliothekswesen und zur Bibliographie, Heft 11). Speyer 1982.

PISCHEL, Joseph: *Lion Feuchtwanger. Versuch über Leben und Werk.* Leipzig 1976.

PLÖGER, Nicole: Wassermann und die Münchner Moderne. In: Dirk Niefanger/Gunnar Och/ Daniela F. Eisenstein (Hg.): *Jakob Wassermann. Deutscher – Jude – Literat.* Göttingen 2007.

POLLOCK, Benjamin: *Franz Rosenzweig's Conversions: World Denial and World Redemption.* Bloomington 2014.

POMIAN, Krzysztof: *Der Ursprung des Museums. Vom Sammeln.* Berlin 1998.

— Sammlungen – eine historische Typologie. In: Andreas Grote (Hg.): *Macrocosmos in microcosmo: die Welt in der Stube: zur Geschichte des Sammelns 1450 bis 1800* (Berliner Schriften zur Museumskunde, Bd. 10). Wiesbaden 1994, S. 107–126.

POPHANKEN, Andrea/ BILLETER, Felix (Hg.): *Die Moderne und ihre Sammler: französische Kunst in deutschem Privatbesitz vom Kaiserreich zur Weimarer Republik* (Passagen/ Deutsches Forum für Kunstgeschichte; Passages/Centre allemand d'histoire de l'art, Bd. 3). Berlin 2001.

POPPELREUTE, Tanja: *Das Neue Bauen für den neuen Menschen: zur Wandlung und Wirkung des Menschenbildes in der Architektur der 1920er Jahre in Deutschland.* Hildesheim 2007.

PYTLIK, Priska: *Okkultismus und Moderne. Ein kulturhistorisches Phänomen und seine Bedeutung für die Literatur um 1900.* Paderborn/München u. a. 2005.

RABINOWITZ, Rafael: *Reshimat sefarim yeshenim ha-nimtsa'im liḳnot ba-bayit misḥar ha-sefarim shel Refa'el Neṭa Rabinoviṭts be-Minkhen* [hebr. für „Liste alter Bücher, die bei Rafael Rabinowitz in München gekauft werden können"] München 1880–1888.

RABINOWICZ, Harry: The Sassoon Treasures In: *The Jewish Quarterly Review*, vol. 57,2 (1966), pp. 136–153.

RAZ-KRAKOTZKIN, Amnon: Persecution and the Art of Printing: Hebrew Books in Italy in the 1550s. In: Richard I. Cohen/Natalie B. Dohrmann/Adam Shear/Elchanan Reiner (eds.): *Jewish Culture in Early Modern Europe: Essays in Honor of David B. Ruderman.* Pittsburg 2014, pp. 97–108.

RÉGENCE DE TUNIS (Hg.): *Statistique Génerale de la Tunisie*, hg. von der Leitung des Wirtschaftsministeriums, Régence de Tunis. o. O. 1939.

RHODE, Roman: *Fidel Castro.* Stuttgart 2014.

RICHARZ, Monika: Der Jüdische Weihnachtsbaum: Familie und Säkularisierung im deutschen Judentum des 19. Jahrhunderts. In: Michael Göttner/Rüdiger Hachtmann u. a. (Hg): *Geschichte und Emanzipation: Festschrift für Reinhard Rürup.* Frankfurt a. M. 1999, S. 275–289.

RIEGER, Erwin: *Stefan Zweig. Der Mann und sein Werk.* Berlin 1928.

RIELLO, Giorgio: The "Material Turn" in World and Global History. In: *Journal of World History*, Bd. 33, Nr. 2 (2022), S. 193–232.

ROLLAND, Romain/ZWEIG, Stefan: *Briefwechsel 1910–1940*, 2 Bde., Berlin 1987.

ROSENZWEIG, Franz: *Briefe*, h.g. von Edith Rosenzweig. Berlin 1935.

— Das neue Denken: Einige nachträgliche Bemerkungen zum „Stern der Erlösung". In: *Der Morgen: Monatsschrift der Juden in Deutschland*, Jg. 1, Nr. 1, Heft 4 (1925), S. 426–451.

— *Der Mensch und sein Werk: Gesammelte Schriften*, (4 Bde.), Bd. 1,1: Briefe und Tagebücher, hrsg. von Rachel Rosenzweig und Edith Rosenzweig-Scheinmann. Haag 1979. *(GS, I,1)*

— *Der Mensch und sein Werk: Gesammelte Schriften*, (4 Bde.), Bd. 3: Zweistromland: Kleine Schriften zu Glauben und Denken, hg. von Reinhold Mayer/Annemarie Mayer/Edith Rosenzweig, Haag 1984, S. 229–233. *(GS, I,3)*

— *Der Stern der Erlösung*. Frankfurt a. M. 1921.

— *Die „Gritli"-Briefe: Briefe an Margrit Rosenstock-Huessy*. Tübingen 2002.

ROSENZWEIG, Rafael N.: Augenblicke. In: Wolfdietrich Schmied-Kowarzik/Leonard Ehrlich (Hg.): *Vergegenwärtigungen des zerstörten jüdischen Erbes. Gastvorlesungen Kassel 1987–1998*. Kassel 1997, S. 323–331.

— Rafael N. Rosenzweig: Ökonom und Agrarwirtschaftler Tel Aviv Zürich. In: Wolfdietrich Schmied-Kowarzik/Leonard Ehrlich (Hg.): *Vergegenwärtigung des zerstörten jüdischen Erbes. Franz Rosenzweig-Gastvorlesungen, Kassel 1987–1998*. Kassel 1997, S. 319–341.

ROSENZWEIG, Ursula Hava: Herkunft und Verwurzelung der Familie Rosenzweig. In: Eva Schulz-Jander/Wolfdietrich Schmied-Kowarzik (Hg.): *Franz Rosenzweig. Religionsphilosoph in Kassel*. Kassel 2011, S. 11–23.

ROTERMUND-REYNARD, Ines: Erinnerung an eine Sammlung. Zu Geschichte und Verbleib der Kunstsammlung Paul Westheims. In: Claus-Dieter Krohn/Lutz Winckler (Hg.): *Gedächtnis des Exils*. München 2010, S. 151–193.

ROTH, Cecil: *The Sassoon Dynasty*. London 1941.

ROTH, Harriet: Die Bibliothek als Spiegel der Kunstkammer. In: Aleida Assmann/Monika Gomille (Hg.): *Sammler – Bibliophile – Exzentriker*. Tübingen 1998, S. 193–209.

ROTH, Joseph: *Juden auf Wanderschaft*. Köln 1976.

RUDLOFF, Hans von: *Die Schwankungen und Pendelungen des Klimas in Europa seit Beginn der regelmäßigen Instrumenten-Beobachtungen (1670)* (Die Wissenschaft, Bd. 122). Braunschweig 1967.

RÜMMELE, Doris: „Ein tapferes Weib…" Erinnerungen an die Begegnungen mit Edith Scheinmann-Rosenzweig. In: *Freiburger Rundbrief. Beiträge zur jüdisch-christlichen Begegnung*, 31. Folge, Nr. 117–120 (1979), S. 31–34.

RÜSEN, Jörn: Was ist Geschichtskultur? Überlegungen zu einer neuen Art, über Geschichte nachzudenken. In: ders./ Theo Grütter u. a. (Hg.): *Historische Faszination. Geschichtskultur heute*. Köln u. a. 1994, S. 3–26.

RUPNOW, Dirk: Brüche und Kontinuität – von der NS-Judenforschung zur Nachkriegsjudaistik. In: Mitchell G. Ash/Wolfram Niess/Ramon Pils (Hg.): *Geisteswissenschaften im Nationalsozialismus: das Beispiel der Universität Wien*. Göttingen 2010, S. 79–110.

SAADOUN, Haim: Tunisia. In: Reeva Spector Simon u. a. (Hg.): *The Jews of the Middle East and North Africa in Modern Times*. New York 2003, S. 444–457.

SAFIER, Neil: Global Knowledge on the Move. Itineraries, Amerindian Narratives, and Deep Histories of Science. In: *Isis. A Journal of the History of Science Society*, vol. 101 (2010), pp. 133–145.

— *Measuring the New World. Enlightment Science and South America*. Chicago 2008.

SALAMANDER, Rachel: *Heine und der deutsche Donner, Rede zur Verleihung des Heinrich-Heine-Preises 2020*. Berlin 2021.

SALTZWEDEL, Johannes: Compassionierte: Der Briefwechsel zwischen Otto Deneke und Karl Wolfskehl 1922–1931. In: Björn Biester/Carsten Wurm (Hg.): *Archiv für die Geschichte des Buchwesens*. Berlin/Boston 2020, S. 55–98.

SAMIDA, Stefan: Semiophoren. In: Stefanie Samida/Manfred K. H. Eggert u. a. (Hg.): *Handbuch Materielle Kultur*. Heidelberg 2014, S. 249–252.

SAMMLUNG SCHLOSS BURGK (Hg.): *Exlibris vom 18. Jahrhundert bis zur Gegenwart*. Weimar 1984.

SANDKÜHLER, Thomas/EPPLE, Anna/ZIMMERER, Jürgen: Geschichtskultur durch Restitution? Ein Kunst-Historikerstreit. Köln 2021.

SASSOON, Joseph: *The Sassoon. The Great Global Merchants and the Making of an Empire*. New York 2022.

SAVOY, Bénédicte: *Afrikas Kampf um seine Kunst. Geschichte einer postkolonialen Niederlage*. München 2021.

— *Die Provenienz der Kultur: Von der Trauer des Verlusts zum universalen Menschheitserbe*. Berlin 2018.

— *Was unsere Museen nicht erzählen*, https://monde-diplomatique.de/artikel/!5437994 (Zugriff: 20.08.2021).

SCHANKWEILER, Kerstin/MESSNER, Anna Sophia et al. (eds.): *Reading Objects in the Contact Zone*. Heidelberg 2021.

SCHENK, Andreas: *Fritz Nathan - Architekt. Sein Leben und Werk in Deutschland und im amerikanischen Exil*. Basel 2015.

SCHIDORSKY, Dov: Confiscation of Libraries and Assignments to Forced Labor: Two Documents of the. In: *Libraries & Culture*, vol. 33, 4 (1998), pp. 347–388.

SCHLÖSSER, Manfred: *Karl Wolfskehl 1869–1969: Leben und Werk in Dokumenten*. Darmstadt 1969.

— *Karl Wolfskehl. Eine Bibliographie*. Darmstadt 1971.

SCHMIDT, A., „Rieger Erwin". In: *Österreichisches Biographisches Lexikon 1815–1950* Bd. 9. Wien 1988, S. 148. *(ÖBL)*

SCHMIED-KOWARZIK, Wolfdietrich (Hg.): *Franz Rosenzweigs „neues Denken". Internationaler Kongreß*, 2. Bde. Kassel 2004.

SCHMITZ, Oscar A. H.: *Durch das Land der Dämonen. Tagebücher*, Bd. 3: 1912–1918, hg. von Wolfgang Martynkewicz. Berlin 2007.

SCHNEIDAWIND, Julia/WASZEK, Norbert: Auf Abwegen. Das Schicksal von Franz Rosenzweigs Bibliothek. In: *Jüdische Geschichte & Kultur. Magazin des Dubnow Instituts. Exlibris*, Nr. 5 (2021), S. 12–13.

SCHNEIDAWIND, Julia: A diaspora of books – Franz Rosenzweig's library in Tunis. In: *Jewish Culture and History*, vol. 22,2 (2021), pp. 140–153.

— A Friendship Ex Libris – Karl Wolfskehl, Salman Schocken, and their Libraries. In: *The Leo Baeck Institute Year Book*, vol. 67,1 (2022), pp. 174–194.

— Autobiographische Zeugnisse. In: Sarah Gaber/Stefan Höppner/ Stefanie Hundehege (Hg.): *Provenienz. Materialgeschichte(n) der Literatur*. Göttingen 2024 (in Vorbereitung).

SCHNITZLER, Arthur: *Jugend in Wien*. Frankfurt a. M. 2006.

SCHOEPS, Julius H./TRESS, Werner (Hg.): *Verfemt und verboten: Vorgeschichte und Folgen der Bücherverbrennungen 1933*. Hildesheim/Zürich u. a. 2010.

SCHOLEM, Gershom: *Bibliographia kabbalistica: die jüdische Mystik (Gnosis, Kabbala, Sabbatianismus, Frankismus, Chassidismus) behandelnde Bücher und Aufsätze von Reuchlin bis zur Gegenwart; mit einem Anhang: Bibliographie des Zohar und seiner Kommentare*. Berlin 1933.

— *Von Berlin nach Jerusalem*. Frankfurt a. M. 1994.

SCHORCH, Philipp: Materielle Verflechtungsgeschichte: Ein Plädoyer. In: *Zeitschrift für Weltgeschichte*, Bd. 21, Nr. 2 (2020), S. 333–338.

SCHORSKE, Carl E.: *Fin-de-siècle Vienna: Politics and Culture*. New York 1981.

SCHRÄDER, Joachim: *Deutsche Kunstausstellung Cassel 1913: Aufbruch zur Kunstmetropole*. Kassel 2020.

SCHRAMM, Wilhelm von: *Die Bücherkiste. Das literarische München 1919–1924*. München 1979.

SCHRIJVER, Emile G. L.: Jewish Book Culture since the Inventing of Printing (1496–1815). In: Jonathan Karp/Adam Sutcliffe (eds.): *The Cambridge History of Judaism*, vol. 7, The Early Modern World, 1500–1815. Cambridge 2017, pp. 291–315.

SCHUETZE-COBURN, Marje: Lion Feuchtwanger und seine Privatbibliothek. Eine Geschichte von Verlust und Überleben. In: Claus-Dieter Krohn, Lutz Winckler (Hg.): *Bibliotheken und Sammlungen im Exil* (Exilforschung. Ein Internationales Jahrbuch, Bd. 29). München 2011, S. 229–240.

SCHUMACHER, Martin: *Von Max Alsberg bis Ludwig Töpfer. Bücher und Bibliotheken jüdischer Rechtsanwälte nach 1933*. Neustadt an der Aisch 2012.

SCHWAB, Andreas: *Zeit der Aussteiger: eine Reise zu den Künstlerkolonien von Barbizon bis Monte Verità*. München 2021.

SCHWAB, Ingo: Der Münchner Antiquariatsbuchhandel in der ersten Hälfte des 19. Jahrhunderts. In: Stadtarchiv München (Hg.): *Die Rosenthals. Der Aufstieg einer jüdischen Antiquariatsfamilie zu Weltruhm*. Wien/Köln u. a. 2002, S. 13–41.

SCHWADRON, Abraham: Die Autographen- und Porträtsammlung der Jüdischen National- und Universitätsbibliothek in Jerusalem Palästina. In: *Zeitschrift für den Aufbau Palästinas*, hrsg. von d. Kommission zur Erforschung Palästinas, Jg. 18, Heft 6 (1935), S. 305–308.

SCHWARTZ, Yossef: Die entfremdete Nähe. Rosenzweigs Blick auf den Islam. In: Gesine Palmer/Yossef Schwartz (Hg.): *Franz Rosenzweig. „Innerlich bleibt die Welt eine“ Ausgewählte Texte zum Islam*. Berlin/Wien 2003, S. 111–147.

SEARLE, Arthur: *The British Library Stefan Zweig Collection: catalogue of the music manuscripts*. London 1999.

SEEBAß, Tilman: *Martin Bodmers Sammlung von Musikautographen. In: Martin Bircher (Hg.): Musik und Dichtung: Handschriften aus den Sammlungen Stefan Zweig und Martin Bodmer, Cologny-Genève. Eine Ausstellung der Foundation Martin Bodmer in Verbindung mit dem Museum Carolino-Augusteum Salzburg*. Berlin/Boston 2015, S. 89–96.

SEIDEL, Willy: *Schattenpuppen. Ein Roman aus Java*. München 1927.

SELBMANN, Rolf: „Hat in der Geschichte nicht immer entsprochen". Lion Feuchtwanger als Schüler des. Münchner Wilhelm-Gymnasiums. In: Dietz-Rüdiger Moser (Hg.): *„Federleichte Mädchen". Das nymphenburger Lesebuch*. München 1991, S. 203–211.

SENG, Joachim: Hugo von Hofmannsthal in Rodaun. In: Ute Harbusch/Gregor Wittkop (Hg.): *Kurzer Aufenthalt: Streifzüge durch literarische Orte*. Göttingen 2007.

SHANDLER, Jeffrey: Di Toyre fun Skhoyre, or, I shop, therefore I am: The Consumer Cultures of American Jews. In: Gideon Reuveni/Nils H. Roemer (eds.): *Longing, Belonging, and the Making of Jewish Consumer Culture*. Leiden/Boston et al. 2010, pp. 183–200.

SHEDLETZKY, Itta (Hg.): *Gershom Scholem. Briefe*, Bd. 1: 1914–1947. München 1994.

SHEVITZ, Amy Hill/HILLMANN, Susanne: Franz Rosenzweig, Adele Alsberg Rosenzweig, and the German-Jewish Family. In: *The Leo Baeck Institute Yearbook*, vol. 65,1 (2020), pp. 55–70.

SHEVITZ, Amy Hill: Silence and Translation: Franz Rosenzweig's Paralysis and Edith Rosenzweig's Life. In: *Modern Judaism*, Bd. 35, Nr. 3 (2015), S. 281–301.

SIEBENHÜNER, Kim: Die Mobilität der Dinge. Ansätze zur Konzeptualisierung für die Frühneuzeitforschung. In: Annette Caroline Cremer/Martin Muslow (Hg.): *Objekte als Quellen der historischen Kulturwissenschaften. Stand und Perspektiven der Forschung*. Weimar/Wien 2017, S. 35–46.

— *Die Spur der Juwelen. Materielle Kultur und transkontinentale Verbindungen zwischen Indien und Europa in der Frühen Neuzeit*. Köln/Weimar 2018.

SOHNEMANN, Jasmin: „Der Kaufmann und der Künstler" Walther Rathenau und Stefan Zweig. In: Sven Brömsel/Patrick Küppers/Clemens Reichhold (Hg.): *Walther Rathenau im Netzwerk der Moderne*. Berlin/Boston 2014, S. 224–250.

SONDER, Ines/BÜRGER, Karin u. a. (Hg.): *„Wie würde ich ohne Bücher leben und arbeiten können?": Privatbibliotheken jüdischer Intellektueller im 20. Jahrhundert* (Neue Beiträge zur Geistesgeschichte, Bd. 8). Berlin 2008.

SOTHEBY'S, London (Hg.): *Catalogue of the Sassoon Collection of Highly Important Hebrew Printed Books. The First Portion*. London 1970.

SPECHT, Heike: *Die Feuchtwangers: Familie, Tradition und jüdisches Selbstverständnis*. Berlin 2013.

SPINOZA, Christiane/BUCHWALD, Christoph: „Walter Mehring". In: John M. Spalek, Joseph Strelka (Hg.): *Deutsch-sprachige Exilliteratur seit 1933*, 2. Bd. New York/Berlin u. a. 2018.

STARR, Kevin: *Material of Dreams: Sounthern California through the 1920s*. New York 1990.

STERN, Guy: Hugo von Hofmannsthal and the Speyers. In: *Publications of the Modern Language Association of America* 1(1957), pp. 110–115.

STERNBURG; Wilhelm von: *Lion Feuchtwanger. Die Biographie.* Berlin 2016.

STIFTUNG HAUS DER GESCHICHTE DER BUNDESREPUBLIK DEUTSCHLAND (Hg.): *Heimat und Exil. Emigration der deutschen Juden nach 1933.* Frankfurt a. M. 2006.

STILLMAN, Norman: *The Jews of Arab Lands in Modern Times.* Philadelphia 1991.

STOBBE, Horst: Die Gesellschaft der Münchner Bibliophilen. In: *Imprimatur. Ein Jahrbuch für Bücherfreunde*, Neue Folge, Bd. 6, (1969), S. 33–50.

— Die Münchner Bücherfreunde. In: *Imprimatur*, NF VII (1972), S. 45–72.

STUDEMUND-HALÉVY, Michael: Zwischen Amsterdam und Hamburg – Sephardische Bücherschicksale im 17. Jahrhundert. In: Norbert Rehrmann/Andreas Koechert (Hg.): *Spanien und die Sepharden: Geschichte, Kultur, Literatur* (Romania Judaica, Bd. 3). Tübingen 1999, S. 69–92.

STUHLMANN, Andreas: „Du sollst in Häusern wohnen, die du nicht gebaut hast." – Die Villa Aurora als „ensemble du mémoire". In: Doerte Bischoff/Joachim Schlör u. a. (Hg.): *Dinge des Exils*, S. 55–70.

SUCHY, Viktor: Ausseerland – Zuflucht der Dichter. Eine „Seenlandschaft" der Literatur. In: Steiermärkische Landesregierung (Hg.), *Literatur in der Steiermark.* Graz 1976, S. 369–214.

SUTTER, Sem C.: Looting of Jewish collections in France by the Einsatzstab Reichsleiter Rosenberg. In: Regine Dehnel (Hg.): *Jüdischer Buchbesitz als Raubgut.* Frankfurt a. M. 2006.

SZNAIDER, Natan: Die Rettung der Bücher. Hannah Arendt in München (1949/50). In: *Mittelweg* 36/2 (2009), S. 61–76.

TAMARI, Ittai Joseph: *Das Volk der Bücher. Eine Bücherreise durch sechs Jahrhunderte jüdischen Lebens.* München 2012.

TAUBE, Otto Freiherr von: *Stationen auf dem Wege: Erinnerungen an meine Werdezeit vor 1914.* Heidelberg 1969.

TEITELBAUM-HIRSCH, Viviane: Confiscation in Belgium: Diamonds and other Jewish Properties. In: Avi Beker (ed.): *The Plunder of Jewish Property during the Holocaust.* New York 2001, pp. 327–341.

TEPLITSKY, Joshua: *Prince of the Press: How One Collector Built History's Most Enduring and Remarkable Jewish Library.* London 2019.

TERENTIANUS, Maurus: *De litteris, syllabis et metris*, hg. von Carolus Machmanus. Berlin 1836.

THEISSON, Philipp: Karl Wolfskehl und der Kampf um Bachofen. In: Ulrich Boss/Yahya Elsaghe (Hg.): *Matriarchatsfiktionen: Johann Jakob Bachofen und die deutsche Literatur des 20. Jahrhunderts.* Basel 2018, S. 37–61.

THIELKING, Sigrid: Über die Villa Aurora und die Feuchtwanger Memorial Library. In: *Nachrichtenbrief / Newsletter*, hg. von Ernst Loewy und der Society for Exile Studies, Inc./Gesellschaft für Exilforschung e.V. Berlin/Boston 2012.

THIMANN, Michael: *Caesars Schatten: die Bibliothek von Friedrich Gundolf; Rekonstruktion- und Wissenschaftsgeschichte*. Heidelberg 2003.

THOMA, Clemens: Franz Rosenzweig: Deuter vom Krieg, Politik und philosophisch-theologischer Entwicklung, Haupttendenzen im Zweistromland. In: Martin Brasser (Hg.): *Rosenzweig als Leser: Konzeptuelle Kommentare zum „Stern der Erlösung* (Conditio Judaica, Bd. 44) Berlin/Boston 2013, S. 43–52.

THOMAS, Nicholas: *Entangled Objects: Exchange, Material Culture, and Colonialism in the Pacific*. Cambridge, MA 1991.

TIEDEMANN, Sibylle von: „He will never be forgotten in Munich" – The Cossmann Werner Library of the Former Jewish Community in Munich. In: Terezín Declaration – Ten years later. Documentation Centre for Property Transfers of Cultural Assets of WWII Victims. Prague 2019, pp. 148–155.

TSUR, Yaaron: La culture religieuse à Tunis à la fin du XVIIIe d'après le récit de voyage de Haim Yossef David Azoulay. In: Denis Cohen-Tannoudji et al. (Eds.): *Entre Orient et Occident. Juifs et Musulmans en Tunisie*. pp 63–75.

ULLMANN, Michaela: Bücher und Autographen des Aufklärungszeitalters im Bestand der Feuchtwanger Memorial Library. In: Daniel Fulda/Christoph Schmitt-Maaß (Hg.): *Vertriebene Vernunft? Aufklärung und Exil nach 1933*. Paderborn 2017, S. 153–161.

VOIGTS, Manfred: Oskar Goldberg und Thomas Mann. Die Revision eines Fehlurteils. In: Hans Otto Horch/Horst Denkler (Hg.): *Judentum, Antisemitismus und deutschsprachige Literatur vom Ersten Weltkrieg bis 1933/1938* (Conditio Judaica, Bd. 3), Berlin/New York 2011, S. 363–379.

VOIT, Friedrich: *Karl Wolfskehl. Leben und Werk im Exil*. Göttingen 2005.

VOLOSHUK, Ievgeniia: Characters of Eccentrics from Galicia in the German – Language Prose of the Interwar Period. In: Magdalena Baran-Szołtys/Jagoda Wierzejska (Hg.): *Continuities and Discontinuities of the Habsburg Legacy in East – Central European Discourses since 1918*. Wien 2020, S. 77–96.

WÄGENBAUER, Birgit/OELMANN, Ute (Hg.): *Von Menschen und Mächten. Stefan George, Karl und Hanna Wolfskehl. Der Briefwechsel 1892–1933*. München 2015.

WALKUND, Joseph: *Kurzbiographien zur Geschichte der Juden: 1918–1945*. Berlin/Boston 2014.

WASSERMANN, Jakob: *Briefe an seine Braut und Gattin Julie*. Basel 1940.

— *Der niegeküsste Mund*. Bremen 2011 [erstmals erschienen 1911].

— *Die Juden von Zirndorf*. München 1897.

— *Engelhart oder Die zwei Welten*. München 1973. Mit Nachwort von Charles Wassermann.

— *Engelhart Ratgeber*. Stuttgart 1907.

— *Joseph Kerkhovens dritte Existenz*. Amsterdam 1934.

— *Mein Weg als Deutscher und Jude*. München 1994 [erstmals erschienen 1921].

— *Melusine. Ein Liebesroman*. Leipzig/München 1896.

— *Schläfst du Mutter? Ruth. Novellen*. München 1897.

— *Was ist Besitz*. Wien 1919.

WASSERMANN-SPEYER, Julie: *Das lebendige Herz. Roman einer Ehe*. Leipzig 1927.

WASZEK, Norbert (Hg.): *Rosenzweigs Bibliothek. Der Katalog des Jahres 1939 mit einem Bericht über den derzeitigen Zustand in der tunesischen Nationalbibliothek*. Freiburg/München 2017.

— Bibliothèque. In: Salomon Malka (Hg.): *Le dictionnaire Franz Rosenzweig: une étoile dans le siècle*. Paris 2016, S. 41–46.

WASZEK, Norbert/FINK, Wolfgang: Un trésor méconnu: Le Fonds Franz Rosenzweig de la Bibliothèque Nationale de Tunisie. In: *Revue de l'Institut des belles lettres arabes (IBLA)*, Nr. 218 (2018), S. 201–210.

WEGNER, Marie: *Merkbuch der Frauenbewegung*. Leipzig/Berlin 1908.

WEINZIERL, Ulrich: *Stefan Zweigs brennendes Geheimnis*. Wien 2015.

WEISS, Yfaat: *Niemandsland. Hader am Berg Scopus*. Göttingen 2021.

WESTWATER, Lynn Lara: *Sarra Copia Sulam: A Jewish Salonnière the Press in Counter-Reformation Venice*. Toronto 2019.

WIESENTHAL, Simon: *Ich jagte Eichmann: Tatsachenbericht*. Gütersloh 1961.

WITTMANN, Reinhard: *Geschichte des deutschen Buchhandels*. München 2019.

— *Hundert Jahre Buchkultur in München*. München 1993.

— Münchens Jüdische Antiquariate – Glanz und Zerstörung. In: Das Portative Vaterland, *Münchner Beiträge zur Jüdischen Geschichte und Kultur*, Jg. 6, Heft 2 (2009), S. 23–42.

WOLFFSKEHL, Karl: *Briefwechsel aus Neuseeland 1938–1848*, hg. von Cornelia Blasberg, 2 Bde. (Veröffentlichungen der Deutschen Akademie für Sprache und Dichtung, Bd. 61,2). Darmstadt 1988.

—/WOLFSKEHL, Hanna: *Briefwechsel mit Friedrich Gundolf 1899–1931*, Bd. 1, hg. von Karlhans Kluncker. Amsterdam 1977.

— *Briefe und Aufsätze*. Hamburg 1966.

— *Briefwechsel aus Italien: 1933–1938; „jüdisch, römisch, deutsch zugleich …"*, hg. von Cornelia Blasberg. Hamburg 1993.

— *Gesammelte Werke*, Bd. 1: Dichtungen. Dramatische Dichtungen, hg. von Margot Ruben und Claus Victor Bock. Hamburg 1960. *(GWI)*

— *Gesammelte Werke*, Bd. 2: Übertragungen. Prosa, hg. von Margot Ruben und Claus Victor Bock. Hamburg 1960. *(GWII)*

WOLZOGEN, Ernst von: *Sem, der Mitbürger*. Berlin 1924.

— *Wie ich mich ums Leben brachte: Erinnerungen und Erfahrungen*. Braunschweig/Hamburg 1922.

WOODWARD, Sophie: *Material Methods. Researching and thinking with things*. Los Angeles/London et al. 2019.

WUTTKE, Dieter/BIESTER, Björn: *Aby M. Warburg-Bibliographie 1866 bis 1995: Werk und Wirkung* (Bibliotheca Bibliographica Aureliana, Bd. 163) Baden-Baden 1998.

ZADOFF, Noam: *Von Berlin nach Jerusalem und zurück: Gershom Scholem zwischen Israel und Deutschland*. Göttingen 2020.

ZOHN, Harry: Friderike Maria Zweig. In: John M. Spalek/Joseph Strelka (Hg.): *Deutschsprachige Exilliteratur seit 1933*, 2. Bd. New York/Berlin u. a. 2018, Bd. 2,1, S. 1677–1693.

— Stefan Zweigs kulturelles Mittlertum: ein jüdischer Charakterzug? In: *Bulletin des Leo Baeck Instituts*, Nr. 63 (1982), S. 19–32.

ZOHNER, Alfred: Auernheimer, Raoul. In: *Neue Deutsche Biographie*, Bd. 1, Berlin 1953.

ZUCKERKANDL, Berta: *Österreich intim: Erinnerungen 1892 bis 1942*. Frankfurt a. M./Wien 1970.

ZWEIG, Friderike: *Stefan Zweig. Wie ich ihn erlebte*. Berlin 1948.

ZWEIG, Stefan: Die Kunst des Abschiednehmens. In: Martin Bircher (Hg.): *Musik und Dichtung: Handschriften aus den Sammlungen Stefan Zweig und Martin Bodmer, Cologny-Genève. Eine Ausstellung der Foundation Martin Bodmer in Verbindung mit dem Museum Carolino-Augusteum Salzburg*. Berlin/Boston 2015, S. 77–84.

— *„Ich wünschte, dass ich Ihnen ein wenig fehlte" Briefe an Lotte Zweig 1934–1940*, hg. von Oliver Matuschek. Berlin 2013.

— *Briefe 1932–1942*. Frankfurt a. M. 2005.

— *Briefe zum Judentum*, hg. von Stefan Litt. Berlin 2020.

— *Briefe: 1920 - 1931*, hg. von Knut Beck. Frankfurt a. M. 2000.

— Dank an die Bücher. Zuerst veröffentlicht in: *Almanach auf das Jahr 1926*, Wien 1925; nachgedruckt u. a. in: Stefan Zweig, *Begegnungen mit Menschen Büchern Städten*. Frankfurt a. M. 1955, S. 449–450.

— *Die Welt von Gestern: Erinnerungen eines Europäers*. Frankfurt a. M. 1999.

— *Novellen, in zwei Bänden*, Bd. 2. Berlin 1980.

— *Silberne Saiten*. Berlin 1901.

— *Über Sigmund Freud. Porträt, Briefwechsel, Gedenkworte*. Frankfurt a. M. 1989.

— *Anton Kippenberg: Briefwechsel 1905–1937*. Berlin 2022.

Zeitungen und Zeitschriften

Allgemeine Zeitung
Allgemeine Zeitung des Judenthums
Bath Chronicle and Weekly Gazette
Bayerische Israelitische Gemeindezeitung
Berliner Tageblatt und Handels-Zeitung
Börsenblatt für den deutschen Buchhandel
Darmstädter Tagblatt
Das Jüdische Echo
Das Neue Tagebuch
Der Bautechniker
Der Israelit
Der Standard

Der Sturm
Der Wiener Tag
Die Bühne
Die Kunstauktion: internat. Nachrichtenblatt des gesamten Kunstmarktes
Die Neue Rundschau.
Die Neue Weltbühne
Die Schaubühne
Die Stunde
Die Welt
Die Zeit
Frankfurter Allgemeine Zeitung (FAZ)
Frankfurter Israelitisches Gemeindeblatt
Fremdenliste Altaussee
Israelitisches Familienblatt
Internationale Sammlerzeitung: Zentralbl. für Sammler, Liebhaber u. Kunstfreunde
Jüdische Rundschau
Jüdisch-liberale Zeitung
Kleine Presse
La Dépêche tunisienne
Le Monde diplomatique
L'Echo d'Alger: journal républicain du matin
Leipziger Tageblatt und Handelszeitung
Medaon. Magazin für jüdisches Leben in Forschung und Bildung
Neue Freie Presse
Neues Wiener Tagblatt
Palestine Post
Salzburger Chronik für Stadt und Land
Salzburger Tagblatt
Salzburger Volksblatt
Salzkammergut Zeitung
Steirische Alpenpost
Süddeutsche Zeitung
The Australian Jewish News (Melbourne)
The Los Angeles Times
The Metropolitan Museum of Art Bulletin
The New York Times
The Palestine Bulletin
Völkischer Beobachter
Wiener Salonblatt, Internationale illustrierte Zeitschrift,
Zeitbilder. Beilage zur Vossischen Zeitung
Zeitschrift für Bücherfreunde. Monatshefte für Bibliophile und verwandte Interessen
Zeitschrift für Hebräische Bibliographie

Online-Quellen

Bibliotheken

Lion Feuchtwanger Memorial Library Los Angeles
https://libguides.usc.edu/feuchtwanger

Projekt „Autorenbibliotheken" des Forschungsverbunds Marbach Weimar Wolfenbüttel
https://vfr.mww-forschung.de/web/wolfskehl

Projekt „footprints. Jewish books through time and place"
https://footprints.ctl.columbia.edu

Projekt „Manuscript Hunters" am Institut für den Nahen und Mittleren Osten, LMU
https://www.naher-osten.uni-muenchen.de/studium_lehre/manuscript_hunters/index.html

Sigmund Freud Rare Book Collection
https://guides.loc.gov/sigmund-freud-collection

Stadtbibliothek Nürnberg und der Sammlung Wassermann
https://www.nuernberg.de/internet/stadtbibliothek/privatbibliotheken.html

Stefan Zweig Digital
http://gams.uni-graz.at/o:szd.bibliothek/sdef:TEI/get?locale=de

Virtuelle Rekonstruktion der Bibliothek von Karl Wolfskehl, DLA
https://www.dla-marbach.de/bibliothek/projekte/die-bibliotheken-von-karl-wolfskehl/virtuelle-rekonstruktion-der-bibliothek-wolfskehl-in-kiechlinsbergen-1937/

Auktionskataloge

Karl-und-Faber-Kunst- und -Literaturantiquariat (Hg.): Sammlung Victor Manheimer: deutsche Barockliteratur von Opitz bis Brockes (1927): https://doi.org/10.11588/diglit.24343

Müller und Gräff (Hg.): Bibliothek Leopold Hirschberg: deutsche Dichtung von Klopstock bis Gottfried Keller in Erst- und Gesamtausgaben; Werke der Weltliteratur in zeitgenössischen Übersetzungen; Versteigerung: Dienstag, den 5. Mai 1931, und folgende Tage. Stuttgart 1931, https://digi.ub.uni-heidelberg.de/diglit/mueller_graeff1931_05_05.

Hugo Helbing (Hg.): Porzellane, Fayencen, Waffen, Ostasiatika, Metallarbeiten, Möbel, Teppiche, Plastik, alte Gemälde: aus verschiedenem Privatbesitz u. a. B.; Versteigerung in der Galerie Hugo Helbing, München, Dienstag, 23. Oktober, Mittwoch, 24. Oktober 1928, S. 47, https://doi.org/10.11588/diglit.48913#0095

Ausgewählte Online-Quellen

Bericht der UNESCO über Bibliothek Tunis von 1985: https://unesdoc.unesco.org/ark:/48223/pf0000064945

Bernhard Wenig Exlibris-Werkliste, zusammengestellt von Gernot Blum, Stand: Juni 2021 (bearb. 2019 von Heinz Decker, ergänzt 2021 von Anne Büsing), https://www.exlibris-deg.de/2019/10/24/wenig-bernhard-d/

Bibliothèque National Tunis, Pressemitteilung der Generaldirektorin der BNT Raja Benslama, 29. Mai 2022, https://www.bibliotheque.nat.tn/BNT/doc/AGENDA/37/منصة-اطلاق-المكتوب-التونسي-التراث-لتثمين-الرقمية-الوطنية-المكتبة

Daniel Abrams: The Self-Awareness of the Printers in Producing a Standardized Text: https://beithazohar.com/the-printing-of-the-zohar-in-mantua/?lang=en

Deutsches Literatur-Lexikon Online. Berlin, Boston 2017: https://www.degruyter.com/database/DLLO/entry/dllo.dll.010.3053/html

Encyclopedia of Jews in the Islamic World, hg. von Norman A. Stillman, Phillip I. Ackerman-Lieberman et al., https://referenceworks.brillonline.com:443/entries/encyclopedia-of-jews-in-the-islamic-world%252Fghez-paul-SIM_0008470

Enzyklopädie jüdischer Geschichte und Kultur, hg. von Dan Diner, Stuttgart 2011–2017: http://dx.doi.org.emedien.ub.uni-muenchen.de/10.1163/2468-2845_ejgk_COM_0931>

Encyclopedia of Jewish Book Cultures Online, hg. von Emile Schrijver et al: Brill Reference Online, http://dx-1doi-1org-1n07zkdm60155.emedia1.bsb-muenchen.de/10.1163/2772-4026_EJBO_SIM_043805.

Georg Hupfer: Zur Geschichte des antiquarischen Buchhandels in Wien. (Unveröffentlichte Diplomarbeit). Wien 2003. https://www.wienbibliothek.at/sites/default/files/files/buchforschung/hupfer-georg-antiquariat-wien.pdf

Hannah Arendt Digital. Kritische Gesamtausgabe. Bd. 3. Hrsg. v. Barbara Hahn: https://hannah-arendt-edition.net/vol_text.html?id=/3p_III-001-judenGestern.xml

Historischer Stadtplan Wien: https://www.wien.gv.at/kulturportal/public/grafik.aspx?bookmark=a05zRmtFLEZmpQFDviqUQhwpYtD3&lang=de&bmadr=

Historischer Währungsrechner der Universität Melbourne https://canvasresources-prod.le.unimelb.edu.au/projects/CURRENCY_CALC/

Killy Literatur-lexikon. Berlin, Boston 2012: https://www.degruyter.com/database/KILLY/entry/killy.7479/html

Konferenzbericht „Translocations. Historical Enquiries into the Displacement of Cultural Assets“: https://www.hsozkult.de/searching/id/event-91522?language=de

Michel Vermote, Patricia Kennedy Grimsted: Documenting Nazi Library Plundering in Occupied Belgium and Limited Postwar Retrieval: https://www.errproject.org/docs/looted_libraries_be_Part1_Appendix.pdf

Photographie des Arbeits- und Bibliotheksraums der Villa Wassermann (Abbildungen der Villa), Museum für Angewandte Kunst, Wien. https://sammlung.mak.at/sammlung_online?id=collect-333203.

Projekte „Künste im Exil“: https://kuenste-im-exil.de/KIE/Content/DE/Objekte/zweig-stefan-brief-an-hugo-bergmann.html?catalog=1&cms_x=3

Stolperstein Elise Hahn (geb. Salomon) https://www.stolpersteine-berlin.de/de/biografie/4414

Stolperstein Leontine Goldschmidt: https://stolpersteine-guide.de/map/biografie/599/leontine-goldschmidt

Tabelle Kaufkraftäquivalente historischer Beträge in deutschen Währungen der Deutschen Bundesbank, Stand 2022: https://www.bundesbank.de/resource/blob/615162/13c8ab8e09d802ffcf2e5a8ae509829c/mL/kaufkraftaequivalente-historischer-betraege-in-deutschen-waehrungen-data.pdf

Tagebuch Arthur Schnitzler. Digitale Edition: https://schnitzler-tagebuch.acdh.oeaw.ac.at/entry__1894-03-18.html

Tagebuch Erich Mühsam. Digitale Edition: https://www.mühsam-tagebuch.de/tb/index.php

Personenverzeichnis

Ortsverzeichnis